파시즘과 인민주의의 역사

From Fascism to Populism in History

All right reserved.
Korean translation copyright © 2025 by Gonggam Publishers,
Silk Road is an imprint of the publishing company Gonggam.

This book is a copyrighted work protected under copyright law, and
unauthorized reproduction or unauthorized quotation is prohibited. To use
any part of the content or images in this book, written consent must be
obtained from the copyright holder and Gonggam Publishers.

파시즘과 인민주의의 역사

페데리코 핀첼스타인 지음 · 강경덕 외 옮김

한국어판 서문[1]

우리는 역사 속에 나타났던 이전의 그 어떤 인민주의(populism)[2]보다도 더 외국인 혐오적이고 불관용적이며 권위주의적인 인민주의의 시대에 살고 있다. 또한 이 인민주의는 특히 유럽과 미국에서 더 큰 성공을 거두었다. 그러나 이러한 인민주의 중에서 얼마나 많은 부분이 진정으로 새로운 것일까? 분명히 점점 더 반자유주의적으로 변모하는 북반구의 여러 나라에서 현재 더욱 극단적인 인민주의자들이 권력을 장악하고 있다. 그러나 이는 인민주의 정권(regime)들이 수십 년 동안 남반구를 거쳐 간 이후에야 겨우 발생한 것일 뿐이다.

---

1) 역자 주 – 이 서문은 한국어판 발간을 위해 저자가 새롭게 내용을 추가 수정한 한국어판 서문임. 큰 변화는 없지만 미세하게 수정한 부분들이 있음.

2) 역자 주 – 보통 populism은 득표를 위한 정치인의 선심성 행보로 파악하는 대중영합주의로 번역되지만, 이는 적과 우리를 구분하는 populism의 고유한 정치 동역학을 나타내지 못하고, 또한 '민중'으로 번역되기도 하지만 이는 계급적 주체성의 의미를 내포하기에 혼동될 수 있다. 이 책에서 populism은 적을 규정하고 이로부터 **동질적이고 유일하다고 가정되는** 'the people'을 정치 공동체의 주권자(인민 주권)로서 구성하는 정치운동이나 정치체제(regime)를 의미한다. 또한 권위주의적인 지도자를 매개로 단일하게 통합된 인민(the people)의 구성은 populism의 역사에서 반복적으로 나타나는 핵심 요소이기도 하다. 따라서 이 책에서는 저자의 의도에 따라 populism을 '인민주의'로 번역하고자 한다.

2016년 도널드 트럼프(Donald Trump)가 화려하게 정권을 장악한 후 새로운 인민주의 정부가 출현했다는 점은 사실이지만 트럼프주의(Trumpism)는 오랜 역사 속에서 최근에 나타난 특이한 부분에 불과할 뿐이다. 이러한 현재의 흐름 속에서 무엇이 새롭고 무엇이 새롭지 않은지, 그것이 왜 그렇고 어떻게 그러한지 역사적 관점에서 설명하는 것이 바로 이 책의 주제다. 오늘날 우리는 새로운 범위의 인민주의를 목격하고 있을 뿐만 아니라 이 주제를 다룬 새로운 책들의 양이 폭발적으로 증가하고 인민주의 연구가 엄청나게 팽창하는 것을 목격하고 있다. 이러한 저작들의 발간은 인민주의가 갑자기 유행하는 주제가 되고, 나아가 많은 사회과학 분야의 학자들로 하여금 이 주제에 관심을 돌리도록 고무했기 때문에 가능했을 것이다. 새로운 전문가 중 다수는 인민주의자들이 널리 공표한 인민주의 개념을 수용하는데, 그것은 바로 지금 이 세계에서 펼쳐지고 있는 일이 역사에 뿌리를 두지 않은 완전히 새로운 유형의 사건이라는 것이다. 이와 동시에 그들은 각자의 글에서 다루고 있는 사례들이 독특하며, 현 순간의 도전들이 완전히 새로운 것이라고 주장하고 있다. 이러한 상황이 만들어 낸 특유한 결과가 바로 새로운 전문가들의 급증이었다. 이들은 새로운 행위자들이 독특하다고 인식했지만, 사실 이들의 저작에는 역사가 부재했다. 이들은 이전에는 이 논제에 대해 그 어떤 중요한 것도 쓰이지 않았던 것처럼 인민주의에 대해 거론한다.[3] 이 책은 그런 주장을 하는 책들과는 다른 입장을 취한다. 나의 책은 수십 년간의 파시즘 연구 및 인민주의 연구와 대화한다. 이 책은 파시즘과 인민주의 사상, 그 해석자들에 대해 논의하고 비판하

---

3) 이 논제에 대해서는 다음을 보라. Mabel Berezin, "Fascism and Populism: Are They Useful Categories for Comparative Sociological Analysis?," *Annual Review of Sociology* 23 (2019).

며 설명한다. 많은 학자들이 (나도 이러한 인민주의·파시즘 연구의 베테랑 중 한 명에 불과할 뿐이다) 인민주의와 파시즘이 지금처럼 유행하기에 앞서 이미 오래전부터 이 논제들을 다루어 왔다. 나 자신도 지난 20년 동안 파시즘과 인민주의를 연구해 왔다. 나는 그것이 세계적 관심을 받는 논제가 되거나 또는 북반구에서 몰두의 대상이 되었기 때문에 이 분야의 연구자가 된 것이 아니다. 달리 말하자면, 트럼프주의는 내가 이 책을 쓰도록 결심하게 만든 이유가 아니다.

나는 남반구(Global South)의 관점에서, 특히 파시즘과 인민주의의 역사적 상관관계라는 관점에서 이 현상들을 연구해 왔다. 그러나 역사 속에서 민주주의는 남반구에서만 자주 위협을 받았던 것이 아니다. 또한 민주주의가 사라졌다 다시 태어나곤 했던 라틴아메리카나 아프리카, 아시아에서만 위협을 받았던 것도 아니다. 세계 역사를 둘러볼 때, 민주주의는 발본적 변화의 순간과 조우할 뿐만 아니라 과거와의 깊은 연속성을 보여 왔다. 이러한 변화와 연속성의 과정은 파시즘에서 인민주의에 이르는 다층적인 맥락을 진정으로 국제적인 규모에서 고려하면서, 상호 연관성 속에서 다루어야 한다.

권위주의의 범대서양적(transatlantic)이고 전 지구적인 연결은 최근의 연구 현상이 아니다. 그러나 내가 2000년대 초반 박사 학위를 따기 위해 (태어나고 자란) 아르헨티나를 떠나 미국으로 갔을 때, 미국 학계에는 이러한 일들이 북부 유럽이나 미국에서는 발생하지 않고 오직 라틴아메리카나 남부 유럽(종종 이탈리아가 문제의 장본인으로 인용되고는 했다)에서나 발생할 것이라는 생각이 일반적으로 퍼져 있었다. 그 당시에도 이미 이러한 관점은 급진적으로 변화하는 세계의 맥락에 대한 잘못된 추론이었을 것이다. 오늘날 지배적인 새로운 우익 인민주의는 갑자기 나타난 것이 아니라 오랜 역사를 지니고 있다. 많은 논평가들(observers)에게, 특히 유럽과 북미의 논평가들에게 트럼프주의는 전에는 미처 겪어 보지 못한 극단적이고 수치스러운 특성을 지닌 것으로 보이겠지만, 남반구의 학자들이 볼 때에는 [과거의 것과 크게 다르지 않고] 단지 몇몇 새로운 특징을 지닐 뿐이다.

나의 [이론적] 궤적에 대해 말하자면, 나는 이전에 아르헨티나 파시즘과 이탈리아 파시즘의 범대서양적 연관성을 연구한 바 있다. 내 책 『범대서양적 파시즘(Transatlantic Fascism)』(2010)의 끝부분에서 나는 이미 페론주의(Peronism)가 포스트파시즘(postfascism)의 한 형태라고 말했다. 나는 내 책 『추악한 전쟁의 이데올로기적 기원(The Ideological Origins of Dirty War』(2014)에도 페론주의 아르헨티나의 인민주의와 독재 문제를 분석하는 장을 담았다.[4] 이 두 책에서 나는 1945년 파시즘이 전 세계적으로 패배하고 난 후 파시즘에 어떤 일이 생긴 것인지, 그리고 새로운 정치 이해 방식이 남반구에서 왜 그리고 어떻게 권력을 장악하게 되었는지 탐색했다. 전(前)파시스트들이 새로운 정치 체제(political regime)를 창출했다는 점은 현대 정치사에서 결코 사소한 문제가 아니다. 파시즘이 미학이나 담론과 관련되었을 뿐만 아니라 민족(nation)의 통치와 관련되어 있다는 점을 인식하고 이해하고자 한다면 히틀러(Adolf Hitler)와 무솔리니(Benito Mussolini)의 행동에 대해 연구할 필요가 있는데, 이는 인민주 연구에서도 마찬가지일 것이다. 19세기 말과 20세기 초 라틴아메리카, 유럽, 미국 및 그 밖의 나라에서 인민주의자들은 반대파[야당]의 형태로 존재했다. 인민주의자들

---

[4] 내 책을 보라. *Transatlantic Fascism: Ideology, Violence and the Sacred in Argentina and Italy, 1919-1945* (Durham, NC: Duke University Press, 2010)과 *The Ideological Origins of the Dirty War: Fascism, Populism, and Dictatorship in Twentieth Century Argentina* (New York: Oxford University Press, 2014).

은 1945년 이후에야 겨우 권력을 잡게 되었는데, 그 최초의 사례가 남반구였다. 조금 더 정확하게 말하자면 라틴아메리카에서였다. 권력 체제(power regime) 연구는 중요하다. 이러한 최초의 라틴아메리카 인민주의 정권[체제]들에 주목할 때, 우리는 이러한 정치 유형이 야권의 일부로 있을 때 무엇을 의미하는지 뿐만 아니라 통치할 때 무엇을 의미하는지 더 잘 이해할 수 있을 것이다.

인민주의는 엘리트에 대한 대중적(popular)[5] 비판을 훨씬 넘어서는 것이다. 이는 또한 민주주의가 작동하는 방식에 대한 개념이자 그 실천이기도 하다. 집권했을 때 인민주의는 인민과 민족이 그들[인민]의 이름으로 말하고 행동하는, 압도적인 지도자의 통치를 받아야 한다는 생각을 실행에 옮긴다.

라틴아메리카의 역사를 무시하고, 인민주의가 1980년대 유럽이나 트럼프주의 아래의 미국에서 처음 나타났다고 보는 이들은 근시안적 관점을 취한다고 말해야 할 것이다. 우리는 민족주의나 지역주의의 자기중심적인 렌즈를 통해서가 아니라 지구적 관점에서 인민주의를 연구해야 한다. 이러한 이유로 유럽이나 북미의 사건·경험에 앞서 나타난 라틴아메리카의 집권 인민주의나 남반구의 다른 역사를 무시하는 것은 문제가 된다. 인민주의의 지구사에 라틴아메리카를 포함시킬 필요가 없다고 주장하지만 그 이유에 대해서는 결코 설명하지 않는 이들은 이와 같은 사실들을 이해하지 못하고 또 그 사실들을 다루기를 꺼린다. 이는 보통 그들 자신의 세상 바깥에서 어떤 일이 일어나고 있는지에 대해 호기심을 갖지 않았기 때문에 생긴 결과다. 이 논평가들은, 유럽과 미국이 후진적이라고 여겨지는 라틴아메리카에 비해 (또는 아프리카나 아시아에 비해) 뚜렷하게 현대적이고 민

---

5) 역자 주 – '인기영합적'이라는 의미로도 받아들일 수 있을 것이다.

주주의적이라는 이미지에 의지할 뿐만 아니라 유럽과 미국 바깥의 역사를 무시하면서, 세계 역사에 대한 탐구보다는 전형성에 특권을 부여한다. 그들의 견해는 역사적 유사성과 차이에 대한 진지한 평가를 바탕으로 형성된 것이라기보다는, 북반구와 남반구의 차이를 공리로 받아들이는 의식적인 편견이나 무반성적인 편견에서 도출된 것이다. 라틴아메리카, 아시아, 아프리카 연구자들은 일반적으로 유럽과 미국의 역사학(historiographies) 훈련을 받지만, 미국과 유럽의 경우 그 반대 훈련을 받는다고 말할 수 없다. 유럽 연구자들(Europeanists)과 미국 연구자들(Americanists)은 그들의 주변부에 대해 배우면서 그들 중심에 대한 통찰을 얻을 수 있다. 이 책에서 제시하듯이 이러한 주장은 그 자체로 설명되지 않았고, 인민주의에 대한 최근의 논의에서 남반구는 무시되어 왔다. 그러나 실제로 트럼프주의, 살비니주의(Salvinism), 오르반주의(Orbanism), 보우소나루주의(Bolsonarism), 아르헨티나의 하비에르 밀레이(Javier Milei) 또는 인도의 나렌드라 모디(Narendra Modi)를 비롯한 최근의 인민주의자 사례들은 이러한 역사가 얼마나 밀접하게 서로 연결되어 있는지 보여 주고 있다.

이 한국어판 서문의 다음 부분에서 나는 2017년 이 책이 출간되고 난 후 채 2년도 되지 않은 기간 동안 일어난 일들을 살펴보면서 인민주의에 대해 간략히 분석해 보고자 한다.

I

트럼프가 권좌에 오른 후 겨우 몇 년 뒤인 지금 우리는 새로운 시대 속에, 즉 이 미국의 지도자가 오만하게도 스스로 자신의 시대(트럼프 시대)라고 부른 새로운 정치 시대에 살고 있는 것일까? 최근의 모든 정치사를 트럼프적 계기의 계보학이나 그 효과로 설명할 수 있을까? 트럼프주의의 승리 이후, 오스트리아·브라질·이탈리아와 같은 나라를 포함해 전 세계 곳곳에서 새로운 인민주의적 극단주의가 권력을 장악했다.[6] 이탈리아의 마테오 살비니(Matteo Salvini)나 조르자 멜로니(Giorgia Meloni), 브라질의 자이르 보우소나루(Jair Bolsonaro)와 같은 극단적 인민주의자들이 각각 "이탈리아의 트럼프"나 "열대의 트럼프"로 그려진다는 점은 분명하다. 그러나 최근의 역사를 트럼프 중심으로 바라보는 관점은, 특히 그것이 트럼프의 고유성과 참신성에만 주목한다면 매우 제한적일 수밖에 없다. 트럼프주의의 사례는 보통 살비니나 보우소나루 혹은 모디의 사례보다 더 중요하다고 말할 수 있지만, 그것이 트럼트주의가 유럽이나 아시아 혹은 라틴아메리카에서 전개되는 인민주의의 이상적인(platonic) 원천임을 의미하지는 않는다. 많은 미국인들은 트럼프주의가 국내의 입헌 민주주의에 가하는 위협에 경종을 울리고 있지만, 트럼프주의는 해외에도 위태로운 충격을 주고 있다. 그러나 그것이 많은 전문가들이 생각했던 방식대로 진행되지는 않았다.

유럽, 라틴아메리카, 아시아와 아프리카의 여러 나라로 반자유주의가 확산된 것이 트럼프주의의 책임은 아니다. 예를 들어, 이탈리아의 우익이 인민주의와 네오파시즘으로 선회한 것이 트럼프주의의 책임은 아니다. 이탈리아의 인민주의 전개는 트럼프주의에 앞서 나타났다. 사실 수십 년 전 실비오 베를루스코니(Silvio Berlusconi)의 출현은 트럼프를 예표한다. 최근 몇 년 동안 민주주의의 기반이 인민주의적 지도자들에 의해 반복적으로

---

6) 나는 스페인어판(2018), 터키판(2019), 이탈리아판(2019)에 사소한 변경과 약간의 수정을 더했다.

약화되었고, 이탈리아 정치는 이러한 추세의 선두에 있었다. 다른 나라들의 경우도 마찬가지였다. 트럼프가 권좌에 오르기 전에 프랑스의 르펜(Le Pen), 헝가리의 빅토르 오르반(Viktor Orban), (유럽 바깥의 예를 들자면) 필리핀의 로드리고 두테르테(Rodrigo Duterte), 인도의 나렌드라 모디 등이 모두 그 자리를 지키고 있었다.

기껏해야 트럼프주의는 이 지도자들이 휘둘렀던 반자유주의적 정치를 결정적으로 확인할 뿐이다. 트럼프가 우익 인민주의자들의 모범(role model)으로 기능했다는 사실에 더해서, 겉으로는 트럼프와 거리를 두려고 하지만 결국 그의 스타일과 정치적 호소력을 인정할 수밖에 없었던 보수적 정치인들에게 큰 영향을 끼쳤다는 점 역시 중요하다. 보수적 정치인들은 자신들에 대한 지지를 강화하기 위해 트럼프주의의 거친 면을 가다듬으면서 미묘하게 (그리고 위험하게) 인종주의와 국가 폭력을 향한 트럼프의 호소를 포용했다. 따라서 그들의 반자유주의적 전술은 눈에 띄지 않았다.

유럽과 미국의 전문가들은 트럼프주의가 세계 인민주의의 형판(形板)이며 프랑스, 이탈리아, 독일과 그 바깥에서 우익 정당들의 대두를 고취했다는 통념을 되풀이했다. 이는 트럼프의 전(前) 최고 전략 책임자인 스티븐 K. 배넌(Stephen K. Bannon)이 (이탈리아는 물론이고 프랑스를 포함해) 수차례 유럽을 방문한 이후 더욱 목소리가 커진 견해인데, 프랑스에서 그는 르펜의 국민전선에 앞서 등장해 '전 지구적 인민주의 운동의 대두'를 선전했다.[7] 특히 파시즘의 요람이자 수년간 우익 인민주의가 번성했던 이탈리아 같은 나라에서 배넌은 트럼프의 창조자로서뿐만 아니라 트럼프주의의 수

---

7) 역자 주 – 스티븐 배넌은 2018년 3월 국민전선의 전당대회에 참여해 르펜 지지를 선언한 한 바 있다.

출자로 대접받았다.

그러나 트럼프주의와 다른 인민주의 운동들이 하나의 계보를 공유한다고 할지라도 이는 정형화된 수출·수입 상황과는 다른 것이다. 오히려 유럽, 미국, 아시아, 라틴아메리카에 걸쳐 나타난 인민주의 운동의 대두는 이 나라들이 공유하는 민주주의의 위기를 반영한다. 여기에는 정치적 대표성이 위기를 맞이하고 있다는 널리 퍼진 견해가 존재하는데, 이에 따르면 사람들은 정부가 자신들의 근심을 해결해 준다고 생각하지 않는다. 경제적·사회적 불평등의 심화 역시 더욱 급진적이고 민족주의적인 정치를 부채질했다는 점에서 중요하다.

인민주의자들은 자신들이 이러한 민주주의의 위기에 대한 해결책이라고 말한다. 그러나 일반적으로 그들의 제안은 현재 정부가 대표하지 못하는 차원(unrepresented dimensions)과 경제적 불평등을 악화시킬 뿐만 아니라 민주주의 제도를 약화시키고, 다른 사람들(또는 다르게 보이는 사람들)이나 다르게 생각하는 사람들을 다루는 방식으로 불관용을 강조한다. 큰 유권자 집단을 대표할 때조차도 인민주의자들은 지도자를 비판하는 이들의 정당성을 실추시킨다. 즉, 인민주의자들은 이들을 배신자나 테러리스트, 정부 정책에 의견이 반영될 자격이 없는 반민족적 인민의 적으로 간주한다.

새로운 인민주의자들은 오랜 전통의 기반 위에서 이러한 접근법을 채택했다. 하지만 트럼프주의의 성공은 이런 접근법에 현대적인 변형을 가하는 것을 장려했다. 처음에 인민주의는 아르헨티나와 브라질과 같은 나라에서 파시즘을 극복하기 위한 방법으로서, 또한 자유주의와 사회주의에 대한 대안적 모델을 제시하면서 권력을 장악했다. 다시 말해, 라틴아메리카에서 권력을 잡은 인민주의자들은 새로운 형태의 권위주의적 민주주의를 창출했다. 이 민주주의는 (현존하는 입헌 민주주의 모델에 맞서) 반자유주의적이었지만, 파시즘이 그랬던 것처럼 독재적이거나 인종주의적이지는 않았다. 트럼프주의와 보우소나루주의를 포함해서 오늘날의 우익 인민주의에 새로운 점이 (또는 어떤 면에서 오래된 점은) 바로 이것이다. 그들은 전체주의적 파시즘 정권[체제]을 복사하려는 의지를 나타내지는 않지만, 정확히 고전적인 인민주의가 반대했던 것, 즉 파시스트 폭력과 인종주의, 극단적인 거짓말, 급진적인 악마화, 선거 불복(election denialism), 쿠데타와 독재로 복귀하고자 한다.

트럼프는 주로 인종주의적 언어로 정적(政敵)들에 대한 증오를 표현했는데, 이러한 특징은 그와 유럽의 우익 운동들이 공유하는 특징이기도 하다. 미국과 이탈리아, 프랑스, 오스트리아, 스페인, 폴란드, 독일, 헝가리 같은 나라에서 등장한 새로운 우익 인민주의는 "인민(the peoople)"을 종족적·종교적으로 균일한 몸(body)으로 간주하는 경향을 보인다. 이는 인민주의와 파시즘이 상호 연결된 우익 역사로의 복귀를 의미하며, 트럼프는 이러한 정치학의 호소력을 입증하는 증거로 언급된다.

그러나 트럼프주의는 유럽과 라틴아메리카의 보수적 지도자뿐만 아니라 심지어는 사회 민주주의 지도자들에게도 더욱 심대한 세계적 영향을 끼쳤다. 그들은 인민주의와 독재, 그리고 인종주의의 혐의를 피하면서 "법과 질서" 그리고 이민 제한[정책]에 트럼프주의적 입장의 호소력을 이용해 영향을 끼치고자 했다. 확실히 전 세계의 우익 정치인들은 지난 반세기 동안 이러한 입장을 채택해 왔다. 하지만 트럼프주의는 세계에서 가장 강력한 나라에서 이러한 구 모델이 지닌 호소력을 입증하면서 이러한 관점을 정당화하고 또 이러한 관점이 주류 정치 영역에 자리 잡을 수 있도록 거들었다.

다수의 정치인이 트럼프주의로부터 정치적 교훈을 얻었지만, 이들이

딱히 트럼프의 [정치] 양식을 수용하거나 그들 자신이 인민주의자라고 주장하려고 계획하지는 않았다. 아르헨티나의 마우리치오 마크리(Mauricio Macri), 네덜란드의 마크 뤼터(Mark Rutte), 스페인의 이사벨 디아스 아유소(Isabel Díaz Ayuso), 칠레의 세바스티안 피녜라(Sebastiàn Piñera)와 같은 보수 정치인들은 이러한 현상을 대표하는 사례다. 실제로 이들은 다이어트 중인 인민주의자라 할 수 있는데, 이러한 현상은 미디어와 많은 유권자들이 위험하게도 트럼프주의가 이들에게 끼친 영향을 무시하고 있다는 점을 보여 준다. 이들은 굳이 배넌(Bannon)이나 KKK단을 용인하는 데는 관심을 두지 않는다. 하지만 이들은 이민자들을 배제하고 타자를 악마화하며, 법 집행의 무제한적 폭력을 찬양하면서 지지를 얻고자 한다. 이들은 공개적으로는 트럼프주의와 거리를 두지만 트럼프가 호소력을 지니고 있다고 생각되는 부분은 조용히 이용하고자 한다. 이러한 반(反)정치적 지도자들은 트럼프처럼 대놓고 기성 정치를 비판하는 것을 즐기고, 정치 과정과 거리를 두면서 자신들은 정치를 행하고 있다고 주장한다.

이러한 아류 트럼프주의의 수입업자들은 반정치와 관리자들의 기술관료적 통치를 융합하고, 이민자들에 대한 편집증과 외국인 혐오증을 함께 섞어 넣는다. 독일에서도 "옅은 인민주의(populism light)"가 나타났는데, 한 내무부 장관은 외국인 혐오적이고 극우적인 독일대안당(Alternative für Deutschland, AFD) 지지자들의 표를 얻기 위한 보수적인 시도의 일환으로 "이슬람은 독일의 것이 아니다"라고 선언하기도 했다. 이러한 온건파들은 (극단적 우익들로부터 거리를 두기 위해) 종종 스스로를 반(反)인민주의자라고 칭했지만 사실 그들은 그들 나름의 외국인 혐오와 차별을 드러냈다. 그들은 그들처럼 보이지 않고 그들처럼 말하지 않는 타자와 이민자들에 대한 혐오를 산발적으로 강조하면서 불평등과 실업과 같은 구조적 문제들에 초점을 맞추는 것을 회피했다. 그들은 정치적인 이득을 위해 경찰의 탄압을 칭송할 준비를 하고 있다.

이 점이 바로 진정한 도널드 트럼프의 수출품이라고 할 수 있다. 살비니나 르펜 같은 우익 인민주의자들이나 파시스트와 유사한 보우소나루는 수십 년간 우리 주변에 머무르고 있었다. 그러나 그들은 계속되는 트럼프의 인종주의적이고 압제적인 유산을 주류로 합류시켰고, 그 과정에서 지구적인 규모로 서로를 정당화했다.

II

세계는 지금 역사적인 변화를 겪고 있다. 인민주의가 파시즘과 다시 조우한 것이다. 극우를 향한 이러한 이동은 다수의 민족적 요인에 뿌리를 두고 있지만, 그 함의는 지구적이다. 이러한 측면에서 이탈리아는 전형적 사례라고 할 수 있다. 파시즘이 탄생한 이 나라에서 인민주의는 전임자를 부정하지 않고 오히려 파시스트의 목표와 사상들을 포함한 정치 전선 형성을 목표로 삼았다. 다른 방식으로 말하자면, 파시스트와 인민주의자는 한 가지 목적을 공유하는데, 그 목적은 바로 정치 폭력을 경시하지 않으며 외국인 혐오를 조장하는 것이었다. 이 새로운 인민주의는 폭력을 주류화하고, 다시 유행하게 만들었다. 파시스트 광신자들(assassins)과 인민주의 정치인들은 공통의 목표를 견지한다. 미국에서 트럼프주의 이데올로기에 동조하는 이데올로기를 지닌 사람들은, 거리와 식당에서 이민자들을 괴롭히는 것에서부터 미국 대통령이 "사악한 적"이나 인민의 적으로 악마화한 사람들에게 폭탄을 보내는 것에 이르기까지 정치 폭력에 관여한다. 인민주의 지도자들이 이와 직접적인 관련성을 지니지 않는다 하더라도 상황은 그러하다. 그리고 바로 이와 같은 의미에서 미국은 아직까지 파시즘과 아주 멀리 떨어져 있다고 할 수 있다. 그러나 트럼프는 폭력적인 환경을 조장하는 데에 나름 도덕적이고 윤리적인 책임감도 갖는다. 트럼프는 반파시스트 운동[8]에 경고하면서 다음과 같이 말한다. "[안티파(Antifa) 운동은] 반대편이 움직이지 않기를 바라는 것이 나을 것입니다. (…) 살펴보면, 반대편에는 군대가 있습니다. 경찰도 있습니다. 이들은 매우 강하고 매우 거친 사람들입니다. 그들보다 거칠고, 그들보다 똑똑합니다." 트럼프에 의하면, 반파시즘에 맞서는 단체들은 "[아직] 사태를 관망하고 있지만, 그들의 화는 점점 돋고 있"었다. 트럼프가 볼 때, 이들이 동원되기 시작한다는 것은 "안티파 운동이 큰 어려움을 겪게 될 것을 의미하지만 이들은 아직 그렇게 하지 않았고, 이는 좋은 일"이었다.[9] 이 미국의 지도자는 반파시스트들을 향한 폭력을 그가 애호하지만 굳이 통제하려고는 하지 않는 행위자들의 적당한 표현으로 인정하면서 그의 '지지층'에 의한 폭력적 행동을 이데올로기적으로 가능하게 만드는 조장자(助長者)로 작용하고 있다. 이렇듯 이론에서 실천으로 옮겨 갈 수 있는 트럼프 추종자들의 잠재력은 새로운 인민주의가 위로부터 재현한 민주주의 축소와 조악화를 드러내는 우려스러운 증거였다.

---

8) 역자 주 - 안티파(Antifa) 운동을 지칭한다. 안티파는 반파시스트 운동 단체·네트워크로, 파시즘을 비롯해 백인 우월주의에 맞선 직접 행동을 주요 전략으로 삼는다. 미국의 안티파 운동은 2016년 트럼프 대통령 당선과 2020년 조지 플로이드 사건 이후 강한 직접 행동을 동반한 시위 물결에 참여했는데, 이에 트럼프 대통령이 이들을 테러 조직으로 지정하고자 한 바 있다.

9) Saagar Enjeti and Benny Johnson, "Exclusive: Trump Warns Antifa – You Could be in Big Trouble," *Daily Caller*, November 14, 2018, https://dailycaller.com/2018/11/4/trump-antifa-opposition-mobilize/. 반파시즘(antifa) 운동의 역사에 대해서는 다음을 보라. Marc Bray, *Anti-fascist Handbook* (New York: Melville House, 2017).

파시즘의 역사와 비교해 고찰했을 때, 트럼프는 [바이든(Biden)이 그를 두고 말했던 "준파시스트(half fascist)"가 아니라] 내가 모방 파시스트(wannabe fascist)라고 부르는 새로운 유형의 지구적인 전제군주적 통치자(autocratic ruler)를 대표한다. 이 새로운 유형의 인민주의 정치인은 법적으로 당선된 지도자로, 그는 과거의 인민주의자들이 파시즘과 거리를 두고자 노력했던 것과 달리 전체주의적 거짓말, 인종주의, 그리고 민주주의를 내부로부터 파괴하기 위한 쿠데타 등의 불법적 수단들을 수용한다. 이 모방 파시스트는 파시즘을 열망하는 인민주의자라고 정의될 수 있다. 모방 파시즘(wannabe fascism)은 완전한 파시즘은 아닌데, 그 이유는 모방 파시즘이 아직 독재로 타락하지는 않았기 때문이다. 모방 파시즘은 파시스트의 대기실에서 기다리면서 파시즘 안으로 들어가기를 열망한다.

이렇듯 극우 인민주의와 파시즘이 중첩되는 현상은 미국에서만 일어나는 독특한 현상이 아니다. 브라질의 전 대통령인 보우소나루는 인민주의적이기보다는 파시즘적인 선거 운동을 펼쳤으며, 재선에 실패하자 선거 불복과 쿠데타 시도의 전례를 따랐다. [파시즘을 택하면서] 인민주의를 버린 것이다. 보우소나루와 세계 전역의 다른 포스트파시즘적 인민주의 지도자들에게 트럼프는 성공의 도상(icon)이자, 그들이 극단적인 정치적 욕망을 투사하는 투영체다. 2017년에 보우소나루는 자신을 희생자로 묘사하는 트럼프와 자신을 동일시했다. 그는 "트럼프는 내가 당하고 있는 공격과 같은 공격을 당하고 있다. 즉, 그는 동성애 혐오자이자 파시스트이며, 인종주의자이자 나치주의자라는 공격을 받고 있다. 하지만 사람들은 그의 정견을 믿고 있으며, 나 또한 그를 지지한다"라고 말한 바 있다. 보우소나루는 확실히 포스트파시스트적인 인민주의 정치 세대를 규정하는 폭력과 배타적 정치를 포용하고 있다. 그는 종종 선거 유세에서 범죄자들은 재판을 받기보다는 즉시 총살되어야 한다고 주장했다. 정치인으로 사는 동안 이 전직 군인은 노골적으로 독재를 옹호해 왔고 여러 인종주의적이고 여성 혐오적인 진술들을 해 왔다. 예컨대 보우소나루는 아프리카계 브라질인들이 뚱뚱하고 게으르다고 비난하면서, 아이들이 동성애자가 되는 것을 막기 위해 아이들에게 신체형을 가해야 할 필요성을 옹호했다. 보우소나루는 특히 성적 차이에 집착했다. 2002년에 그는 이렇게 말했다. "나는 싸우거나 차별하지는 않을 것이다. 그러나 만일 거리에서 두 남자가 키스하는 것을 본다면, 나는 그들을 때릴 것이다." 트럼프처럼, 보우소나루도 의회의 한 대표에게 "그럴 만한 가치가 없기 때문에 나는 그녀를 강간하지 않을 것"이라고 말하며 여성을 향한 성적 공격을 옹호했다. 역시 트럼프처럼 보우소나루는 여러 번 고문을 지지했으며, 1960년대와 1970년대의 살인적인 독재를 옹호했다. 심지어 그는 당시의 독재가 저지른 큰 실수는 사람들을 죽이지 않고 단지 고문만 했던 것이라고까지 말했다. 보우소나루는 자신이 브라질의 법과 질서를 복원시키고 있는, 서민들을 잘 이해하는 사람이라고 주장한다. 전 지구적으로 새롭게 등장한 인민주의의 증오 정치가 그의 대통령 선거 유세의 중핵이었다.

이처럼 새로운 인민주의적 성격을 띤 라틴아메리카 우파를 평가할 때, 조장자로서 트럼프의 역할을 따로 떼어놓고 생각할 수 없다. 트럼프주의자들처럼 보우소나루도 종교가 정치에 내재적이라고 생각했다. 보우소나루는 브라질의 강력한 복음주의 분파로부터 큰 지지를 받아 왔다. 그는 또한 경제적인 해법으로서 세금 감면, 투자자 친화적인 긴축 조치, 탈규제를 약속했다. 경제적 신자유주의와 권위주의의 이 같은 조합은 새로운 것은 아니다. 그러나 지금까지 보우소나루는 이 지역에서 이를 가장 극단적으로 지지한 이라고 할 수 있다.

1970년대 칠레의 피노체트(Augsuto Pinochet) 정권이나 추악한 전쟁을 자행한 아르헨티나의 군사 정부에서 그러했듯이 이전에는 신자유주의 경제와 독재가 공존했다. 1990년대 들어서자 신자유주의와 인민주의의 혼종이 아르헨티나의 페론주의 대통령 카를로스 메넴(Carlos Menem)이나 브라질의 콜로르 지 멜루(Ferndado Collor de Mello)와 같은 우익 지도자들에 의해 제시되었다. 이 인민주의자들은 트럼프나 보우소나루 같은 포스트파시스트는 아니었다. 사실 보우소나루와 트럼프는 여러 면에서 그들의 인민주의 선배들보다는 독재자 피노체트나 아르헨티나의 장군들에 더 가까운 부류라고 할 수 있다.

트럼프나 그와 유사한 유럽의 인물들처럼 보우소나루는 파시즘과 인민주의 사이에 놓인 역사적 괴리를 봉합하기를 원했다.[10] 이와 유사하게 이탈리아의 인민주의자들도 파시스트적인 우익을 조장한 것에 대해 면죄부를 받을 수 없을 것이다. 그러나 미국의 인민주의자들처럼 이탈리아의 인민주의 정권은 폭력에 대해 "직접적 연관성"을 주장하지 않았다. 이탈리아 인민주의자들이 권력을 잡게 된 2018년 이탈리아 총선 며칠 전에 어떤 일이 있었는지 기억할 필요가 있다. 그 당시, 범죄자 루카 트라이니(Luca Traini)가 이탈리아 국기를 몸에 두른 채 마체라타(Macerata) 거리에서 사람들을 향해 총을 쏘기 시작했을 때 인민주의, 네오파시즘, 폭력은 뚜렷하게 연결되어 있었다. 그는 피부 색깔로 제물[공격 대상]을 선택했으며, 체포 직후 팔을 높이 들고 파시스트 경례를 했다. 1936년 가을 아침 무솔리니가 전사자 기념비 앞에서 경의를 표하며 그러했듯이 말이다. 인민주의 및 외

---

10) 이 논제에 대해서는 다음을 보라. Federico Finchelstein, *The Wannabe Fascists: A Guide to Understanding the Greatest Threat to Democracy* (Oackland: University of California Press, 2024)(근간).

국인 혐오주의 [정당] 동맹(Lega)의 후보자였던 트라이니는 파시스트와 인민주의 사이의 정치적 연합과 결합이 빈번하게 만들어지는 새로운 정치 상황을 보여 주는 또 하나의 사례라고 할 수 있다. 파시스트들이 인민주의 지도자를 추종할 수 있고, 인민주의 지도자들은 다시 파시스트적 폭력을 조장하거나 용인할 수 있고, 또 최소화시킬 수도 있다. 헌법에서 명확히 반파시스트를 규정하고 있는 현대의 민주주의적 이탈리아에서 파시스트와 인종주의자들을 잠재적이고 실질적인 동맹으로 바라보는 인민주의 정치인들에 의해 파시즘이 되살아나고 있다.[11] 파시스트들과 인민주의자들은 공통의 주제와 핵심을 공유한다. 이와 같은 맥락에서 우리는 2011년, 자신이 이슬람·페미니즘·다문화주의 지지자로 간주한 77명의 사람을 죽였던 노르웨이의 학살자 아네르스 브레이빅(Anders Breivik)이나 2018년 말, 미국 내에서 벌어진 것 중 가장 치명적인 반유대인 공격을 피츠버그에서 감행했던 총격범 로버트 바워스(Robert Bowers)와 같은 국내 테러리스트의 등장을 목격하게 된다. 브레이빅과 마찬가지로 바워스는 자신의 테러 행위를 그의 민족(people)을 지키기 위한 방어로 묘사한다. 이전에 트럼프가 비난했던 이주자 행렬(migrant caravan)에 대한 걱정을 공유하면서 바워스는 "나는 가만히 앉아서 내 민족(people)이 학살당하는 것을 보고만 있을 수는 없다. 눈을 똑바로 뜨고 보라. 나는 행할 것이다"라고 썼다. 이어 그는 11명을 냉혹하게 살해했다. 2018년에 파시스트 테러와 인민주의 사이의 결합을 보여 주는 중요한 미국의 사례로 야당과 언론계에 있는 트럼프 대통령의 적들에게 파이프 폭탄을 우편으로 보냈던 MAGA(미국을 다시 위

---

[11] 이 논제에 대해서는 Andrea Mammone의 "A Daily Revision of the Past: Fascism, Anti-Fascism, and Memory in Contemporary Italy," *Modern Italy* 11, no.2 (2016): 211-26을 보라.

대하게 만들자) 폭탄 테러범 사욕 주니어(Cesar Sayoc Jr.)를 들 수도 있다. 트럼프주의가 그 행위에 직접 연관된 것은 아니더라도 트럼프주의적 편집증과 음모론에 동일화하는 이데올로기를 지닌 이들이 살인과 폭탄 테러와 같은 극단적인 행위를 행하는 것은 그리 놀라운 일이 아니다. 미국의 사례에서 이러한 공격들은 오로지 트럼프주의가 권력을 장악하고 있는 맥락 안에서만 일어날 수 있는 일들이었다. 2018년 중간선거 과정에서 트럼프는 미국의 군대를 국경에 배치할 수 있고 미국 병사들이 폭력적인 이민자들에게 총격을 가할 수 있다고 경고한 바 있다. 트럼프는 또한 멕시코로 두 번 강제 추방되었던 남자에 의해 이루어진 살인 사건들을 미심쩍게 민주당과 연결하는 광고를 만들기도 했다. 이 광고는 "이 남자의 살인 행위를 모든 이민자가 가할 수 있는 위협"과 연결하기도 한다. CNN은 이 광고를 인종주의적이라고 칭했다. 타루어(Ishaan Tharoor)는 『워싱턴포스트』에 쓴 글에서 이 광고는 더 큰 흐름을 보여 주는 징후라고 말한다. 즉, "백인 민족주의를 향한 이러한 공공연한 전환은 트럼프 집권 시기에 나타난 지배적인 주제"이다.[12]

이러한 맥락에서 좌파 논평가들이 트럼프주의가 단명할 것이라고 믿으면서 이 문제를 간과한 것은 다소 놀라운 일이라고 할 수 있다. 더 일반적으로 말하자면, 미국의 인민주의가 집권을 시작한 처음 몇 년 동안 미국의 진보적인 좌익의 목소리는 트럼프주의가 얼마나 넓고 깊게 퍼질지 파악하는 데, 그리고 트럼프주의가 트럼프라는 인물에게 얼마나 많이 의존하고 있는지를 파악하는 데 어려움을 겪었다. 통과 법안, 대중 지지에 대한 여론 조사, 미디어 지지와 같은 전통적인 기준으로 볼 때 트럼프의 대권(大權)

---

12) Ishaan Tharoor, "Trump Deploys the Fascist Playbook for the Midterms," *Washington Post*, November 2, 2018.

은 항상 위기에 처해 있었다. 트럼프주의는 온화한 형태의 인민주의가 아니라 극단적인 인민주의다. 그러나 이러한 비판들은 위기(그리고 추문)를 위태로움과 혼동한다. 인민주의는 위기와 불안정, 양극화 상황에서 번영하기 마련이다. 실제로 2023년에 (미국 선거인단의 특이성과, 맨 처음 그에게 투표한 많은 사람들이 트럼프의 압제적 요구뿐만 아니라 트럼프의 인종주의와 성차별주의, 친독재 입장에 대해 보여 준 놀라울 정도의 관용도를 생각하면) 트럼프는 (그를 대통령직에 다시 재선출되게 만들 수 있는) 강력한 세력을 여전히 장악하고 있었다. 인민주의가 권력에 오르면서 대통령직의 실질적 성격이 변모했다. 대통령은 말 그대로 백악관을 자신의 입장을 강하게 변호하는 수단(bully pulpit)[13]으로 사용했다. 또한 대통령은 그의 직위를 자신과 가족, 그리고 트럼프 조직을 부유하게 만드는 기회로 활용하면서 이해 충돌의 죄를 범한다.[14] 더욱이 트럼프가 행정 명령이나 국가 안보 발동과 같이 전형화된 행정 권력을 이용하고 남용함에 따라, 그의 대통령직은 극단적인 영향력을 지닌 것으로 판명되고 있다. 그러나 이러한 상황에서 출현한 구도는 약한 대통령이라는 구도였다. 이처럼 폭력과 차별을 주류화한 트럼프주의적 방식의 효과를 최소화하려는 경향의 전례는 독일 파시즘에 대한 역사학에서도 찾아볼 수 있다. 몇 해 전에 몇몇 독일 역사가들은 히틀러가 '약한' 독재자라고 주장한 바 있다. 말할 필요도 없이 이러한 평가는 나치즘의 희생자들이 겪은 고난의 정도를 무시할 때에만 받아들여질 수 있을 것이다. 트

---

13) 역자주 - '대중을 설득하는 연설 무대'라는 뜻을 지닌 'bully pulpit'은 시어도어 루즈벨트(Theo- dore Roosevelt) 대통령이 처음 사용한 용어로, 대통령이 자신의 직위를 이용해 대중 앞에 직접 나서 메시지를 전달하거나 여론을 형성하기 위해 사용하는 소통 수단과 공적 플랫폼을 의미하게 되었다.

14) David Leonhardt and Ian Prasad Philbrick, "Trump's Corruption: The Definitive List," *New York Times*, October 28, 2008.

럼프주의가 약한 정치 운동이라는 생각은 이민자나 소수자들과 같은 이 권위주의적 대통령의 주된 희생자들이 트럼프주의 아래 겪고 있는 실상과는 크게 동떨어져 있다. 트럼프주의의 표적들에게 이 카우디요(caudillo, 스페인어로 지도자 또는 영도자)와 그의 보수주의적 조력자들은 전혀 약한 존재일 수 없다. 인민주의 정책들을 정당화하거나 용인하고자 하는 동기에 의해 움직이지 않는 이러한 대조적인 평가들을 어떻게 설명할 것인지의 문제는 항상 관점의 문제로 수렴한다. 달리 말해, 이는 해석하는 자의 주관적 위치의 문제다.

중심과 주변은 현실에 대해 다른 경험을 하기 마련이고, 그것은 보통 반테제적 양상으로 나타난다. 기본권의 침해가 부유한 북부에 살거나 가난한 남부 사막에 사는 모든 이들에게 동일한 방식으로 영향을 끼치지는 않는다. 이에 더해 자유주의 좌파의 몇몇 논평가들은 트럼프 시대의 미국에서도 실질적으로 자유가 증가했다고 주장한다. 과연 '자유'라는 관념이 트럼프주의의 상징이 되어 버린 어린 이민자 아이들이 감금된 모습과 공존할 수 있을까? 같은 나라에 사는 다른 사람들은 이 상황을 다르게 보고 다른 방식으로 경험한다. 강의실이 아닌 국경에서 인종주의, 핍박, 감금의 지구사들은 밀접하게 연관된다. 이 책이 집중적으로 분석하고자 하는 파시즘과 인민주의의 상호 연결된 역사에 대해서도 같은 말을 할 수 있을 것이다.[15]

---

15) 예컨대, 하버드대학의 역사학자인 템킨(Moshik Temkin)에 따르면 "역사는 반복되는 일이 거의 없기 때문에" 역사학자들이 트럼프주의와 "과거의 외국 독재자들"의 관련성에 관심을 둘 필요가 없다. Moshik Temkin, "Historians Shouldn't Be Pundits," New York Times, June 26, 2017을 보라. 유사한 맥락에서 로빈(Corey Robin)은 "권위주의와 공화당의 패권을 우려하는 논의가 증가하고 있지만, 오늘의 미국이 과거에 그랬던 것보다 더 개방적이고 더 자유롭다는 징후들이 있다"라고 주장한다. 다음을 보라. Corey Robin, "If Authoritarianism Is Looming in the US, How Come Donald Trump Looks So Weak?," *Guardian*, January 13, 2018.

전 세계에서 파시스트는 아닌 극우 인민주의 지도자들이 파시스트 교본을 따르면서 파시스트적 행동을 조장하고 있다. 프랑스, 오스트리아, 네덜란드, 독일과 같은 나라에서 동일한 특징이 자주 발견되고 있고, 악마화와 선거 불복과 함께 이민자들에 반한 인종주의적 입장이 파시스트와 인민주의 사이에 형성되는 이러한 선택적 친화성의 핵심을 이룬다. 그러나 우르비나티(Nadia Urbinati)가 제안하듯이 이민 문제는 과거의 파시즘과 새로운 파시즘 사이에 큰 차이가 있다는 점을 드러내는데, 그 이유는 이 문제가 모든 정당 사이의 경계를 흐리게 만들기 때문이다. 우파의 인민주의적 방법을 모색하는 데 관심을 둔 온건한 중도 좌파의 구성원들이 볼 때, 새로운 이민자들에게 더 큰 관용을 베풀어야 한다는 요구는 인도주의적인(humanitarianism) 것으로 받아들여지기 어려운 것이었다. 바로 이러한 특징 때문에 유럽에서뿐만 아니라 미국에서 새로운 좌파 인민주의(new left populism)에 대한 요구를 이해하기가 쉽지 않다고 말할 수 있다(특히 유럽에서는 더 그렇다). 새로운 인민주의에 대한 이러한 요구는 틀림없이 대중적 운동들 및 정치인들과 인민주의적 운동들 및 정치인들 사이의 차이를 구분하지 못하는 용어상의 혼란에서 비롯된 결과라고도 할 수 있다. 자유주의와 마찬가지로 사회주의는 단순하게 인민주의와 동일시될 수 없다. 그러나 어떤 정치인이나 운동이 대중적인 요구나 더 많은 참여 요구에 응하거나 기술관료 엘리트에 맞서고 더 평등주의적인 입장을 취한다고 하더라도 그것이 이들을 인민주의적인 것으로 만들지는 않는다.

이러한 혼란이 팽배한 미국에서 버니 샌더스(Bernie Sanders), 알렉산드리아 오카시오 코르테즈(Alexandria Ocasio-Cortez) 등은 종종 인민주의자로 오해되고는 한다. 사실 이들은 특정한 선거구에서 평등주의적 요구를 제시하지만, 그들 자신의 이미지 속에 사람들[인민]을 투사하지는 않는다.

실제로 이들은 권위주의와 반다원주의에 반대하지만, 자신에 반대하는 사람들이 인민의 적이라는 생각을 조장하지 않는다. 그들은 더 전통적인 대의제의 방식으로 행동하지만, 그들만이 인민의 의지를 반영한다는 식으로 주장하지 않는다. 이와는 대조적으로 인민주의자들에게 위임은 대표를 대체하고 인민의 목소리는 지도자의 목소리와 동일시된다.

  미국, 브라질 그리고 다른 나라에서 에르네스토 라클라우(Ernesto Laclau)나 샹탈 무페(Chantal Mouffe)와 같은 이론가들이 영향을 끼쳐 온 좌파 인민주의 모델은 우파 인민주의에 대한 가장 의미 있는 좌파적 대응은 아니었다. 다른 한편, 아르헨티나·프랑스·스페인 같은 나라에서는 이들의 저작이 정치 행위자들에 의해 수용되었다. 좌파 인민주의에 호소했던 대부분의 사람들은 대체로 동질적인 인민의 의지 또는 인민의 적에 맞선 투쟁 책략의 살아 있는 상징이 되었던 베네수엘라의 우고 차베스(Hugo Chavez, 1999~2013 집권)와 같은 정치 지도자의 필요성을 역설했다. 이들은 그러한 지도자라야 제도적 경로를 무시하고 더욱 직접적인 형태의 민주주의를 효과적으로 창출할 수 있다고 주장했다. 그러나 현재의 맥락 속에서 이 새로운 좌파 인민주의는, 인민의 목소리를 흉내 내고 복화술(腹話術)을 하면서 오늘날 나타나고 있는 다양성에 대한 종족적(ethnic) 불관용과 민족주의에 구미를 맞출 확실한 지도자를 가질 수 있을까? 이러한 인민주의적 욕망을 신봉하는 좌파 측 사람들은 라틴아메리카에 있었던 권위주의라는 인민주의의 선조들을 잊고자 할 뿐만 아니라 더 최근에 특히 유럽과 미국에서 나타난 전통적인 좌파 유권자들이 보인 외국인 혐오적 분개조차 잊으려고 한다. 어떤 면에서 그들은 좌파가 사상과 정치 강령을 등한시한다는 명분 아래, 그리고 정치적 신화를 끌어안으며 좌파가 그들의 반파

시스트 전통을 망각하기에 이르렀다는 점도 잊고 만 것이다.[16]

III

이 책에서 거부하고자 하는 것 중 하나는 현재의 현상 이면에 자리하는 오래된 역사적 유형(pattern)을 무시하는 비역사적 정의(이 정의는 사실 플라톤적인 정의라고 할 수 있다)이다. 나는 정의(定義) 대신에 역사 속에서 인민주의를 구성해 왔던 요소에 대한 역사적 이해를 제시하고자 한다. 인민주의의 오랜 역사에서 [트럼프주의의 관점에서뿐만 아니라 동맹(Lega), 페론주의, 보우소나루주의, 독일대안당, 스페인의 복스(Vox) 등의 관점에서 정의되는] 가장 최근의 장(章)은 그 어느 때보다 더 인종주의적이고 반민주주의적이다.

이 책에서 상술하고 있듯이, 라틴아메리카의 다른 사례들에서 인민주의가 1945년 최초로 권력의 자리에 다다랐을 때, 그것은 민주주의 시대

---

16) 좌파를 위한 인민주의에 관한 마지막 제언에서 샹탈 무페는 [인민주의의 이론적·분석적 특징을 강조하며] 다소 신비한 방식으로 라틴아메리카의 좌파 인민주의의 과거에 대해 말하지 않는다. 실제로 그녀는 자신의 새 책 10쪽에서 이 문제를 명확하게 옆으로 밀쳐 놓는다. 다음을 보라. Chantal Mouffe, *For a Left Populism* (New York: Verso, 2018). 무페와 라클라우는 차베스주의와 아르헨티나의 키르히너주의를 유럽이 따라 할 만한 가치가 있는 모델로 제시한다. 유럽에 대한 이 같은 주장에 대한 비판은 다음을 보라. Eric Fassin, *Populisme: le grand ressentiment* (Paris: Textuel, 2017)와 Nadia Urbinati, *Me the People: How Populism Transforms Democracy* (Cambridge, MA: Harvard University Press, 2019). 라틴아메리카에 대한 유사한 비판은 다음을 보라. Carlos de la Torre, *Populismos*(Barcelona: Tibidabo, 2017). 무페와 라클라우는 유럽에서 애국주의와 키르히너주의의 모방을 시도할 가치가 있다고 주장했다. 유럽에 대한 이 같은 주장에 대한 비판으로는 다음을 보라. Eric Fassin, *Populisme: le grand ressentiment* (Paris: Textuel, 2017), NadianUrbinati, *Me, the People: How Populism Transforms Democracy* (Camibridge, MA: Harvard University Press, 2019). 라틴아메리카에 대한 유사한 비판으로는 다음을 보라. Carlos de la Toree , *Populismos* (Barcelona: Tibidabo, 2017).

에 맞게 파시즘을 재구성한 것이었다. 달리 말하자면, 초기의 인민주의에 중심적인 특징은 몇몇 권위주의적 경향들이 지속하는 동시에 인민주의가 파시스트적인 정치 폭력과 인종주의를 거부했다는 점이다. 시간이 흐르면서 인민주의는, 키르치네르주의(Kirchnerism)와 차베스주의(Chavismo)를 포함한 보다 좌익적인 변용에서 베를루스코니 치하의 이탈리아, 메넴(Menem) 치하의 아르헨티나, 콜로르 지 멜루(Collor de Mello) 치하의 브라질과 같은 곳에서의 신자유주의적 변용에 이르기까지 전 세계에 걸쳐서 상이한 형태를 채택했다. 이러한 다수 형태에서 인민에 대한 인민주의적 관념은 인민에 대한 파시스트적 관념과 아주 멀리 떨어져 있었다. 이는 트럼프, 살비니, 오르반, 보우소나루 및 오늘날 나타난 여타의 새로운 인민주의적 카우디요들의 상황과는 다른 것이다.

    파시스트들에게 인민은 데모스(demos. 대중/보통 사람)로 정의될 뿐만 아니라 에스노스(ethnos. 종족)로 이해된다. 파시스트의 인민 개념과 권력을 장악했던 초기 인민주의의 인민 개념에는 발본적인 차이가 있다. 초기의 인민주의자들이 (그들과 한편이 되지 않는다면 인민의 일부가 아니라 반인민 혹은 인민의 적으로 간주될 것이라는 의미에서) 권위주의적이었던 것만큼이나 그들의 인민 정의는 데모스 개념에 뿌리를 두고 있었다. 정권을 지지하고 싶은 사람이라면 재빨리 반인민에서 인민으로 돌아서야만 하는 것이다. 파시즘과는 대조적으로 인민주의 아래에서 반인민들은 수사적으로 인민의 반테제로 악마화되지만, 물리적으로 광범위한 공격을 당하지는 않는다. 더욱이 그들의 정치적 권리는 실체적으로 파괴되지 않는다. 다시 말하자면, 인민주의에서 그들은 정당성을 결여하는 인민의 적이지만, 여전히 존재할 수 있고 선거에 참여해서 질 수도 있다. 그들은 겨우 용인되기는 하지만 완전히 박해당하거나 금지되지는 않는다.

인민주의 역사에서 더 최근의 장(章)으로 옮겨 가면(이 역사에서 트럼프는 세계에서 가장 강력한 국가에서 권좌에 올랐다는 점에서 가장 중요하다), 우리는 데모스로서 인민에 대한 관념과 에스노스로서 인민이라는 본래 파시스트적인 관념이 혼합되는 모습을 보게 된다. 다시 한번 인종주의는 이 권위주의적 전통에 핵심적으로 중요한 것이 되었지만, 우리가 다시 원점으로 되돌아간 것은 아니었다. [즉] 우리는 파시즘의 복귀를 목도하고 있는 것이 아니다. 그러나 현재의 패러독스 중 하나는 수십 년간 파시즘에 대한 인민주의의 재정식화가 이루어진 후, 오늘날에는 인민주의자들이 데모스뿐만 아니라 에스노스에 근거한 인민 개념으로 복귀하고 있다는 점이다. 인민주의는 점차로 인종주의적(racist)으로 변화하고 있으며, 트럼프주의의 경우에는 이미 완전히 인종주의적이라고 할 수 있다.

오늘날 인민주의와 파시즘을 혼동하는 경향은 부분적으로는 현재의 인민주의가 전후에 나타났던 본래의 인민주의보다 훨씬 더 인종주의적이라는 사실 때문에 발생한 것이라고 할 수 있다. 미국에서 이탈리아 그리고 그 너머에까지 이르는 이 새로운 인민주의 아래에서 인민은 종족적(ethnic) 관점에서 정의되고, 반인민은 종종 반종교적이거나 인종주의적 관점에서 정의된다. 그러나 이러한 인민주의의 적들은 파시즘의 적들이 겪었던 것처럼 완전히 박해당하거나 제거되지는 않는다. 다시 말해, 인민주의가 파시즘처럼 보이기는 하지만, 실질적으로는 그렇지 않다.

제2차 세계 대전 종결 이후 처음 등장했을 때부터 인민주의는 이미 파시즘으로부의 이탈을 함의했다. 포스트파시즘으로서 인민주의는 권위주의적인 방식으로 민주주의를 재정초하는 작업으로 이어졌지만, 이 작업이 인종주의적이거나 전체주의적인 방식으로 이루어졌던 것은 아니다.

인민주의는 과거의 권위주의를 국민투표 방식으로 이항시키려 시도했고, 실질적으로 자신이 비롯된 파시즘과 자신을 분리시켰다. 더 실질적인 관점에서 인민주의는 자주 파시스트와 그들의 정치를 분리했다. 후안 페론(Juan Domingo Perón) 장군이 파시스트들은 광범위하고 성공적인 선거 승리를 성취하기에 좋은 정치 동맹이 아니라고 말했다는 사실은 이미 널리 알려져 있다. 그는 파시스트의 동맹을 원치 않았다. 그리고 확실히 그는 파시스트들을 자신의 토대로 여기지 않았다.

이러한 고전적 인민주의의 논리는, 트럼프주의가 미국에서 중도 우익 공화당원, 인민주의자, 인종주의자, 네오파시스트(neofascists)와 같은 동조자들을 포함하는 연합을 발생시킨 새로운 시대에 더 이상 그 전형이 될 수 없었다. 이는 권력을 장악한 인민주의의 역사에서 새롭게 나타난 사실이다. 이 역사에서 인민주의자들은 항상 다수의 이름으로 통치했고, 선거에서의 소수 집단들을 배제하거나 심지어 악마화시켰다. 그러나 트럼프의 경우 다수의 의지를 악마화하거나 배제시킨 것은 소수였다. 트럼프주의는 이러한 체계적 약점들을 활용하고, 점점 더 형식적으로 된 결과 실체를 잃어 가는 민주주의를 더욱 조악하게 만들었다. 이러한 시기에 미국의 민주주의는 나머지 세계에 부정적인 본보기가 되고 있다.

이탈리아나 헝가리와 같은 유럽 국가들 또한 집권 인민주의가 펼쳐지는 새로운 경험의 장소가 되었다. 엘살바도르의 나이브 부켈레(Nayib Bukele)와 함께, 2018년 브라질의 보우소나루가 승리하면서 새로운 인민주의적 실험이 라틴아메리카로도 확장되었다. 권력을 장악한 '새로운 인민주의'는 오늘날 그 어느 때보다 더 파시즘에 가까워졌으며, 이러한 사실은 우리에게, 그리고 특히 침묵하고 있는 이들에게 경종을 울리고 있다.

뉴욕, 2023년 11월 18일

목차

한국어판 서문 · 4
프롤로그 · 32

시작하는 말: 과거의 관점에서 파시즘과 인민주의를 생각하기 · 46
   파시즘과 인민주의의 사용 · 48
   파시즘의 귀환 · 53
   역사 속의 트럼프주의 · 55
   역사 속의 파시즘과 인민주의 · 63
   파시즘과 인민주의의 지도 그리기 · 77

제1장 역사 속 파시즘 · 85

   파시즘과 역사학자들 · 101
   '총칭적 합의'에서 초민족적 전환으로 · 110
   초민족적 파시즘 · 115
   파시즘과 홀로코스트 · 125
   파시스트 폭력의 역사 · 134
   파시스트 인민주의? · 142

제2장 역사 속 인민주의 · 181

   오늘날의 전 지구적 인민주의: 유럽, 라틴아메리카, 그리고 그 너머 · 189

포스트파시즘으로서의 현대 인민주의의 기원 · 192
라틴아메리카에서의 현대 인민주의 등장 · 194
역사와 이론 사이의 인민주의 · 213
다원주의에 반하는 인민주의? · 219
인민주의와 반인민주의를 설명하기 · 230
인민주의가 된 파시즘: 페론주의에서 트럼프주의까지, 그리고 그 너머 · 240
과거에서 현재로 · 255

제3장   민주주의와 독재 사이의 인민주의 · 283

독재와 제도 · 286
민주주의, 신인민주의, 그리고 신자유주의 · 294
지도자와 인민 · 309
아버지의 이름으로 불리는 민주주의 · 323
고전적 선전에서 새로운 매체 지형으로 · 336
인민주의의 신들 · 343
이슬람 인민주의? · 352
마초 인민주의 · 356

결말(Epilogue) · 376

프롤로그

> 개인의 정체성은 기억 속에 머무르고, 그 기능의 소멸은 사람을 백치로 만든다는 점은 잘 알려져 있는 바이다.
> — 호르헤 루이스 보르헤스(Jorge Luis Borges), 『영원성의 역사(History of Eternity)』(1936)[17]

도널드 트럼프가 미국의 대통령이 되기 몇 달 전, 나는 드레스덴에서 독일의 네오나치들과 인종주의적 인민주의자들의 시위대에 둘러싸였다. 나는 이 도시의 대학에서 파시즘과 인민주의에 관한 세미나를 이끌기 위해 가족과 함께 이 도시에 가야 했다. 마치 운명처럼 우리는 서구의 이슬람화에 반대하는 애국주의 유럽인 모임(Pegida)이 매주 집회를 여는 요일인 월요일에 도착했다. 인종주의 깃발과 성난 얼굴들이 우리를 에워쌌다. 말 그대로 현재 인민주의의 가장 극단적인 사례 중 하나가 호텔과 우리 사이에서 펼쳐지고 있던 것이다. 이 지점에서 당시 여덟 살이었던 나의 큰딸이 "이들이 안네 프랑크를 죽였던 나치들인가요?" 하고 물었다. 우리는 그 전

---

17) 역자 주 – 보르헤스, 『영원성의 역사』, 민음사, 2018.

해에 암스테르담에 있는 안네 프랑크 박물관을 방문했었고, 딸은 그녀의 이야기에 큰 영향을 받았다. 나는 안네 프랑크를 죽인 사람은 그들이 아니지만 이 네오나치들은 그녀가 살해당했다는 사실에 기뻐할 것이라고 답했다. 극우 네오파시스트들과 인민주의자들이 과거의 운동과 결합하면서 현대 파시즘의 독재적 유산은 상이한 민주주의 시대에 맞춰 재편되었다. 그리고 이는 과거와 현재의 연관성을 이해하는 데 핵심적이다. 나는 두 딸 가브리엘라와 루치아에게 달래는 말로 민주주의에서는 폭력적 당파주의자들이 할 수 있는 일에 한계가 있기 때문에 우리에게 어떤 일도 일어나지 않을 것이라고 스페인어로 말했다. 이 외국인 혐오주의자들이 감히 인민주의의 수사적 악마화에서 파시스트적인 물리적 공격으로 공개적으로 움직이지는 않을 것이다. 그러나 인민주의 역사가 보여 주듯이 그들은 관용의 기반을 허물고 결국에는 민주주의를 약화시킬 것이다. 내 딸들은 뉴욕에서 태어났고 그곳의 조건은 나쁘지 않았다. 내가 옳았던 것일까? 내 딸의 나이 즈음에 아르헨티나의 군사 독재 시절을 겪었던 나는 내 부모님께 공공연히 같은 질문을 던지는 것이 얼마나 위험한 일이었는지 기억하고 있다. 그리고 나와 내 가족은 친파시스트 군사 시위대 앞을 지나며 자유롭게 말을 주고받을 수 없었을 것이다. 어린 시절 나는 홀로코스트(Holocaust) 및 히틀러의 '유대인 학살' 역사에 관심이 있었지만, 권좌에 있던 사람들과 파시즘의 관계는 아르헨티나에서 중간 계급 유대인 가정의 아이가 대놓고 말할 수 있는 주제가 아니었다.[18] 너무 많은 사람들이 "사라져 버렸다". 그

---

18) Federico Finchelstein, "An Argentine Dictator's Legacy (*New York Times*, 2013년 5월 28일)를 보라. 드레스덴(Technische Universität Dresden) 대학에서 인민주의와 파시즘에 대해 가르칠 수 있도록 초청해 주시고, '서구의 이슬람화에 반대하는 애국주의 유럽인 모임(Pegida)'에 대해 듣게 된 후 바로 그에 대해 설명해 주신 Pegida 관련 최고 전문가이자 민주주의와 인민주의의 저명한 학자인 한스 폴륀더

러나 인민주의자들이 세계 무대를 장악한 지금 다른 많은 사람들과 마찬가지로 나 또한 그들에게 묻는다.

최초의 현대적인 인민주의 정권은 미국이 아닌 아르헨티나에서 탄생했지만, 최근 이 세계 최강국은 그 인민주의적 힘을 나머지 세계에 휘두르고 있다. 이는 대부분의 사회과학자들을 포함해 많은 미국인들이 불가능할 것이라 생각했던 일이다. 2001년 이래 미국에서 살면서 나는 종종 인민주의나 파시즘은 리오그란데(Rio Grande) 북쪽에는 발을 들여놓지 못할 것이라는 소리를 들어 왔다. 그러나 이제는 특히 인민주의가 미국을 장악하고 있다는 점을 고려할 때 파시즘과 인민주의의 지구적 역사는 미국과 그 너머에서 새로운 인민주의의 시대가 시작되고 있는 지금 우리가 명심해야 할 핵심적인 근거를 제시한다.

지구사적 관점에서 인민주의를 둘러보면 외관상으로는 예상할 수 없던 것들도 더 잘 이해할 수 있게 된다. 이 책은 파시즘과 인민주의적 민주주의의 맥락에서 권력을 장악하고 있던 이들 사이의 역사적 연관성을 검토한다.

파시즘과 인민주의의 역사에 그들의 학술적 삶을 바쳤던 다른 역사가들과 마찬가지로 나는 항상 과거를 통해 현재를 알 수 있다고 생각했고 지난 20년간 내 작업은 파시즘, 인민주의, 폭력, 정치의 문제적 관계를 살펴보기 위해 과거로 향했다. 오늘날 파시즘과 권력의 문제는 명백히 현재[의 문제]에 속한다고 할 수 있다.

위기, 외국인 혐오, 인민주의는 우리의 새로운 세기를 규정하고 있다. 그러나 이러한 특성들은 새로운 것도 아니고 그야말로 우리 시대에서 새

(Hans Vorländer) 교수께 감사드린다.

롭게 다시 태어난 것도 아니다. 명백하게 드러난 인민주의의 재탄생을 이해하기 위해서는 인민주의가 수용되고 오랜 시간에 걸쳐 재규정되어 온 역사를 이해해야 한다. 이 역사는 파시즘과 함께 시작되었고 권력을 장악한 인민주의와 함께 계속되었다. 이 세기는 20세기에 매우 핵심적이었던 폭력, 파시즘, 집단 학살의 역사와 단절하지 못했지만, 독재 특히 파시스트적인 독재는 점차로 정부[통치] 형태로서의 정당성을 상실하고 말았다. 뮌헨과 바이마르에 대한 과장된 은유를 차치하고 말하자면, 지금 파시즘이 과거에 존재했던 방식으로 복귀하고 있는 것은 아니다. 과거는 결코 현재가 아니다. 그러나 현재 표출되고 있는 네오파시즘과 인민주의는 그 이면에 중요한 역사를 품고 있으며, 장기에 걸친 파시즘에서 인민주의로의 이행은 우리의 현재를 만들어 왔다. 이 책은 파시즘과 인민주의가 상황에 따라 다르게 공적·정치적으로 이용되었다는 점이 파시즘과 인민주의를 이해하는 데 핵심적인 사안이라고 주장할 것이다. 그뿐만 아니라 어떻게 이 역사가 구상되고 해석되었는지 연구하는 것이 우리의 인식을 새롭게 하고 또 민주주의와 평등에 가해지는 현재의 정치적 위협에 대한 이해를 증진시켜 줄 수 있다고 주장할 것이다. 맥락과 개념이 핵심이다.

이 책은 과거 및 현재의 파시즘·인민주의 경험이 특정한 민족적 조건이나 지역적 조건으로 환원될 수 있다는 생각을 반박한다. 이 책은 미국과 유럽 중심의 지배적 견해에도 반대한다. 특히 트럼프의 인민주의 승리라는 역사적 분기점을 미루어 볼 때, 미국의 민주주의적 예외주의의 허구성이 마침내 드러나고야 말았다고 할 수 있다. 이 새로운 미국 인민주의의 시대는 미국이 나머지 세계와 동일하다는 점을 명백하게 보여 준다. 프랑스나 독일의 민주주의적 문화에 대해서도 유사한 주장을 할 수 있다. 특히 국경과 대양을 가로지르며 서로에게 영향을 끼치는 이데올로기들을 분석할 때, 지정학적 나르시시즘이 역사적 해석을 방해하도록 내버려두어서는 안 된다.

나는 인민주의와 파시즘에 대한 역사적 설명을 제시할 것이지만, 그뿐만 아니라 남부 입장의 견해도 제시할 것이다. 다시 말하자면, 주변부의 입장에서 중심부에서 대체 어떤 일이 발생한 것인지 물을 것이다.[19] 인민주의나 파시즘이 오로지 유럽이나 미국만의 것은 아니며 라틴아메리카만의 것도 아니다. 인민주의는 아르헨티나적인 것만큼이나 미국적인 것이다. 마찬가지로 파시즘은 독일이나 인도도 장악했다. 미국과 유럽에서 매우 많은 학자들이 이 진정으로 지구적이고 초민족적인 현상의 미국적 차원과 유럽적인 차원을 지엽적으로 강조하면서 파시즘과 인민주의의 과거 및 현재 형태를 설명하고 있다. 파시즘과 인민주의의 역사를 탈중심화한다는 작업은 이들의 기원에 대해 단일한 대안적 설명을 채택한다는 것을 의미하지는 않는다. 모든 역사들이 중요한 것이다.

파시즘은 무엇이고 인민주의는 무엇인가? 이는 이 용어들과 관련해 파악된 공통의 특징들을 입증하거나 비판하기 위해, 또는 그 특징들과 거리를 두기 위해 파시스트, 반파시스트, 인민주의자, 반인민주의자들이 최초로 제기한 질문들이다. 질문이 제기된 이래로 이를 지지하는 이들이나 확고하게 비판하고자 이들이 이 개념들을 반복해서 사용해 왔다.[20] 그때나

---

19) 중심과 주변부에 대해서는 다음을 보라. Étienne Balibar, *We, the People of Europe? Reflections on Transnational Citizenship* (Princeton, NJ: Princeton University Press, 2004), 2.

20) 예를 들어 다음을 보라. Giovanni Gentile, *Che cos'è il fascismo* (Florence: Vallecchi, 1925); Leon Trotsky, *Fascism: What It Is, How to Fight It* (New York: Pioneer, 1944). 초기 인민주의자인 조리(T. C. Jorry)에 대해서는 다음을 보라. *What Is Populism? An Exposition of the Principles of the Omaha Platform Adopted by the People's Party in National Convention Assembled July 4 1892* (Salem, OR: R. E. Moores, 1895).

지금이나 행위자들이나 해석자들은 모두 이 두 용어가 자유주의와 대립한다는 점에 동의한다. 또한 이 두 용어가 자유주의적 민주주의 질서에 대한 도덕적 비난을 수반한다는 점에도 동의한다. 그리고 이 용어들이 엘리트나 기성 정치에 맞서서 강한 지도자가 인민의 이름으로 제시하는 대중적 반응을 의미한다는 점에도 동의한다. 그러나 파시즘과 인민주의는 이러한 친화성을 넘어, 그리고 과거의 이념형의 틀과 총칭적(generic) 해석의 한계를 넘어서 어떻게 역사적으로·이론적으로 접합되었을까? 또 우리는 어떻게 이들 사이에 나타나는 의미 있는 차이를 설명할 수 있을까? 이 책은 이 질문들에 대한 역사적 답변을 제시할 것이다. 파시즘과 인민주의는 정치적 논의의 한가운데에 자리하고, 종종 융합되기도 한다. 하지만 이들은 사실 서로 다른 정치적·역사적 경로라고 할 수 있다. 이와 동시에 파시즘과 인민주의는 계보학적으로 연결되어 있다. 이들은 동일한 역사 속에 포함된다.

현대 인민주의는 파시즘으로부터 탄생했다. 파시스트 대중 정치가 러시아의 나로드니키 운동이나 미국의 인민의 당(People's Party)과 같은 전근대적인 농업적 형태의 민주주의적 인민주의 너머로 대중적인 개입을 이끌어 간 것처럼 또는 파시스트 대중 정치가 아르헨티나의 이리고옌주의(Yrigoyenismo)나 우루과이의 바트예주의(Batllismo)와 같은 원형 인민주의의 구성체들(protopopulist formations)과는 달랐던 것처럼, 전후에 라틴아메리카에서 나타난 최초의 현대적인 인민주의 정권[체제]은 제2차 세계대전 이전의 전인민주의나 원형 인민주의 운동들에서는 그렇게 지배적이지 않았던 반민주주의적 특성들은 지키면서 파시즘으로부터 탈피했다.

새로운 인민주의적 현대성은 파시즘의 패배와 함께 탄생했다. 전후 냉전 시기에 인민주의는 반계몽주의의 유산을 재정식화했으며, 역사상 처음으로 완성되었다. 즉, 권력을 획득한 것이다.[21] 1945년경 인민주의는 파시즘의 연속체였지만, 파시즘을 규정하는 독재적 요소의 일부를 포기했다. 파시즘은 급진적 형태의 정치 폭력과 대량 학살로 귀결되는 폭력적인 전체주의적 질서를 제의했다. 이와는 대조적으로, 그리고 파시즘의 패배로 인해 인민주의는 민주주의적 음조에 맞추어 파시스트의 유산을 개정하고 재조율했다. 이렇듯 전후에 나타난 인민주의는 파시즘이 문명화되어 나타난 결과였다. 파시즘의 흥망성쇠는 파시스트와 가까이했던 아르헨티나의 후안 페론 장군 같은 이들뿐만 아니라 브라질의 제툴리우 바르가스(Getúlio Vargas)와 같은 많은 권위주의의 동조자나 파시즘을 경험하지 못했거나 파시즘에 진심으로 동의하지 않았던 미국의 많은 인민주의 우파의 성원들에게도 영향을 끼쳤다. 집권을 위해 전후의 인민주의는 전간기에 보였던 친독재적 토대를 포기했지만 파시즘을 완전히 떨쳐내지는 않았다. 인민주의는 자유주의와 공산주의 사이에서 제3의 길이 되면서 파시즘의 자리를 차지했다. 그러나 파시즘 지지자들과는 달리 인민주의의 주창자들은 인민주의가 민주주의적 선택지가 되기를 원했다. 파시즘과는 다른, 민족[국가](nation)을 통치할 수 있는 새로운 정치적 전통을 창출하려는 정치적 의도를 인민주의가 가지고 있었고 이를 성취하는 데 인민주의가 궁극적으로 성공했다는 점은 민주주의 안에서 다양한 권위주의를 실험하고자 했던 전후 인민주의의 복잡한 역사적 특징을 설명한다. 인민주의는 분명 다른 여러 전통의 요소들을 흡수했다. 그러나 히틀러와 무솔리니가 패배한 이후, 인민주의가 포스트파시스트적으로 재구성되는 과정에서 인민주의의

---

21) 반계몽주의에 대해서는 다음을 보라. Zeev Sternhell, *The Anti-Enlightenment Tradition* (New Haven, CT: Yale University Press, 2010).

파시스트적 기원과 효과 때문에 (인민주의적인 포스트파시즘을 구성하는 요소로서) 민주주의와 독재 사이에 팽팽한 긴장이 조성되었다.

역사에서 인민주의는 사회를 더욱 권위주의적인 양식으로 이끄는 반동적 힘이 되기도 하지만 그 진보주의적 변종에서는 불평등한 상황에서 민주화를 시작하거나 진전시킬 수도 있고 동시에 그 오른쪽이나 왼쪽에 있는 정치적 소수자의 권리나 정당성을 훼손할 수도 있다. 특히 좌파의 관점에서 볼 때, 그리고 특별히 좌파 전체를 대표한다는 좌파 인민주의자 주장의 맥락을 고려할 때 우리는 대규모 시민 참여나 대중적이고 평등주의적인 사회적·정치적 요구를 인민주의적 상황과 뒤섞어서는 안 된다. 전문가들은 종종 비역사적인 방식으로 사회 민주주의와 진보 정치, 인민주의를 혼동한다. 이 책의 목표 중 하나는 인민주의를 역사적으로 명료하게 위치시키는 것이며 동시에 아주 흔히 인민주의로 묵살되고 마는 상이한 민주주의적·해방적 형태와 인민주의를 구분해야 할 윤리적·정치적 필요성에 주목하는 것이다. 그 우익적 판본에서 종종 나타나듯이 인민주의가 사회를 후퇴시키기 위해 외국인 혐오를 이용한다면, 인민주의의 좌익적 구성체는 사회의 관심을 불평등한 사회적·경제적 조건으로 돌린다. 더 최근에 이는 신자유주의적 긴축 정책의 독단성이나 기술관료적 사업 중심 해법의 이른바 중립성에 의문을 던지는 것을 의미하기도 했다.

모든 사례에서 인민주의는 단일한 인민의 이름으로 말하고, 또 민주주의의 이름으로 말한다. 그러나 민주주의는 협의의 관점에서 인민주의 지도자들의 욕망의 표현으로 정의된다. 인민주의는 엘리트에 맞서서 그들만이 전체 인민을 대표할 수 있다고 주장하지만, 단순히 이 방식대로 인민주의를 정의할 수는 없다. 인민주의자들은 모든 인민의 이름으로 행동하기를 원할 뿐만 아니라 그들의 지도자가 곧 인민이며 지도자가 결정을 내릴 때 모든 시민을 위한 대리인이 되어야 한다고 믿는다. 인민주의의 지구사는 일반적으로 지도자가 인민이 될 때 인민주의의 구성적 출발점이 형성된다는 점을 보여 준다. 그러나 지도자가 이론적으로 인민을 사인화한다고 할지라도 그 또는 그녀는 실질적으로는 자신들의 (유권자들과) 추종자들을 대표할 뿐이다. 인민주의자들은 추종자들을 전체 인민의 표현으로 간주하는 것이다. 지도자는 그들의 목소리가 되면서 인민을 대체한다. 달리 말하자면, 인민의 목소리는 지도자의 입을 통해 표현될 수 있을 뿐이다. 민족과 인민이 최종적으로 자신을 인식하고 정치에 참여할 수 있는 것은 지도자의 페르소나(persona) 안에서다. 실제로 인민주의는 카리스마를 지닌 메시아적 지도자의 개념 없이는 불완전한 역사적 형태라고 할 수 있다. 따라서 권위주의적 지도력(leadership) 개념과 선거를 수단으로 한 권력 장악의 목표를 고려하지 않고 인민주의를 이해하기는 어렵다. 이와 같은 인민 및 지도력에 대한 절대적 요구는 인민주의자들이 야당으로서 캠페인을 펼칠 때 어떻게 민주정의 상태에 의문을 던져야 하는지에 대해서뿐만 아니라 인민주의자들이 권력에 이르렀을 때 어떻게 그 민주정이 지배되어야 하는지에 대한 인민주의의 입장을 압축해서 드러낸다. 인민주의는 궁극적으로 그리고 실제로 대표의 문제를 지도자로의 권위 이양 문제로 대체한다. 좌파[인민주의]에서 우파[인민주의]에 이르기까지 이는 인민주의 이데올로기의 핵심을 구성하는데, 이는 더욱 직접적이고 권위주의적인 민주주의 형태에 필요한 것이었다. 달리 표현하자면, 인민주의자가 선거에서 상황에 따라 다수의 의지를 얻어낼 때, 그 의지는 '진정한' 인민의 이름으로 행동하는 지도자의 욕망과 융합된다.

정치 사회 이론의 대표적인 학자인 앤드류 아라토(Andrew Arato)가 설명하듯이 인민주의에서 부분은 전체가 된다. 즉, 권위주의 지도자들이 이끌고 구현할 수 있도록 통합된 허구적 인민이 발명된다. 실제로 '인민(the people)'은 국가 안에 사는 많은 다양한 인민들(peoples)[22]을 설명하는 개념이다. 이 개념을 한 지도자 안에 단일하게 통합된 인민으로 해석하는 것은 인민주의의 역사에서 반복적으로 나타나는 핵심 요소다. 시민들의 한 부분에서 먼저 하나가 된 인민이 창출되고, 이어 [정치] 운동이 이 인민들을 전유하고, 마침내 실제로는 존재하지 않는 구성된 주체(통합되고 차별화되지 않은 인민)에 대한 권위주의적 지도 아래 인민이 구현되는 이 역사적 과정은 명백하게 비민주주의적인 효과를 갖는다. 그러나 인민주의자들에게 민주주의에 반하는 세력은 그들 자신이 아니라 바로 적이다.[23] 아르헨티나의 인민주의 좌파에서 프랑스와 독일의 극우 인민주의자들에 이르기까지 인민주의자들은 자신들이 전제와 독재로부터 인민을 보호하고 있다고 주장한다. 인민주의자들에게 독재는 과거의 정부[통치] 형태로 파악되기보다는 현재의 적에 대한 은유로 이해된다. 이는 그들로 하여금 민주주의와 인민주의를 등치시키고, 아르헨티나의 반페론주의가 되었든 베네수엘라의 제국주의 혹은 프랑스·독일의 유럽연합(EU)이 되었든 솜씨 있게 인민주의의 반대편(전제와 독재)을 정치적 적들과 결부시킬 수 있게 해 준다. 확연히 이 행위자들은 모두 권위주의적 차원을 지니고 있거나 과거부터 지녀 왔다. 하지만 권위주의적인 차원들은 인민주의적인 정적(政敵)의 희화화와

---

[22] 역자 주 – 아라토에 따르면 복수명사인 people의 복수형인 peoples는 people이 모인 다수의 문화적·민족적 공동체를 의미한다. 반면에 people은 특정한 국가나 정치 공동체에서 민주주의적인 권력을 행사하는 정치적 주체, 특히 정치적 주체성을 지닌 통합된 집단을 의미한다. 특히 인민주의에서 단수 인민은 지도자를 중심으로 상상적으로 통합된 정치적 주체이자 통일체이다.

[23] Andrew Arato, *Post Sovereign Constitution Making: Learning and Legitimacy* (Oxford: Oxford University Press, 2016), 283, 295.

는 다르다. 인민주의자들은 경험적 관찰의 치밀성에는 크게 개의치 않는 대신에 그들에게 제기되는 다양한 이데올로기적인 책무(imperatives)에 조응하도록 현실을 뜯어고치고 심지어는 현실을 재발명한다. 인민주의 지도자·정권·추종자들은 인민주의적 거품 속에 머무르며 그들이 싫어하는 모든 것을 미디어의 거짓말이자 인민, 지도자, 민족에 맞선 내적·외적 음모로 제시한다. 여기서 인민주의는 경험적으로 진실 파악을 거부하는 파시즘의 고전적 특징과 직접 관련된다.[24]

인민주의와 사회주의 사이에서뿐만 아니라 인민주의와 자유주의 사이에서 나타나는 차이점은 자유주의와 사회주의는 그들의 실패에 경험적으로 맞서야만 하며, 이들이 항상 그랬던 것은 아니지만 보통은 그러했다는 것이다. 인민주의자들은 다르게 생각한다. 그들에 반대하는 모든 것은 전제적 실체로 변모한다. 이러한 맥락 속에서 민주주의와 독재는 단지 자아와 타자를 지시할 뿐이다. 민주주의와 독재는 인민주의적 전망의 이미지가 되고 더 이상 정치 분석의 범주가 되지 않는다. 개념에서 이미지로의 이러한 전환은 오래전 벤야민이 주목했던 정치의 미학화라는 유사한 파시스트적 특징을 변형시킨 인민주의의 핵심 요소 중 하나다. 스펙터클로서 정치에 대한 이러한 강조는 인민주의가 야당[반대파] 운동에서 정권으로 이행할 때마다 인민주의에 동반한다.

중요하고 심지어 핵심적이라 할 수 있는 차이가 다수의 좌파 인민주의와 우파 인민주의 사이에 존재하지만, 일반적으로 인민주의는 야당[반대파]의 위치에서 벗어나 정권을 잡아 완전히 다른 역할을 맡을 때 확연한 차이

---

24) 경험적 관찰과 분리된 파시스트의 진리관에 대해서는 다음을 보라. Federico Finchelstein, "Truth, Mythology, and the Fascist Unconscious," *Constellations* 23, no.2, 2016, 223-35.

를 보인다. 야당[반대파]일 때 인민주의는 저항 운동처럼 보이고, 통치 엘리트들이 사회의 중요한 부분을 대표하는 데 한계를 지닌다고 명확히 주장한다. 하지만 인민주의는 또한 인민주의가 전체 사회를 대표한다고 주장한다. 정권[체제]으로서 인민주의는 인민 주권으로서 자칭하는 데 한계를 느끼지 않으며, 정권[체제]을 지지하는 다수 유권자들의 표를 인민과 민족[국가]의 구조적·초월적 욕망과 동일시한다. 야당[반대파]으로서 인민주의는 종종 [대중의] 좌절을 이해하는 데에도 일정한 역할을 하지만, 인구 대다수가 갖는 오랜 편견을 표출하도록 작용하기도 한다. 정권으로서 인민주의는 전체 인민을 완전히 대표한다고 주장하고 종종 이를 지도자로의 완전한 권력 위임으로 해석한다. 이러한 맥락에서 지도자는 인민이 무엇을 원하는지 인민보다 더 잘 안다고 주장한다.

파시스트와는 달리 인민주의자들은 매우 자주 민주주의 게임을 하고 선거에서 지면 결국 권력을 이양할 것이다. 왜냐하면 인민주의는 자신과 민족[국가], 인민을 혼동한다는 점에서 파시즘과 유사하지만, 대중적 민족 대표성(popular national representation)에 대한 총체적 주장을 선거 결과와 결부시킨다는 점에서 파시스트와 다르기 때문이다. 다시 말해, 인민주의는 국민투표적 이해를 바탕으로 정치를 기획하고 파시스트 독재 형태는 거부한다.

인민주의는 권위주의적 민주주의의 한 형태다. 역사적으로 정의할 때, 인민주의는 실제 정치 위기나 상상적 정치 위기라는 맥락 속에서 번창하는데, 그 상황 속에서 인민주의는 스스로를 반정치로 제시한다. 인민주의는 정치 과정과 거리를 두면서 정치 작업을 행한다고 주장한다. 이러한 의미의 민주주의는 정치적·성적·종족적·종교적 소수자들의 권리를 배제하거나 제한하면서 그와 동시에 실제 또는 상상적 다수의 정치 참여를 증가시킨다. 위에서 언급한 것처럼 인민주의는 인민을 하나로 생각한다. 즉, 인민을 지도자, 추종자들, 민족으로 구성된 단일한 실체로 생각한다. 이 인민 주권의 삼위일체는 파시즘에 뿌리를 두고 있지만 [유권자의] 표로 확인된다. 인민주의는 자유주의에 반대하지만 선거 정치에는 찬성한다. 따라서 인민주의를 1945년 이후 최초로 권력을 장악한, 파시즘의 독창적인 역사적 재정식화로 이해한다면 우리는 인민주의를 더 잘 이해할 수 있게 될 것이다. 인민주의가 지닌 동질적 인민관은 정치적 반대자들을 반인민으로 간주한다. 반대하는 이들은 적이 되는 것이다. 즉, 의식적으로나 무의식적으로 과두적 엘리트들이나 여러 종류의 불법적 외부자들을 지지하는 숙적이 되는 것이다. 인민주의는 인민을 대변하고 인민을 위해 결정하는 빛나는 민족주의적 지도자를 옹호한다. 인민주의는 권력 분립, 자유로운 언론의 독립성과 정당성, 법치를 경시한다. 인민주의에서 민주주의는 도전받지만 파괴되지 않는다.

이 책을 마무리할 무렵, 새로운 인민주의가 세계를 장악했다. 타자를 모욕하고 타자의 가치를 경시하는 자기애적인 지도자가 다시 한번 선거에서 성공을 거둔 것이다. 불관용과 차별이, 포함과 배제에 의지해 인민을 정의할 수 있는 길을 열어 주었다. 과거에 그랬던 것처럼 이렇게 새롭게 재충전된 인민주의는 내부에서 민주주의에 도전하지만, 역사는 우리에게 민주주의 제도와 강력한 시민 사회가 권력을 장악한 인민주의에 강력하게 도전할 수 있다는 점을 가르쳐 주었다. 간단히 말해, 우리는 저항의 역사적 사례들에서 깨달음을 얻을 수 있다.

현대 인민주의가 등장했을 때, 아르헨티나의 작가 호르헤 보르헤스는 베를린에서 쫓겨난 파시즘이 부에노스아이레스로 이주해 왔다고 말했다. 독일과 아르헨티나 정권은 억압과 복종, 잔혹을 추구했지만, "더욱 가증스러운 것은 그들이 혼매(昏昧, idiocy)를 조장했다는 점"이다. 보르헤스에게는 파시즘(독재)과 인민주의(권위주의적 선거 민주주의 형태)를 혼동하는 문제가 있었지만, 그는 이 둘이 왜 그리고 어떻게 우둔함과 역사적 사고의 부재를 뒷받침하게 되었는지 신랄하게 폭로했다. 이들은 생의 경험(lived experience)[25]을 무시하고 우둔한 신화를 긍정했다. 보르헤스가 자신의 엘리트주의로 인해 이 새로운 인민주의가 어떻게 자신들을 대표하는 이들이 없다고 느끼는 이들에게 포괄적인 선택이 될 수 있었는지 깨닫지 못했다 하더라도 그는 분명히 인민주의를 규정하는 '애석한' 천편일률(monotony)에 주목했다. 다양성은 명령과 상징들로 대체되었다. 역사 속의 인민주의자들에 대한 이 초기 분석에서 보르헤스는 인민주의 지도자들이 어떻게 정치를 거짓으로 변모시켰는지 강조했다. 현실이 멜로드라마가 된 것이다. 그들은 "도저히 믿을 수 없는 허구를 사람들이 믿게 만들며" 모든 것을 뒤틀어 버렸다. 보르헤스처럼 우리도 파시즘과 인민주의가 경험적 진실과 마주해야만 한다는 점을 기억해야 하고 또 그가 설명했듯이 "전설과 현실"을 구분해야만 한다. 이와 같은 시대에 과거는 우리에게 파시즘과 인민주의도 그 자체로 역사의 힘에 종속되어 있다는 점을 상기시킨다.[26]

뉴욕, 2017년 5월 2일

---

[25] 역자 주 - 이하 '생의 경험'.

[26] 다음을 보라. Jorge Luis Borges, "Palabras pronunciadas por Jorge Luis Borges en la comida que le ofrecieron los escritores," *Sur* 142 (1946): 114-151; "'L''illusion comique," *Sur* 237 (1955): 9-10; "Leyenda y realidad," in *Textos Recobrados* III, 1956-1986 (Mexico: Debolsillo, 2015), 287-89.

시작하는 말

과거의 관점에서 파시즘과 인민주의를 생각하기

이 책은 파시즘이 어떻게 그리고 왜 인민주의로 변모하게 되었는지에 대한 역사학자의 탐구를 재현하면서, 현대 인민주의의 독재적 계보학을 기술한다. 이 책은 또한 민주주의의 한 형태로서 인민주의와 독재의 한 형태로서 파시즘 사이의 중요한 차이를 강조할 것이다. 이 책은 역사와 이론에서 파시즘과 인민주의의 선택적인 이데올로기 친화성과 실질적인 정치적 차이를 평가하면서 파시즘과 인민주의의 개념적·역사적 경험을 재사고한다. 역사적 접근법이란 생의 경험을 모형(models)이나 이념형에 종속시키는 접근을 의미하는 것이 아니라 행위자들이 민족적인 동시에 초민족적인 맥락 속에서 스스로를 바라보는 방식을 강조하는 접근을 의미한다. 이는 다양한 우연성들과 다수의 원천들을 강조하는 접근을 의미한다. 역사는 증거와 해석을 결합한다. 이념형은 연대기와 역사적 과정의 중심성을 무시한다. 역사적 지식은 연속성과 시간에 따른 변화의 서사(narratives)를 기술하며 어떻게 과거가 경험되고 설명되는지에 대해 설명해야 한다.

독자적인 유럽적 현상이나 미국적 현상으로서 인민주의라는 관념에 맞서 나는 인민주의의 여정에 대한 지구적 독해를 제안한다. [즉] 나는 인민주의를 한 문장으로 축소시키고자 하는 총칭적인(generic) 이론적 정의를 반박하면서 인민주의를 역사 속으로 되돌려 보내야 할 필요성을 강조할 것이다. 서로 구별되고 심지어 대립하기도 하는 좌익과 우익 인민주의 형태들은 세계를 종횡으로 가로지른다. 그리고 나는 좌파적 인민주의 형태와 우파적 인민주의 형태가 자주 대립하기 때문에 서로 혼동되어서는 안 된다고 주장하는 에릭 홉스봄(Eric Hobswbaum)과 같은 이들에 동의한다.[27] 좌파 인민주의자들이 그들의 정치적 견해에 반대하는 이들을 인민의 적으로 제시한다면, 우파의 인민주의자들은 대안적 정치 견해에 대한 인민주의적 불관용성을 종족성과 출생지를 바탕으로 형성된 인민 개념과 결합한다. 요컨대 우익 인민주의자들은 외국인 혐오적이다.

대부분의 역사학자들은 인민주의의 내용보다 그 양식(style)을 강조하면서 역사적·이데올로기적 차이들을 최소화하는 여러 인민주의 이론의 가장 총칭적이고 초역사적인 차원을 거부해 왔다. 나는 전적으로 좌파적이거나 또는 전적으로 우파적인 측면에서 인민주의를 정의하는 것에 의문을 던지면서 우고 차베스에서 도널드 트럼프에 이르는 역사를 살펴보고, 어떻게 인민주의가 다양한 가능성을 제시했는지 강조할 것이다. 그리고 인민주의의 다양한 역사적 발현들 속에서 드러나는 인민주의의 반자유주의적 핵심 속성들을 놓치지 않으면서도 좌·우의 사이에서 나타나는 필수적인 사회적·정치적 차이들을 주장할 것이다. [또한] 깊은 역사를 갖지 못한 새로운 정치적 경험으로서 인민주의라는 진부한 생각에 맞서, 즉 이 세기의 전환기에 공산주의의 몰락으로부터 탄생한 새로운 구성체로서 인민주의라는 생각에 맞서 인민주의가 과거 세기에 있었던 세 개의 지구적인 국

---

[27] Eric Hobsbawm, *The Age of Extremes: The Short Twentieth Century 1914-91* I (London: Michael Joseph, 1994), 133.

면들(두 번의 세계 대전과 냉전)[28]에 똑같이 뿌리를 두고 있다는 역사적 분석도 제시할 것이다.

유럽의 우파에서 미국에 이르기까지 인민주의, 외국인 혐오, 인종주의, 자기도취적 지도자들, 민족주의, 반정치가 정치의 중심을 차지했다. 이제 우리는 100년도 채 되기 전, 파시즘이 처음 등장했을 때 그것이 불러온 이데올로기적 폭풍과 유사한 폭풍이 다시 올 것에 대비해야만 하는 것일까? 세계 곳곳의 정치 행위자들이나 세계 정치 분석가들은 그렇게 생각하는 듯하다. 그리고 미국, 오스트리아, 프랑스, 독일 그리고 세계 곳곳의 여러 장소가 이를 확인해 주고 있는 것처럼 보인다. 그러나 실제로 파시즘과 인민주의가 무엇인지에 대한 합의가 많지 않고, 파시즘과 인민주의를 연구하는 학자들은 보통 이 용어들의 사용에 대한 공적인 논의에 참여하기를 꺼린다. 그들은 공적인 논쟁에 참여하지 않고, 역사적인 해석을 고려하지 않은 채 파시즘과 인민주의 개념을 사용한다. 파시즘과 인민주의가 모든 곳에 있는 것처럼 보이지만, 현재 많은 행위자들과 해석자들은 그 실제적 역사를 깨닫지 못하고 있다.

파시즘과 인민주의의 사용

인민주의처럼 파시즘도 절대 악, 나쁜 정부, 권위주의적 지도자, 인종주의와 같은 것을 지칭할 때 종종 사용된다. 그런데 이러한 사용법이 이 용어들의 역사적 의미를 앗아가 버렸다. 역사는 반복된다는 문제 있는 믿음이

---

28) 인민주의를 우익적이고 유럽적이며 완전히 새로운 정치적 현상으로 보는 경향의 전형적인 예로는 다음을 보라. Tzvetan Todorov, *The Inner Enemies of Democracy* (Cambridge: Polity, 2014), 139, 142.

모스크바에서 워싱턴까지, 그리고 앙카라(Ankara)에서 카라카스(Caracas)까지 남반구와 북반구를 뒤덮고 있다. 2014년 러시아가 크림반도를 병합하고, 이로 인해 우크라이나 위기가 발생한 후 러시아의 공직자들은 우크라이나에 있는 정부를 파시스트 쿠데타의 결과라고 지칭했다. 당시 미국 국무장관이었던 힐러리 클린턴(Hilary Clinton)은 우크라이나에 대한 러시아 대통령 블라디미르 푸틴(Vladimir Putin)의 행동을 "1930년대 히틀러가 했던 것"과 유사한 행동이라고 묘사했다. 같은 해, 흑해로부터 멀리 떨어진 곳에서 베네수엘라의 대통령인 니콜라스 마두로(Nicolás Maduro)는 야당 지도자를 감금한 그의 행위를 정당화하기 위해 파시즘의 위협을 빌미로 삼았다. 라틴아메리카의 인민주의 실험에 반대했던 이들에 의해 똑같이 문제 있는 주장이 제기되었고 여전히 제기되고 있다. 유사한 별칭이 중동과 아프리카에서도 똑같이 사용되었다. 2017년, 터키의 대통령인 레제프 타이이프 에르도안(Recep Tayyip Erdorgan)은 유럽이 "파시즘적이고 잔인하다"고 묘사했다. 정부와 야당 모두를 거의 똑같은 파시스트로 규정하는 행위가 아르헨티나에서 미국에 이르기까지 남반구와 북반구를 종횡으로 가로질렀는데, 미국에서 도널드 트럼프는 성공적이었던 2015~2016년 대통령 선거 운동 기간에 매우 심각한 파시스트 혐의 제기에 맞닥뜨렸으며, 대통령 당선인이 된 후 그 또한 자신에게 행해진 나치적 관행에 정보기관이 관여했다는 혐의를 제기했다. 트럼프는 징후적으로 물었다. "우리가 지금 나치 독일에 살고 있는가?"[29]

우에서 좌에 이르기까지 파시즘처럼 인민주의라는 용어도 똑같이 극단

---

29) 3 Christian Lima, "CIA Chief Calls Trump Nazi Germany Comparison 'Outrageous,'" *Politico*, January 15, 2017, www.politico.com/story/2017/01/cia-brennan-trump-nazi-germany-233636.

적인 것들의 응축물로서 남용되었다. 인민주의는 그 의미가 부풀려졌고, 자유 민주주의에 반대하는 모든 것과 혼합되었다. 예를 들어, 멕시코 대통령 엔리케 페냐 니에토(Enrique Peña Nieto)나 영국의 전 총리인 토니 블레어(Tony Blair)와 같은 정치인들은 [특히 2016년 영국의 브렉시트(Brexit) 이후] 인민주의가 그들이 그렇게 열성적으로 대표했던 신자유주의적인 현 상황(status quo)에 맞서고 있다고 비난했다. 아무런 문제 제기 없이 인민주의를 민주주의에 대한 부정적 변형으로 그리려는 이러한 경향의 이면에는 때때로 자기중심적이기도 한 민주주의와 신자유주의의 단순한 동일화가 내재한다. 이러한 입장들은 인민주의를 총체화하는 '우리 대 그들'이라는 틀을 복제한다. 더욱이 이러한 관점들은 민주주의로부터 모든 해방적 잠재력을 비운다. 이러한 맥락 속에서 인민주의는 기술 관료 엘리트에 의해 내버려졌다고 느끼는 (우에서 좌에 이르는) 사회 각층에게 더욱 더 매력적으로 느껴졌을 것이다. 인민주의와 신자유주의는 똑같이 민주주의적 다양성과 평등의 토대를 해치는 것으로 볼 수 있지만 양자 모두 파시즘의 형식은 아니다.

인민주의와 신자유주의는 시민들의 의미 있는 정치적 의사 결정을 허용하지 않는다. 그렇지만 이들은 민주주의적 스펙트럼의 일부분이며, 1989년 이후에는 특히 서로 인과적으로 연결되고 자주 서로가 서로를 계승했다. 세계적인 차원에서 볼 때 인민주의는 민주주의의 병리가 아니라 특히 평등하지 않은 민주주의에서, 다시 말해 소득 격차가 증가하고 민주주의적 대의제의 정당성이 감소한 곳에서 번성한 정치 형태다. 이에 대한 반응으로 인민주의는 민주주의를 파괴하지 않으면서 민주주의의 토대를 해칠 능력을 지니고 있으며, 그리고 그것이 민주주의를 소멸시킬 때면 인민주의이기를 멈추고 다른 형태, 즉 독재로 변모했다.

역사적으로 볼 때 이러한 상황에 대한 (좌·우의) 인민주의적 반응들은 각각의 특색을 지니고 있으며, 다양한 민족적 상황과 정치 문화 속에서 그들이 형성되었다. 그러나 이 반응들은 일반적으로 권위주의의 방향으로 움직여 갔다. 이러한 일이 발생하는 이유는 주로 인민주의가 그전에 파시즘이 그랬던 것처럼 자신의 입장을 유일하고 진정한 정치 정당성의 형태로 이해했기 때문이다. 인민주의의 유일한 진리는 지도자와 민족이 하나의 전체를 구성한다는 것이다. 인민주의에서 다수의 단일한 의지는 [그 의지와] 다른 입장들을 수용할 수 없다. 이 같은 관점에서 고려할 때, 인민주의는 정치적인 것(the political)에 대한 자유주의적이거나 사회주의적인 반응이라는 점에서 파시즘과 유사하다. 파시즘처럼 인민주의는 역시 인민의 욕망에 반해서 움직인다고 여겨지는 반대파나 전제적이고 음모적이고 반민주주의적이라고 비판받는 반대파를 위한 정당한 정치적 자리를 인정하지 않는다. 그러나 이러한 반대파의 정당성에 대한 인정 거부는 일반적으로 담론적인 악마화의 논리를 넘어서지 않는다. 반대파는 공공의 적이 되지만 이는 어디까지나 수사적으로만 그러할 뿐이다. 만일 인민주의가 수사적 증오로부터 적을 식별하고 처형하는 실천으로 옮겨 간다면 우리는 인민주의가 파시즘으로 전화했다거나 다른 형태의 독재적 억압으로 변모했다고 말할 수 있을 것이다. 예를 들어, 과거 1970년대 아르헨티나의 추악한 전쟁이 시작될 무렵 있었던 페론주의 트리플 A(Triple A)[30]의 경우에 이 같은 일이 발생했다. 물론 이러한 일은 의심의 여지없이 미래에도 일어날 수 있다. 인민주의가 파시즘으로 후퇴해 변형될 가능성은 항상 있지만 흔하지는 않다. 그리고 그러한 일이 일어나고 인민주의가 완전히 반민주주의적으로 변할 때, 그것은 더 이상 인민주의가 아니다. 파시즘은 독재

---

30) 역자 주 - 아르헨티나 반공산주의 동맹(Alianza Anticomunista Argentina)을 지칭한다.

를 칭송하지만 인민주의는 결코 그렇게 하지 않는다. 파시즘은 인민주의가 이론적으로 거부하고 또 대체로 실천적으로 거부하는 원시 형태의 정치 폭력을 이상화하고 실천한다. 인민주의와 파시즘이 상당히 다르기 때문에 이들이 마치 동일한 것처럼 이야기하는 것은 문제가 있다. 파시즘이 극도로 폭력적인 독재라면 인민주의는 권위주의적 민주주의의 한 형태다. 이 용어들은 계보학적으로 서로 관련성을 지니지만 보통 개념적으로 연결되거나 같은 맥락으로 연결되지 않는다. 적합하게 역사화한다면 인민주의는 파시즘이 아닌 것이다.

그렇다면 인민주의와 파시즘은 왜 그 역사를 참조하지 않고 사용되고 있는 것인가? 우리는 진정으로 20세기 전반부 50년을 강철과 피로 뒤덮었던 사상인 파시즘의 귀환을 목격하고 있는 것인가? 일반적으로 사람들은 매우 트라우마적인 결과를 지닌 특유한 역사적 경험으로서 파시즘에 접근하지 않고, 이를 모욕으로 간주한다. 따라서 일반적으로 민주주의에 대한 권위주의적 이해를 대표하지만 민주주의에 반대하지는 않는 인민주의 정당이나 지도자들은 파시스트적인 독재 구성체와 부당하게 등치된다. 1945년 이후, 인민주의는 그 역사에서 최초로 저항 운동의 이데올로기이자 양식에서 권력 체제로 드디어 변모했다. 이는 인민주의의 개념적·실천적 여정에서 하나의 분기점이었으며, 이 분기점의 역사적 적합성(relevance)은 아무리 강조해도 지나치지 않다. 이와 유사하게 파시즘은 그것이 이데올로기와 운동에서 정권[체제]으로 이행할 때에야 비로소 진정한 영향력을 갖게 되었다. 이와 같은 의미에서 권력을 장악한 최초의 인민주의 지도자인 페론은 파시스트 지도자인 무솔리니와 히틀러가 수행했던 역할과 유사한 역할들을 수행했다고 할 수 있다. 하나의 정권[체제]이 되었을 때 인민주의는 결국 민족[국가]을 통치하기 위한 새롭고 효과적인 정치 형태로 결정화(結晶化)되었다. 인민주의는 그 과정에서 파시즘을 재정식화했고, 또 그런 한에서 유명한 아르헨티나의 페론주의 경우처럼 완전히 차별화된 사상이 되었다. 이는 선거 민주주의에 뿌리를 두었거나 여전히 두고 있지만 그와 동시에 민주주의적 다양성을 거부하는 경향성을 드러낸다.

파시즘의 귀환

용어로서 파시즘은 그 의미와 역사를 모호하게 만드는 방식으로 모든 새로운 사건을 흡수하는 기이한 능력을 지녔다. 우리는 미국의 조지 부시(George W. Bush) 대통령이 알카에다(Al-Qaeda)를 이슬람-파시스트 단체로 제시했던 시대로부터 그렇게 멀리 떨어져 있지 않다. 파시즘은 우리의 정치 어휘의 일부이지만 그것은 정말 1945년의 무덤에서 되살아 온 것일까? 그것은 인민주의로 되돌아온 것인가? 담론적으로 소환된 파시즘과 연속성 속에서 분기된 형태로 현재에 존재하는 파시즘 사이에는 의미심장한 차이가 존재한다. 정권[체제]으로서 파시즘은 제2차 세계 대전 이후 복귀하지 않았고, 실제로 파시스트 정권[체제]의 부재는 지난 20세기의 후반부를 규정하는 특징이다. 자유주의와 공산주의는 [파시즘이라는] 또 다른 현대 정치사상을 물리치기 위해 연합했다. 파시즘을 물리치고 난 후, 이들은 자주 싸웠고 서로 경쟁했으며 냉전을 창출했다. 오늘 우리가 알고 있는 현대 인민주의는 바로 이러한 새로운 맥락 속에서 출현했다. 많은 역사가들은 냉전이 (베트남과 인도네시아에서 과테말라의 집단 학살이나 아르헨티나의 추악한 전쟁에 이르기까지) 남반구에서 뜨겁게 달아올랐지만, 그것은 결코 홀로코스트와 제2차 세계 대전으로 이어진 파시스트의 폭력이 다다랐던 기록적인 세계 수준의 '뜨거움'에는 이르지 못했다는 점에 동의한다. 어찌 되었든

1945년 이후 대부분의 행위자들은 파시즘이 영원히 퇴패했다고 생각했다. 그 이후, 후안 페론에서 마린 르펜(Marine Le Pen), 도널드 트럼프에 이르기까지 여러 반민주주의적 정치인 중에서 파시즘과 같은 용어를 자신과 연계하려는 이들은 거의 없었다. 그러나 이는 그들이 파시즘의 이론과 실천으로부터 완전히 단절되었다는 것을 의미하지는 않는다. 인민주의는 파시스트적 울림을 지닌 사건과 새로운 민주주의 시대에 맞게 파시즘의 유산을 재정식화한 정치적 전략을 이해하는 데 필요한 핵심적인 용어다.

포스트파시즘적인 반자유주의적 민주주의의 형태로 가장된 파시즘은 인민주의와 네오파시즘의 다양한 조합을 통해 그 유산을 계속 이어 갔다. 진실은 인민주의가 우세했음에도 불구하고 네오파시스트 집단이 살아남아 있었고 또 여전히 존재한다는 것이다. 유럽에서는 인민주의 운동과 달리 단호하게 파시스트의 유산을 불러일으키고 복제하려는 사실상의 네오파시스트 운동의 수가 늘고 있다. 극우 운동인 황금새벽(Golden Dawn)이 등장한 그리스나 2011년 초민족적 네오파시스트 독해에 영향을 받은 한 명의 파시스트가 77명을 학살한 노르웨이와 같은 나라는 네오파시스트가 무엇을 의미하는지 예증하는, 파시스트적인 정치 폭력과 죽음이 얼마나 이들 사회에 침투해 있는지 보여 주는 측정 지표가 된다. 때때로 네오파시스트들은 인민주의의 동조자이기도 하다. 인민주의는 민주주의를 완전히 파괴하지 않으면서 권위주의적인 방식으로 민주주의를 재형성하려는 욕망을 지닌다는 점에서 파시즘과 다르다. 그러나 유럽의 우익 인민주의자들은 네오파시스트와 유사하게 '인민'을 종족적으로 구상된 민족 공동체와 동일시한다. 독일에서 독일대안당(AFD)이나 서구의 이슬람화에 반대하는 애국주의 유럽인(Pegida) 운동은 우익의 인민주의적 권위주의와 독일 파시즘의 네오나치적 유산 위에 양다리를 걸치고 있다. 이 인민주의자들은 민주주의를 다수의 종족 집단의 우위라는 관점으로 축소시켰고, 이러한 유형의 민주주의가 외부인들의 공격을 받고 있다고 주장한다. 이와 유사하게 프랑스와 네덜란드의 인민주의 운동들은 부분적으로는 파시스트적 과거를 외국인 혐오적으로 개간하는 데 뿌리를 두고 있지만 그와 동시에 그 과거를 부정한다.[31] 2014년, 우크라이나에서 있었던 거리 시위는 우크라이나 급진 우익주의자들로 들끓었지만 그것이 파시즘이 우크라이나를 지배한다거나 프랑스와 독일이 파시즘의 재출현을 목도할 위기에 처했다는 것을 의미하지는 않는다. 북미의 인민주의뿐만 아니라 유럽의 우익 인민주의나 극우 인민주의에도 전체적으로 유사한 논리를 적용할 수 있을 것이다.

역사 속의 트럼프주의

2015~2016년, 미국 대통령 선거 운동 기간에 도널드 트럼프와 미국 우파의 주요 분파들은 인민주의 형태의 인종주의, 특히 멕시코 이민자들에 대한 인종주의와 종교적 소수자들에 대한 차별을 그들 강령의 핵심 요소로 내세웠다. 이러한 인민주의 형태들은 또한 KKK(Ku Klux Klan)단과 같은 네오파시스트 집단들의 지지를 받았지만 이것이 트럼프주의가 파시

---

31) Andrea Mammone, "Don''t Be Fooled by ''Moderate'' Marine Le Pen: Front National''s More Toxic Than Ever," *Guardian*, April 10, 2015. PEGIDA와 독일의 우파에 대해서는 다음을 보라. Hans Vorländer, Maik Herold, and Steven Schäller, *PEGIDA: Entwicklung, Zusammensetzung und Deutung einer Empörungsbewegung* (Wiesbaden: Springer ,2016). AFL(Alternative for Germany)에 대해서는 다음을 보라. Nicole Berbuir, Marcel Lewandowsky, and Jasmin Siri "The AfD and Its Sympathisers: Finally a Right-Wing Populist Movement in Germany?," *German Politics* 14, no. 2, (2015): 154-78.

즘의 한 형태라는 것을 의미하지는 않는다. 유럽에서처럼 네오파시스트 동조자들은 실제로 트럼프주의적 선거 운동을 규정하는 우익 인민주의의 집성체적 정책들을 지지했다.[32] 비평가들이나 시위대들에게 폭력을 행한 몇몇 사례를 포함해 트럼프의 유세에서 외국인 혐오의 순간들이 두드러지게 나타났고, 그 결과 이러한 관점과 관련해 새로운 정당성이 출현했다. 백인 우월주의 '대안 우파(alt-right)'[33] 웹사이트 브라이트바트(Breitbart)를 축으로 하는 트럼프주의 극우파는 유명한 '60퍼센트를 위한 선언: 중도 우파 인민주의-민족주의 동맹'에서 인민주의 정치는 민족의 구원과 새로운 내전[남북 전쟁] 사이에 서 있다고 주장했다. 오로지 "강하고 선견지명이 있는 지도자"만이 내부의 전쟁으로부터 미국을 구할 수 있을 것이라고 보았다. 유권자들의 결정은 이 인민주의 공식의 일부였지만, 그 결정들은 투표가 이루어지기도 전에 이미 트럼프가 인민들이 원하는 것을 대표한다는 생각과 연결되어 있었다. 미국의 인민주의자들이 주장하는 바에 따르면, "우리의 최선의 이익은 전혀 염두에 두지 않는 권력 엘리트들에 맞서 인민의 편을 드는 것, 그것이 바로 인민주의"이다. 그들은 인민주의가 "우리 인민들을 먼저 생각하기에 미국에서 그리고 실제로 유럽의 더 많은 주요 지역

---

32) 이 책이 트럼프의 대통령 취임 이전에 완성되었기 때문에 이 책이 제시하는 트럼프주의에 대한 분석은 그의 인민주의 선거 유세에 국한될 것이다. 정치체로서 트럼프주의의 초기 측면은 다음을 보라. A. Dirk Moses, Federico Finchelstein, and Pablo Piccato, "Juan Perón Shows How Trump Could Destroy Our Democracy without Tearing It Down," *Washington Post*, March 22, 2017; Federico Finchelstein and Pablo Piccato, "Trump y sus ideas sobre la ciencia," *Clarín* (Argentina), March 17, 2017; Pablo Piccato and Federico Finchelstein, "La ofensiva de Trump contra la sociedad civil Qué sigue?," *Nexos* (Mexico), March 1, 2017; Feder ico Finchelstein, "Com Trump, Washington se torna a capital mundial do populismo," *Folha de S. Paulo* (Brazil), February 7, 2017.
33) 역자 주 - alternative right로 대안 우파를 지칭한다. 앞으로는 대안 우파를 번역어로 사용한다.

에서 부활하고 있다. 바로 이 때문에 인민주의는 승리하고 있다. 이러한 이유 때문에 엘리트들이 인민주의를 그렇게 싫어하는 것이다. 이는 그들이 도널드 트럼프를 그렇게 증오하는 가장 궁극적인 이유이기도 하다"라고 주장했다. 트럼프의 최측근 고문이자 그의 선거 진영 대표였던 브라이트바트 전 최고경영자(CEO) 스티브 배논(Breitbart Steve Bannon)은 특히 미국 역사에서 트럼프의 대두가 지닌 인민주의적 특징을 강조했다. 그를 지지하는 대안-우파, 백인 우월주의자들은 트럼프가 미국의 인민주의 전통에 포함된다고 주장하면서 파시즘과 미국의 인민주의 전통을 구분했다.[34)]

역사적 관점에서 볼 때 트럼프는 분명 파시스트처럼 보이며, 그는 그가 대표하는 것, 즉 급진적인 극단적 인민주의 후보와 파시즘을 상징하는 것 사이의 간극을 연결했다. 그러나 그는 여전히 '고전적인'파시즘 정치보다는 권위주의적 방식의 전후 인민주의 속에 각인되어 있었다. 아르헨티나의 후안 페론에서 이탈리아의 베를루스코니에 이르기까지의 여러 다른 인민주의 지도자들처럼 트럼프는 자신이 인민의 이름 아래 행동한다고 반복적으로 진술하면서 다른 한편에서는 민주주의를 그 한계로 몰고 갔다. 비록 그가 자신을 "법과 질서의 대통령 후보"라고 소개했지만, 그는 법치주의와 권력 분립에 대한 존중에 의문을 제기했다. 특히 사법 체계의 자율성

---

34) James P. Pinkerton, "A Manifesto for the 60Percent: The Center-Right Populist-Nationalist Coalition," *Breitbart*, September 16, 2016, www.breitbart.com/big-government/2016/09/11manifesto/-60-percent-center-right-populist-nationalist-coalition/; Scott Morefield, "Why Populism Is Replacing Conservatism, and Why It Is Winning," *Breitbart*, June 17. 2016, www.breitbart.com/2016-presidential-race/2016/06/17/populism-replacing-conservatism-winning/; John Hayward, "'Trump Could Be the Next Hitler!' Says the Increasingly Fascist Left," *Breitbart*, June 3, 2016, www.breitbart.com/big-government/2016/06/03/six-years-obamacare-liberals-suddenly-worried-fascism/.

을 무시할 때에 그는 반민주주의적이기까지 했다. 트럼프는 한 미국 판사가 멕시코 혈통이었기 때문에 자신에게 불리한 행동을 했다고 비난하면서 인종 문제를 사법부 공격을 위한 정치적 도구로 이용했다. 공화당 하원의장이자 당시 권력 서열 2위의 공화당 정치인이었던 폴 라이언(Paul Ryan)은 선거 운동 도중에 이 판사에 대한 트럼프의 논평을 인종주의에 대한 "교과서적 정의"라고 규정했다. 이어서 트럼프는 자신의 출마는 '인민'이 원하는 바에 대한 무언의 표현이라고 선언하면서 전통적인 인민주의 전략을 활용했다. 즉, "사람들은 정말로 아무런 문제도 없는 말을 했을 때 듣는 정치적 올바름이라는 말[훈계]에 이제 지쳐 있다"[35]는 것이었다. 트럼프는 자신이 사람들의 억눌리지 않은 욕망의 목소리를 대변한다고 보았다. 결국 그는 정적인 힐러리 클린턴이 "모든 미국인과 모든 미국 유권자들에 맞서 달리고 있다"고 보았다. 트럼프는 자신이 전체 국민을 대표하며 클린턴은 미국인과 민족[국가]에 대립한다고 생각했다. 파시즘처럼 들리는 음모론적 견해가 트럼프의 권위주의적 메시지 속에 가득 차 있었다. 그는 클린턴이 "미국 주권의 파괴를 모의하기 위해 비밀리에 국제 은행들"과 모임을 가졌다고 말했다. 자신이 속한 정당의 예비 선거(primaries)에서 승리한 후, 트럼프는 이를 "미국인들로부터 위임"을 받은 것으로 이해했으며, 이는 그의 적대적 인민주의 양식(style)을 정당화하는 데 이용되었지만 그의 방식은 독재적인 파시즘과는 멀리 떨어져 있었다.[36]

---

35) Carl Hulse, "Donald Trump''s Advice to Panicked Republicans: Man Up," *New York Times*, June, 9, 2016, 14.

36) Ashley Parker, ""Trump Pledges to ''Heal Divisions'' (and Sue His Accusers)," *New York Times*, October 23, 2016, 23 "Trump Calls Himself a Victim of ''Smears'' as Allegations Grow," *New York Times*, October 14, 2016, 15; Patrick Healy and Maggie Haberman May, "Donald Trump, Bucking Calls to

트럼프가 선거 유세에서 제시한 생각들은 분명 파시스트적이고 인종주의적인 기조(基調)를 풍기고 있었다. 파시즘을 낳은 전간기의 상황과 현재 사이에는 상당한 차이가 있기는 하지만, 저명한 파시즘 역사가인 로버트 팩스턴(Robert Paxton)이 주장했듯이 2015년과 2016년에 나타난 트럼프의 주제 속에서는 파시즘의 메아리가 들려왔다. 이 후보자의 '양식과 기법'에서뿐만 아니라 특히 그가 내보인 민족 부흥에 대한 관심과 민족의 쇠퇴에 대한 두려움 속에서 특히 그러했다. 그러나 팩스턴은 트럼프는 파시스트가 아니라고 결론지었다. 그는 트럼프의 외국인 혐오적 제안들을 언급했는데, 이는 분명히 이 대통령 후보와 히틀러와 무솔리니를 이어 주는 것이었고, 트럼프를 형성 중인 원형 파시스트(protofascist)로 분류할 수 있게 해 주는 요소였다. 트럼프는 "아직은 파시즘으로 발전하지 않은 일종의 인민주의적 유사 파시즘"을 대표했던 것이다.[37] 역사가 팩스턴이 트럼프주의의 파시스트적 울림을 역사적으로 분석하기 위해 파시즘의 전단계로서 인민주의 개념을 활용했다면 다른 파시즘과 인민주의의 해석가들은 파시즘의 렌즈를 통해 트럼프주의를 바라보는 것에 반대했다. 파시즘 분석으

Unite, Claims 'Mandate' to Be Provocative," *New York Times*, May 11, 2016, www.nytimes.com/2016/05/12/us/politics/donald-trump-campaign.html.

[37] 다음을 보라. Robert Paxton, interview by Isaac Chotiner, "Is Donald Trump a Fascist? Yes and No," *Slate*, February 10, 2016, www.slate.com/articles/news_and_politics/interrogation/!%$"/%!/is_donald_trump_a_fascist_an_expert_on_fascism_weighs_in.html; and Robert Paxton, interview by Amy Goodman, "Father of Fascism Studies: Donald Trump Shows Alarming Willingness to Use Fascist Terms & Styles," *Democracy Now!*, March 15, 2016, www.democracynow.org/2016/3/15/father_of_fascism_studies_donald_trump; Robert O. Paxton, interview by Marc Bassets, "Con Trump tenemos una especie de cuasifascismo populista, no un fascismo plenamente desarrollado," *El País*, June 6, 2016, internacional.elpais.com/internacional/2016/06/05/estados_unidos/1465162717_34053.html.

로 유명한 보수적 역사가인 스탠리 페인(Stanley Payne)은 트럼프는 파시스트가 아니라 반동주의자(reactionary)라고 강조했다. [그에 따르면] 우익 인민주의 운동의 한 부분이라고 할 수 있는 트럼프는 폭력과 혁명적 민족주의의 경향을 지니고 있지 않았다. 이와 유사한 입장을 견지한 저명한 파시스트 연구자인 로저 그리핀(Roger Griffin)에 의하면 완전히 외국인 혐오적인 인종주의자이며 맹목적인 애국주의를 지닌 남성 무뢰한이라도 파시스트가 아닐 수 있다. 그리핀은 트럼프에게서 자신의 파시즘 이론에서 식별한 파시즘을 찾을 수 없었다. [파시즘이 되기 위해서는] "개혁된 옛 민족뿐만 아니라 새로운 질서, 새로운 민족에 대한 열망이 있어야 한다." 그리핀이 볼 때, 트럼프는 아직 파시스트는 아니다. "용어의 의미를 살펴볼 때, 트럼프가 미국 민주주의 제도의 폐지를 옹호하거나 민주주의 제도를 포스트-자유주의 신질서로 대체해야 한다고 주장하지 않는 한 엄밀히 말해 그는 파시스트가 아니다."[38]

 이 학자들은 파시즘과 인민주의의 역사적 관련성을 강조하지 않는

---

38) Dylan Matthew, "I Asked 5 Fascism Experts Whether Donald Trump Is a Fascist. Here's What They Said," *Vox*, May 19, 2016, www.vox.com/policy-and-politics/2015/12/10/9886152/donald-trump-fascism; Peter Baker, "Rise of Donald Trump Tracks Growing Debate over Global Fascism," *New York Times*, May 18, 2016, www.nytimes.com/2016/05/29/world/europe/rise-of-donald-trump-tracks-growingdebate-over-global-fascism.html; Jan Werner Müller, "Trump Is a Far Right Pop ulist, Not a Fascist," *Al Jazeera America*, December 26, 2015, http://ame rica.aljazeera.com/opinions/!%$#/$!/trump-is-a-far-rightpopulist-not-a-fascist.html
세르게 베른스타인(Serge Bernstein)과 같은 유럽 파시즘 연구자 등이 이와 유사한 반대 의견을 제시했다. 다음을 보라. "Non, Donald Trump n'est pas fasciste mais...," *Le Obs*, March 1, 2016, http://tempsreel.nouvelobs.com/monde/elections-americaines/ 20160301.OBS5614/non-donald-trump-n-est-pas-fasciste-mais.html

다.^39) 대부분 서구의 영향권 속에 함몰되어 있던 이 학자들 중 그 누구도 이 현상들의 초민족적 차원을 고려하지 않았다. 달리 말하자면, 파시즘과 인민주의에 대한 이들의 유럽-북미식 접근법은 트럼프를 미국과 유럽을 벗어난 전 지구적 차원 속에 의미 있게 배치하지 않는다. 전 지구적 사례라고 제시해 봤자 기껏해야 기본적인 북대서양 이야기의 과거나 현재 형태에 덧붙이는 단순한 부가물 정도였다. 과거의 메아리처럼 들리는 것들도 실은 현재에 대한 역사적 설명의 일부분이었다. 나는 이러한 주장과는 상반되게 파시즘과 인민주의가 역사 속에서 서로 연결되어 있지만 서로 다른 맥락에 속해 있고, 매우 다른 역사적·지구적 경험이 되고 있다고 주장하려고 한다. 파시즘과 인민주의는 현대 입헌 민주주의에 대한 반자유주의적인 저항이라는 초민족적 역사의 다른 장(章)들이다. 트럼프주의는 그 역사의 일부분일 뿐이다. 파시스트 정권들이 1945년 연합군의 승리와 뒤따른 냉전에 의해 그어진 분리선 뒤에 뒤처진 채로 남아 있었다는 사실에서 드러나듯이 파시즘에서 인민주의에 이르는 과정에서 세계는 많은 변화를 겪었다. 파시스트 정권들은 과거의 일부분이었지만 인민주의 정권들은 파시즘의 패배 이후 번영했다. 파시즘과 인민주의 사이에는 중요한 연결 고리가 있지만, 이 중 한 역사가 다른 역사로 흡수될 수는 없다. 실제로 히

---

39) 이와 상반대는 견해로는 다음을 보라. Federico Finchelstein and Pablo Piccato, "A Belief System That Once Laid the Groundwork for Fascism," *New York Times*, December 9, 2016, www.nytimes.com/roomfordebate/2015/12/09/donald-trumps-america/a-belief-system-that-once-laidthe-groundwork-for-fascism?smid = tw-share; and Federico Finchelstein and Fabián Bosoer, "Is Fascism Returning to Europe?," *New York Times*, December 18, 2015. See also the insightful interventions by Ruth Ben-Ghiat, "An American Authoritarian," *Atlantic*, August 10, 2015, www.theatlantic.com/politics/archive/2016/08/american-authoritarianism-underdonald-trump/495263/; and Carlos De la Torre, "¿Sobrevivirá la democracia americana a Trump?," *El País*, October 11, 2016.

틀러와 무솔리니는 페론이나 트럼프와는 다르지만 페론주의나 미국의 인민주의, 파시즘 사이에는 역사적으로 의미 있는 연결 고리가 있다.

대체로 인민주의 운동과 인민주의자들은 고전적 파시즘과 거리를 두었지만, 그들은 자주 고전적 파시즘으로 분류되었다. 나를 포함해 대부분의 역사가들은 이러한 일반화에 거부감을 느낀다. 우리는 이렇게 공공연한 파시즘 및 인민주의 사용법을 단순히 거부하거나 조롱할 것이 아니라 이에 맞서 싸워야 한다. 현재 전문가나 정치인들은 인민주의뿐만 아니라 권위주의 정권, 국제 테러, 국가가 취하는 압제적 입장, 심지어는 반대파의 거리 시위를 묘사할 때 느슨하게 파시즘이라는 단어를 사용한다. 이러한 느슨함은 역사적인 관점에서 볼 때 문제가 있다. 파시즘이라는 개념을 부주의하게 사용하는 것은 그 자체로 인민주의를 악마화할 수 있지만 인민주의의 역사적 원인을 설명하지 못한다. 파시즘과 인민주의를 혼동하게 되면 종종 인민주의적 선택에 대한 유일한 대안으로 현상 유지를 제안하게 된다.

예컨대 라틴아메리카에서는 종종 인민주의와 파시즘을 비역사적인 방식으로 사용하면서, (여당 측이든 야당 측이든) 공격적으로 대중 정치를 활용하는 인민주의 정치 지도자들과 범죄적 수단을 활용해 대중을 억압하는 독재적 지도자들을 혼동하고는 한다. 인민주의는 좌파적일 수도 있고 우파적일 수도 있으며 또 이 둘의 혼합일 수도 있는데, 이런 용법은 우파 인민주의와 좌파 인민주의의 본질적 차이를 무너뜨린다. 이러한 사용법은 또한 민주적으로 선출된 정권이나 민주적으로 참여하는 시민들과 민주주의를 파괴하는 군사 독재를 혼동한다. 개념적인 관점에서 볼 때 '파시즘적(fascist)'이나 '인민주의적(populist)'이라는 형용사를 사용하는 것은 매우 중요한 문제다. 이제 파시즘과 인민주의라는 용어들이 사용되고 남용되는 방식들을 고려하며, 역사적 맥락 속에서 이 용어들을 파악해야 할 시간이 온 것이다. 그럴 때 비로소 우리는 오늘날 라틴아메리카, 유럽, 아프리카, 미국 등지에서 나타나고 있는 운동과 상황을 평가할 수 있을 것이다. 현재는 그 다양한 계보학을 무시한 채로 이해할 수 없으며, 파시즘과 인종주의는 바로 그 계보학 안에 있다. 파시즘은 과거의 흐릿한 유령일 뿐만 아니라, 한때는 패배했지만 오늘날에도 인민주의적이고 네오파시스트적인 반향을 일으키고 있는 역사적 이데올로기다.

전반적으로 이 책에서는 일차 문헌, 역사학, 어떻게 그리고 왜 파시즘이 자주 인민주의로 변모하는지에 대해 큰 주의를 기울이는 정치 이론에 대한 맥락적 독해를 제공하고자 한다. 이 책은 파시스트 이데올로기·운동·정권[체제]이 인민주의 이데올로기·운동·정권[체제]으로 이동하는 경로에 대한 역사적 비판을 제공할 것이다. 이 책은 이 용어들이 대중적으로 사용되는 방식과는 거리를 두면서 역사 속에서 어떻게 그리고 왜 파시즘과 인민주의가 등장하게 되었는지 연구하고자 한다.

역사 속의 파시즘과 인민주의

무솔리니와 이탈리아 파시스트들이 그들이 벌인 반민주주의적 혁명의 이름으로 파시즘을 채택한 후, 또한 1922년 파시즘이 권력 체제가 된 후 파시즘이라는 단어는 새롭게 갱신된 반계몽 운동과 반민주주의적 전통을 나타내는 세계적 표식이 되었다. 나는 민족적 맥락과 제한적인 유럽 중심적인 이론들을 넘어서 변화하는 정치적 경험 세계로서 파시즘을 파악하며, 즉 초민족적 유형들에 의해 영향을 받고 또 어느 정도는 이 유형들에 의해 구성되는 급진적 민족주의로 파시즘을 파악하며 그에 대한 역사적인

이해를 제시하고자 한다.[40]

역사 속에서 파시즘은 전체주의, 국가 테러, 제국주의, 인종주의를 아우르는 정치 이데올로기다. 특히 독일의 경우에는 파시즘은 지난 세기에 있었던 가장 급진적인 집단(종족) 학살인 홀로코스트를 에워싸는 정치 이데올로기다. 다양한 형태의 파시즘은 이데올로기적·정치적 지배를 추구하는 과정에서 식민지 주민뿐만 아니라 자신의 시민들을 죽이는 데 주저하지 않았다. 파시스트 이데올로기의 영향력이 그 정점에 있을 때 수백만 명의 민간인이 유럽과 그 너머 세계 곳곳에서 사라져 갔다.

역사적인 관점에서 볼 때 파시즘은 민족 운동과 민족 정권으로 구현된 전 지구적 이데올로기로 정의할 수 있을 것이다. 파시즘은 유럽 국가 안팎에서 나타난 초민족적 현상이다. 현대의 반혁명적 구성체로서 파시즘은 극단 민족주의적이었으며 반자유주의적·반마르크스주의적이었다. 요컨대 파시즘은 단지 반동적 입장에 불과한 것이 아니었다. 그 일차적 목표는 위로부터 현대 독재를 창출하기 위해 내부에서부터 민주주의를 파괴하는 것이었다. 파시즘은 자본주의 경제 위기와 민주주의적 대의제의 현재적 위기의 산물이었다. 초민족적 파시스트들은 다원성과 시민 사회를 잠재울 수 있는 전체주의적 국가, 공적 영역과 사적 영역의 구분 및 국가와 시민의 구분이 점차로 사라지는 전체주의적 국가를 제안했다. 파시스트 정권[체제]에서 독립적인 언론은 폐쇄되고 법치는 완전히 파괴되었다. 파시즘은 지도자가 인민 및 민족과 유기적으로 연결되어 있다고 간주하는 지도 형태, 신성하고 메시아적이며 카리스마를 지닌 지도 형태를 옹호했다. 파시

---

40) Federico Finchelstein, *Transatlantic fascism: Ideology, violence, and the sacred in Argentina and Italy, 1919-1945* (Durham, NC: Duke University Press, 2010)

즘은 인민 공동체의 이름으로 행동하고 그들이 진정으로 원하는 것이 무엇인지 그들보다 더 잘 알고 있는 독재자에게 모든 인민 주권을 완전히 위임해야 한다고 생각했다. 파시스트들은 역사와 경험에 뿌리를 둔 진리 개념을 정치적 신화로 대체했다. 그들은 인민을 박해하고 나아가 그들을 추방하거나 제거하고야 말 적을 민족과 인민에 대한 실존적인 위협으로 간주하면서 적에 대한 극단적인 견해를 품었다. 파시즘은 극단적인 정치 폭력과 전쟁을 점진적으로 이어 가면서 획기적인 새로운 세계 질서 창조를 목표로 삼았다.[41]

내 저작에서 나는 파시즘을 중요한 민족적 변이를 지닌 초민족적 이데올로기로 분석할 것을 제안하고자 한다. 전 지구적 이데올로기로서 파시즘은 다양한 민족적 맥락 속에서 끊임없이 재규정되고, 지속적으로 민족적인 변이를 겪었다.

파시즘은 1919년에 정초되었지만 그것이 대표하는 정치는 전 세계적으로 동시에 나타났다. 일본에서 브라질·독일에 이르기까지, 아르헨티나에서 인도와 프랑스에 이르기까지, 파시즘이 제시했던 반민주주의적이고 폭력적이며 인종주의적인 우파 혁명은 서로 다른 이름으로 불리며 여러 나라에서 채택되었다. 독일에서는 나치즘(Nazism)이라고 불렸고, 아르헨티나에서는 민족 운동(nacionalismo, 나시오날리스따 운동),[42] 브라질에

---

41) 다음을 보라. Zeev Sternhell, *The Birth of Fascist Ideology: From Cultural Rebellion to Political Revolution*, with Mario Sznajder and Maia Asheri (Princeton, NJ: Princeton University Press, 1994); Emilio Gentile, *Fascismo: Storia e interpretazione* (Rome-Bari: Laterza, 2002); Robert Paxton, *The Anatomy of Fascism* (New York: Knopf, 2004); Geoff Eley, *Nazism as Fascism: Violence, Ideology, and the Ground of Consent in Germany 1930-45* (New York: Routledge, 2013)); Finchelstein, *Transatlantic Fascism*.

42) 역자 주 - 본서에서 '나시오날리스따(nacionalistas)'는 민족주의(nationalism) 일반

서는 통합주의(integralismo)⁴³⁾로 불렸다. 파시즘은 무솔리니가 fascismo 라는 단어를 사용하기 전에 이미 초민족적이었다. 그러나 1922년 파시즘이 이탈리아에서 정권을 잡았을 때 이 용어는 국제적인 관심을 끌었고, 각 지역의 맥락에서 서로 다른 의미를 띠게 되었다. 이는 이탈리아의 영향력이 (또는 프랑스의 영향력이나 이후 독일의 영향력이) 초민족적인 파시스트들에게 중요하지 않았다고 말하는 것은 아니다. 그러나 당시에 이탈리아 파시즘을 그대로 베끼는 이들은 거의 없었다. 초민족적 파시스트들은 자신들의 민족적·정치적 전통에 맞게 파시스트 이데올로기를 변형시켰다. 브라질의 파시스트인 미구엘 레알레(Miguel Reale)가 주장하듯이 "파시즘은 이 세기의 보편적 원칙"이었으며, 애초부터 "이 피조물은 자신을 만든 창조자보다 훨씬 더 거대했다"고 말할 수 있을 만큼 파시즘은 그 자체로 무솔리니의 이탈리아판 파시즘을 초월했다. 레알레는 브라질의 파시즘이 유럽의 파시즘보다 더 우월하다고 결론 내렸다. 이와 유사하게 아르헨티나의 파시스트들은 그들의 파시즘이 유럽의 문제로 국한되지 않았기 때문

과는 구별되는 아르헨티나 민족주의 운동의 한 분파를 지칭한다. 이때, 스페인어에서 나시오날리스모(nacionalismo)가 민족주의를, 나시오날리스따(nacionalista)가 민족주의 운동 또는 민족주의 지지자를 의미하는 일반적 개념이기도 하다는 점에서 이와 구분하기 위해 이후로 '나시오날리스따'로 옮기고자 한다. 나시오날리스따는 1910년 시작된 운동으로 민족주의 이데올로기 자체에서 파생되었으나 스페인의 교권주의와 이탈리아 파시즘의 영향을 강하게 받아 파시스트적인 경향성과 아르헨티나의 민족적 자립을 강조하는 반외세 정서를 띠고 있었다. 이들은 자유주의와 공산주의를 전면적으로 부정하고 가톨릭의 이상으로서 유기적이고 조화로운 사회를 건설하고자 했다. 1930년 아르헨티나 군부 쿠데타 이후 나시오날리스따는 군부 독재 세력인 연합장교단과 긴밀한 관계를 유지했으며, 페론의 노동부 장관 지명을 지지한 바 있다.

43) 역자 주 - 브라질 통합주의(Integralismo Brasileiro)는 브라질의 파시스트 정치 운동이다. 사우가두(Plínio Salgado)가 창설한 브라질 통합주의 행동(Ação Integralista Brasileira, AIB)을 중심으로 발전했다. 기독교적 보수주의와 강력한 반공주의에 기반해 민족적 통합을 강조했다.

에 더 낫다고 주장했다.[44]

전 세계의 파시스트들은 정치 폭력을 정치권력의 근원으로 여겼다. 권력이 국가가 폭력을 독점한 결과라는 자유주의자와 공산주의자가 공유하는 이념에 반대해 파시스트들은 권력을 정치 폭력의 억압이 아니라 정치 폭력의 행사와 등치시켰다. 파시스트들은 폭력의 행사가 권력을 창출하고 증가시킨다고 믿었다. 그들은 폭력이 민족주의, 인종주의, (중앙 계획적) 자본주의가 통합될 수 있는 새로운 권위주의 사회의 근원이라고 생각했다. 파시스트들은 국가의 폭력 제한이 정치권력과 대립한다고 보았다. 그들은 또한 자유로운 언론과 공개적인 공론의 장이 그들의 이익에 반하는 방식으로 작동한다고 믿었다. 파시스트 정권에서 시민 사회는 설 자리가 없었다. 반대는 허용되지 않았다. 파시즘은 국내 및 국제 공간의 평화를 정치적 허약함과 동일시했다. 이와 동시에 파시스트들은 그들 자신이 행하는 폭력을 '신성한 것'으로 여겼다. 민족주의 신화는 파시스트적인 정치 종교의 핵심 차원으로 폭력을 고취하고 정당화했다. 파시스트 이데올로기에 따르면, 이러한 신화는 역사적 시간에 선행하고 역사적 시간을 초월한다. 이 개념에 핵심적인 것은 내부와 외부의 적에 맞서 인민을 신성한 투쟁으로 이끌어 갈 전사로서 메시아적 지도자이다. 파시스트의 삼위일체인 인민, 민족, 지도자에 맞서는 것으로 여겨지는 이들에게 대항하기 위해서는 근본적으로 무자비한 힘이 필요하다고 생각되었다. 이러한 파시스트적인 정치의 야수화는 전 세계적인 차원에서 정치적 압제, 전쟁, 종족·집단 학살과 같은 극단적인 형태의 [발생] 조건들을 창출하고 정당화했다. 파시즘은 그

---

44) Miguel Reale, "Nós e os fascistas da Europa," in *Obras Políticas* (Brasilia: UnB, 1983), vol.3, 223-33.

들이 식별하고 억압하고자 하는 실존적인 적을 이론화했다고 할 수 있다. 요약하자면 파시즘은 독재, 지도자에 대한 신화적 관념, 자본주의에 대한 사회-민족주의적 접근, 적에 대한 급진적 이념을 현대 정치의 토대로 제시했다.

이러한 파시즘의 역사적 특징들, 특히 신비로운 인민의 지도자와 그 지도자의 권위적 통치, 자유주의와 사회주의 사이의 제3의 길, 전면전으로 대응해야 하는 적이라는 통념 등에 대한 강조는 파시즘에 앞서 나타났던 전인민주의(prepopulism)의 우익 형태와 연속성을 갖는다. 이전의 인종주의, 외국인 혐오, 제국주의 형태를 무시할 수 없는 것처럼 파시즘의 전인민주의적 측면도 무시할 수 없다. 인민 공동체, 지도자, 민족에 대한 파시스트 사상은 제2차 세계 대전 이후 현대 인민주의의 기본 요소가 되었지만, 인민주의는 종종 파시즘의 이러한 특징들을 재정식화했고 가끔씩 거부하기도 했다. 특히 파시즘의 극단적인 정치 폭력과 전체주의적인 방식의 민주주의 전복과 관련된 요소들에 대해 그러했다.

파시즘은 다양한 색채와 다양한 의미를 띠고 있었다. 일본 파시즘을 연구하는 역사학자인 레토 호프만(Reto Hoffman)이 관찰한 바에 따르면, 파시즘은 "무지개처럼 다양한 셔츠를 입고" 있다. 즉, 파시즘은 시리아에서는 철회색(steel gray), 이집트에서는 녹색, 중국에서는 파란색, 남아프리카 공화국에서는 주황색(orange), 멕시코에서는 황금색의 셔츠를 입었고, 이러한 변이는 전 지구적 이데올로기라고 할 수 있는 것이 어떻게 독특한 민족적 변형을 거치는지에 대해 많은 시사점을 준다.[45] 이러한 이데올로기

---

45) 다음을 보라. Reto Hofmann, *The Fascist Effect: Japan and Italy, 1915-1952* (Ithaca, NY: Cornell University Press, 64.

와 패션의 연결 고리에 이제 독일의 전통 갈색(classic brown)은 물론 이탈리아의 검정, 포르투갈과 아일랜드의 파랑, 브라질의 녹색을 추가할 수 있다. 보편적인 민주주의적 가치에 대한 세계적인 거부로서 파시즘은 확실히 정치적 스펙트럼의 극우에 자리한 이데올로기적 색깔을 보여 주었다. 이와 대조적으로 인민주의는 셔츠를 입지 않았다. 역사상 최초의 인민주의 정권이자 현대 전후 인민주의의 가장 의미심장한 사례 중 하나라고 할 수 있는 아르헨티나의 페론주의에서 전형적으로 드러나듯이 셔츠를 입지 않은 페론의 추종자들(descamisados)은 명시적으로 파시즘을 거부하고 포스트파시즘으로서 인민주의를 정립했다.[46] 인민주의의 색채 결여를 나타내는 역사적 사례들은 인민주의의 이데올로기적 교차에 대한 은유로 작용하기도 하고, 또 왜 인민주의가 파시즘과는 다르게 자유주의에 맞선 하나의 연합 전선이 아니었는지에 대해서도 답해 준다. 현대 인민주의는 다시한번 극단적인 민족주의를 인민들의 사회적 관심과 불관용과 연결했지만, 스스로를 정치적 우파의 영역으로 한정시키지 않았다. 이는 인민주의의 범위를 확장시켜 주었지만, 지구적 파시즘이 그러했던 것과 달리 반계몽주의적 의미에 대한 초민족적이고 이데올로기적인 합의를 무효화했다. 자유주의적 형태의 민주주의에 대한 거부조차도 민주주의적인 형태를 취했던 전후의 서로 다른 역사적 상황 속에서, 인민주의는 자유주의와 파시즘

---

46) 포스트파시즘과 페론주의에 대해서는 Finchelstein, *Transatlantic Fascism*, 168, 170를 보라. 다른 라틴아메리카의 포스트파시즘 논의는 다음을 보라. Sandra McGee Deutsch, "Fascismo, Neo-Fascismo, ou Post-Fascismo?," *Dialogos* 12, no.3 (2009), 19-44. 유럽에 대해서는 그 무엇보다 다음을 보라. Nicola Tranfaglia, *Un passato scomodo: Fascismo e postfascismo* (Bari: Laterza, 1999); Roger Gri,n, "The 'Post-Fascism' of the Alleanza Nazionale: A Case Study in Ideological Morphology," *Journal of Political Ideologies* 1, no. 2 (1996): 123-45; Tamir Bar-On, *Where Have All the Fascists Gone?* (Aldershot: Ashgate, 2007), Enzo Traverso, *Les nouveaux visages du fascisme* (Paris: Textuel, 2017).

모두에 도전했다. 이전에 파시스트 정권[체제]이 존재했다는 점이 전후 인민주의가 부상하기 위한 필수적인 전제 조건은 아니었다. 브라질, 미국, 페루, 베네수엘라 같은 나라에서는 파시스트적인 간주곡 없이 인민주의 운동이나 정권[체제]이 출현했다. 하지만 이 새로운 인민주의의 핵심 교리는 파시즘이 더는 전 세계의 권위주의자들에게 대안이 될 수 없다는 것이었다. 이와 같은 맥락에서 1945년 이후 미국에서 출현한 조셉 매카시(Joseph McCarthy) 상원의원의 인민주의는 찰스 코글린(Charles Coughlin) 신부와 같은 동조자들이 옹호한 전간기의 파시즘과 큰 차이를 보였다. 그리고 브라질에서 1945년 제툴리우 바르가스(Getúlio Vargas)의 독재가 그 끝을 마주했을 때, 그의 권위주의는 변화했다. 1951년 바르가스가 대통령에 선출될 때까지 그의 독재는 인민주의적인 전화를 겪었다. 1945년 이후 페론주의나 이후의 바르가주의가 세계에 끼친 영향보다 더 중요한 것은 이 두 사례가 민주주의와 권위주의가 공존하는 방법을 보여 주었다는 사실이다. 이들과 세계의 다른 권위주의자들에게 인민주의는 선거를 통해 권력에 이를 수 있는 새로운 길을 보여 준 성공 사례가 되었다. 파시즘이나 파시즘과 유사한 일련의 쿠데타들이 일어난 후, 반공산주의적 독재는 대부분의 세계에서 더는 실행 가능한 정치적 선택이 될 수 없었다. 이렇게 새로운 상황에서 그리고 특히 라틴아메리카에서 인민주의자들은 입헌 민주주의에 개입했고, 그 토대를 오염시키기는 했지만 입헌 민주주의를 붕괴시키지는 않았다. 인민주의는 파시즘적 과거나 자유주의적 과거와 투쟁하는 과정에서 양측의 요소를 모두 채택했으며, 또 이 요소들을 좌파와 우파의 다른 대중적 전통과 혼합했다.

제2차 세계 대전 이후 이처럼 새로운 현대 인민주의가 집권하게 된 것은 파시즘의 의도치 않은 효과였다. 새로운 자유주의의 시대에 인민주의는 (공산주의 외에) 자유 민주주의에 대한 가장 심각한 도전을 제기했던 파시즘을 대체했다. 파시즘과 마찬가지로 인민주의는 명확하게 파악하기 어려운 대상이었고 지금도 여전히 그렇다. 전후 인민주의는 파시즘을 훨씬 뛰어넘어 정치 스펙트럼의 전통적 경계를 가로지르는 동맹들을 창출했고, 전에는 서로 대립했던 분파들을 통합했다. 이러한 인민주의의 역사는 왜 전통적인 범주나 도식으로는 인민주의의 다른 모습을 설명할 수 없는지 말해 준다. 인민주의는 우파인가? 아니면 좌파인가?

역사가 지브 스테른헬(Zeev Sternhell)의 파시즘 관련 주저의 제목인 "좌파도 우파도 아닌(Neither Right nor Left)"을 따라 나는 인민주의가 개념적으로는 좌파나 우파 그 어느 것도 아니라고 생각하게 되었다.[47] 그러나 나는 반대 의견을 허용하더라도 그 의견의 정당성을 인정하지 않으며 편협한 방식으로 민주주의를 이해했던 인민주의가 역사적으로는 이 둘 모두였다고 말하고자 한다. 참여와 배제 형태를 추진하고 결합하는 방식에서 각각의 인민주의는 큰 차이를 보였다. 실제로 현대 인민주의를 규정하는 특징 중 하나는 그것이 좌파에서 우파로 또는 그 반대로 이행하면서 보이는 유동성이라고 할 수 있다.

인민주의가 이데올로기적 진자이기는 하지만, 인민주의의 주요 특징들은 변함없이 유지된다. 극단적인 신성화를 바탕으로 하는 정치 이해, 빛나는 지도자를 따르는 이들만 진정한 인민의 구성원으로 여기는 정치 신학, 지도자와 지배 엘리트가 본질적으로 대립한다는 판단, 정치적 적대자는 잠재적으로 (또는 이미) 민족[국가]의 배신자이지만 아직은 폭력적으로 억

---

47) 다음을 보라. Zeev Sternhell, *Neither Right nor Left: Fascist Ideology in France* (Berkeley: University of California Press, 1986)와 Zeev Sternhell, "Le fascisme en France: Entre refoulement et oubli," *Lignes*, 50, no. 2 (2016.

압되지 않은 인민의 적이라는 판단, 지도자가 인민과 민족[국가] 전체의 목소리와 욕망을 구현한다는 카리스마적 지도자관, 정부의 입법부 및 사법부를 담론적으로 일축하거나 때로는 실질적으로 일축하는 강력한 행정부, 독립 언론에 대한 지속적인 협박, '민족[국가]적' 사상을 대표하지 않는다고 여겨진 다른 형태의 표현에 맞서는 대중문화나 심지어 유명인 문화에 대한 강조와 급진적 민족주의, 마지막으로 적어도 실천적으로는 독재 형태의 정부를 거부하는 권위주의적이고 반자유주의적인 선거 민주주의 형태에 대한 집착 등이 바로 그러한 특징이다.[48]

학계에서는 개념 및 경험으로서 인민주의의 휘발성에 대한 언급이 반복되었지만, 인민주의는 그 원천을 읽어 내고자 하는 역사가들에게 더 이상 신비로운 대상이 아니다. 사실 나는 우리가 이 용어를 명료하게 정의하지 못했던 것이 아니라 인민주의 이론에 역사가 부족하다고 주장하고자 한다. 두말할 것도 없이 그 반대 또한 사실이다. 역사가들은 자주 이론적 접근법이 인민주의 연구에 기여한 바를 무시한다. 그 결과, 이론과 역사를 연결하는 연구가 부족했다.

인민주의를 새롭게 이해하기 위해서는 전후 민주주의라는 맥락 속에서 역사 최초로 등장한 현대 인민주의 정권[체제]을 고려할 필요가 있다. 다시 말해, 인민주의가 본래 자유주의와 좌파에 대한 포스트파시스트적 대응으

---

48) 인민주의에 대한 몇몇 핵심 연구로는 다음을 보라. Nadia Urbinati, *Democracy Disfigured: Opinion, Truth, and the People* (Cambridge: Harvard University Press, 2014); Carlos de la Torre, Populist Seduction in Latin America (Athens: Ohio University Press, 2005); Ernesto Laclau, *On Populist Reason* (London: Verso, 2005); Raanan Rein, ""From Juan Perón to Hugo Chávez and Back: Populism Reconsidered,"" in *Shifting Frontiers of Citizenship*, ed. Mario Sznajder, Luis Roniger, and Carlos Forment (Boston: Brill, 2012), 289-311, Andrew Arato, *Post Sovereign Constitution Making: Learning and Legitimacy* (Oxford: Oxford University Press, 2016).

로서 1945년에 재구축되었다는 점을 고려해야 한다. 그러나 그것은 과거와의 발본적인 단절은 아니었고, 인민주의도 역사적 연속체 바깥에서 발생한 것은 아니었다. 19세기 말에서 전간기에 이르기까지 전인민주의 및 원형 인민주의 형태가 미국, 러시아, 멕시코, 아르헨티나, 브라질, 프랑스와 같이 서로 멀리 떨어진 곳에서 출현했다. 이 운동과 운동의 지도자들은 하나의 단일한 실체로서 인민의 이름으로 말했다. [전인민주의적·원형 인민주의적] 좌파와 우파는 모두 과두제와 엘리트에 반대했지만, 일반적으로 그들이 자유주의적 민주주의 자체에 도전했던 것은 아니었다.

민주주의에 대한 논쟁은 파시즘이 전인민주의적 좌파와 우파를 급진적인 반자유주의 및 반공산주의 이데올로기와 융합시킨 때인 제1차 세계 대전 이후에 나타났는데, 당시 반자유주의 및 반공산주의 이데올로기는 일부 유명한 역사가들조차 파시즘-인민주의 독재에 대해 논하도록 만들었다. 1945년 이후, 급진적인 변화의 흐름 속에서 현대 인민주의는 파시즘 이전의 뿌리로 되돌아갔지만 파시즘으로부터 얻은 교훈은 잊지 않았다. 역사학자들의 눈에는 이 역사성이 분명히 보였지만 이 영역 바깥에서 인민주의는 종종 초역사적인 현상으로 여겨졌다. 다시 말해, [역사학 영역 바깥에서] 인민주의는 역사적인 맥락 없이 발생한 것으로 이해된다. 포스트파시즘으로서 인민주의는 냉전 세계에서는 권위주의적 민주주의의 형태로 나타났다. 즉, 인민주의는 전후의 민주주의적 대의제 헤게모니에 맞춰 전체주의적 정치를 각색했다. 이러한 전화는 파시즘이 전 세계적으로 몰락한 이후에 라틴아메리카에서 처음으로 두드러지게 나타났고, 한참 뒤 현실 사회주의가 몰락한 뒤에는 유럽에 널리 퍼졌다.

인민주의는 파시즘이 현재의 일부라기보다는 과거의 일부일 뿐이라는 인식에서 출발했다. 역사상 최초의 인민주의 정권의 지도자였던 페론 장군에게 파시즘은 "결코 반복될 수 없는 현상이자 정확하고 확정적인 시대를 규정하는 고전적인 방식"이었다. 페론은 무솔리니와 그의 파시즘을 잃을 것에 대해 슬퍼했지만, 슬퍼했던 만큼이나 패배한 과거를 반복하고 싶지 않았다. 그는 페론주의를 파시즘이라는 혐의에서 벗어나게 하고 싶었고, 그 결과가 바로 포스트파시스트적이고 권위적이며, 반자유주의적인 판본의 민주주의였다.[49] 수년 후 이탈리아의 네오파시스트들도 유사한 결론에 도달했다. 수년 후인 1993년, 네오파시즘적인 '이탈리아 사회 운동(Movimento Sociale Italiano)'의 지도자인 잔프랑코 피니(Gianfranco Fini)는 이 정당을 인민주의 구성체로 변형시키려고 하면서 파시즘은 이미 되돌릴 수 없는 과거의 일이 되어 버렸으며, "모든 이탈리아인처럼 우리는 네오파시스트가 아니라 포스트파시스트이다"라고 주장했다.[50]

유사한 인식의 순간이 1940년대와 1950년대에 라틴아메리카에서 먼저 나타났고, 훨씬 뒤에 유럽에서 나타났다. 예를 들어, 1980년대 유럽에서는 르펜주의(Lepenism)가 모호한 방식으로 네오파시즘을 인민주의로 변형시키기 시작했다. 냉전 초기에 볼리비아와 에콰도르의 인민주의자들이 파시즘과의 연결 고리를 끊어 버렸다면, 오스트리아의 네오파시스트들은 2000년 연립 정부에 합류할 때에야 비로소 실질적으로 그렇게 했다. 이 연정 상황은 유럽에서 분노와 거부를 불러일으켰다. 하지만 이탈리아 포스트파시스트들은 이미 1994년에 실비오 베를루스코니와 첫 번째 연립 정부를 구성하면서 연정 수립에서 오스트리아인들을 앞섰다. 뒤이은 베를루

---

49) Juan Domingo Perón, *Memorial de Puerta de Hierro* (Buenos Aires: Honorable Congreso de la Nación, 2001), 65.

50) 이 논제에 대해서는 다음을 보라. Roger Griffn, "Interregnum or Endgame? The Radical Right in the 'Post-Fascist' Era," *in The Populist Radical Right*, ed. Cas Mudde (London: Routledge, 2017), 15.

스코니와의 연합에서 포스트파시스트 지도자 피니(Fini)는 부총리와 외무부 장관으로 선임되었고, 나중에는 이탈리아 하원의장이 되었다. 2003년, 현란한 유턴 과정에서 피니는 무솔리니가 홀로코스트에 가담한 것은 "파시즘이 절대 악의 일부"라는 것을 의미한다고 말하기까지 했다.[51]

인민주의는 자주 정치적 권리를 축소시켰지만, 더 급진적이고 해방적인 정치적 권리와 사회적 권리의 결합을 제한하는 과정에서 가끔은 사회적 권리를 확장시키기도 했다. 이와 같은 인민주의에 특유한 포스트파시스트적인 역사적 차원은 인민주의 현상을 지지하거나 반대하는 과정 또는 인민주의를 이론적으로 다양하게 재구성하는 과정에서 종종 상실된다.

동시대의 개념이자 사례로서 인민주의는 특정한 현대사를 지니고 있다. 다시 말해, 이는 역사 밖에 머무르는 개념이 아니다. 인민주의에 대한 비역사적 관점은 대의제 민주주의의 구성 문제이든, 정치적인 것이나 기술관료주의 혹은 정치 그 자체로 꽉 차거나 텅 빈 공간이든 간에 인민주의를 무엇인가에 대한 초역사적 은유로 축소한다. 이러한 견해와 극명하게 대조되는 관점에서 나는 인민주의를 현대 역사 과정의 산물로, 즉 형식적 민주주의의 한계와 그 내재적 문제가 내·외부의 도전을 받던 전간기 및 전후 민주주의의 역사와 조우하는 여전히 진행 중인 역사의 일부분으로 바라보아야 한다고 제안한다. 이 책은 현대 인민주의의 근간에서 파시즘의 위치를 파악하고 그 유산을 강조할 것이다.

이 저작은 파시즘의 경험과 인민주의 경험의 친밀한 역사적·이론적 연결 고리를 탐구하면서 세계적 실천·양식·개념의 중심성과 정치 폭력에

---

[51] "Fini in Israele 'Il fascismo fu parte del male assoluto,'" *La Repubblica*, November 24, 2003.

대한 전후 기억을 분석하고, 나아가 이들의 연결 고리를 찾을 것이다. 파시즘과 인민주의는 민족주의의 한 형태라고 할 수 있지만, 이들에게서 초국가적(supranational) 연결 고리와 공통점을 찾을 수도 있다.

파시즘과 인민주의 연구의 새로운 추세인 초민족적 관점 연구의 일환으로서 이 책은, 전후 파시즘과 인민주의가 일으킨 범대서양적, 전 세계적 반향을 경유하면서, 특히 파시스트적 폭력의 인민주의적 거부라는 문제를 경유하면서 파시즘과 인민주의에 대한 이해를 확장하고자 한다. 폭력 개념과 그보다 더 중요하다고 할 수 있는 폭력의 실천은 파시즘과 인민주의를 나누는 분수령이다. 폭력과 압제, 절멸이라는 폭력의 유산은 이데올로기·운동·정권[체제]으로서 파시즘과 인민주의의 대조적인 세계적 경험의 차이를 규정하며, 우리 세기에 들어 파시즘과 인민주의가 재정립되는 방식도 규정한다.

파시스트 폭력의 유산에 초점을 맞추면 1945년 이후 파시즘의 역사적·세계적 함의를 더 잘 이해할 수 있다. 나는 파시즘과 인민주의에 대한 반이론적 접근법과 파시즘과 인민주의 현상의 이론적 차원에만 초점을 맞춘 접근법 사이의 대립을 극복하고 싶다. 그리고 비교 연구적이고 국가 횡단적(cross-national) 차원에서 파시스트의 폭력을 강조한다면 역사와 이론의 이분법을 극복할 수 있을 것이다. 내 요점은 1945년 이후, 파시스트와 반파시스트의 기억 속에, 그리고 인민주의자와 반인민주의자의 기억 속에 정치 폭력과 억압, 집단학살에 대한 파시즘의 강조가 중요한 자리를 차지하며 남아 있다는 것이다. 폭력에 대한 이러한 트라우마적 기억은 또한 네오파시스트 운동과 포스트파시스트 형태의 인민주의를 불러일으켰다. 따라서 이 책이 취한 관점은, 특히 유럽과 라틴아메리카 역사와 관련해서, 그리고 아프리카와 아시아 및 그 외 지역의 파시즘과 인민주의 사례와 관련해서 개념사의 영역과 정치 이론 영역을 통합하는 것이다. 지구적 파시즘, 인민주의, 정치 폭력이 상호 연결된 역사는 이데올로기, 반민주주의, 정치 간의 상호작용을 분석하는 데 특히 의미 있는 사례를 제공할 것이다.

파시즘과 인민주의의 지도 그리기

여기에서는 전반적으로 중심부와 주변부에서의 역사적 경험이 지닌 초민족적·민족적 차원을 강조할 계획이지만, 맥락을 가로지르며 그리고 역사적·이론적 공통 요소들을 넘어서 현대의 반민주주의적 실천의 이데올로기·정치에 대해 비교학적으로 사유하는 것 또한 중요하다. 파시즘과 인민주의는 맥락으로 연결된 두 개의 역사적 구성체들이지만 역사학자들이나 이론가들이 일반적으로 이 둘을 함께 분석하지 않는다는 사실은 우리를 당혹스럽게 만든다. 이 책 전체와 마찬가지로 지금 이 도입부도 파시즘의 역사·이론과 인민주의 역사·이론을 다시 연결해서 분석하고 있다. 1장은 파시즘에 대해 잠정적인 개념적·역사적 설명을 제시하며, 폭력과 대량 학살이 파시스트 이데올로기와 실천에서 맡은 주요한 역할, 특히 지구적 차원에서 수행한 역할을 강조할 것이다. 1장은 보통 서로 마주 앉아 말하기를 꺼리는 상이한 역사 해석들 사이에 어떤 대화의 기회를 마련할 것이다. 이 같은 맥락에서 나는 인민주의와 파시즘 사이의 핵심적인 차이를 맥락화하기 위해 파시즘의 역사를 인민주의와 극명하게 대조되는 정치 폭력의 형태로 분석해야 할 필요성을 강조하고자 한다. 이 장은 또한 파시즘의 민족적 변형을 강조하는 초기 입장에서 민족적 구분을 경시하는 총칭적 파시즘(generic fascism) 이론에 이르기까지 그간 어떻게 역사학자들이 파시즘을 해석해 왔는지 다룰 것이다. 나는 이러한 역사학, 특히 유럽 바깥의 파시즘 연구를 거부하는 역사학에 대해 비판적으로 개입하고자 한다. 나는 파시즘에 대한 유럽 중심적 관점에 반대하며 이 역사에 새로운 초국가적 전환이 기여한 바를 강조할 것이다. 전반적으로 이 장은 파시즘을 (유럽에서 라틴아메리카, 아시아 및 그 너머에 이르는) 지구사(global history)의 중요한 주제로 파악하는 독해를 제시하는 동시에 파시즘의 궁극적이고 가장 극단적인 실현체로서 홀로코스트를 다룰 것이다.

대부분의 홀로코스트 역사가들은 파시즘을 홀로코스트의 인과적 기원으로 설명하려는 통념을 거부해 왔다. 동시에 많은 파시즘 역사가들은 홀로코스트를 파시스트 역사학의 핵심이 아닌 특정한 사건으로 제시할 뿐이다. [이에 반해] 1장에서는, 민족적 맥락이 아닌 세계적 맥락에서 볼 때 쇼아(Shoah)[52]가 어떻게 초민족적인 이데올로기 역사와 정치 역사에 중대한 도전을 제기하는지 강조할 것이다. 마지막으로 이 장에서는 역사와 이론 속에 나타난 파시즘의 인민주의적 차원을 다룰 것이다. 이 인민주의적 차원이 파시즘, 대량 학살, 독재의 유산에 대해 양가적으로 민주주의적인 거부를 보였기 때문에, 뒤따르는 장에서는 이러한 인민주의적 차원이 어떻게 권력을 장악한 인민주의의 새로운 경험에 영향을 끼쳤는지 다룰 것이다.

2장은 현대 인민주의의 출현과 발전을 다룬다. 현재 인민주의 현상을 분석할 때, 유럽 중심적이거나 미국 중심적인 판본들이 득세하고 있다. 역사와 이론에서 나타나는 이러한 자민족 중심적인 경향들이 일종의 순수한 민주주의 형태로서 인민주의에 관한 이론들에 던지는 도전에 맞서서 나는 인민주의에 대한 전 지구적이고 비판적인 독해를 제시하고, 단지 이론을

---

52) 역자 주 - 히브리어로 절멸 또는 집단 학살을 의미한다.

예증하기 위해 역사를 사용하는 현대의 해석들에 대해 비판적 입장을 취할 것이다. 나는 분석 작업을 위해 역사 속에서의 인민주의라는 잠정적 정의를 제시하고, 나아가 파시즘과의 관계 속에서 인민주의를 고려할 때 그로부터 역사학자들이나 이론가들이 무엇을 얻을 수 있는지 보일 것이다. 간단히 말하자면, 이 장에서는 러시아와 미국의 초기 인민주의에서 멕시코, 아르헨티나, 브라질의 원형 인민주의에 이르는 과정을 둘러보며 인민주의가 무엇인지에 대해 역사적 설명을 제시할 것이다. 초기 인민주의가 단지 반대 운동[야당]에 머무르며 정권을 차지하지 못했다는 점에서 불완전한 인민주의였다면, 원형 인민주의는 권력을 장악하기는 했지만 반자유주의와 선거 민주주의의 인민주의적 융합을 충분히 이끌어 내는 데는 이르지 못했다. 이 장은 권력을 장악한 전후의 '고전적' 인민주의 형태에서 네오파시스트적·신자유주의적, 그리고 좌익적·대중-민족주의적 인민주의 형태에 이르기까지의 인민주의의 모험을 탐색할 것이다. 특히 라틴아메리카와 유럽의 인민주의뿐만 아니라 미국, 아프리카, 아시아에서의 인민주의를 탐색할 것이다.

인민주의는 냉전, 탈식민지화, 전 지구적 차원에서 나타난 서로 다른 방식의 민주주의로의 이행이 있기 전에 등장했던 파시스트 판본의 독재 통치와 분명히 대립한다. 달리 말해, 인민주의는 파시즘의 정치적 이율배반을 재생산할 뿐만 아니라 그 이율배반을 종종 재정식화하지만 때로는 거부하기도 하는 반자유주의적인 민주주의 형태였다. 이러한 맥락 속에서 인민주의는 파시스트 독재와 극단적인 폭력의 거부로 정의되었고 지금도 그렇게 정의되고 있다. 하지만 인민주의는 여전히 파시즘의 몇몇 이데올로기적 전제(前提)를 반영한다.

독재는 현대 인민주의의 역사적 토대 중 하나다. 그러나 인민주의가 독재는 아니다. 초기 냉전의 맥락에서 볼 때 사실 현대 인민주의는 민주주의적으로 독재를 포기하는 것을 의미했다. 이 같은 맥락에서 3장에서는 대중독재가 인민주의 계보의 핵심이라고 주장할 것이다. 조금 더 구체적으로 말하자면, 파시스트 독재의 경험은 최초의 인민주의 운동과 정권을 출현하게 한 주요한 원인 중 하나지만 그 경험은 또한 독재적 기원에 대립하는 인민주의 운동·정권의 특징을 정의하는 데 기여한다. 이후 다른 맥락 속에서 출현한 변종들에서, 특히 남부 유럽, 아프리카, 라틴아메리카 좌파에서 나타난 변종들에서 인민주의는 명백하게 파시즘, 제국주의, 식민주의, 인종주의, 독재 통치를 거부하는 민족주의 형태를 띠었다. 역사적인 관점에서 볼 때, 이러한 거부는 때때로 신자유주의적 형태를 채택했던 우익 인민주의나 극우 인민주의의 경우에 더 모호하게 나타났다.

나는 파시즘과 인민주의를 이분법적으로 구분하는 문헌과 대화하면서, 그리고 그러한 문헌과 대립하면서, '마초 인민주의'와 '이슬람 인민주의'와 같이 최근의 새로운 미디어 환경과 관련된 문제와 함께 권위주의적인 인민주의 경험의 양가적이고 민주주의적인 특징을 이해해야 할 필요성을 강조할 것이다.

파시즘 독재의 패배로부터 태어난 전후 인민주의는 역사적으로 권위주의적 민주주의 형태로 변모했다. 그러나 미래에 그 무엇도 이 인민주의가 과거의 파시스트적 토대로 후퇴하는 것을 막지 못했다. 1970년대의 네오파시스트적인 페론주의에서 그리스의 황금새벽[Golden Dawn, Λαϊκός Σύνδεσμος – Χρυσή Αυγή][53]에 이르기까지, 그리고 유럽의 다른 극우 운동

---

53) 역자 주 - 2009년 그리스의 금융 위기 당시 부상한 극우 민족주의 또는 네오파시스트 정당으로 2015년 치러진 선거에서 제3당이 되기도 했다.

에 이르기까지 인민주의가 파시스트 폭력으로 후퇴한 몇몇 중요한 역사적 사례들이 있다. 운동으로서 인민주의가 민주주의적 선거 절차를 포기하지는 않는다 하더라도, 인민을 동질화하는 개념에서 민족 공동체의 종족적 동일성을 상정하는 개념으로 이행할 때, 그리고 그와 동시에 다소 포괄적이고 불확정적인 적(엘리트, 배반자, 외부자 등)의 수사학에서 인종 또는 종교적 적을 또렷이 식별하고 이 적들에게 정치 폭력을 가하는 방식으로 전환할 때, 인민주의는 네오파시즘이 된다. 이와 유사하게 정권[체제]으로서 인민주의는 이를 규정하는 민주주의적 특징과의 연합을 무효화 할 때 (파시스트적이거나 네오파시스트적인 독재, 또는 비파시스트적) 독재로 변모한다. 달리 말하자면, 결국 선거가 금지되거나 더는 자유로운 선거가 가능하지 않게 될 때, 독립 언론에 대한 협박이 탄압으로 이어질 때, 권력을 잡은 이들이 반대파들을 불법으로 간주할 뿐만 아니라 그들의 행동을 금지하거나 처벌할 때, 권력 분립의 토대가 훼손되고 지도자에 의한 권력의 통일로 변형될 때, (마지막 요소이지만 앞에서 언급한 요소만큼 중요한 것으로) 인민주의의 양극화 논리가 실질적인 정치적 박해로 이어질 때 인민주의는 그 역사적 요소들을 상실하고 여러 면에서 인민주의적이기를 멈춘다. 이러한 사례들에서 입헌 민주주의를 타락시키고자 하는 인민주의적 경향은 입헌 민주주의의 절멸로 이어진다. 인민주의가 완전히 고전적이고 독재적이며 비합리주의적인 뿌리로 되돌아갈 때, 그것은 더 이상 인민주의가 아니다. 독재와 민주주의 사이의 인민주의적 양가성이 용해되는 것은 언제나 가능한 일이지만 [인민주의의] 역사에서 실제로 그런 일이 아주 흔하게 일어났던 것은 아니다. 조금 더 일반적으로 말하자면, 현대 정치에 대한 반자유주의적이면서 민주주의적인 반응으로서 인민주의는 이렇게 상호 대립하는 양극 사이에 걸쳐 있다고 할 수 있다. 인민주의의 이런 근본적인 역사적 긴장은 냉전 초기에 출현했고, 철의 장막이 무너지고 새로운 21세기의 민족주의가 부상한 후에 강화되었다. 1919년과 1945년의 상황 그리고 우리가 맞이한 새로운 세기의 초반 상황은 서로 크게 달랐다. 파시즘이 1919년 자유주의 전간기(戰間期)의 위기 속에서 탄생했고, 이후 1930년대의 심각한 경제 위기에 의해 강화되었다면, 현대 인민주의는 1945년 파시즘의 위기 및 패배를 배경으로 등장했다. 현대 인민주의는 세계 경제 열강들이 경제 위기를 벗어나는 과정에서 나타났다. 현대의 외국인 혐오적 인민주의의 새로운 부상은 파시즘의 부상을 목격했던 시기인 1920~1930년대와 유사한 맥락 속에서 일어나고 있다. 민주주의는 이 새로운 세기에, 그리고 2007~2008년 금융 위기의 흐름 속에서 대공황 시기에 마주쳤던 것과 유사한 도전에 직면해 있다. 우리는 지금 새로운 세계적 경기 침체와 대의제의 새로운 위기를 목격하고 있으며,[54] 그 안에서 인민주의 세력은 다시 한번 민주주의를 시험하고 있다.

역사는 반복되지 않지만 현재를 이해하기 위해서는 계보학이 중요하다. 새로운 우파의 인민주의는 제2차 세계 대전 이후 파시스트들로부터 횃불을 넘겨받았던 인민주의와는 많이 다르다. 실제로 이는 1989년 이후 유럽과 그 외 지역에서 신자유주의가 확고하게 자리 잡았다는 사실과 직접적인 관계가 있다. 1989년 이후 신자유주의가 공고화되면서 서유럽과 동유럽에서는 여러 민족주의가 활성화되었고, 이들은 종종 전간기의 권위주의적 과거를 공산주의에 대한 자유주의 승리의 선례로 받아들였다. 민족주의는 신자유주의와 함께 작동했다. 우파나 극우파의 새로운 인민주의가

---

54) 2007-2008년 금융 위기에 대해서는 다음을 보라. Carles Manera, *The Great Recession* (Brighton: Sussex Academic Press, 2013)과 Anwar Shaikh, *Capitalism: Competition, Conflict, Crises* (New York: Oxford University Press, 2016).

1989년의 일차원적 산물이며 따라서 이 인민주의는 과거와 큰 관련이 없다는 주장과 달리, 이를 유럽 안팎에서 나타난 과거의 권위주의적 계보와 연결하는 것이 중요하다. 인민주의와 신자유주의는 뛰어난 인민주의 정치 이론가인 나디아 우르비나티(Nadia Urbinati)가 민주주의의 훼손이라고 제안한 것과 같은 과정의 일부다.[55] 미국과 유럽의 새로운 인민주의는 여러 모로 자신들이 지닌 민족주의와 인종주의에 대해 덜 수세적이다. 이 인민주의는 새로운 문제에 대해 비민주주의적인 구태의 해결책을 제시한다는 점에서 전간기의 과거와 닮아 있다.

전 지구적으로 인민주의는 자신들이 정치 체계로부터 배제되었고, 기존의 민주주의 제도들이 그들을 대표하지 못한다고 생각하는 이들에게 특히 매력적으로 느껴졌다. 인민주의 지도자들은 그들의 욕망을 인민과 민족 전체의 필요와 등치시킨다. 이들은 결코 존재한 적이 없었던 동질적 사회를 대표한다. 인민주의자들은 타자를 배제하고 추종자들을 통합하기 위한 민족주의적 제안들을 추진하고, 차이에 대해 극도로 회의적인 태도를 보인다.

과거에 그러했던 것처럼 현대의 인민주의도 민주주의적 대의제의 위기에 대해 권위주의적 답변을 제시한다. 인민주의는 지속적으로 변화한다. 그러나 그 근본은 변치 않고 유지된다. 인민주의는 전간기에 권력을 장악한 이래로 줄곧 자유주의와 사회주의 사이에서 민주주의적인 제3의 길을 주장해 왔다. 이 같은 맥락에서 파시즘은 역사 속에서 인민주의가 되었다.

---

55) Urbinati, *Decmocracy Disfigured*.

제1장

역사 속 파시즘

●

　　파시즘(fascism)이라는 단어는 정치 집단을 지칭하는 파시오(fascio)라는 이탈리아 단어에서 유래한다. 또한 파시즘은 시각적·역사적으로 로마 제국의 권위를 나타내는 상징[파스케스(fasces)]이기도 했다. 현대 정치 운동으로서 파시즘의 출생지는 이탈리아 북부로, 그 출생년은 1919년이며 창립자는 베니토 무솔리니(Benito Mussolini)였다. 그러므로 단어로서뿐만 아니라 정치 운동으로서 파시즘은 이탈리아 반도에서 기원했다. 그러나 파시즘의 이데올로기적 기원은 파시즘이라는 이름보다 먼저 존재했다. 파시즘의 반(反)민주주의적 실체들은 지구적이었으며 상이한 민족의 이름 아래서 존재했기 때문에 그 효과들 역시 민족적인 동시에 초민족적이었다. 파시즘은 [정치] 운동으로서 명시적으로 출현하기에 앞서, 제1차 세계 대전 이전의 자유주의 질서에 대한 전 지구적인 이데올로기적 도전으로서 탄생했다. 이를 인식하는 것은 파시즘에 대한 모든 이해에서 중심적이다. 파시즘의 출현을 가능케 한 급진적 민족주의 이데올로기는, 유럽과 '비유럽' 모두의 전통이라고 할 수 있는 계몽주의에 대한 거대한 지적 반동[1]의 일부였다. 이데올로기적으로 파시즘은 (1789년의 프랑스 혁명에서 1776년과 1810년대의 아메리카 및 라틴아메리카의 혁명들로 이어지는, 그리고 이 각각이 1871년 파리코뮌과 1895년에 시작된 쿠바 독립전쟁으로 이어지는) 장기 19세기의 진보적 혁명들에 대한 반응으로 인식된다. 파시즘은 정치적·경제적 평등과 관용 그리고 자유에 대한 반혁명적 공격을 표상했다.

반계몽주의 이데올로기에 근거하는 파시즘은 자유주의 정치에 대한 단순 반동이나 민주주의에 대한 거부이기만 한 것은 아니다. 예를 들어 파시즘은 시장 경제를 반대하지 않았고 자본 축적을 촉진하기 위한 코포라티즘 조직을 흔히 내세우고는 했다. 이와 마찬가지로 중요한 점은, 파시즘이 정치 영역에서의 폭력에 절대적 가치를 부여하는 정치 행동의 철학이었다는 점이다. 폭력에 대한 가치 부여는 계몽주의의 급진적 결과 중 하나였던 소비에트 공산주의에 의해 증대되었다. 1917년 볼셰비즘(Bolshevism)의 승리는 지구적 규모의 반대와 모방을 동시에 불러일으켰다. 파시스트들은 스스로를 공산주의의 반대자로 내세우면서, 사회 혁명에 대한 광범위한 거부와 공포를 이용하는 동시에 사회 혁명의 일부 차원도 흡수했다.

그러나 궁극적으로 파시즘에 배경을 제공한 것은 소비에트라는 실험이라기보다는, 총력전이라는 새로운 시대였다. 실제로 파시즘 이데올로기는 제1차 세계 대전의 참호 안에서 처음 등장했다. 이탈리아 역사학자 앙젤로 벤트로네(Angelo Ventrone)가 주장하듯이, 전쟁은 파시즘 이데올로기의 '저수지'를 제공했다.[2] 전쟁이라는 이상과 이에 연관된 정치의 군사화라는 관념은 유럽의 국경을 초월해 인도, 이라크, 페루와 같은 곳으로 퍼져 나갔다. 아돌프 히틀러(Adolf Hitler)와 베니토 무솔리니는 전쟁이 자신들의 가장 의미 있는 개인적 경험이었다고 공공연히 발언했으며, 제1차 세계 대전 이후 이 두 명의 전직 군인은 폭력과 전쟁이 최상의 정치적 요소임을 발견했다. 이러한 폭력의 이데올로기가 극단적인 우익 민족주의와 제국주의, 그리고 비(非)마르크스주의적이고 반의회주의적 좌파 경향의 혁명적 생디 칼리즘과 융합했을 때 오늘날 우리가 알고 있는 파시즘이 구체화되었다.

파시즘이 구체화된 계기는 이탈리아나 유럽에 국한되지 않았다. 아르헨티나에서 시인 레오폴도 루고네스(Leopoldo Lugones)와 같은 전(前) 사회주의자 지식인들은 이러한 융합의 정치적 함의를 곧바로 이해했다. 파시즘은 서로 다른 민족적 맥락 속에서 변용되었다. 아일랜드 푸른셔츠단(The Blue Shirts)의 지도자 이오인 오더피(Eoin O'Duffy) 장군이 주장했듯이, 이탈리아 파시즘의 최근 역사는 아일랜드의 상황과 '현저한 유사성'을 가졌다. "이것은 아일랜드가 파시즘에 의해서만 해방될 수 있다는 말이 아니다. 그렇지만 우리가 이탈리아 파시즘의 배후에 있는, 또한 그것의 경이적인 성공을 가능케 한 정신이 지금 푸른셔츠 운동을 아일랜드 역사상 가장 거대한 정치 운동으로 만들어 낸 바로 그 정신이라는 사실에 눈감는다면 우리는 바보가 될 것이다."[3] 아르헨티나 파시스트들은 아일랜드의 푸른셔츠에 감탄했지만, 이를 모방해야 할 모델이라기보다는 자신들의 친족으로서 바라보았다. 동일한 정신의 공유가 모방을 의미하지는 않는다. 포르투갈의 파시스트 주앙 아메알(João Ameal)이 주장하는 것처럼, 이탈리아에 존재하는 이탈리아 파시즘은 그 나라 밖에서 재생산될 수 없었다. 포르투갈 파시즘은 '개성 없는 모방품'이 될 수 없었다. 파시즘은 각각의 민족에 뿌리내렸지만, 초민족적이고 혁명적인 방식으로 서로 관계를 맺었다. "포르투갈 파시즘은 [이탈리아 파시즘의] 복제품이 아니다. 포르투갈 파시즘은 등가물에 관련된 것이다. 이탈리아인들은 그들의 질서에 대한 혁명을 했다. 우리는 우리의 혁명을 시작할 것이다."[4]

루고네스와 아메알처럼, 브라질의 파시스트 미구엘 레알레(Miguel Reale)는 파시즘을 보편적이고 초민족적인 극우 이데올로기의 표현으로 이해했다. "대전쟁[제1차 세계 대전] 이후 중국과 마찬가지로 브라질에서는,

그리고 프랑스와 마찬가지로 인도에서는 사회주의를 결여한 민족주의를 위한 공간이 존재하지 않는다. 달리 말하면, 근본적 사회 혁명의 요소를 결여한 민족주의를 위한 공간은 존재하지 않는다." 브라질의 파시스트들은 자신들의 초민족적 협력자들처럼, 자신들이 '개인적이고 집합적인 삶'의 실천에 대한 '강력한 일신'을 대표한다고 믿었다. 레알레는 '혁명'이 더 이상 계급의 이름으로 수행되지 않는다고 주장한다. "혁명은 민족의 신성한 권리이자, 민족의 생산적 힘의 총체가 가진 신성한 권리다." 이와 유사하게, 스페인 파시스트들은 파시즘이 '민족주의적' 우익 운동의 응집체이기 때문에 파시스트 운동이 중국이나 칠레, 일본, 아르헨티나 또는 독일과 같이 서로 멀리 떨어진 나라들에서 존재할 수 있다고 가정했다. 이러한 일군의 파시즘들은 '야만에 맞서 진정 새로운 문명의 인터내셔널'을 건설해 각자의 민족을 '구원'하고자 했다. 파시즘은 새로운 세계의 기초, "통일성, 보편성, 권위의 문명"을 표상했다.[5]

전쟁이 끝나자, 소외된 전쟁 영웅 아돌프 히틀러는 자신의 근본적 폭력 성향에 정치적 표현을 부여하기 시작했다. 그는 이 작업을 현대 대중 정치라는 새로운 참호 속에서 수행했다.[6] 히틀러는 국가사회주의라고 불리게 될 독일의 조그만 극우 정당의 이데올로기를 채택하고 곧이어 구체화시켰다. 히틀러는 일찍이 무솔리니의 사유와 실천에 빚지고 있다고 인정했지만, 두 지도자는 모두 그들이 아는 세계가 위기에 처해 있다는 더 넓은 믿음을 공유했다. 무엇보다, 히틀러는 무솔리니의 집권 과정으로부터 깨달음을 얻었다. 파시즘이 하나의 정권[체제]이 될 수 있다는 사실이 가진 획기적 차원을 이보다 더 강조할 수는 없을 것이다. 저명한 나치즘 역사학자 리처드 에반스(Richard Evans)가 주장하듯이, "히틀러는 자신이 따라야 할 사례로서 무솔리니를 존경스럽게" 바라보았다.[7] 히틀러와 무솔리니는 당대의 지구적 반혁명 사이에 널리 퍼져 있었던 격렬한 반공주의적·반자유주의적 입장을 공유했다. 이 반민주주의적 모더니즘(modernism)은 현대 정치를 기술 혁신, 미학적 관념, 전쟁 담론과 결합했다.

파시즘의 현대성(modernity)이라는 주제는 지난 세기 내내 주요한 사상가들을 사로잡아 왔다. 지그문트 프로이트(Sigmund Freud)는 파시즘을 억압된 것의 귀환으로서, 즉 정치권력의 원천으로서 죽음과 폭력을 신화적으로 재정식화한 것이라고 보았다. 반면, 『계몽의 변증법(Dialectic of the Enlightenment)』에서 테오도르 아도르노(Theodor Adorno)와 막스 호르크하이머(Max Horkheimer)는 파시즘을 현대성이 초래한 최악의 결과로 제시한다.[8] 나는 이들의 논의에 전반적으로 동의하지만, 그럼에도 이들의 논의는 유럽 파시즘의 전개에 제한되어 있다. 파시즘의 지구적이고 초민족적인 차원을 파악하기 위해서는 파시즘의 역사를 이해할 필요가 있는데, 그 까닭은 첫째로 파시즘이 민족적 수준에서 정식화되며, 둘째로 파시즘의 출현이 대서양과 그 밖의 지역에 걸친 지적 교류와 관련되어 있기 때문이다.

마르크스주의나 자유주의처럼 파시즘은 다양한 민족적 변이와 정치적 해석을 가지는 지구적 현상이다. 또한 마르크스주의나 자유주의와 마찬가지로 파시즘은 결코 폐쇄된 이데올로기적 장치를 갖지 않는다. 파시즘의 이념들은 시간의 흐름에 따라 변화했고, 이를 뒤늦게 깨닫고 난 지금에서야 파시즘의 주요한 이데올로기적 유형들을 구상할 수 있다. 대부분의 파시스트들은 파시즘을 새롭게 생성되고 있는 정치 이데올로기로 받아들였다. 파시즘은 그들이 서구의 '선거주의'라고 경멸했던 전통적 민주주의 정치를 근본적으로 반대했다.[9] 파시즘의 창시자로서 베니토 무솔리니는 오직 타락하고 구시대적인 이데올로기만이 폐쇄적 지식 체계를 가진다고 주장했다. 무솔리니에게 이념은 그것이 실천적 가치를 지닐 때 유용한 것이었다. 즉, 이념은 사회의 회생과 민족의 부활에 대한 그의 혼란스러운 직관, 인민을 인도하는 자신과 같은 사람들의 지도적 역할, 예술로서의 정치, 그리고 더욱 일반적으로는 그의 유명한 반인도주의를 확증할 때 유용했다. 간단히 말해서, 파시즘의 창시자에게 이념은 단기적인 정치 목표를 정당화할 때에 유용한 것이었다.[10]

무솔리니는 정치적 필요가 이론 구성체(theoretical formations)를 결정해야 한다고 믿는 전략가였다. 많은 역사학자들은 이러한 믿음이 무솔리니를 일종의 반이론주의자로 만들었다고, 그리고 파시즘 이론은 그 운동에서 중요하지 않았다고 결론 내려 왔다. 이러한 역사학자들에게, 파시즘 이론은 그저 의미 없는 것이다.[11] 확실히 무솔리니는 그의 경력 중 일부 지점에서 반이론주의적 편향을 가졌다. 그러나 파시즘에 대한 무솔리니의 전략적 관점을 형성한 모든 정치적 필요는 불분명하게 표현된 일련의 사유와 목표에 의해 형성되었다. 권력, 폭력, 내부의 적, 제국에 대한 그의 관념과 정력적이고 메시아적인 인민의 지도자가 되겠다는 그 자신의 기대는 수년에 걸쳐 무솔리니의 정치적 실천을 이끌었다. 이러한 이념들은 그의 정치적 우선순위를 형성할 수 있을 만큼 충분히 추상적이었고, 개념적 복잡성을 피하고자 했던 초민족적 파시스트 정치가들이 고려할 수 있을 만큼 충분히 실천적이었다. 이탈리아의 날카로운 반파시스트 논평가이자 이론가인 안토니오 그람시(Antonio Gramsci)는 무솔리니의 '구체주의(concretism)'를 파시스트 지도자와 (아마도) 파시즘 이데올로기 전반의 결정적 특징으로 강조하기를 선호했다.[12] 무솔리니의 구체주의는 '경직된 교조적 정식들'에 대한 정치의 우위라는 관념과 연관되어 있다. 그의 희망 사항에 불과했지만, 무솔리니는 자신의 운동이 '신학적' 또는 '형이상학적'

논의와 이질적인 것이라고 주장했다. 파시즘은 교리가 아니라 '특별한 정신 상태'라는 것이다. 전형적으로 반지성주의적인 용어들을 통해서 무솔리니는 구체주의, 즉 폭력적인 '직접 행동'에 대한 파시즘의 선호를 현실에 관한 단순하기 그지없는 이해와 결합했다. 일찍이 무솔리니는 자유주의, 사회주의, 공산주의의 '계시'에 맞서 그의 '이단적' 현실주의를 내세웠다. 다시 말해, 무솔리니는 파시즘의 '반동적'이고 '귀족적'이며 '반전통적' 성격을 소위 "말만 요란한 혁명"과 대비시키는 것을 통해 방어했다.[13]

파시즘은 본질적으로 현대적이었다. 그러나 '반동적' 형태의 모더니즘이었다.[14] 파시즘은 새로운 전체주의적 현대성의 창조를 위해 해방에 반대했고, 동시에 스스로를 현재의 소산으로, 더 나아가 미래의 '시초적' 차원으로 간주했다. 과거의 대의(大議), 과거의 이론 구성체, 심지어 과거의 경험은 무솔리니에게 현재의 정치적 '행동'만큼 중요하지 않았다. 그러나 무솔리니에게 현재의 전략은 단지 기표 전체, 즉 정치 전략이 출현할 수 있는 기초를 이루는 의미 구성체들의 집합이 겉으로 드러난 행동일 뿐이었다.

파시스트적 실천을 발생시키는 공통의 근거와, 이러한 전략에 대한 다양한 이론적 정당화 사이의 공생에 대한 탐색은 파시즘 이데올로기의 가장 역동적인 요소를 구성하는 동시에 파시즘의 완벽한 정전화(正典化)가 지니는 가장 명백한 한계를 드러낸다. 결국 파시스트들은 파시즘의 정전집을 만들어 내는 끝없는 임무를 띠고 있었다. 그들은 다양한 단기적 전략을 세상에 관한 오래되고 근본적인 편견과 결합하려고 시도했다. 이처럼 파시즘적 종합은 일상생활의 정치학을 교리로 전환함의 불가능성에 기초를 두고 있었다. 전 세계의 파시스트 해석가들은 종종 긴장 관계에 있기도 한 파시스트의 실천(전략)과 이상(이론)을 접합해야만 했다. 신성(神聖), 인종, 인민, 제국, 신화적 과거에 대한 사상은 동아시아와 동남아시아, 유럽, 중동, 라틴아메리카의 매우 상이한 현실의 특수성에 적합하게 끊임없이 변화했다. 인도와 중동에서 파시즘 이념은 탈식민주의의 권위주의적 변종을 재사유하는 목적으로 사용되었지만, 일본에서는 제국의 현대성을 재사유하는 데 쓰였다. 탈식민 시대의 라틴아메리카 공화정에서 파시즘은 공화정 이전의 스페인 제국과의 연속성을 가지는 것으로서, 그러나 권위주의적 형태의 반제국주의를 주장하는 주요한 방식으로서 제시되었다. 여타의 파시즘들과 마찬가지로 이 모든 곳에서 미학은 정치의 핵심 차원에 위치했다.

그러나 파시즘 이론이 미학에만 관련된 것은 아니었다. 바로 이 점에서, 반파시스트의 파시즘 개념에 주목하는 것이 중요하기는 하지만, 나의 강조점은 발터 벤야민(Walter Benjamin)의 미학적인 파시즘 개념에 크게 의존하지 않는다. 벤야민에게, "파시즘의 논리적 귀결은 정치적 삶에 미학이 도입되는 것"이다.[15] 역사학자 로버트 팩스턴(Robert Paxton)이 주장하듯이, 벤야민은 파시즘의 가장 극단적인 미학적 경험이 전쟁이라는 점을 분명히 보았다. 파시스트 지도자는 인민을 "그들이 감각적으로 경험할 수 있는 더욱 고차적인 정치적 영역"까지 고양하고 싶어 했다. '이성에 기초한 토론'이 감각적으로 공유된 친숙한 경험으로 대체되면서 당대의 정치는 실질적으로 변화했다.[16] 확실히, 파시즘 미학은 파시즘이 스스로를 세계에 보여 주는 방식에서 중심적인 역할을 했다. 그러나 정치 이데올로기로서 파시즘은 미학만으로 포괄될 수는 없다. 파시즘은 완벽한 세계에 대한 고정된 이상과, 끊임없이 변화하는 전략을 설명하고 정당화하는 정치사상의 심오한 표명 사이에서 균형을 맞춰야 했다. 궁극적으로, 파시즘적 실천은 평범한 매일매일의 정치나 미학과는 관련이 없다. 오히려 파시즘적 실천은 파시즘 이론을 구현하고 살아 있는 경험을 그 토대로 삼는 일련의 정치적 의례와 정치적 스펙터클에 주목했다. 이러한 실천들은 사상을 현실로 바꾸면서 파시즘을 가시적인 무언가로 나타냈으며, 능동적인 참여와 다른 사람들과의 접촉을 수반했다.[17]

파시즘 이론은 결코 분명하게 표현된 신념 체계가 되지 못했다. 파시즘은 항상 변화하는 일련의 비유와 이념이었다. 이러한 의미에서 무솔리니는 파시즘을 "이러저러한 '주의(主義)'들의 숲속에서" 특별한 것으로 여겼다. 무솔리니는 개인적으로 신념 체계를 싫어했는데, 이는 그가 신념 체계를 정의상 역기능적이라고 여겼기 때문이다. 두체(Duce, 총통)는 경제학이나 예술은 자신 정도의 위상을 가진 사람과는 관계없는 요소라고 여겼다. 하지만 파시즘 이데올로기나 파시즘 이론은 실천에 종속되어 있으며 따라서 세속적으로 적용할 수 있다고 생각했다. 그러나 그러한 적용의 이면, 혹은 그러한 적용 너머에는 더욱 거창한 무엇인가가 있었다. 그것은 바로 시대의 전환점으로서 민족, 지도자, 인민의 신화적이고 신성한 혁명이라는 파시즘의 정의였다. 실제로, 무솔리니는 자신이 이론을 경멸함에도 불구하고 추상 이론(high theory), 즉 세계에 대한 직접적인 직관을 표상하는 거대 서사의 존재를 믿었다. 다시 말해, 외부 세계에 대해 파시즘적 근본 의미가 우위를 지닌다는 신념을 믿었다. 그러므로 의도적이고 자기 긍정적인 폭력의 내적 의미는 파시즘 이데올로기의 핵심 속성이었다.

무엇보다도, 파시즘은 급진적 형태의 정치적 주체화를 내세웠다. 파시즘의 내적 의미는 파시즘의 모체, 파시즘의 신성한 근본 차원을 표상했다. 이 무의식적이고 전(前) 합리적인 직관의 개념은 이른바 파시즘적 이상의 순수성, 즉 파시즘적 인간 세계와 특정한 이념들을 한데 묶는 '파시즘적 감성'의 순수성을 표현했다.[18] 무솔리니는 1919년 초에도 이미 파시즘을 형성했던 상이한 집단들이 "특별한 영혼"을 똑같이 공유한다고 주장했다. 무솔리니는, 파시즘이 "형태상으로는 구별되지만 실체적으로는 융합되어 있고 구분되지 않아" 왔다고 주장했다.[19] 소쉬르(Ferdinand de Saussure)적인 비유를 빌리자면, 파시즘은 특정한 기호 체계(code), 즉 비교적 고정된 기의에 붙여진 일련의 변화하는 기표들로 이루어진 정치적 해석 및 정치적 행동의 언어로 이해되어야 한다. 이처럼 무솔리니는 파시즘의 상대적으로 경직된 측면을 "공통의 토대(fondo commune)", 또는 "공통분모"라고 불렀다. 이것은 의미의 핵, 즉 한층 비일관적이고 변화하는 언명들, 또는 일련의 파시즘적 기표들의 내부에 포함된 핵심이었다. 공통분모는 근본 지침이자 지향점이었다. 요컨대 이 공통의 토대는 파시즘의 가장 기본적인 전제들을 담고 있는 파시즘의 핵심, 즉 가변적인 파시즘의 표현 형태들과는 대조적으로 파시즘 이데올로기 속에서 상대적으로 불변하는 토대였다. "공통의 토대"는 세계에 대해 파시즘이 지닌 시원적 관념으로, 맥락적인 실천이나 전략적 연출보다 중요했다. 후자는 특수한 맥락 속에서 파시즘이 외화된 표현으로, 더욱 안정적인 '파시즘의 실체'를 전략적으로 예시한 것이었다. 무솔리니가 기묘한 폭로의 순간에 말했듯이, "우리 모두는 자신만의 기질, 자신만의 감수성, 자신만의 심리를 갖고 있지만, 전체를 균등하게 만드는 공통분모가 있"다.[20]

두체에게 이 균등화된 전체, 파시즘의 모체는 정치와 세계에 대한 파시즘적 관념의 가장 근본적인 수준이자 핵심이었다. 이는 일련의 근본 비유, 왜곡된 가치, 그리고 폭력과 전쟁, 지도자·인민·민족의 삼위일체, 신화, 신성한 것과 비체(卑體, abject)에 대한 느낌으로 이루어졌다. 오늘날의 몇몇 분석가들은 파시즘이 구현했던 비합리성과 본능적 힘의 완전한 도취, 즉 안토니오 그람시가 일찍이 '전쟁의 심리학'과 결합된 '불가사의한 것'에 대한 파시즘의 수용이라고 말한 것을 이해할 수 없을지도 모른다.[21] [그러나]

과거의 파시스트들이 이러한 심리학을 무엇으로도 나타낼 수 없고 표상될 수도 없는 숨겨진 의미로 가득 찬, 신비주의적이거나 심지어는 비의(祕意)적인 단어들 속에서 이해하곤 했을지라도, 이러한 심리학의 주요 구성 요소는 아마도 오늘날의 역사학자들에 의해서만 정의될 수 있을 것이다.

파시즘의 모체는 '우리 대 저들', 또는 '문명 대 야만', 특히 '인민 대 인민의 적'이라는 전통적 이분법으로 구성되었다. 그러나 파시즘이 도입한 총체적이고 실존적인 적으로서 타자 개념은 파시즘 이데올로기의 중심적 차원을 제공한다. 따라서 파시즘은 희생양 삼기(victimizing)라는 중심적 차원, 즉 파시즘이 대적하는 대상을 파시즘이 대표하는 것에 대한 반대로서 표상하는 부정적인 추동력을 가지고 있었다. 파시즘이 상이한 민족 운동과 결부된 지구적이고 신화적인 이데올로기라는 나의 역사적이고 잠정적인 정의는 이러한 이분법들과, 자본주의와 자유주의의 이중 위기라는 전간기 최악의 상황 속에서 형성된 파시즘의 현대적, 반혁명적, 극단 민족주의적(ultranationalist), 반자유주의적, 반사회주의적 특징들 사이의 연관성을 강조한다. 이러한 시나리오에서 파시즘의 일차적 목표는 민주주의를 그 내부에서 파괴하고 전체주의적 독재를 건설하는 것이다. 민주주의의 파괴는 차례로 시민 사회, 정치적 관용, 다원주의의 파괴로 이어질 것이었다. 파시즘 질서의 새로운 정당성은 지도자, 인민, 민족의 권력에 뿌리를 내리고 있었다. 파시즘은 인민 주권이라는 현대적 사상을 기초로 정식화되었지만, 정치적 대의제는 제거되고 그 권력은 인민의 이름 아래 행동하는 독재자에게 완전히 위임되었다.

인민의 독재는 새로운 인간과 새로운 세계 질서를 창조하려는 의지와 함께, 자신의 변증법적 타자이자 실존적 적인 반인민에 의존했다. 적, 독재, 인민 사이의 이러한 연결은 전 지구의 파시스트들에게 중심적이었다.

적을 대하는 파시즘의 수단은 박해와 제거였다. 아르헨티나의 파시스트들이 말하듯이 말이다. "최후 심판의 날이 다가왔다. 우리는 조국을 위해 모든 무가치한 것들을 없애 버릴 것이다."[22] 히틀러는 그 스스로 제2차 세계대전을 시작하기 몇 달 전, 1939년의 유명한 '예언' 연설에서 이와 유사하게, 그리고 똑같이 노골적인 방식으로 세계에 말했다.

> 나는 평생 예언자이곤 했다. 그리고 대부분은 조롱받았다. 내가 권력을 향해 투쟁할 동안, 내가 언젠가 이 국가의 지도력을, 그리고 이를 통해 전 민족의 지도력을 장악할 것이며, 그다음에는 다른 많은 문제들 중에서도 유대인 문제를 해결할 것이라고 말했을 때 내 예언을 비웃어 넘긴 것은 다름 아니라 유대 인종이었다. 그들의 웃음소리는 요란했지만, 언젠가 그들은 울게 될 것이라고 생각한다. 오늘, 나는 다시 한번 예언자가 될 것이다. 유럽 안팎의 국제 유대 금융가들이 다시 한번 여러 민족들을 세계 대전에 빠뜨리는 데 성공한다면, 그 결과는 지구의 볼셰비즘화, 다시 말해 유대인의 승리가 아닐 것이다. 그 결과는 유럽에서 유대 인종의 멸종이 될 것이다![23]

히틀러에게 희생과 폭력은 그럴싸한 거짓말, 인민의 적이 취할 행동에 관한 상상과 나란히 작동했다. 예언자적 지도자와 인민의 이름 아래서 이루어지는 희생적 폭력이라는 관념은 단지 적에 대해서뿐만 아니라 파시스트 자신에게도 영향을 미쳤다. 무솔리니가 종종 반복하고, 1945년 히틀러가 자살로써 개인적으로 체현한 것처럼 말이다. 파시즘의 인종주의와 반유대주의는 이상적인 공공의 적에 대한 지속적인 탐색의 결과였으며, 이 적들은 1919년 이래 점차 인간의 자격을 박탈당하고 있었다.[24] 그러나 파시즘이 단지 '반대의' 차원 또는 부정적 차원들로만 구성된 것은 아니었다.

파시즘을 정의하는 더욱 '실증적' 요소들에는 무솔리니의 페르소나로 체현된 독재의 중심성을 강조하는 메시아적인 '종교적 관념'[25]이 속해 있었다. 그에게 폭력, 전쟁, 그리고 권력의 축적은 갈망해 마지않던 민족사적·지구사적 전환점, 다시 말해 파시스트 제국을 위한 정언명령이었다. 파시즘 이데올로기에서 폭력과 공격성은 사람들의 '인종'과 '규범적' 남성성에 체현된 권력을 가장 잘 표현하는 것이라고 간주되었다. 역사학자 리처드 에반스가 제시한 바와 같이, 파시즘의 이러한 극도로 남성주의적이고 반페미니즘적인 차원의 명확한 결론은 "남성이 지배하고 여성은 대부분 출산과 양육의 기능으로 환원되는 국가"[26]였다.

파시즘은 국가와 국가의 폭력 독점에 대한 특정한 이해, 즉 전체주의를 대표했다.[27] 1920년대 이탈리아의 반파시스트들은 절대주의의 당대적 판본으로서 파시즘과 함께 전제정의 현대적 형태를 나타내기 위해 전체주의라는 용어를 만들어 냈다. 그러나 무솔리니는 전체주의에 대해 다른 견해를 가지고 있었다. 무솔리니는 이 용어를 전유해 부정적인 정치적 형용사에서 자기 확신에 찬 개념으로 변화시켰고, 전체주의를 국가, 민족, 인민에 대한 모든 파시즘 이데올로기의 명령들(폭력, 전쟁, 제국주의, 그리고 비체에 대한 특정한 관념)을 포괄하도록 재정식화했다.

> 파시즘 국가는 시민의 개인적 안전에만 신경 쓰는 야경꾼이 아니다. 또한 이 사회가 그러하듯이, 어느 정도의 물질적 번영을 보장하기 위한 목적이나 상대적으로 평화로운 삶의 조건을 보장하기 위한 목적만으로 조직된 것도 아니다. (…) 파시즘에 의해 착안되고 실현된 국가는 민족의 정치·사법·경제 조직을 보장하는 영적이고 윤리적인 실체로, 이 조직의 기원과 성장 과정에서 영이 현현한다. 국가는 전 국민의 내외부적 안전을 보장하지만, 예로부

터 언어, 풍습, 신앙 속에서 다듬어져 온 인민의 영혼 또한 방호하고 전승한다. 국가는 단지 현재가 아니다. 국가는 과거이자, 무엇보다도 미래다. 국가는 개개인의 짧은 생애를 초월해 민족의 내재적 의식을 상징한다. 국가의 표현 형태는 변화하지만, 그 필요성은 사라지지 않는다.[28]

파시즘이 그 모든 것에 우선한다고 상정했던 국가는 일반적인 국가가 아니라 민족 구성원의 지도자와 그의 이데올로기적 명령들 속에서 인격화된 파시즘 국가였다. 이는 파시즘에 의해 이미 정복되고 지배되는 국가였다. 이 국가는 공적 영역과 사적 영역의 구별을 제거했다. 더구나 파시즘 국가는 시민 사회를 집어삼키고 결국에는 파괴했다.[29] 당시 많은 반파시스트들이 지적했듯이, 파시즘은 민주주의를 파괴하기 위해 민주주의를, 심지어는 민주주의 동맹들까지 사용했다.[30]

국가로 인격화된 파시즘 혁명은 부르주아 질서를 완전히 파괴할 계획이었다. 파시즘은 점진주의에 대한 반테제이자 반당파, 반유럽으로서 유럽과 세계를 미래로 이끌고 갈 것이라고 자신을 홍보했다.

파시즘은 새로운 정치 질서를 창조했다는 점에서 본질적으로 혁명적이었지만, 파시즘을 자본주의와의 관계 속에서 보자면 그다지 혁명적이지 않았다. 사실, 파시즘은 결코 자본주의를 위협하지 않았다. 파시스트들은 좌파로부터 사회 개혁의 기회를 앗아가는 민족주의적 방식으로 자본주의를 개혁하길 원했다. 그들은 대규모 인민의 지지를 통한 사회 통치를 제시했지만 "보수적인 사회·경제적 특권과 정치적 지배"[31]는 진지하게 문제 삼지 않았다.

그러나 자본주의가 온전하게 유지되었다 하더라도 대부분의 파시스트들이 자본주의에 접근한 방식을 자유주의적이거나 신자유주의적인 [접근]

방법과 혼동해서는 안 된다. 전간기에 초민족적 파시즘은 경제적·사회적 해결책으로 코포라티즘을 내세웠다. 경제적 의미에서 이는 미국의 뉴딜과 같은 자본주의적 개혁 실험들과 크게 다르지 않았다.[32] 이와 반대로 파시즘은 정치적으로 자유주의와 본질적 차이가 있었다. 정치적 의미에서 파시즘은 분명히 전체주의적이었다.

소비에트 러시아처럼 파시즘은 정치적 토론, 관용, 다양성을 제거했다. '현실 사회주의'와 마찬가지로, 파시즘은 국가의 정당한 권력 사용과 불법적인 폭력의 사용 사이의 구별을 모호하게 만들었다. 간단히 말해, 전체주의 속에서 국가는 계몽적인 규범을 도덕적으로 혐오하는 범죄자가 되었다. 그러나 스탈린(Joseph Stalin)은 실천적으로는 전체주의자였을지라도 이론적 관점에서는 계몽주의의 유산을 결코 거부하지 않았다. 물론 이는 공산주의 이데올로기의 윤리적 실패를 드러낸다.[33] 그러나 아우슈비츠의 한복판에서 나치가 베토벤(Beethoven)을 즐길 수 있었던 것과, 공산주의적 테러의 한복판에서 레닌(Vladimir Lenin)이 그 독일 작곡가[베토벤]를 들을 수 없던 것은 대조적이다. 레닌은 정치적 반대파에 대한 섬뜩한 탄압에 관여하는 동안 베토벤을 들으면 자신이 유약해질 것이라고 믿었다. 독일 영화 〈타인의 삶(The Lives of Others)〉(2006)에서 언급되었듯이, 레닌에게 베토벤의 음악은 이성, 즉 계몽주의의 유산을 표상했다. 이는 이성에 반해 행동하면서 이성에 귀 기울일 수 없음을 레닌이 인지했다는 한 징후였다.[34]

이와 대조적으로, 나치에게 이 독일 작곡가는 벌거벗은 미와 폭력을 표상했다. 이와 같은 관점에서 어떤 이들은 스탠리 큐브릭(Stanley Kubrick) 감독의 영화 〈시계태엽 오렌지(Clockwork Orange)〉(1971)에서 재창조된 포스트파시즘적 도시 불량배의 우두머리인 알렉스 드라지(Alex DeLarge)

를 떠올릴 수 있다.³⁵ 드라지는 히틀러, 괴벨스(Paul Joseph Goebbels), 멩겔레(Josef Mengele)와 같은 나치와 음악 취향을 공유한다. 소비에트 러시아와는 달리 파시스트 전체주의는 현실적·가상적인 반대 의견을 묵살하기 위한 목적만으로 공포나 폭력, 죽음을 퍼트리지 않는다. 파시즘에서 폭력은 정치적인 목표를 달성하기 위한 수단으로만 머무르지 않고, 정치적 목적 그 자체가 된다. 앞으로 보겠지만 파시스트와 인민주의자를 극명히 대조시키는 차이점은 바로 파시즘에서는 폭력이 우위를 지니지만 인민주의에는 그것이 부재하다는 점이다. 그러나 우리는 먼저 역사학자들이 어떻게 파시즘을 해석하는지 살펴보고, 이어 홀로코스트를 분석할 것이다. 조금 더 일반적으로 말하자면, 역사 속에서 파시즘을 형성하는 논리의 핵심적인 사례로서 인민의 이름으로 가해지는 폭력의 우위에 대해 분석할 것이다.

파시즘과 역사학자들

전 세계에 걸쳐 지지자들이 있었던 마르크스주의나 자유주의처럼 지구화된 형태의 정치 이데올로기로서 파시즘은 항상 지구적인 연구 대상이었다. 그러나 최근 들어 연구 분야로서 역사와 이론을 대립시키는 이분법이 되살아나 역사학자들 사이에서 이루어지는 고전적인 분업과 나란히 작동하고 있는 것처럼 보인다. 이 상황에 따르면, 많은 '현업' 역사학자들은 역사 이론가들, 즉 파시즘에 대한 '총칭적(generic)' 해석자들이 개발한 가설을 검증하고 있다. 그 결과 연역적으로 도출된 고도로 이론적인 개념들이 역사 속의 파시즘에 대한 민족적 고찰을 형성하고 있다. 이와 동시에 역사적 파시즘과 같이 초민족적인 현상은 제자리를 찾지 못하거나, 모호하게 다루어지거나, 쉽게 무시되어 왔다. 파시즘이 무엇인지에 대한 동질화되고 총칭적인 정의가 이 자리를 차지했고, 이는 중요한 민족적 차이들을 고려하지 못했다. 이렇듯 총칭적 현상으로서 파시즘을 이해하는 방식이 새로운 경향은 아니다. 이러한 이해 방식이 시작된 이래로 '나치-파시즘'은 이해하기 쉬울 뿐만 아니라 이에 맞서 싸우기에 용이하도록 정치적이고 지구적인 방식으로 이론화되었다. 이러한 단순성은 파시즘을 패퇴시키는 데 도움이 되었지만 파시즘의 복잡한 역사적 본성을 모호하게 하는 의도하지 않은 결과를 낳았다. 반자유주의적이거나 반공주의적인, 또는 둘 모두에 해당하는 이러한 초기의 파시즘 독해는 자본주의의 지구적 꼭두각시로서, 아니면 국경을 초월한 공산주의의 복제물로서 기능하는 파시즘의 대용품 역할을 강조했다. 그러나 1960년대와 1970년대에 등장한 새로운 비교역사학 연구들은 민족적 구현의 특수성을 강조하면서도 서로 다른 파시즘이 공통적인 구조적 특징들을 갖는다는 점을 인정했다.[36] 이러한 새로운 연구 경향을 통해 [민족적] 맥락과 과정의 중심성은 긍정되었지만 그것들의 초민족적 영향은 놓치게 되었다. 이는 1990년대까지 민족별 사례를 주로 연구하는 역사학자들 사이에서 지배적인 경향이었다. 파시즘은 서로 다른 민족사의 일부였다. 이탈리아 역사학자 렌조 데 펠리체(Renzo De Felice)는 이러한 접근법을 가장 잘 대표하는 학자라고 할 수 있다.

데 펠리체는 이탈리아 파시즘 연구를 정초한 역사학자다. 그는 파시즘이 좌·우 여러 세력들 사이의 변증법적 운동의 결과로 나타난 통합적 현상이라고 요약한다. 이 복잡한 상호작용의 핵심 요소인 무솔리니는 많은 경우에 이러한 세력들을 규정했지만 다른 많은 경우 무솔리니 역시 이들에 의해 규정되기도 했다. 데 펠리체는 일찍이 1965년에 그가 쓴 방대한 무솔리니 전기 1권의 서문에서 "우리에게 파시즘을 정의하는 것은 무엇보다도 파시즘의 역사를 쓰는 것이다(per noi definire il fascismo è anzitutto scriverne la storia)"라는 안젤로 타스카(Angelo Tasca)의 유명한 구절과 자신의 입장을 동일시한 바 있다. 데 펠리체는 파시즘을 새롭게 역사화할 필요가 있다는 관점에서 이 구절을 해석했다. 그는 파시즘이 막간극(幕間劇, parenthesis)이자 역사적 일탈이며, 따라서 이탈리아 역사의 진정한 인과적 결과가 아니라고 주장하는 베네데토 크로체(Benedetto Croce)와 당시 지배적이었던 이탈리아 역사학에 맞서 새로운 역사학 노선을 제안했다.[37]

데 펠리체에게 파시즘은 잘 정의된 불변의 특징들로 구성되는 하나의 현상이 아니라 지속적으로 변화하는 현실이었기 때문에 파시즘의 역사에 대해 말하는 것은 이론적 유형학의 관점에서 파시즘을 특징지을 때(또는 정의할 때) 겪는 어려움에 대한 인식을 수반한다. 그러나 데 펠리체가 총칭적 특징을 규정하는 작업이 불가능하다고 말한 것은 분명 아니다. 실제로 그는 파시즘에 대한 교차 국가 연구의 필요성을 경시했지만, 이와 동시에 전체주의에 대한 비교 연구적 개념을 수용했다. 이러한 맥락에서 데 펠리체의 서술은 맹렬한 반공주의 입장을 채택했으며, 이는 전체주의에 대한 냉전 초기의 접근이 파시즘과 공산주의를 동일시하면서 더욱 강화되었다.[38] 파시스트적 형태의 폭력·억압과 공산주의적 형태의 폭력·억압을 혼동하는 경향을 띠는 새로운 역사 패러다임을 전파하는 과정에서, 이러한 접근법은 에른스트 놀테(Ernst Nolte), 프랑수아 퓌레(François Furet), 스테판 쿠르투아(Stéphane Courtois), 그리고 최근의 티모시 스나이더(Timothy Snyder)와 같은 이들이 취한 접근법과 수렴했다. 이는 초기 냉전의 슬로건과 유사한 용어를 통해 재정식화된 전체주의 이론을 수반했다.[39] 그러나 이스라엘의 역사학자 지브 스테른헬(Jeev Sternhell)이 주장하듯이 "파시즘과 공산주의가 쌍둥이이며, 공모자인 동시에 적이라고 주장하는 이론, 나치즘이 스탈린주의를 모방한 것이고 볼셰비키의 위협에 대한 당연하고 자연스러운 반응이자 제1차 세계 대전의 단순한 산물이라고 주장하는 이론은 파시즘과 나치즘을 진부화시킬 뿐만 아니라 무엇보다 우리 세기 유럽에 있었던 재앙의 진정한 본질을 왜곡"한다.[40]

1990년대와 2000년대 초, 조지 모스(George Mosse), 스탠리 페인(Stanley Payne), 그리고 독일 역사학자 에른스트 놀테의 1970~1980년대 저작들을 확장하는 새로운 총칭적 연구 경향이 출현했다. 그 이후 파시즘에 대한 역사적 연구는 합의(consensus)에 기반해 정립되어야 하는, 명실상부하게 지구적인 지식 분야로 통합되었다.[41] 그러나 모든 연구자들이 이러한 합의적 접근 방식을 완전히 수용한 것은 아니었다. 페인에 따르면, 합의에 대한 비판은 주로 명목론적 관점에서 이루어졌다. 역사학자인 길버트 알라다이스(Gilbert Allardyce)는 이 입장을 지지하는 상징적 인물이었다.[42] 알라다이스는 파시즘이라는 용어가 아무런 쓸모가 없다고 보았고, 역사적 분석의 범주로서 파시즘을 폐기할 것을 제안했다.[43] 이와는 대조적으로, 대부분의 역사학자들은 국경을 초월해 파시즘을 이해해야 할 필요성을 고취했다.

파시즘에 대한 가장 설득력 있는 정의 중 하나는 에밀리오 젠틸레(Emilio Gentile)의 정의다. 그는 파시즘이 전체주의적인 국가 정치 개념, 행동주의적이고 반이론주의적인 이데올로기, 남자다움과 반쾌락주의적인 신화적 토대에 대한 강조를 고수하는 전형적인 군국주의 정당으로 조직되었다고 주장했다. 파시즘의 결정적인 특징은 민족의 우위를 긍정하는 세속 종교로서의 성격에 있으며 민족은 유기적이고 인종적으로 동질적인 공동체로 이해되었다. 더 나아가, 이 민족은 권력, 도발, 팽창을 사명으로 삼는 코포라티즘 국가로 위계적으로 조직되어야 했다.[44]

이와 유사하게, 팩스턴은 파시즘 운동이 탄생해 정치 체계 내에 출현하고 그로부터 파시스트에 의한 권력의 장악과 행사에 이르게 된다는 발전 단계 이론을 제공함으로써 파시즘에 대한 우리의 이해를 확장한다. 마지막 단계는 파시즘이 권력을 잡고 전쟁과 급진화를 통해 자기 파괴로 향하는, 또는 엔트로피적인 탈-파시즘화의 경로를 따르는 순간이다. 팩스턴은 "대부분의 파시즘은 짧게 그쳤으며, 일부는 그 이전으로 돌아갔고, 때로는 여러 단계의 특징이 한번에 나타났음"을 분명히 한다. "20세기 대부분의 현대 사회가 파시즘 운동을 낳았지만 오직 소수의 사회에서만 파시스트 체제[정권]가 존재했다. 오직 나치 독일만이 급진화의 단계에 도달한 파시스트 체제[정권]였다." 팩스턴은 파시즘 이데올로기의 중심성에 대한 강조를 축소하고 대신 파시즘의 실천에 주목한다. 결과적으로, 그는 파시즘의 행위와 기능을 그 이념들 및 원리들보다 중요시한다. 팩스턴은 파시즘을 "공동체의 쇠퇴, 굴욕 또는 희생에 대한 집착에 가까운 몰두와, 이를 상쇄하는 단결, 에너지, 순수성에 대한 숭배로 특징지어지는 정치적 행동의 한 형태"로 정의한다. "여기서 전통적 엘리트들과의 불안하지만 효과적인 협력 속에서 작동하는, 급진적 민족주의 투사들의 대중 기반 정당은 민주주의적 자유들을 포기하고 구원적 폭력을 통해 윤리적이거나 법적인 제한이 없는 내부 정화와 외부로의 팽창이라는 목표를 추구한다"[45]

현재의 파시즘 이론에서 또 한 명의 영향력 있는 저자는 독일의 역사학자 에른스트 놀테다. 그는 역사학자 논쟁(Historikerstreit), 즉 서독 역사학자들과 비판 이론가들 사이에서 홀로코스트의 독일적 특성에 대한 논쟁을 불러일으킨 사람으로 유명하다(더 정확히는 악명 높다). 놀테는 파시즘과 마르크스주의에 공통적인 유전적 본성을 강조한다. 이러한 입장을 통해 그는 먼저 파시즘을 우익적 전통이 아니라 마르크스주의에서 유래한 사건으로 축소하고, 다음으로 유럽의 유대인들에 대한 나치의 인종 청소 정책(extermination policies)의 중요성을 축소했다.[46]

놀테는 파시즘의 정의로부터 논의를 시작하며 후대의 총칭적 역사학자들에게 지대한 영향을 미쳤다.[47] 파시즘은 일차적으로 자유주의에 대한 변증법적 반동이고, 더 중요하게는 마르크스주의에 대한 반동이라는 정의였다. 놀테에게 후자[마르크스주의에 대한 반동]는 전자[자유주의에 대한 반동]가 정점에 이른 결과다. 만일 반마르크스주의로서 파시즘의 목표가 "그 반대파를 절멸시키는 것이라면, 파시즘은 단지 저명한 정당에 대한 승리로 만족할 수 없다. 파시즘은 '정신적 뿌리'를 드러내고 그것을 반대파에 대한 비난에 포함"시켜야만 한다. 놀테의 관점에서 나치는 심지어 그 절멸에 대한 충동에서조차 소비에트를 닮아 있다. 그러므로 스탈린은 히틀러를 고취시킨 것이다. 요약하자면, 파시즘은 자신을 둘러싼 세계를 변화시키는 게 목표인 마르크스주의에 대한 혁명적 반동이었다.[48] 나치즘은 파시즘의 종합적 형태이자, 그것의 궁극적 실현에 가까웠다. 놀테는 나치즘을 "주권적이고 호전적이며, 내부적으로 적대적인 집단의 최후의 발악"이라고 정의했다. 즉, 나치즘은 초월(transcendence)에 대한 실천적이고 폭력적인 저항이었다. 초월이라는 용어는 놀테가 '파시즘의 숨겨진 구조'를 탐색하면서 역사적인 것과 초역사적인 것, 그리고 더 나아가 형이상학적인 것을 관계 짓기 위해 사용한 용어다.[49]

놀테에게 파시즘이 기본적으로 반마르크스주의(그의 관점에서는 마르크스와 니체의 결합)인 반면, 대부분의 총칭적 정의들을 거부하는 지성사학자 스테른헬의 파시즘에 대한 접근은 더 시사적이다. 그는 파시즘의 반자유주의적 본성과 미래상에 대한 전망을 함께 강조하며, 파시즘이 반대하는 대상, 즉 자유주의와 마르크스주의, 민주주의로부터 파시즘을 정의할 수는 없다고 주장한다. 또한, 그는 마르크스주의와 자유주의가 기존의 관념과 정치적 세력에 대한 도전으로서 출발했다고 지적한다. "마르크스주의는 세계에 대한 자신의 고유한 전망을 보여 주기에 앞서, 한 세기 먼저 절대주의에 대항하며 성장한 자유주의에 반대함으로써 시작했다. 동일한 논점이 파시즘에도 적용된다. 파시즘은 자유주의·마르크스주의와 투쟁했고, 그 이후에 대안적인 정치적·도덕적·지적 체계의 모든 요소를 제공할 수 있게 되었다".[50]

총칭적 접근을 취하는 놀테나 다른 학자들과 대조적으로, 스테른헬은 문화적이고 이데올로기적인 현상, 즉 계몽주의와 동시적으로 발전해 프랑스 혁명의 영향 속에서 강화된 계몽주의에 대한 반란을 연구한다.[51] 따라서 스테른헬에게 파시즘의 전사(前史)는 반계몽주의에서 찾아야 하는 것이었는데, 이러한 반란이 그 자신을 대중 정치 현상으로 급진화한 시점은 그 한참 뒤인 드레퓌스 사건이 있었던 19세기 말이었다고 제시한다. 그러나 스테른헬은 이러한 두 사건[프랑스 혁명과 드레퓌스 사건]이 최초의 원인이 아니라 기폭제였다고 본다.[52] 스테른헬은 계몽주의에 대한 귀족적 거부가 모리스 바레스(Maurice Barrès)나 1890년 세대의 다른 구성원들 같은 사상가들에 의해 진정으로 대중적이고 혁명적인 용어로 번역되었다고 주장한다. 바레스와 동료들은 에드먼드 버크(Edmund Burke), J. G. 헤르더(Johann Gottfried Herder), 프리드리히 니체(Friedrich Nietzsche), 에르네스트 르낭(Ernest Renan), 이폴리트 텐(Hippolyte Taine)과 같은 사상가들의 유산들을 급진화해 "이데올로기적 현대성"에 대한, 즉 "자유주의와 마르크스주의의 '유물론(materialism)'에 대한" 반란을 개시했다. "따라서 파시즘은, 세계에 대한 자신의 고유한 전망을 제공하고 새로운 정치 문화를 창조할 수 있는, 자유주의와 마르크스주의 사이에 존재하는 제3의 혁명적 선택지였다."[53]

스테른헬은 19세기 후반과 제1차 세계 대전 이전의 시기를 파시즘 사상의 실험실로 보았다.[54] 이 기간 동안 자유 민주주의의 위기는 특히 민주주의적 가치들에 집중된 더 넓은 지적 위기의 한 징후였다. 파시즘은 두 가지 본질적인 구성 요소를 가지고 있다. 1) 사회다윈주의(social Darwinism)와 (때로는) 생물학적 결정론에 기반을 둔 반자유주의적이고 반부르주아적인 부족적 민족주의의 한 유형, 2) 마르크스주의에 대한 급진 좌파적, 반유물론적 (그리고 반마르크스주의적) 수정이 그것이다.[55] 스테른헬의 작업은 제1차 세계 대전 이전의 맥락 속에서 파시즘의 기원을 다룬다. 제1차 세계 대전은 파시즘이 광범한 대중적 지지자들과 함께하는 정치 운동이 되는 데 우호적인 조건을 창출했다는 점에서는 중요하다. 그러나 스테른헬은 전쟁이 파시즘의 계보학에서 그리 중요하지 않다고 도발적으로 제안한다. "파시즘을 단지 제1차 세계 대전의 부산물로서, 단지 전후의 위기에 대한 부르주아의 방어적 반동으로 간주하는 사람은 지난 세기의 이 주요 현상을 이해할 수 없다. 그러한 사람들이 말하는 파시즘은 20세기 초에 만연했던 정치 문화에 대한 거부를 표상한다. 전간기의 파시즘에서, 그리고 유럽의 다른 모든 운동들을 비롯해 무솔리니 정권[체제]에서, 모든 중요한 사상은 1914년 8월 이전의 사반세기에 걸쳐 점진적으로 실현되고 있었다."[56]

이와 유사하게, 모스와 후기 젠틸레는 정치 문화, 의례, 그리고 현대 미학뿐만 아니라 민족과 그 역사, 인민에 대한 급진적인 민족주의적 이념 속에 있던 파시즘의 전쟁 이전 기원을 강조한다. 모스에 의하면, 파시즘과 같은 정치적·문화적 현상은 전통적인 정치 이론의 정전들 안에서 쉽게 범주화될 수 없다. 모스에게 이러한 유형의 현상들은 철학가들의 합리적 분석 수단으로 이해될 수 있는 일관적 체계로서 구성되지 않았다. 그에게 파시즘은 문화사의 주요한 대상이다.[57] 모스는 파시즘이 다양한 민족적 변종들 속에서 스스로를 위계적 대중 운동으로 구성된 영적 혁명으로 내세우는 하나의 복잡한 현상이었다고 생각했다. 이러한 방식, 즉 파시즘은 자신을 민족적 신비와 연관시키는 방법들을 통해 과거에 호소할 수 있었다. 이탈리아의 로마다움(Romaness)과 독일의 '인종'과 연결되었으며, 구체적인 정치·경제 강령을 결여한 특수한 파시즘 미학이 파시즘의 본질을 구성했다. 파시즘의 본질은 특정한 신화, 의례, 상징을 통해 대상화되어 운동과 민족의 일반 의지를 표현하는 것이었다.[58]

모스에게 파시즘은 스스로의 자기 이해를 통해 분석될 필요가 있었다. 사회적·경제적 요인들도 중요하지만, 문화적 차원들만큼 중요하지는 않았다. 파시즘은 시민 종교이자 신념 체계였다. 파시즘은 극단적 민족주의, 부흥과 희생에 대한 관념, 신화적 사고방식, 최고 지도자, 팽창주의적 충동, 인종주의와 극단적 폭력, 전쟁과 남성성에 대한 미학적 이상, 그리고 혁명적 의식과 상징들을 결합했다.[59]

역사학자 엔조 트라베르소(Enzo Traverso)가 주장하듯이, "모스, 스테른헬, 젠틸레는 서로 간에 차이가 있기는 하지만 파시즘의 주요한 특징인 반공주의를 과소평가한다는 점으로 수렴"한다.[60] 트라베르소는 파시즘의 반공주의적 차원을 강조한다는 점에서 옳다. 그러나 왜 많은 역사학자들이 이 차원을 은폐해 왔을까? 이러한 누락의 중요한 측면은 파시즘을 반공주의라고 생각하는 견해의 가장 유명한 대표 주자인 에른스트 놀테와 같은 보수적 역사학자에 의해 이러한 견해가 어느 정도로 과장되었는가 하는 점이다. 그러나 스테른헬이나 모스, 젠틸레의 접근법이 파시즘을 연구하는 초민족적 역사학자들에게 진정으로 영향을 미쳤다면, 놀테의 방법론은 역사 속의 파시즘이 무엇인지에 대한 최근의 논의를 지배해 온 총칭적 역사학자들에게 가장 중요한 접근법을 제공했다. 그들에게 파시즘은 이미 설명되어 온 이론의 예증으로서 작동한다. 그러므로 대다수의 총칭적 접근법에서 분류학적 설명은 더더욱 경험에 기반한 역사적 조사들을 대체하는 경향이 있다.

'총칭적 합의'에서 초민족적 전환으로

총칭적 역사학자들은 파시즘에 대한 유럽[중심]적 설명을 제시한다. 반동적 전통을 현대화하는 비유럽 파시즘을 마주했을 때, 그들은 동어 반복에 의존하곤 한다. 즉, 유럽 바깥의 파시스트는 유럽인이 아니기 때문에 진정한 파시스트가 될 수 없다는 것이다. 비유럽에는 파시즘이 존재할 수 없다는 이러한 유럽 중심적인 반박은 그 반대 근거가 파시즘의 사료들에서 분명하게 확인되는 것도 아니고, 여타의 단순화된 정의들과 마찬가지로 파시즘이 유럽과 비유럽의 토양 위에서 다양한 현실로 생성되는 과정을 사전에 차단하는 것도 아니다.[61]

이러한 역사학자들에게 총칭적 연구 대상으로서 파시즘은 오직 '이념형'이 되었을 때만 연구 주제가 된다.[62] 이처럼 행위성을 (파시스트 이론가들이 자신들을 어떻게 보았는지의 영역으로부터 역사 이론가들이 파시스트 이론가들을 총칭적으로 어떻게 규정하는지의 영역으로) 신속하고 전형적으로 전치시키는 사례들은 매우 다양하고 심지어 서로 대치되기도 한다. 페인에게 파시즘은 근본적으로 지도력, 전쟁, 폭력, 대중 동원에 대한 권위주의적 개념들 및 생기론 철학으로 이루어진 적대적 형태의 혁명적 극단 민족주의였다. 이와 대조적으로, 로저 그리핀(Roger Griffin)은 총칭적 파시즘이 본질적으로 민족의 부활에 초점을 맞추었다고 본다. 이러한 민족 부활은 그가 도발적으로 재탄생 신화(palingenetic myth)라고 부르는 것, 즉 자유주의에 대

한 역사적이고 모더니즘적인 저항의 한 형태다.[63]

일반적으로 총칭적 역사학자들은 파시즘 이론과 그 실천의 특유한 뒤얽힘을 배제하는 경향이 있다. 그러나 행동과 이론 사이의 이러한 발본적 접합은 파시스트 자신들이 정치 폭력의 경험을 이데올로기로서 상상하는 방식을 형성했다. 이러한 행동과 이론의 접합이 특별히 파시즘에만 존재했던 것은 아니지만, 파시즘은 극단적으로 새로운 정치 구성체 속에서 이론과 실천의 접합을 급진화했다. 이에 따라 파시즘은 정치적 신화의 프리즘을 통해 폭력의 우위를 지구적으로 설명하고 실천했다. 나는 이러한 신화적이고 경험적인 이데올로기가 초민족적 파시즘의 가장 중요한 측면 중 하나라고 생각한다. 이것은 파시스트들이 이데올로기적 구축물을 극단적 형태의 폭력을 통해 실연(實演)했던 이유와 방법을 설명하기 때문이다. 폭력은 이론의 최종 형태였으며, 폭력의 중심성이야말로 이러한 [총칭적] 역사학자들이 민족적·초민족적인 맥락의 바깥에 위치시키려고 했던 바로 그것이라고 할 수 있다.

파시즘을 연구하는 대부분의 총칭적 역사학자들은 자신들의 임무가 파시즘 역사학에서 일종의 성배라고 할 수 있는 '파시즘의 최소 단위(fascist minimum)'를 찾는 일이라고 생각한다.[64] 역설적이게도 이러한 관점은 파시즘의 본질적인 핵심이 파시즘의 더욱 민족적이고 정치적인 함의들을 초월한다는 무솔리니의 신념과 일치한다. 그러나 총칭적 학자들은 정치적으로 인민의 초민족적 적을 상정하는 파시즘의 자기 이해에 큰 관심을 두지 않는다. 그들은 파시즘의 지구적인 유통과 변용, 재정식화 과정에 대한 분석을 생략하는 한편 파시즘의 중요한 측면들, 예컨대 민족 부활, 모더니즘, 그리고 생명 정치와 같은 개념들을 물화하는 경향이 있다.

벤자민 자카리아(Benjamin Zachariah)는 총칭적 역사학에 대한 중요한 비판에서, 총칭적 역사학자들의 '파시즘의 최소 단위'와 자신이 인도 파시즘 연구로부터 이끌어 낸 '파시스트 레퍼토리'를 대조한다. "파시즘을 기성품의 형태로, 상대적으로 매끈한 형태로 수입된 유럽의 특산품으로 보지 않는다면, 이러한 중요한 존재[파시스트 레퍼토리]를 인정하기가 더 쉽다. (…) 이 레퍼토리는 유기적이고 원초적인 민족주의를 포함하는 경향이 있으며, 이러한 민족주의는 반드시 정화되고 보존되어야 하는 유기적[혹은 포크적(völkisch)] 민족 안에서 구성원들이 어떻게, 무엇을 위해 행동할지를 규율하는 통제적 국가주의(statism)를 수반한다. 이렇듯 유기적 민족의 보존에 복무하는 과정 속에서 민족적[국가적] 규율을 향한 준군국주의적 경향이 작동한다. 이 레퍼토리의 일관성은 위기의 지속에 대한 감각과, 규율과 순수성이 유지되지 않는다면 유기적 민족이 붕괴할 것이라는 공포를 자극함으로써 유지된다."[65] 자카리아는 하향식의 '확산주의적'이고 유럽 중심주의적인 문제틀 대신 수렴 진화 과정이자 상호 인식 과정으로서 파시즘의 초민족적 연관성을 재사유해야 할 필요성을 설득력 있게 주장한다. 자카리아의 주장은 서로 구별되지만 수렴하는 정치적 이념들과 실천의 집합을 가진, 다양한 종류의 민족 구성체(national formations)로서 파시즘을 재사유하려는 초민족적 연구의 새로운 경향을 대표한다.

팩스턴, 그리핀, 모스, 페인과 같이 파시즘을 연구하는 주요한 총칭적 역사학자들은 일반적으로 비유럽 행위자들의 행위성 결여와 모방을 강조하는 유럽 중심적 모델을 제안한다. 이는 파시즘의 초기 논의를 지배했던 명목론적 입장의 소수 연구자들에게도 동일하게 적용될 수 있다. 이러한 신실증주의 역사학자들은 민족적 독특성에 대한 데 펠리체의 강조, 과거나 미래와의 분명한 연결 고리를 가지지 않는 파시즘 시대에 대한 놀테의 역사주의, 그리고 알라다이스의 반이론적 명목론으로 되돌아가서 유럽 바깥에서의 파시즘의 가능성을 부정한다. 또한 이들은 역사와 이론의 관계에 대해, 그리고 파시즘을 지구적으로 분석하는 작업이 단지 파시즘의 역사를 말하는 작업과는 대치된다는 생각, 즉 그 둘은 동일하지 않다는 생각에 대해 거대한 적대감과 심지어는 분노를 투사한다. 이러한 역사학자들은 아르헨티나, 일본 또는 인도의 파시스트가 파시스트였다는 것에 이의를 제기하는데, 왜냐하면 이들이 시대적이고 민족적인 그리고 특화된 학문 노선을 강조하기 때문이다. 이러한 극도로 보수적이고 반지성주의적인 관점에서 파시즘은 아무런 분석의 가치가 없으며, 그 덧없는 본성은 어떤 실체적인 해석도 타당하지 않게 만든다. 파시즘의 역사는 문제적으로 골동품 수집(antiquarianism)의 한 형태가 된다.[66]

신실증주의자들과는 다르게, 대부분의 총칭적 역사학자들은 파시즘을 이미 준비되어 있는 하나의 이론으로 변화시키고 파시즘을 서로 다른 민족적 표현에 맞춰 분류해야 할 필요가 있을 때 사용한다. 확실히, 총칭적 이론가들은 파시즘을 하나의 보편적 실체로 다루고, 모든 민족적 역사학이 그들의 모델을 따르기를 기대한다. 그러나 대부분의 역사학자들은, 예를 들어 이탈리아 파시즘을 다루는 이탈리아 역사학자들이나 라틴아메리카, 일본, 또는 독일 파시즘을 다루는 역사학자들은 이러한 총칭적 합의에 동의한 적이 없다. 심지어 그들은 파시즘에 관심 있는 영어권 독자들 사이에서 이루어진 총칭적 합의의 성공을 무시한다.

파시즘에 대한 많은 연구들은 지구적 규모에서 파시즘이 뒤얽혀 있는 차원을 다루기에 역부족이다. 콘스탄틴 요르다치(Constantin Iordachi)가 언급한 것처럼, 파시즘 역사학자들은 너무나 자주 "지리적 명칭을 역사적 유형으로 물화"시키는 함정에 빠졌다. 그리고 자카리아가 관찰한 것처럼, "'유럽 바깥'의 '지구적' 파시즘에 대한 대부분의 (그러나 아직 많지는 않은) 연구들은 여전히 유럽을 파시즘의 본고장처럼 바라본다. 이것이 왜 그러한지는 분명하지 않"다.[67] 이러한 유럽 중심적 렌즈를 사용한 결과 유럽 바깥의 파시즘이 행위성 없는 주체로서 간주되거나, 아랍 세계의 '이슬람-파시즘'이나 라틴아메리카의 '카우디요(caudillo)' 지배와 같은 고정관념에 의해 대체된 것으로서 간주된다. 자유주의나 마르크스주의의 지구적 유통을 연구하는 것에 열려 있는 유럽의 역사 연구자들이, 유럽 파시즘이 지구적 교류에 참여하는 과정을 맞닥뜨리는 순간 유럽 중심적 관점의 강조를 선호한다는 점은 흥미롭다. 자카리아가 직설적으로 말한 것처럼, "파시즘 학계는 유럽 외부의 저작을 당혹스러워하며 학문적 전문성이나 (무)능력을 이유로, 또는 그것들이 파시즘 이념의 역사에서 부차적인 부분으로 여겨진다는 이유로 무시하는 경향"이 있다.[68] 파시즘에 대한 이러한 입장을 마주했을 때, 인도와 일본, 시리아, 브라질 같은 다른 나라의 많은 역사학자들은 이를 단순히 수용하고, 파시즘을 그들 민족의 역사에 대해 본질적으로 외부적인 범주로서 다룬다. 몇몇 경우에, 이러한 역사적 입장의 기저에는 은밀한 민족주의적 흐름이 존재하기도 한다. 종종 무시되는 이러한 민족주의적 접근은 민족사의 독특성을 강조하고, 예를 들어 아르헨티나와 같은 민족이 그 문제적인 '유럽적' 이데올로기에 의해 오염되었을 수 있다는 사실을 부정한다. 이러한 접근의 결과 두 민족에 대한 하나의 본질주의적인 관념이 등장하는데, 하나는 진정으로 민족적인 것이고, 다른 하나는 먼저 수출되어 그 이후에 허위의식 또는 그보다 나쁜 의식을 가진 국민들에 의해 채택된 유럽적 이데올로기다. 이러한 파시즘에 대한 독해들은 어떠한 종류의 민족적 차원도 부정하는 방향으로 수렴하면서 맥락적 함의를 결여하게 되었지만, 역설적이게도 진보적 민족주의의 입장에서 파시즘에 대적했던 다수의 당대 반파시스트의 사료들에서 처음 등장한 독해이기도 하다. 이들에게 파시즘은 더욱 포용적인 민족적 전통들과 어떤 관련성도 가지지 않았다. 이 반파시스트 비판가들은 이상화된 민족 관념을 제시했는데, 이러한 이상화된 민족 관념 안에는 파시즘을 위한 공간이 존재하지 않았다. 그러나 여전히 왜 파시즘이 [파시즘과 관련 없다고 여겨진] 이러한 여러 가지 민족 전통들 속 극우 행위자들의 경험에 속해 있었는지를, 그리고 이와 동시에 파시즘이 전 세계에 걸쳐 유통되고 끊임없이 재정식화되었다는 점을 역사적 설명으로 다룰 필요가 있다.[69]

초민족적 파시즘

파시즘을 민족적 종별성(이라는 관점)뿐만 아니라 이데올로기적 전이, 사회·문화·경제적 교류의 측면에서 지구적으로 고찰할 때 파시즘은 덜 유럽 중심적이게 된다. 지구사(global history)의 선도적 역사학자인 제바스티안 콘라트(Sebastian Conrad)가 "민족적 수용기(national container)"라는 사고방식이자 "방법론적 민족주의(방법론적 일국주의, methodological nationalism)"라고 적절하게 비판한 것과는 달리, 지구적 이동성, 순환, 전이는 사실상 민족사를 분석하는 핵심 요소라고 할 수 있다.[70] 민족들을 형성하는 외부적 연결에 초점을 맞추는 역사적 접근으로서 초민족적 접근은 민족적이고 초국가적인 지정학적 공간의 작동에 대한 더 나은 이해로 이어진다.

초민족적 역사는 단지 전이에 대한 역사만이 아니다. 이는 결코 전이될 수 없는 것들, 민족사적 특수성으로 인해 성공적으로 수출될 수 없는 것들에 대한 역사이기도 하다. 레베카 하버마스(Rebekka Habermas)가 제시한 것처럼, 전이와 비전이는 "동일한 동전의 양면이며, 그러므로 반드시 함께 고려"되어야 한다. 그녀는 단순히 "무엇이 전이되고 전이되지 않았는지"를 보는 작업뿐만 아니라 "전이의 상호작용이 종종 만들어 내는 의도하지 않은 효과를 함께" 고려하는 작업이 중요하다고 주장한다. 전이의 과정은 "현실적 무지에 의한 것이든 그러한 문제를 다루지 않겠다는 의식적 결정에 의해서든 언제나 비전이의 그림자를 동반"한다.[71] 파시즘의 교류와 전이, 비전이' 잘 알려진 측면과 잘 알려지지 않은 측면을 분석하는 과정에서, 파시즘에 대한 초민족적 접근은 이념적 형태의 파시즘과 "최소주의적' 정의들로부터 벗어나게 된다. 파시즘은 살아 있는 경험이었으며, 자유주의나 마르크스주의와 마찬가지로 결국에는 각각의 민족적 맥락에 따라 유의미한 차이를 가지는 지구적 정치 이데올로기가 되었다.

대서양을 건넌 파시즘은 유럽에서는 그리 지배적이지 않았던 극단적인 교권 파시즘(clerico-fascist)의 차원을 채택했다. 이것이 아르헨티나와 같은 국가의 사례였다면, 일본의 파시즘은 과거의 '유신(維新, restoration)'이라는 독특한 제국적 관념을 내세웠다. 그러나 아르헨티나를 비롯한 다른 나라의 사례들과 마찬가지로, 일본의 파시즘은 과거의 민족적 주권 형태를 현대화하는 것에 관심을 기울였다. 일본 파시즘 역사학자인 레토 호프만(Reto Hofmann)은 다음처럼 말한다. "일본 파시즘의 모호성은 파시즘 그 자체의 특징이기도 하다. 이 모호성은 혁명과 복고 사이의 중재자로서뿐만 아니라 지구적이고 민족적인 역사의 산물로서의 혼합적 성격을 반영하기도 한다."[72] 파시즘은 자유 민주주의와 사회주의에 대한 지구적 저항으로서, 민족주의를 긍정하는 동시에 자유주의적·사회주의적 형태의 보편주의에 대해 일견 역설적인 지구적 도전을 제기했다.

파시즘과 민족의 관계는 언제나 양가적이었다. 파시즘은 지구적 이데올로기인 동시에 민족주의의 극단적 형태이기도 했기 때문이다. 대부분의 파시스트들은 파시즘적 형태의 국제주의를 옹호했다. 콜롬비아 파시스트들인 표범단(the Leopards)에게 '우파의 적'은 존재하지 않았다. 이는 민족적으로도 국제적으로도 파시즘이 민족적 긴급 사태에 대한 독재적 해결책을 대표한다는 것을 의미했다. 콜롬비아의 파시스트들은 그들이 "세상의 모든 문제를 해결할 수 있는 일관적이고 조직적이며 논리적인 교리를 대표"한다고 주장했다. 표범단은 특히 라틴아메리카적 형태의 극우파가 어떻게 반제국주의와 볼리비아의 이상에 이중적으로 뿌리내리고 있는지 강조했다. 라틴아메리카인들은 그들의 민족 주권을 앗아가려는 앵글로-색슨 인종의 '야욕'으로부터 자신들을 방어하기 위해 단결해야 했다. 그러나 인종주의가 아르헨티나처럼 세계 각지에서 온 사람들로 이루어진 곳에서 적절한 해결책으로 제시되었다면, 표범단은 콜롬비아의 내적 동질성을 옹호하길 원했다. 그 이유는 이러한 동질성이 "원주민과 스페인인의 단일한 메스티사헤(mestizaje)"에서 생겨났기 때문이다.[73] 이와 유사하게, 파시즘을 수용했던 멕시코의 유명 지식인 호세 바이콘셀로스(José Vasconcelos)는 그의 나라와 라틴아메리카 전체가 식민지적 조건 속에서 살고 있다고 주장했다. 그가 볼 때 멕시코는 북반구의 열강들과 '유대인'의 '세계 강령(world program)'에 맞서 자신들의 메스티사헤와 히스패닉 제국의 유산을 방어할 필요가 있었다.[74]

브라질의 일부 파시스트들이 다인종적이고 다종교적 전체주의 사회라는 관념을 제안한 반면, 멕시코 파시스트들은 파시즘을 가톨릭주의(Catholicism)와 멕시코 원주민의 과거 모두에 관한 이상화와 결부시키곤 했다.[75] 독일의 파시스트들이 인민 공동체의 주요한 적으로서 유대교에 집착했다면, 안데스 산맥의 페루 흑색셔츠단(Blackshirts)은 그들의 전체주의적 적대감을 아시아인에게, 특히 일본계 이민자들을 향해 드러냈다. 이후 인도와 파키스탄이 될 지역에서 파시즘이 힌두 또는 무슬림적 기조를 채택한 반면, 아르헨티나의 파시스트들은 '기독교적 파시즘'을 내세웠다. 초민족적 관점에서 바라볼 때, 파시즘의 얽히고설킨 관계는 표준적인 민족사를 불가능하게 만든다. 유럽에서도, 독일이나 이탈리아의 '고전적' 사례가 그러했던 것처럼 내부적 위기 상황이 항상 파시즘의 집권으로 이어지지는 않았다. 무솔리니와 히틀러가 권력에 '선출된' 것은 사실이지만, 이들이 정당 연합의 일원으로서 권력을 장악했으며 결과적으로 이 정당 연합을 지배하고 이후에는 없애 버렸다는 것 역시 사실이다. 독일과 이탈리아의 파시즘이 민주주의를 그 내부에서 파괴하고 독재 정권[체제]이 되었다면, 스페인과 같은 나라에서 파시즘은 쿠데타를 통해 집권했다. 인민의 민족 공동체라는 이름 아래 이루어지는 내전을 향한 열망은 대서양의 양안에서 지배적이었다. 예를 들어 페루의 파시스트들은 자신들을 "인민의 자녀"라고 불렀지만, 또한 보다 어른스러운 방식으로 자신들이 "파시즘의 게릴라"로서 "성스러운 십자군" 전쟁을 벌이고 있다고 말했다. 이러한 주장에도 불구하고 실제로 내전이 발생한 역사적 사례는 1936~1939년 스페인 내전과 1943~1945년 이탈리아 내전과 같이 소수였다.[76] 전 세계에 걸쳐 파시즘은 보수주의적이고 권위주의적인 권력이 쇠퇴할 때(이탈리아, 독일, 스페인 그리고 아르헨티나)뿐만 아니라 다른 파시스트 권력[열강]에게 도움을 받았을 때 번성했다. 파시즘이 성공할 수 있었던 이유는 대내적이면서 동시에 대외적이었다. 루마니아, 노르웨이, 프랑스, 그리고 헝가리와 같은 나라들의 파시즘은 독일 파시즘의 점령 전쟁 이후 '성공'했다. [대내적] 권력과 초민족적 정치는 스페인 내전 기간 동안 동등하게 중요했다. 스페인 파시스트들은 나치와 이탈리아 파시스트들의 실질적인 도움을 통해 승리할 수 있었다. 크로아티아의 우스타샤 운동(Ustasha Movement)[1] 역시 마찬가지다. 이러한 도움이 없었을 때, 파시스트들은 권위주의 정부 또는 제국주의 열강의 도전을 받고 약화되었다. 나치 점령 이전의 헝가리, 1920년대부터 1940년대까지의 브라질, 콜롬비아, 포르투갈, 우루과이, 멕시코, 영국령 인도와 남아프리카, 그리고 일본 제국이 그 사례다.

전 세계에 걸쳐 파시즘은 자유주의와 사회주의에 도전했다. 그러나 파시즘은 지구적 규모에서 더욱 온건한 형태의 보수주의 우파와 맞서기도 했다. 대부분의 파시스트들은 코포라티즘의 형태를 지지했지만, 코포라티즘을 최종적·실천적으로 적용하는 방식에서는 상이했다. 파시즘은 정치를 야수화하고 사회를 군사화했다. 파시즘은 폭력의 정치적 사용을 강화했다.[77] 양차 세계 대전은 세계의 모든 영역에 영향을 미쳤지만, 그 방식들은 매우 상이했고 결과 역시 상이했다. 아르헨티나, 멕시코, 포르투갈, 스페인과 같은 나라들은 이 기간 동안 외부와의 전쟁에 직면하지 않았지만, 파시즘을 포함해 그들의 정치는 국제적 갈등에 실질적으로 영향받았다. 한편, 영국과 미국은 교전국으로서 전쟁을 경험했지만, 파시즘에 의한 중대한 내부적 위협에 직면하지는 않았다. 정반대의 현상이 현재의 우크라이나와 발틱해 국가들, 중동, 중국, 일본, 인도에서 나타났고 파시즘이 명실상부하게 유리한 위치를 점하게 되었다. 이후 남반구에서 출현한 인민주의 또한 이와 연결되어 있었다. 이

---

1) 크로아티아의 우스타샤 운동은 반(反)유고슬라비아 분리주의를 지향한 파시스트 조직이다. 우스타샤(ustaša)라는 명칭은 반란 또는 봉기를 뜻한다. 우스타샤는 크로아티아의 민족적·문화적 우월성을 강조하면서 세르비아인을 '적'으로 규정했다. 제2차 세계 대전 동안, 우스타샤는 나치 독일의 괴뢰국인 크로아티아 독립국(Nezavisna Država Hrvatska, NDH)의 권력을 장악했다. 이들이 건설하고 운영한 강제수용소 야세노바츠(Jasenovac)는 "발칸의 아우슈비츠"로 불리며 7만 명 이상의 세르비아인과 유대인, 집시, 반체제 인사가 희생당했다.

것은 북반구의 파시즘에서 최초로 비롯된 군사적 사건과 집단 학살 폭력에 대한 [남반구의] 대응이었다.

> 내외부의 압제와 전쟁을 통한 정치 폭력은 초민족적 파시즘의 핵심에 남아 있었다. 파시즘은 이탈리아에서 처음으로 집권한 정치 모델이었지만, 곧 지역적·지역 횡단적 함의를 획득했다. [유럽] 남부의 파시즘들 사이에는 지중해라는 중요한 수렴 지점이 존재했으며 이는 범대서양의 파시즘, 중부유럽 파시즘, 파시즘의 아시아적 또는 중동적 변종들에 대해서도 적용된다.[78]

정치적 부패라는 맥락과 경제적 불황 또는 제국주의적 점령 기간에 걸쳐, 파시즘은 전간기 및 전쟁 기간에 감지되었던 자유 민주주의의 위기를 극복하기 위한 대안을 제시했다. 파시즘은 정치 폭력과 인종주의, 독재를 시대적인 문제에 대한 초월적 해결책으로 내세웠다. 파시즘은 사회와 국가의 관계를 재정의하기를 원했지만, 이러한 노력은 매우 상이한 민족적 변형을 낳았다. (특히 나치즘과 이탈리아 파시즘, 그리고 그 외의) 상이한 파시즘들은 서로 경쟁하기도 했으며, 파시즘 사이의 충돌이 초민족적 교류의 중심에 위치하기도 했다. 심지어 나치 독일에 대한 연구조차 더욱 초민족적인 접근이 요구된다.[79]

전체적으로, 역사학자들이 파시즘의 구체적 사례들을 다른 사례에 대한 고려 없이 연구할 경우 [파시즘에 대한] 오해를 낳을 수 있다. 자카리아는 파시즘에 대해 다음과 같이 주장한다.

> (종종 부인되고는 하지만) 공통된 뿌리, 지적 기반, 운동 양식(style) 및 조직을 가진, 때로는 인적 구성이 강하게 중복되기까지 하는 관념들의 군집이다. 인

도에서의 파시즘 현상이 충분히 탐구되지 않은 이유는 부분적으로, 파시즘 일반이 엄격히 유럽적 현상이고 비유럽은 오직 부적절하게 이해된 모조품을 생산할 뿐이라는 편견 때문이었다. 만약 인도 파시즘이 조금이라도 다뤄진 경우가 있다면, 인도 파시즘이 주로 의용단일가(Sangh Parivar)로 알려진 힌두교 우파에서 기인하는 것이라고 (적절하게) 이야기되지만, 힌두교 우파에서만 기인하는 것이라고 자주 (부적절하게) 이야기되기도 한다. 그러나 인도 파시즘의 역사는 훨씬 더 길고 광범위하다.[80]

대부분의 지역에서 그랬던 것처럼 다수의 인도 힌두교도들은 파시즘을 지구적이면서 지역적인 현상으로 인식했다. 반면, 파시스트 지식인 이나야툴라 칸 알-마슈리치(Inayatullah Khan al-Mashriqi)[2])와 같은 무슬림들은 자신들이 히틀러의 강령에 영감을 주었다고 주장할 뿐만 아니라 자신들의 '무슬림 파시즘'을 최상의 파시즘으로 간주했다. 알 마슈리치가 파시즘이 "성스러운 쿠란의 빛나는 인도(引導)"를 따라야만 한다고 주장했다면, 아르헨티나의 파시스트들은 그들의 교권 파시즘이 더욱 세속적인 판본의 유럽 파시즘보다 우월하다고 주장했다. 아르헨티나에서 이것은 '기독교화된 파시즘'이었다.[81] 라틴아메리카 파시즘의 이러한 관점은 또한 유럽에 영향을 미쳤다. 스페인의 한 저명한 파시스트는 유럽의 파시즘이 라틴아메리카로부터 배워야 한다고 말하기도 했다.

---

2) 알-마슈리치는 인도의 사상가이자 정치인으로서, 인도 분할에 반대한 민족주의 정치 운동의 지도자이다. 그가 이끈 하크사르(Khaksar) 운동은 엄격한 군사적 규율과 대중 동원, 카리스마적 지도자에 대한 헌신과 복종, 자유주의 비판, 민족적 정체성을 기반으로 한 '질서와 통합'을 주장한다는 점에서 유럽 파시즘과 유사성을 공유하고 있었다. 그는 자신의 저서가 히틀러에게 영향을 미쳤을 것이라고 주장한 바 있지만 이를 증명하는 역사적 증거가 존재하지는 않는다.

라틴아메리카에서의 반작용 과정이 유럽과는 반대의 경로를 밟았다는 것은 사실이다. 유럽에서 이 과정을 출범시킨 것은 바로 민족주의적이고 제국주의적인 의식이었다. 그리고 유럽의 파시스트들은 가톨릭 원칙 및 교회 조직을 수용하기 위해 방법을 모색했다. 라틴아메리카에서는 가톨릭 집단이 이 과정을 시작했고, 파시스트의 수단·양식과 협력할 수 있는 방안을 찾기 시작했다. 이곳 유럽에서는 힘과 폭력이 자신을 치장할 목적으로 가톨릭 원칙을 요구했다. 저곳에서는, 이들 가톨릭 원칙이 스스로를 방어하기 위해 힘을 요구했다.[82]

신성함에 대한 라틴아메리카 또는 유럽과 동남아시아 파시즘의 관점과는 대조적으로, 일본 파시스트들은 파시즘의 신성한 특징보다는 그것의 현실성에 경탄했다.[83]

상이한 지역의 파시즘은 서로 이질적이며, 때로는 양립 불가능하기까지 했다. 파시즘의 원인과 효과는 더욱 넓은 민족사적 측면에 의해서뿐만 아니라 제1차 세계 대전부터 냉전과 그 이후에 걸쳐 변동하는 국제적 맥락에 따라 변화했다. 나는 나의 저작에서 1930년대와 1940년대 아르헨티나에서 교권 파시즘이 어떻게 페론주의와 파시즘의 인민주의적 재정식화를 통해서 전후 시대의 중심적인 이데올로기가 되었을 뿐만 아니라 그 이후 1970년대에 벌어진 추악한 전쟁의 이데올로기적 기원에서도 중심적인 역할을 하게 되었는지 연구한 바 있다.[84]

파시즘의 초민족적이고 맥락 횡단적인(transcontextual) 연결 관계를 경시하는 유럽 중심적 문헌들은 흔히 이러한 파시즘의 효과를 누락하곤 한다. 예컨대 아르헨티나나 아랍 세계에서와 같이, 유럽 열강과 파시즘 사이의 복잡한 관계는 1945년 이후 파시즘으로부터 단절하려는 일본의 지역적 시도의 핵심을 이루는 요소였다. 아르헨티나와 일본에서, 과거에 가졌던 파시즘과의 연관성은 공산주의에 맞선 새로운 냉전 속에서 불편한 진실이 되었다.[85] 1945년 이후, 유럽에서 범유럽주의적 형태의 파시즘이 발전하고 라틴아메리카와 아시아에서는 흔히 반유럽적 파시즘이 성장하면서 파시즘의 이데올로기는 일정 부분 탈민족화 과정을 마주하게 되었다. 초민족적 네오파시즘 역사 연구의 선구자인 안드레아 마모네(Andrea Mammone)가 주장하듯이, "일반적으로 좁은 의미에서 이해되는 민족주의라 할지라도 비민족적 차원이 존재할 수 있고, 초국가적이거나 국제적인 수준의 재배치"를 겪을 수 있다(설령 검은셔츠단이 주로 자신들의 극우 동료들과 자신들의 정치적·이데올로기적 기획에 대해서만 동지애를 느꼈다고 해도 말이다).[86] 프랑스와 이탈리아의 네오파시스트들은 서로 영향을 주었고, 더 나아가 상대의 관점에서 자신들의 민족적 맥락을 읽어 냈다. 범대서양의 네오파시즘이 맞물리는 과정은 칠레, 아르헨티나, 스페인 사이에서, 그리고 브라질과 포르투갈 사이에서 지속되었고 때로는 재정식화되었다. 라틴아메리카의 네오파시즘을 연구하는 멕시코의 역사학자 루이 에란 아비야(Luis Herrán Ávila)가 보여 주듯이, 초민족적 파시즘의 이념들은 멕시코시티와 마이애미로부터 부에노스아이레스와 타이페이에 이르기까지 남·북아메리카 대륙을 종횡으로 가로질렀다.[87] 처음에는 라틴아메리카와 중동에서, 그리고 이후에는 유럽에서, 이러한 네오파시스트의 대다수는 더욱 광범위한 반자유주의적 합의를 구성하기 위해 인민주의로 선회했다.

    제2차 세계 대전 직후 파시즘에 의한 폭력의 기억, 특히 홀로코스트에 대한 기억은 인민주의가 과거를 거부하도록 동기를 부여했다. 새로운 포스트파시즘적 인민주의 형태는 권위주의적 판본의 민주주의를 만들어 냈다. 이러한 민주주의는 파시즘의 집단 학살적 폭력을 명확하게 거부하는 것에 영향을 받았을 뿐만 아니라 그러한 폭력에 대한 거부에 확고히 뿌리 내리고 있었다.

현대 인민주의 또한 인민 주권이라는 개념을 강하게 주장하기는 했다. 그러나 현대 인민주의는 파시스트 독재라는 형태가 아니라 반자유주의적 선거 민주주의에 기반을 두었으며 그래야만 했다. 파시즘과 인민주의는 정치 폭력을 사용하고 이해하는 데서 명백한 차이를 보여 주었다. 권력이 확실히 폭력으로부터 나온다고 이해한 파시즘과 달리 인민주의는 보다 베버적(Weberian)이고 제한된 폭력의 관념을 자유주의와 공유했다. 실제로 1970년대의 아르헨티나와 같은 국가에서 실질적 독재가 인민주의적 형태의 민주주의를 대체했을 때, 파시즘적 형태의 폭력이 귀환했다. 이러한 경우에 파시즘은 주로 침묵하지만 때때로 활성화되기도 하는 가해자에 대한 (의한) 기억이라는 형태로 과거로부터 돌아왔다. 이는 억압되었던 폭력적 주체성에 대한 파시즘적 통념이 귀환하는 과정이었다. 라틴아메리카의 추악한 전쟁에 대한 포스트파시즘적이고 네오파시즘적인 맥락뿐만 아니라 중동에서 아프리카, 동남아시아에 이르는 지구적 냉전 속에서의 '열' 전이라는 맥락에서, 폭력을 저지른 가해자의 기억에 대한 새로운 해석은 파시즘 이데올로기를 갱신했다. 이들 급진적 독재자의 다수는 폭력이 최고의 권위를 가지는 반인민주의 이데올로기의 형태를 대표했다. 이와 대조적으로, 인민주의는 민주주의와 독재 사이에 다리를 걸치고 있는 권위주의적 판본의 민주주의를 내세웠다. 홀로코스트에 대한 기억, 그리고 파시즘에 의한 폭력의 기억들이 적힌 페이지를 넘기면서, 인민주의자들은 민족[국가] 통치에 대한 자유주의적 처방전(liberal recipes for the nation)을 덮어 버리려 했다. 전후 초기에 권위주의적 민주주의를 건설했던 인민주의적 포스트파시즘은 권위주의적 민주주의에서의 극단적 폭력의 중심성을 부정했다. 다수의 인민주의 정권[체제]이 애초에 파시즘이라는 과거와 단절하기 위해 세워졌는지 여부를 떠나서, 인민주의자들은 독일의 사례가 전형적으로 보여 주는 과거의 급진적 폭력으로부터 자신들의 정치가 얼마나 영향을 받았는지의 문제를 암암리에 무시했다. 바로 이 문제가 인민주의가 파시즘을 재정식화하는 과정의 중심에 위치해 있었기 때문에 홀로코스트는 파시즘과 인민주의를 연구하는 역사학자들에게 여전히 도전으로 남아 있는 것이다.

파시즘과 홀로코스트

홀로코스트는 파시즘이 주도한 초민족적 대량 학살이라는 경험의 전형이다. 이러한 이유에서 여전히 홀로코스트는 비판적인 파시즘의 지구사[연구]가 드러낸 문제와 관점들을 제기하는 경험인 동시에 이러한 문제와 관점들을 징후적으로 드러내는 경험이다. 홀로코스트가 끝나갈 무렵, 아르헨티나의 작가 호르헤 루이스 보르헤스(Jorge Luis Borges)는 나치 이데올로기가 폭력에 관한 이론이라고 생각했다. 그리고 1945년 보르헤스는 폭력이 글자 그대로 파시스트 이데올로기라고 간주했다. 또한 보르헤스는 이 급진적 정치 폭력의 피해자들(홀로코스트 속 유대인이라는 타자)이 제물이 되었다는 사실을 깨달았다. 예를 들어 보르헤스의 단편 「독일 레퀴엠(Deutsches Requiem)」에 등장하는 나치당원이자 [절멸]수용소 고문 추어 린데(zur Linde)에게는 파시스트의 신체와 민족 유기체 또한 제례의 희생양이었다. 게다가 추어 린데에게 파시스트적 자아의 희생은, 어떻게 보자면 폭력을 통한 이데올로기적 자기 결정의 매우 중대한 원천이었다. 연합군에게 처형당하기 직전, 추어 린데는 파시스트 폭력의 기억이 파시즘의 패배 이후에도 잔존할 것이라고 주장한다. "냉혹한 새 시대가 전 세계로 퍼져 나가고 있다. 우리가 그런 시대를 벼려 냈고, 이미 우리는 그런 시대의 희생자다. 비굴한 기독교의 소심함이 아니라 폭력이 군림한다면, 영국이 망치가 되고 우리가 모루가 되는 것이 대체 무슨 문제인가? 만약 승리와 불의와 행복이 독일의 것이 아니라면, 다른 민족의 것이 되더라도 좋다. 우리가 사는 곳이 지옥일지라도 천국이 존재케 하라. 죽음에 직면했을 때, 나는 거울 속에서 나를 바라본다. 내가 누구인지 발견하기 위해. 앞으로 몇 시간 동안 어떻게 행동할지 알아내기 위해. 내 육신은 두려워할지라도, 나는 두렵지 않다."[88]

보르헤스가 볼 때 유대인의 희생에 대한 나치의 관념은 히틀러의 추종자들에게 목표 그 자체, 즉 벌거벗은 물리적 폭력을 함의했다.[89] 민족적 경계와 문화를 초월한 파시즘에게 유대인은 절대 악을 표상했다. 이 폭력은 적나라하고 선천적인 형태의 진정성으로 제시되었다. 그러나 보르헤스의 해석에 따르면, 이러한 폭력은 파시스트 체제를 넘어서는 이데올로기적 파괴·자기 파괴의 소용돌이를 만들어 냈다.

파시즘 이데올로기의 신성한 명령인 폭력을 달성했을 때, 파시즘은 끝났다. 파시즘은 희생, 즉 파시스트적 자아의 파괴로 끝났다. 독일군이 동부 전선에서 패배를 겪기 시작했을 때 히틀러가 내렸던 결정이 분명한 예다. 그는 군사적 논리에 구애되지 않고 자신의 군대를 희생시켰다. 파시즘은 완전히 엔트로피적이다. 다른 어떤 이데올로기보다 파시즘은 불가피한 쇠퇴를 맞이하고 자신의 정치적 가능성을 손상시킬 수밖에 없다. 엔트로피는 추어 린데의 몸과 기억에서 벌어지는 육신과 자아의 분열이 집약적으로 보여 주는 바와 같이 이성의 파괴로 이어진다. 자아의 살해는 욕망의 힘들이 과잉 결정된 정치적 결과이며, 진정성을 희생양 삼기

(victimization), 희생(sacrifice), 폭력과 등치시킨 결과다. 보르헤스에게 파시스트 국제주의는 희생양 삼기를 통해 폭력을 유일한 정치학으로 확립하려는 잘못된 보편주의의 유형이다.

그 바로 몇 년 전에 지그문트 프로이트는, 특히 신화와 무의식에 대한 강조나 이성의 거부라는 측면에서 나치의 희생양 삼기가 지구적 파시즘 이데올로기의 중심 요소라고 생각했다.[90] 아르헨티나의 보르헤스와 오스트리아의 프로이트 모두 나치의 유대인 희생양 삼기를 파시스트 이데올로기의 본질적 요소로 간주한 것이다. 확실히, 그들의 관점은 반파시스트 동료들의 대다수가 공유했던 단순한 관점보다 정교했다. 그 동료들이 보기에 파시즘은 순전한 악이자 규범적 정치학으로부터의 잔인하면서도 어리석은 일탈이었다. 파시즘은 어떤 이데올로기도 가지지 않는다고, 심지어는 여타의 이데올로기들과 경제적 힘들을 대리할 뿐이라고 여겨졌다.[91] 보르헤스와 프로이트는 이와는 정반대의 관점을 상정한다. 파시즘은 무엇보다도 계몽된 문명을 위협하는 근본적으로 이데올로기적인 사건이었다. 반파시즘의 맥락에서 이러한 독특한 관점의 근거는 보르헤스와 프로이트의 강조점과 관련되어 있었다. 이들은 나치 이데올로기가 이데올로기로서 완성되는 과정의 주요 원천이 반유대주의라는 점을 강조했을 뿐만 아니라, 나치 이데올로기가 파시즘의 신화적 관념 속에, 즉 무의식이 정치에서 수행하는 원초적 역할이라는 더 넓은 영역에 포함된다는 점을 강조했다. 이러한 신화적 세계관의 가장 폭력적 차원은 파시즘의 패배 이후 억압되었다. 그러나 보르헤스가 지적하듯이, 가장 억눌러진 파시즘의 유산은 파시스트에 의한 희생양 삼기라는 압도적인 폭력의 기억으로 미래의 가해자들에게 남아 있을 것이다.

수용소는 파시즘 이데올로기가 지닌 가장 폭력적이고 신화적인 함의가 맨 처음 체험되고 그 이후 해석된 공간이었다. 반파시스트이자 나치즘에 대항하는 레지스탕스의 구성원이었던 장 아메리(Jean Améry)는 "현실의 파시즘과 독특한(singular) 나치즘"에 대해 말했다.[92]

다른 많은 희생자들도 동일한 것을 느꼈다. 파시즘과 나치즘을 동일시하는 경향은 홀로코스트 시기, 특히 희생자들 사이에 널리 퍼져 있었다. 예를 들어, 바르샤바 게토의 하임 카플란(Chaim Kaplan)[3]은 새로운 세계 질서를 창조하려는 나치의 파시스트적 시도를 설명하기 위해 파시즘과 나치즘을 동일시하는 접근을 사용했다.[93] 카플란에게 이 세계 질서는 희생양 삼기를 정복과 박해의 이데올로기로 분명하게 제시했다. 이와 대조적으로, 홀로코스트 역사학자들에게 파시즘과 나치즘이라는 역사학 개념의 한계는 홀로코스트를 이해하기 위한 분석 도구로서 파시즘을 완전히 배제해야 할 필요성을 설명하는 것이었다. 그 결과, 많은 역사학자들은 파시즘의 초민족적 역사와 홀로코스트의 역사적 조건 사이의 실질적인 이데올로기적 연결 관계를 간과하고는 했다.

겨우 다섯 살이었던 1924년 파시스트 청년단에 가입했던 프리모 레비(Primo Levi)는 파시즘의 이탈리아적 변종이 가진 희생양 삼기의 함의를 곧 깨닫게 되었다. 그는 회색지대에 선 상이한 주체의 입장들(반강제적으로 파시스트 당원이 된 청년, 방관자, 반파시스트, 유대인 희생자)에서 파시즘의 지배를 보고 겪었다. 레비에게 '폭력 숭상'은 파시즘이 이성을 이데올로기적으로 공격하는 길을 여는 것이었다. 나치즘을 '독일판 파시즘'으로 인

---

3) 하임 카플란은 폴란드의 유대인 교사이자 작가다. 나치 독일의 폴란드 점령 이후 바르샤바 게토에서의 일상과 나치의 만행을 기록했으며, 1942년 바르샤바 게토에서 추방된 이후 수용소에서 사망한 것으로 추정된다. 그의 일기는 1965년 "Scroll of Agony: The Warsaw Diary of Chaim A. Kaplan"이라는 제목으로 출판되었다.

식한 레비는 나치즘을 파시즘 이데올로기의 급진적 판본이라고 보았다. 수용소는 파시스트 '신질서'의 모델이었다.[94]

레비는 파시스트 폭력의 희생적 측면을 반추한다. 파시스트 폭력은 자아의 인간성을 파괴한다는 궁극적 목표를 가지고 있었다. 레비는 1922년의 이탈리아 파시스트 행동대로부터 아우슈비츠의 세계까지 이어지는 파시스트 폭력의 연속성을 추적한다. "검은셔츠단은 토리노의 노동조합원, 공산주의자, 사회주의자들을 그저 죽인 것이 아니다. 먼저 그들은 500그램의 피마자유를 마시게 했다. 이렇게 사람은 넝마 조각으로 환원되고, 더 이상 사람이 아니게 된다. (…) 1922년의 토리노 대학살과 나치 수용소의 입소식 사이에는 직접적 연결 관계가 있다. [수용소는] 당신의 옷을 벗겼고, 개인 사진을 없애 버렸고, 머리를 밀고 팔에 문신을 새겼다." 그리고 레비는 결론 내린다. "이것은 인간의 파괴다. 이것이 파시즘이다."[95]

전 지구의 파시스트들은 자신들의 행위를 적에 대한 전면 공격으로 이해하는 관점을 공유했다. 이러한 관점의 결정적인 윤리·정치적 함의는 공유하지 않은 채 말이다. 파시스트들에게 적을 희생양으로 삼는다는 것은 파시스트 이데올로기에서 폭력이 중심적이고 바람직하다는 것을 보여 주는 또 하나의 사례였다. 무솔리니와 더불어 아르헨티나, 일본, 브라질, 콜롬비아, 페루, 루마니아의 파시스트들은 적이야말로 그들의 자아관을 규정하는 특징이라고 생각했다.[96] 요약하자면, 유대인과 그 외의 적들은 파시스트가 아닌 것과 실제로 파시스트에 해당하는 것이 무엇인지 정의했다.

인민의 적을 발명하고 희생양으로 삼는다는 측면에서 모든 파시즘 이데올로기가 나치즘만큼 급진적이지는 않았다. 마찬가지로, 파시즘의 다른 형태들은 폭력과 악마화에 대한 환상을 실천에 옮기고자 하는 욕망이나 '의지'의 측면에서 그렇게 극단적이지 않았다. 파시즘 시대(1915~1945)

를 살아갔던 대부분의 '출처[관찰자]들'에게 나치즘은 특유하게 급진적인 판본의 파시즘이었다. 달리 말하면, 나치즘은 독일의 파시즘이었다. 이러한 평가는 대부분의 파시스트들과 반파시스트 사이에서 공유되었다. 전쟁과 홀로코스트 이후, 파시즘 이데올로기에 대한 이러한 경험적 개념화는 새로운 형태의 역사적 의미 형성과 전후의 선택적 기억 과정에 의해 대체되었다. 1945년 이전 지구적 파시즘이 나치의 희생양 삼기 과정이 가진 지구적·이데올로기적 함의를 조명하는 데 사용되었다면, 1945년 이후 설명 도구로서 파시즘은 종종 쇼아의 경험이라는 중요한 차원을, 특히 유대인 희생자들의 경험을 모호하게 만들었다. 이러한 맥락에서 모든 나치 희생자들의 각기 다른 경험들은 동질화되었다. 그와 동시에 독일의 파시즘 이데올로기에 나타났던 이데올로기적 위계와 희생양 삼기에 대한 명령 역시 모호해졌다.

전쟁 이후부터 최근까지, 일반적으로 파시즘과 나치즘은 공적 기억 속에서 뒤섞여 있었다. 이러한 뒤섞임은 홀로코스트 희생자들의 정체성과, 나아가 나치의 박해가 지닌 이데올로기적 특유성에 대한 집단적 침묵의 형태를 뒷받침한다. 이는 서유럽이나 동유럽에서 파시즘에 대한 이러한 개념들이 받아들여졌을 때에도 그러했다. 지구적 파시즘이나 지구적 전체주의 개념이 나치즘을 포괄하면서, 나치의 희생양 삼기가 가졌던 주요한 특징들은 경시되고 말았다.

이러한 상황은 희생자들의 역사와 기억을 지워 버렸다. 이는 또한 쇼아 시대에 이해되었던 초민족적 파시즘의 특유성을 경시한다. 결과적으로, 다수의 파시즘과 홀로코스트 역사학자들은 파시즘의 이러한 초민족적 특유성에 대해 무비판적인 입장을 보인다. 사실 그들은 자신들 각각의 지식 분야를 서로 배제하는 것으로 끝맺곤 한다. 특히 파시즘을 연구하는 총칭적 역사학자들은 이데올로기적 경험과 대량 학살의 실천이라는 서로 맞물리는 과거의 삶의 영역을 현재의 정의들과 용어집, '추상 이론(high theory)'으로 대체했다.[97]

이러한 배제와 동시에, 홀로코스트 역사학자들은 파시즘과 나치즘이 그 어떤 종류의 관련도 없다고 결론 내렸다. 예를 들어 저명한 홀로코스트 역사학자인 사울 프리들랜더(Saul Friedländer)는 자신이 나치의 구원적 반유대주의라고 부른 차원이 가진 독자성을 강조한다. 프리들랜더는 홀로코스트가 지닌 유사 종교적 차원, 즉 유대인의 절멸이 "[그 자체로] 성스러운 목적이며, 다른 목적을 위한 수단이 아니"라는 점을 강조한다.[98] 그는 다른 나라들에서는 이와 유사한 특징을 찾아볼 수 없다고 결론 내린다.[99] 프리들랜더의 걸작 『나치 독일과 유대인(Nazi Germany and the Jews)』과 『절멸의 시간(The Years of Extermination)』에서, 나치의 시도를 다루는 지구사는 나치 정책이 일국적·국제적으로 제정되고 수용되는 과정을 통해 설명된다. 확실히 프리들랜더는 홀로코스트가 "이데올로기의 시대를 이루는 필수적인 부분"이라고 말한다. 그러나 그는 또한, 이탈리아와 그 외 지역의 지구적 파시즘과 독일의 나치즘을 뚜렷하게 구별한다. 달리 말하면, 그가 볼 때 파시즘은 초민족적 이데올로기가 될 수 있지만 독일에서는 아니었던 것이다. 프리들랜더의 작업은 희생자들의 경험을 강조한다는 점에서 특히 혁신적이다. 그런데이 측면에서 [프리들랜더가] 희생자들이 경험하고 해석했던 파시즘을 언급하지 않는다는 점은 놀라운 일이다. 파시즘의 지구적 해석을 다루는 초민족적 역사는 나치 희생자들이 나치의 기획을 어떻게 해석했는지의 관점에서, 정복과 파괴를 목표로 했던 나치의 초민족적 기획을 고찰하기 위한 새로운 시야를 제공할 수 있을 것이다.

나치 제국이라는 문제틀의 외부에서 이루어지는 초민족적이고 비교 연구적인 접근법을 발전시키는 작업은 홀로코스트 역사학에서 금기시되곤 한다. 그러나 나치즘에 대한 지구사적 접근법을 채택하는 것이, 반드시 극단적 역사 속의 극단적 사건이라는 홀로코스트의 성격을 경시한다는 것을 의미하지는 않는다.[100] 많은 파시즘 연구를 특징짓는 유럽 중심주의는, 홀로코스트 역사학에서 현재 이루어지고 있는 독특성에 대한 호소에서 중요한 역할을 한다. 아프리카인들은 물론 아랍인들 역시 겨자 가스와 여타의 화학 무기들, 즉결 처형과 민간인 학살이라는 형태를 통해 똑같이 독특한 유형의 이탈리아 인종주의를 경험한 데 반해, 나치는 역사 속에서 가장 잔혹한 사건에 영향을 미쳤다. 요약하자면, 나치는 역사 속에서의 발본적인 일탈이자 전환점이었다. 그러나 제국, 파시즘, 인종주의는 유럽 바깥 세계와 홀로코스트를 연결시킨다. 더 최근의 많은 나치즘 역사학자들은 동유럽에서 벌어진 대량 학살의 중요한 전조 현상으로서 독일과 유럽의 제국주의에 주목하고 있다.[101] 한나 아렌트(Hannah Arendt)가 오래전 『전체주의의 기원』에서 제시했듯이, 지구적 이데올로기들과 제국주의는 파시즘과 홀로코스트의 역사·전사(前史)를 구성하는 핵심 요소라고 할 수 있다.[102] 이것들의 역할은 파시즘의 후과 속에서도 사라지지 않았다

원색적이고 직접적인 육체적 폭력의 과격한 전시를 통해 나치는 파시즘의 경험을 극단으로 밀고 나갔다. 이런 의미에서, 나치즘은 여타의 파시즘들과 완전히 구분되었다. 그러나 파시즘도 이탈리아 파시즘 치하의 아프리카와 스페인 내전에서의 대량 학살적 실천에 개입해 대량 학살의 잠재성을 발휘했다. 프랑스에서 우크라이나에 이르기까지 초민족적 파시스트들은 군수적·이데올로기적 지원과 함께 살인자들을 공급하면서 나치의 최종 해결책(final solution, 절멸 계획)에 협력했다. 그러나 나치즘은 여타의 파시즘 구성체들부터의 근본적 이탈을 보여 준다. 나치즘은 파시즘의 총

칭적 '이념형'이 아니라 파시즘의 가장 근원적 가능성이 정점에 다다른 것이라고 할 수 있다.

운동으로서의 파시즘과 체제[정권]로서의 파시즘의 흥망은 내전을 조장했다. 이는 결국 무솔리니 파시즘이 낳은 이탈리아의 유산이었다. 무솔리니 파시즘의 유산은 분할된 국가와 근본적으로 폭력적 수단(이 수단에는 이탈리아 유대인을 아우슈비츠로 보내는 데 파시스트가 협력하는 것이 포함된다)을 필요로 하는 종말론적 싸움이었다.[103] 그러나 아마도 더 중요한 점은, 파시즘의 유산이 이탈리아와 무솔리니를 넘어선다는 것이다. 1943년 이후 유대인을 아우슈비츠로 보낸 이탈리아 파시즘의 행위뿐만 아니라, 유대인의 절멸을 정당화한 저 멀리의 아르헨티나 파시스트들부터, 유대인을 사로잡은 프랑스와 네덜란드의 협력자들, 유대인을 살해한 발틱해와 우크라이나의 파시스트들 사이에 연결 관계가 존재한 것이다. 초민족적 파시즘은 이러한 범죄를 가능케 한 지구적 이데올로기였다.

유대인에 대한 필수불가결한 '성스러운' 테러가 만들어 내는 급진적인 소용돌이 속에서 나치즘은 다른 파시스트 무리들을 앞서갔다. 나치 파시즘의 가장 자기 순환적인(circular) 통념인 비체(the abject)라는 통념을 강제수용소에서 있는 그대로 구현하기로 결정한 곳은 바로 나치 제국의 동부였다. 폐쇄되고 통제되는 파시즘의 실험실인 아우슈비츠에서 인민의 실존적 적으로서 비체에 대한 나치의 관념, 히틀러 이데올로기의 가장 독립적이고 정신병적인 측면은 현실이 되었다.[104]

파시스트 폭력의 역사

파시즘은 폭력의 이데올로기였다. 진지하게 폭력을 수용한 파시즘은 폭력에 관해 수천 페이지의 책과 연설을 할애했을 뿐만 아니라, 폭력을 정치의 지상 명령으로 만들어 냈다. 폭력은 파시즘의 실천을 정의한다. 달리 말하자면, 정치 폭력이 부재한 파시즘은 존재하지 않는다. 인민의 총체적이고 실존적인 적과 그에 대한 정치적 박해가 부재한 현실 파시즘이란 존재하지 않는다.

파시즘의 폭력 논리는 파시즘의 이데올로기적·미적 차원을 통한 사유에 핵심적이다. 폭력은 파시즘의 개념적 표현을, 특히 비체와 희생에 대한 파시즘적 대량 학살의 통념이라는 측면을 정의했다. 폭력은 파시즘과 파시스트들을 구성했다. 폭력은 신성한 지위를 부여받았으며 파시즘을 극단적인 정치 신학으로 만들었다. 이는 종말론적 긴급 사태 속에서 폭력에 근거하며 폭력에 의해 지배당하는 세계라는 원초적 관념이었다. 중국 남의사(藍衣社, Blueshirts)가 말했듯이, 이것은 왜 파시즘이 "파멸 직전에 몰린 민족의 유일한 자기 구원 수단"인지 알려 준다. "파시즘은 이탈리아와 독일을 구했다. (…) 그러므로 이탈리아와 독일에서 그랬듯 폭력 투쟁이라는 파시즘의 정신을 모방하는 것 외에 다른 길은 없다."[105] 중국의 남의사처럼 포르투갈의 푸른셔츠단 역시 폭력을 옹호하는 것이 곧 국제 파시즘과 같다고 보았다. 폭력은 파시즘의 목표일뿐만 아니라 정치의 시작점이었다. "폭력은 모든 좋은 정치의 본질적이고 영리한 출발이라고 할 수 있다. 왜냐하면 폭력이 없다면 역경 속에서 정복은 불가능하기 때문이다."[106]

파시스트의 머릿속에서 대안적 정치가 파시즘이 유일한 정치의 가능성이라는 발상의 거부를 표상하는 한, 파시스트에게 다른 사상이 설 수 있는 자리는 없었다. 다른 생각을 가진 사람들은 필연적으로 지도자와 인민의 민족 공동체에 대항한다고 여겨졌다. 파시즘 정치 또는 파시즘 사회에서 그들에게는 정당한 공간이 주어지지 않았다. 파시스트들에게 적들이 폭력의 대상이 되어야 마땅하다는 사실은 이론적으로 자명한 것이었다. 폭력의 논리는 권력과 동일시되었다. 간단히 말해서, 폭력의 논리는 파시즘 이데올로기의 핵심 요소를 구성했다. 이러한 이데올로기의 실천적 결과는 다르다고 여겨지는 사람들에 대한 희생양 삼기였다. 이러한 정치적 희생양 삼기의 형태는 파시즘적 의미에서 완전히 현대적인 것이었다. 왜냐하면 파시즘이 과거의 오래된 신화에 뿌리를 두고 있다고 주장하기는 했지만, 사실 파시즘은 지도자, 민족, 인민이라는 현대의 신화를 통해서, 그리고 이러한 현대적 신화에 의해서 정당화된 폭력이었기 때문이다.

파시즘에서 믿음은 지도자에 대한 신앙 행위와 연결되었다. 파시즘은 지도자들을 살아 있는 신화로서 나타냈다. 독일의 총통 전권주의(Führerprinzip)가 히틀러를 진리와 권위의 궁극적이고 신성한 원천으로서 제시했다면, 브라질·아르헨티나·스페인 등의 나라에서 파시스트들은 지도자들의 정치와 초월적인 신화적 진리를 동일시했다. 아르헨티나의 가장 유명한 파시스트인 레오폴드 루고네스의 경우 진리를 권력과 신성한 것에 연결시켰다. 파시스트들에게 진리는 사실상 신성한 직관의 문제로서, 실질적인 입증과 분리되었다. 루고네스와 같이, 스페인의 파시스트 작가 라미로 데 마에스투(Ramiro de Maeztu)는 '영원한 진리'의 존재를 상정했다. '초월적 본질'로서 옳음과 진리를 탐색하는 과정에 현실이 출현한다. 이와 유사하게 구스타보 바로소(Gustavo Barroso)는 '영원한 진리'를 대표하는 브라질의 파시즘이야말로 최고의 정치 구성체(political formations)라고 주장했다. 이러한 브라질 파시즘의 진리들은 영혼, 십자가, 민족의 '통일'이 지배할 '신시대'라는 기이한 변화를 약속했다. 루고네스와 데 마에스투처럼 바로소는 새로운 시대의 발흥을 절대적 진리의 미적이고 정치적인 우위와 동일시했다.[107]

파시즘은 운동의 현실과 그 지도자들을 신화적인 영웅주의적 과거와 폭력, 복종에 연결시켰다. 파시즘 이데올로기에 의하면 지도자는 인민과 민족을 직접적으로 연결하는, 즉 통일 전선을 세우는 유례없는 [민족·지도자·인민의] 연속체를 체현했다. 결국 지도자는 인민 주권의 궁극적인 원천이자, 오직 그 자신에게만 책임을 지는 존재가 되었다. 파시스트들이 지도자의 무오류성에 집착한 이유는 파시스트들에겐 그들이 오류가 없는 존재라는 가정이 파시즘 이데올로기가 가진 신성한 진리의 핵심을 반영하는 것이었기 때문이다. 초월적 근원이 없다고 여겨진 자유주의나 사회주의와는 다르게 파시스트들은 신화적인 전쟁 영웅의 귀환을 갈망했고, 바로 이것이 지도자들에게 기대되었다.[108] 파시즘은 하나의 정치 종교였다. 파시즘의 현대성은 특히 정치 내부에서 성스러움이 차지하는 장소를 재배치했다는 사실에 있다.

파시즘의 특수한 현대성을 성스러움과 무의식이라는 측면에서 강조하는 작업은 중요하다. 역사학자 앙겔로 벤트로네가 주장했듯이 현대성에 대한 파시스트의 비판은 종말론적인 것이었지만, 동시에 정복과 지배에 종사하는 대안적 현대성을 제시하는 시도이기도 했다. 파시스트들은 그들이 기계적·반복적·비자발적 현대성이라고 바라본 것을 자신들이 물질과 경제를 길들일 수 있는 '진정한' 현대성으로 대체하고자 했다. 파시스트는 자신들의 현대성을 '정신과 정치적인 것의 지배'라고 보았다. 그들은 이러한 관심사의 중심에 '전쟁의 윤리학'과 남성성과 공동체에 대한 폭력적 감각을 배치했다.[109] 이러한 이유에서 폭력은 파시스트들에게 정치화의 궁극적 형태였다.

폭력과 폭력의 무법적 사용은 파시스트의 실천과 파시즘 이론 모두를 정의하는 특징이다. 프리모 레비가 설득력 있게 말했듯이, 폭력은 그 자체로 목적이 되었다.[110] 파시즘은 수단이 아니라 이데올로기적 목표로서 권력과 폭력을 휘둘렀다. 파시스트 이데올로기에서 폭력은 단지 도구가 아니었다. 폭력은 주로 직관과 창조의 형태였다. 이것은 동원 신화(mobilizing myth)일 뿐만 아니라 어둡고 부정적인 숭고함이었다. 즉, 폭력은 위대한 정치 형태로 격상되었다.[111] 무솔리니에게 폭력은 무제한적 권력이었다. 비합리적 국가는 민족과 개인에게 위협적 외부 세계로부터의 보호를 보장했다. 막스 베버(Max Weber)나 칼 마르크스(Karl Marx) 같은 사상가들, 또는 심지어 부분적으로(재생적이고 구원적인 의미에서 폭력을 칭송한) 조르주 소렐(Georges Sorel)에게도 폭력은 정치에서 중요한 역할을 했지만, 유용한 목적을 달성한 뒤에는 제한될 필요가 있었다. 이 저자들은 파시스트 폭력 이론가들과 분명한 차이를 가지고 있다.

파시즘의 이상에서 폭력은 도구성을 상실하고 지식의 직접적 원천이 된다.[112] 폭력은 파시스트의 정체성을 정의한다. 폭력은 내적 자아의 결정적 차원이다. 폭력은 정치를 사실상 성스러운 행위의 장으로 만드는 초월적 경험이 된다. 무솔리니의 경우, 폭력은 파시즘이 일상의 관심사들로부터 발본적인 단절을 달성할 수 있도록 돕는 윤리적 힘이었다. 여기서 희생은 다시 중심 개념이 된다. 시간이 지나면서, 무솔리니는 1942년 영구적인 파시즘 혁명의 전시실 속에 각인된 유명한 파시즘 구호 "신경 안 써(또는 내 알 바인가?)"에서 이 관념을 가장 잘 표현했다. 무솔리니에게 이러한 신경 쓰지 않는 행동은 죽음을 수용하고 '피를 정화하는' 행동을 구원의 힘으로 삼는 것과 연결되었다.[113] [1943년에 패배할] 이탈리아 민족의 미래를 생각했을 때 매우 늦은 1942년까지도 파괴를 향한 나치 전쟁이 그에게 약속했던 폭력을 파시즘이 수용했다는 사실을 그는 감출 수 없었다(또는 감추기를 원하지 않았다).[114] 히틀러 또는 아르헨티나의 파시스트 나시오날리스따(nacionalistas)의 경우처럼, 무솔리니에게 폭력과 전쟁은 정치적 지향이자 개인적·집단적 구원의 원천이었다.[115] 스페인의 파시스트들은 "신성한 폭력 행동"에 대해 이야기하곤 했는데, 이들이 보기에 이러한 폭력은 또한 마찬가지로 정의와 옳음에 뿌리를 두고 있었다. 이와 유사하게 정치와 성스러운 폭력을 융합하면서, 아르헨티나의 가장 극단적 파시스트 지식인 중 하나인 유지니아 실베이라 드 오이엘라(Eugenia Silveyra de Oyuela)는 폭력이 내부의 적에 반하는 하나님의 전쟁이 낳은 정당한 결과라고 단언한다. 그녀에게 아르헨티나는 "붉은 무리"에 의해 침략당한 나라였다. 그녀는 다음과 같이 말한 바 있다. "우리의 한가운데 침략자들이 있다. 우리는 사실 방어전을 하고 있다. '위협받는 조국의 권리를 방어'할 필요가 있는 아르헨티나인에게 이것은 적법한 전쟁"이다. 이집트 푸른셔츠단의 표어는 "순종과 투쟁(al-tcah wa al-jihad)"이었다. 이러한 투쟁의 관념은 또한 그들의 선서에 반영되었다. "나는 전능하신 하나님, 나의 명예와 나의 조국에 맹세합니다. 나는 이집트를 위해 싸우는 신실하고 순종하는 병사가 될 것입니다. 나는 나의 원칙을 왜곡하거나 나의 조직에 해가 되는 그 어떤 일도 삼갈 것입니다." 중동에서 멀리 떨어진 중국의 남의사는 폭력이 모든 정치적 경쟁자들에게 직접적으로 향해야 한다고 주장한다. "피를 흘리려는 결심이 있어야 한다. 즉, 인민의 모든 적들을 소멸시키기 위해서는 전례 없는 폭력이 필요하다."[116] 중국의 파시스트들에게 폭력이 진정한 인민의 정치를 달성하는 수단으로 간주되었다면, 콜롬비아의 파시스트 표범단은 "아름답고 영웅적인 조국의 신화가 알려 주듯이, 폭력은 미래를 위한 위대한 싸움에서 유망한 대안을 창조할 수 있는 유일한 것"이라고 주장한다. 내면적 자아와 집단적 무의식의 힘이 폭력과 죽음만을 초래할 수 있다는 관념에 뿌리내린 파시즘의 신화는 정치를 본질적으로 신성한 것으로 받아들이는 탁월한 형태였다.

파시스트들은 정치 내에서 그리고 정치를 통해서 폭력과 죽음을 자아의 발본적인 혁신과 연결했다. 예를 들어 루마니아의 파시스트들은 희생양이 되어 죽음으로써 폭력의 성스러운 본성과 파시스트 전사들의 부활과 구원이라는 관념을 연결했다. 그들에게 "신이 원하는" 것으로서 "혁신의 씨앗은 오직 죽음과 고통을 통해서만 자라날 수 있"었다. 루마니아의 파시스트들은 "죽음을 사랑"했다. 죽음은 그들을 위한 것이었으며 "모든 결혼식 중에서 가장 소중한 결혼식"이었다.[117] 폭력에 배태된 임박한 위험의 감각은 파시스트의 삶의 방식의 일부였으며, 죽음은 정치적 적에 대한 대응이자 최종적으로는 자아에 대한 파시스트적 대응의 결과였다. 무솔리니가 선언했듯이 "위험하게 산다는 것은 조국과 파시즘의 방위에 대한 것이라면 어떠한 희생이든, 어떠한 위험이든, 어떠한 행동이든, 항상 모든 것을 준비해야 한다는 것"을 의미한다.[118]

파시즘에서 폭력은 전체주의적인 파시즘 국가와 그것의 영적·윤리적 제국주의에서 본질적으로 표현되었다. 무솔리니는 말했다.

> 파시즘 국가는 권력을 행사하고 지휘하려는 의지를 표현한다. 여기서 로마의 전통은 힘의 개념으로 구체화된다. 파시즘 교리에 의해 이해된 제국적 권력은, 단지 영토적이거나 군사적, 상업적인 것이 아니다. 이 권력은 또한 영적이며 윤리적인 것이다. 제국적 민족, 즉 직간접적으로 다른 민족들을 지도하는 민족은 1제곱 마일의 영토를 정복할 필요 없이도 존재할 수 있다.[119]

파시즘에 제국주의는 이미 존재하는 상태라기보다 앞으로 되어야 할 상태였다. 확실히 파시즘은 이런 의미에서 여타 제국주의 구성체들과 다르지 않았다.[120] 그러나 파시즘이 계급 투쟁을 민족 투쟁으로 전치시킨 무솔리니의 민족주의를 궁극적으로 표현하는 것이라는 관점에서 본다면, 파시즘은 아마 그것이 '프롤레타리아 제국주의'라는 점에서 여타의 제국주의와 분기할 것이다. 역설적으로, 무솔리니에게 파시즘 제국주의는 반식민주의의 궁극적 형태였다. 제국주의는 쇠락에 대한 정치적 반테제였다. 달리 말하면, 새롭고도 유효한 파시즘적 형태의 제국주의는 '식민지가 될' 가능성을 제거한다.[121] 파시즘 제국주의는 자신이 로마 제국의 전통을 계승한다는 점을 내세웠다. 그러나 이탈리아 파시즘은 로마다움의 중요성을 내세우기는 했지만, 고대 로마와 대조적으로 끝없는 전쟁이라는 관념을 촉진했다.[122] 달리 말하면, 무솔리니는 전쟁을 라틴 세계에서의 이탈리아의 지도력을 강화하는 선제적 행동으로 인식했다. 전쟁은 "금권주의적 제국들"에 대항하는 제국주의적 움직임으로서, "문명과 해방을 위한 전쟁이었다. 이것은 인민의 전쟁이다. 이탈리아인들은 이것을 자신의 전쟁이라고 느꼈다. 이것은 빈자들의, 상속받지 못한 자들의 전쟁, 프롤레타리아들의 전쟁"이다.[123] 세계 무대에 상연된 파시즘 제국주의는 인민의 폭력과 권력의 궁극적 형태였다. "파시즘은 제국주의의 영혼 속에서, 즉 민족의 팽창 경향에서 그들의 생명력의 표현(manifestation)을 바라본다. 파시즘은 민족의 이해를 고국에 제한하려는 반대의 경향에서 쇠락의 징후를 바라본다. 부흥하고 또 부흥하는 인민은 제국주의적이며, 금욕은 죽어 가는 인민의 특징이다."[124] 파시스트들에게 제국주의는 파시즘의 모체 중심에 위치했다. 제국주의는 인민의 이름으로, 그리고 전쟁과 폭력을 통해 파시스트들에게 이론에서 실천으로의 이동에 대한 감각을 제공했다. 요약하자면, 제국주의는 의례와 이론 너머에 있는 파시스트적 행동을 실체적으로 표현한 것이었다. 공식적인 파시즘 인터내셔널을 창설하기 위한 시도

의 실패들은 파시즘의 영적 제국주의라는 더 큰 문제틀 안에서 이해되어야 한다.[125]

영적 제국주의에는 나치의 대량 학살 제국이라는 개념 또한 포함되어 있었다. 나치라는 급진적 판본의 파시즘은 적을 인지하는 것이 나치 이데올로기의 결정적 측면이라고 강조했다. 반면에 대부분의 파시즘은 파시즘 이데올로기 내에서 적에 대한 인지라는 측면에 한층 가변적인 위치를 부여했다. 이러한 결정적 차이에도 불구하고 파시즘은 나치즘을 포함하는 지구적 현상이었다. 파시즘의 이상적(platonic) 유형 같은 것은 존재하지 않는다. 이탈리아 파시즘은 유럽 최초의 파시즘 운동이었으며 다른 파시즘 운동의 원형적인 준거점이 되었다. 그러나 다른 모든 형태의 파시즘이 이탈리아 파시즘으로부터 파생된 것은 아니다. 이탈리아의 사례를 이해하는 것은 파시즘의 지구적 이해에서 중심적이지만, 용어로서의 파시즘과 실재로서의 파시즘은 공유된 의견과 감정들의 초민족적 네트워크를 의미한다. 유럽과 전 세계의 파시스트들은 '이념'과 동일시되었다. 무엇보다도 파시즘은 현실에 대한 해석을 차단하는 세계에 대한, 인민의 민족적 공동체에 대한, 그리고 지도자에 대한 이념이었으며, 지금도 그렇다. 파시즘은 현실과 진리를 혼동한다. 한나 아렌트는 이데올로기를 세계에 대한 인식과 실증적 경험(empirical experience)을 가로막는 자기 순환적 시각을 제공하는 것이라고 정의한다. 아렌트적 의미에서 파시즘은 궁극의 이데올로기적 응시를 대표한다.[126] 여타의 정치 이데올로기 중에서도, 파시즘은 세계를 바라보고 해석하는 이데올로기적 렌즈를 대표한다. 그러나 파시즘은 그 이상이기도 하다. 파시즘은 역설적으로 현실을 부인하는 것, 즉 자신을 변화시키는 현실로부터 이데올로기적으로 분리되는 것을 함의했으며, 이데올로기적 정치 내에서 가능한 것을 새롭게 정의하면서 새로운 현실을 창출했다. 그러나 현대성의 어두운 측면을 낳은 이러한 파시즘은 특이하고 비극적인 역사적 경험이었을 뿐만 아니라 민주주의에 대한 도전이라는 더 넓은 역사의 일부였다. 사실, 이 역사에는 파시즘의 가장 독특한 후손, 현대 인민주의가 포함된다.

파시스트 인민주의?

파시즘은 인민주의가 아니다. 그러나 역사학자들이 보기에 양자가 인민, 민족, 지도자 그리고 그들의 적과 관련해 중요한 유사성을 공유한다는 사실은 분명하다. 그들은 동일한 역사의 서로 다른 장(章)이다. 파시즘과 인민주의의 지적 궤적이 보여 주는 장기 지속(longue durée)은 본질적으로 지구적이다. 이 장기 지속은 전 세계에 걸친 민주주의(와 독재) 사상의 여정에 속하는 긴 역사를, 그리고 제2차 세계 대전 이후 파시즘에서 인민주의적 포스트파시즘의 집권으로 이어지는 맥락 횡단적 역사에 속하는 짧은 역사를 가지고 있다.

약간의 농담을 섞어 말하자면, 민주주의가 아테네에서 시작한다면 현대 민주주의적 인민주의는 부에노스아이레스에서 시작한다. 이 사상 및 권력 체제의 길고 도식적인 계보학에 다양한 단절점이 존재하지만, 다음을 잠정적으로 언급해 볼 수 있다. 1) 제국 이전의 로마, 그리고 호민관이나 평민의 역할뿐만 아니라 인민 개념에 대해 고민했던 로마 초기의 정치적 맥락. 2) 프랑스 대혁명에서의 파리, 그리고 이로부터 이루어진 현대적인 인민 주권 개념의 창출. 3) 베를린, 리마, 알레포, 도쿄 같은 공간들과 함께 다시금 로마에서 벌어지는, 계몽주의 혁명의 민주주의적 유산에 대항하는 각국의 파시즘의 반혁명들.[127]

참주(tyrant)와 군주(monarch)들의 몰락으로부터 고전적인 아테네 민주주의가 출현했고, 절대 군주를 거부한 결과로 프랑스 대혁명에서 현대 민주주의가 출현했다면, 파시즘은 민주주의로부터 등장했다.[128] 파시즘은 인민 주권이 낳은 예기치 못한 부정적인 변증법의 산물이었다. 운동으로서 파시즘은 때때로 정치적 박해, 가두 투쟁, 사전에 인식된 적의 암살에 연루되었다. 또한 파시즘은 이러한 극단적 폭력을 정치의 군사화, 다양한 선거 전략의 채택과 결합했다. 파시스트들은 종종 민주주의 게임에 참여했지만, 그들은 어떤 의미에서도 민주주의적이지 않았다. 사실, 그들은 노골적으로 민주주의 파괴를 원했다. 제1차 세계 대전의 폐허에서 발생한 대의제 민주주의의 위기(democratic crisis of representation)는 파시즘을 출현시켰다. 그리고 체제[정권]로서 파시즘은 항상 독재 구성체(dictatorial formation)가 되었다. 그러나 파시즘은 또한 인민에 대한 현대적 원리와 지도자가 민족적 인민 공동체의 욕망을 대표하고 전달한다는 관념에 뿌리를 내리고 있었다.

이와 유사하게 인민주의는 인민, 지도자, 민족이라는 삼위일체에 뿌리내렸으며, 1945년 이후 하나의 정권[체제]이 되어 출현했다. 그러나 인민주의는 파시즘의 고정된 귀결점 또는 자명한 귀결점이 아니다. 인민주의는 파시즘이 아니었다. 인민주의는 파시즘의 발흥 이전부터 일련의 불완전한 이념들과 운동의 형태로 존재했다. 파시즘은 초기 형태의 인민주의가 지닌 일부 요소를 차례로 포섭했고, 때로는 인민주의로 수렴했다. 파시즘의 시대에 오스트리아, 미국, 프랑스, 아르헨티나, 멕시코와 같은 서로 다른 나라들에서 [이 책에서 이들의 상이한 맥락을 구별하기 위해 전인민주의자(prepopulist) 또는 원형 인민주의자(protopopulist)라고 부르는] 많은 수의 초기 인민주의자들이 파시스트가 되거나 파시즘의 동조자가 된 반면, 일부는 명백하게 파시즘을 거부했다. 그러나 파시즘의 종말 이후에는 모든 인민주의자들이 권력의 이데올로기이자 권력의 실천으로서 파시즘을 정의했던 폭력을 거부하게 되었다. 파시즘은 분명히 우리가 인민주의라고 부를 수 있는 특징을 가지고 있었지만, 파시즘의 패배로부터 출현한 포스트 파시즘, 즉 현대 인민주의를 파시즘과 혼동해서는 안 된다.

혹자는 인민주의 이론의 관점에서 파시즘은 불완전한 인민주의, 민주주의 없는 인민주의였다고 주장할지도 모른다. 하지만 역사적으로 파시즘은 실제 새로운 것이었으며, 민주주의를 완전히 거부했다는 점에서 초기 인민주의는 물론 전후의 현대 인민주의 정권[체제]들과도 다른 것이었다. 또한 파시스트들은 차후 인민주의 정권[체제]의 전형이 되는 다계급적 권위주의를 전면에 내세우기를 열망했지만, 그들은 정치적 반대파[야당]를 위한 합법적 역할이 존재하지 않는 일당 독재를 통해서만 그렇게 할 수 있었다. 그렇지만 파시스트와 인민주의자들은 모두 대표되지 않는 전체라는 관념을 인민의 사회 공동체로서 민족이라는 동질적인 관념으로 변형시켰다. 피터 프리츠(Peter Fritzsche)가 설명하듯이, 독일의 경우 "나치즘의 목표는 인종적으로 정화된 '인민[민족]'의 공동체, 또는 '민족 공동 사회(Volksgemeinschaft)'의 실현이었다. 이것은 독일인 사이의 깊은 분열을 극복하겠다고 약속하면서도 폭력과 배제에 의존했다. '인민'이라는 관념은 국가 사회주의자들(national socialists)이 작동하기 위한 수사적 기반이자 그들이 도달한 지평"이었다. 제프 일리(Geoff Eley) 또한 "민족 공동 사회의 이상은 널리 흩어져 있고 이종적인 이해와 요구를 결합하면서, 손상되고 타락한 독일을 다시 한번 온전하게 만들 것을 약속했다"라고 주장한다. 역사학자들은 스페인이나 이탈리아와 같은 여타 유럽의 사례들에 대해서도 유사하게 파시즘을 반민주주의적 인민주의의 극단적 형태로 제시한다. 안토니우 코스타 핀투(António Costa Pinto)가 주장하듯이, 정확히 파시즘은 구질서를 복원하지 않으면서 자유주의를 파괴하려는 목적을 가지고 있었다는 점에서는 반동적 원리들과는 반대된다. 그들은 새로운 인간과 새로운 문명을 창조하기를 원했다. 이것이 파시스트들의 대중 국민투표적 정치와 사회 개혁에 대한 요구를 둘러싼 맥락이었다. 다른 많은 파시즘 운동에서 그랬던 것처럼 포르투갈의 푸른셔츠단의 경우, 코포라티즘은 대중에 관한 이러한 관심사와 새로운 인민주의적 합의의 형태를 확립하는, 비민주주의적인 수단을 결합하는 시도로 처음 나타났다.[129]

이 반자유주의적이고 반공산주의적인 판본의 코포라티즘은 파시즘의 지구적 유통과 파시즘에 의한 인민의 정치를 이루는 주요한 요소였다. 이러한 맥락적 상황을 강조함으로써 지구적 파시즘의 사회민족주의와, 이 사회민족주의가 자신과 같이 '민주자유주의(demoliberalism)'에 반대했던 여타의 전간기 독재 정권[체제]들과 긴밀하게 상호작용하는 과정에 대한 더욱 복합적인 관점을 얻을 수 있다. 코스타 핀투가 평가한 것처럼 "강력한 제도 이전 과정은 전간기 독재 정권[체제]의 대표적인 특징이었다. (…) 코포라티즘은 조직된 이해관계를 대표하는 새로운 형태이자 의회 민주주의에 대한 권위주의적 대안으로서 이러한 과정의 최전선에 있었다. 일당[체제]과 함께 유럽의 독재 정권[체제]들 사이의 제도 이전을 특징짓는 정치적·사회적 코포라티즘의 확산은 전간기 파시즘에 대한 일부 경직된 이분법적 해석에 도전한다."[130]

대체로 파시즘은 계몽주의 유산에 대한 반동으로서 출현했다. 파시즘은 자유 민주주의를 거부하고 이를 독재로 대체했다. 이러한 대체는 이론적일 뿐만 아니라 실천적이었다. 역사학자들이 코포라티즘적 실천의 현실적 적용에 대해서 중요한 의구심을 가지고 있다 하더라도, 파시즘의 이데올로기적 영역과 파시즘 체제[정권] 내에서의 코포라티즘 이념이 차지하는 중심성에 동의하지 않는 사람은 거의 없다.[131]

1920년대부터 코포라티즘은 점차 반자유주의적이고 반공산주의적인 독재 정부[통치]의 형태와 동의어가 되었다. 이 시기에 걸쳐 무솔리니는 코포라티즘을 파시즘의 중심 요소로 포함시켰다. 그것은 "사회주의와 자유주의를 극복"하는 "새로운 종합"의 일부였다.[132] 무솔리니는 혼자가 아니었다. 자유주의와 사회주의 사이에 존재하는 그의 코포라티즘적인 '제3의 길'은 파시즘 이념을 확산시키고 재정식화하기 위한 세계적 수단이 되었다. 코포라티즘은 범대서양의 파시스트들뿐만 아니라 이 시기에 번영했던 '혼합형 독재'의 대표자들, 파시스트의 권위주의적 동조자들이 내세운 주장 중 하나가 되었다.[133] 이러한 체제들에게 코포라티즘은 독재자의 권위를 크게 약화시키지 않고서도 대표 체계를 확립할 수 있는 주권 정당성의 한 형태를 나타냈다. 더욱 일반적으로, 독재가 인민 주권의 삼위일체라는 개념, 즉 이에 따르면 지도자가 민족과 인민을 인격적으로 체현한다는 개념(가령 파시스트가 하나의 인간, 하나의 인민, 하나의 민족라고 이야기했던 것)에 뿌리내리고 있었다면, 코포라티즘은 지도자의 최종 중재하에 자본주의에서 발생하는 갈등을 조절하기 위한 이론을 제공해 주었다.

코포라티즘은 비독재적인 대표 형태 속에서 국가를 이익 집단의 중재자로서 내세웠다(전후 초기의 라틴아메리카의 인민주의 체제의 사례가 이에 해당할 것이다). 그러나 전체주의적인 코포라티즘 아래에서는 코포라티즘 조직과 관련해 일반적으로 지도자와 국가 사이에 아무런 차이가 존재하지 않았다. 이론적으로 코포라티즘은 독재자를 정당화하는 이데올로기적 수단으로 작동했다. 그럼에도 불구하고 코포라티즘은 단순히 이론적 속임수였을까? 아니면 파시스트들이 한 말이 진심이었을가? 이탈리아의 사학자 마테오 파세티(Matteo Passetti)의 말을 차용하면, 코포라티즘은 속임수도 아니고 파시즘적 국가 조직의 진정한 혁명적 변화도 아니었다. 이와 유사하게 알레시오 가글리아디(Alessio Gagliardi)는 이 실패한 기획을 성공한 대중 정당성의 형태로 이해할 필요가 있다는 데에 우리의 주의를 환기시킨다.[134] 코포라티즘 독재의 이러한 정당화한 권력은 지속을 위해 만들어졌다. 사실 코스타 핀투가 설득력 있게 주장하듯이, 이는 유럽의 독재가 자유주의에 대해 취했던 대응 속에 깊숙이 위치한 요소였다. "코포라티즘은 조직된 이익 단체들(주로 독립 노조들)이 국가 내부로 강제적으로 통합되면서 창출된 일련의 제도들이자 자유 민주주의에 대한 유기적-국가주의적인 대안으로서 20세기의 첫 10년에 지울 수 없는 흔적을 남겼다."[135]

이러한 맥락에서 자본주의에 대한 파시즘의 비판은 자본주의 그 자체에 대한 비판이 아니었다. 파시스트들에 따르면, 이것은 인민의 욕구를 무시하는 형태의 자본주의에 대한 비판이었다. 예를 들어 스페인의 파시스트 정당 팔랑헤(Falange)의 강령은 자신들이 대중의 욕구로부터 유리되어 사유 재산을 비인간화하는 자본주의 체계와 절연했다고 말한다. 그들에게 파시즘은 노동 인민의 편이었다. 호세 안토니오 프리모 데 리베라(José Antonio Primo de Rivera)는 이렇게 표현했다. "우리는 프롤레타리아들의 운명을 앞당긴다는 점에서 사회주의와 공통점을 가진다." 그러나 이탈리아의 파시스트들은 파시즘이 사회주의에 대립한다고 주장했다. 그들은 모든 인민이 조국과 하나 되기를 원했다. 전 세계의 파시스트들은 인민과 민족을 위한 '사회 정의'를 원했다. 민족과 인민을 혼합하면서 파시즘은 '진정으로 대중적(popular)'인 것이라고 받아들여졌다. 이탈리아의 파시스트 카를로 코스타마냐(Carlo Costamagna)가 주장했듯이, 파시즘하에서 인민은 '무정형의 대중'으로 존재하기를 중단하기 때문이다. 파시즘은 인민이 지도자와 국가에 의해 지도되어야 한다는 민족주의적 관념을 주장한다는 점에서 자유주의와 구별되었다. 파시즘은 자유주의로부터 인민의 일반 의지라는 개념을 가져왔지만, 코스타마냐가 주장하듯이, "파시즘에 있어서 일반 의지는 각각의 시민에 의해 표현되는 의지가 아니"었다. 파시스트들 사이에 [일반 의지에 대한] 공통된 하나의 이해 방식이 있다면 이는 오직 국가의 지도자만이 이러한 전통을 육화하고 국가의 이름으로 결정을 내릴 수 있다는 것이었다. 파시즘의 인민 개념은 과거와 현재의 구분을 무너트리고 파시즘의 인민 신화를 창조한다. "파시즘에 의하면 인민은 강의 흐름과 같이 서로를 잇따르는 무한한 수의 세대들이며, 이러한 이유로 과거의 세대는 가장 먼 후손들 속에서 되살아난다." 인민에 대한 이러한 관념은 파시즘을 자유주의와 사회주의에 대항하도록 만들었다. "파시즘은 반사회주의적인 만큼 반자유주의적이다. 자유주의와 사회주의의 사이에서 파시즘은 자신의 독창성을 발견한다. 이러한 방식으로 파시즘은 자신의 혁명적 성격을 보여 준다."[136]

파시즘의 인민 정치는 자본, 인민, 민족 간의 조화로운 관계 창출을 가정한다. 부에노스아이레스 거리의 벽화들에서 아르헨티나의 파시스트들이 단언했던 것처럼, 파시즘은 "생산[부문]의 우월한 이익(superior interst of production)"을 옹호하리라는 것이다. "직업 정치인들의 탐욕으로부터 민족을 구하기 위해 자본과 노동의 조화를 이룩할 시간이다. 당신은 우리와 함께하거나, 우리와 적대한다." 이후의 인민주의와 마찬가지로, 파시즘의 경우에도 지도자만이 코포라티즘적 해결책을 주도할 수 있었다. 그리고 그는 결국 직업 정치인보다는 기술관료와 전문가의 조언에 의지할 것이었다. 파시즘은 기술관료제(technocracy)에 반대하지 않았지만, 기술관료제는 인민의 지도자에 비해 부차적인 역할을 맡았다. 이러한 점에서 파시즘은 인민주의와 다르지 않았다.

지구적으로 파시스트들은 완전히 조직된 인민의 민족 공동체라는 자신들의 고유한 사상을 통해 프롤레타리아 독재에 반대했다. 그들은 국제적 형태의 자본주의에 대항해 인민과 민족을 방어했다. 브라질의 파시스트 구스타보 바로소가 설명했듯이 신, 가족, 사유 재산에 대한 방어와 사회 정의를 결합한 파시즘은 국제적 자본주의와 공산주의에 반대했다. 브라질의 녹색셔츠단에게 자본주의는 그 자체로 경멸적 용어가 아니었고 자본주의가 민족적이고 사회적이지 않을 때에만 문제가 되었다면, 아르헨티나의 파시스트들에게 인민을, 특히 노동 계급을 대중 정치에 통합하는 것은 파시즘 운동의 성공에서 결정적인 차원이라는 점이 명확했다.[137]

아르헨티나의 파시스트 레오폴도 루고네스에게 민족과 인민의 관계는 모든 현대 국가 이론의 출발점이었다. 루고네스에게 코포라티즘은 지구적 파시즘의 정치에 거의 배타적으로 속하는 것이었지만, 또한 그는 아르헨티나의 민족적 판본의 코포라티즘을 제안하기도 했다. 루고네스는 파시즘의 인민 정치를 본질적으로 반정치적인 것이라고 보았다. 그는 필수적인 역사적 정치 개혁 과정으로서 현대 독재가 보수주의의 표현이 아니며, 또는 더욱 일반적 의미에서 과거로의 회귀가 아니라 오히려 '권위주의적 반동'과 전(前)인민주의적 방식을 통해 국가 조직을 발본적으로 수정하려는 '혁명적' 시도라고 주장했다. 루고네스는 반동적 권위주의라는 용어를 통해 '자유주의의 보편적 위기'에 대한 민족적이고 대중적인 반작용을 표현했다.[138]

루고네스가 지지했던 행정부의 민족적·사회적 재조직화에는 내국채[의 지위]를 회복하고 '외국인 선동가'를 박멸하며, 경제적이고 군사적인 의미에서 국가 방위를 시행하는 조치가 포함되어 있었다. 그리고 더 중요하게는 코포라티즘적 정부[통치] 구조의 관점에서 선거 체계를 개혁하는 시도, 혹은 루고네스가 '공평한 객관성'을 지닌 것이라고 자임하면서 '기능적 대의제'라고 불렀던 제도도 포함되어 있었다. 루고네스는 보편적이지만 자격을 제한하는 투표, 그리고 조합들과 직업 집단으로 조직된 기능적 대의제가 아르헨티나의 필요에 더 알맞은 형태의 민족주의라고 주장했다. '무정형의 대중'이 아닌 아르헨티나 인민은 이 정치 체계의 유권자가 될 것이다. 루고네스는 무색무취한 정치를 자유 민주주의와 동일시했다. 이와 대조적으로 그는 코포라티즘 체계를 선거 대의제에 대해 파시즘이 벌이는 지구적 반동의 일부로 바라보았다. 하지만 그는 또한 하나의 조합(군부)이, 심지어는 독재자를 넘어서서 최고로 군림하기를 원한다는 점에서 이탈리아 파시즘에서 벗어났다. 루고네스는 '통치의 차원에서 군사적 기법 도입'을 지지했다. 그는 새로운 대중적 정당성의 형태에 확고하게 뿌리내린 국가의 '권위주의적 재조직화' 필요성을 주장했다.[139]

스웨덴에서 이집트, 포르투갈에서 시리아에 이르기까지 파시스트들은 파시즘 정치의 사회적이고 대중적인 본성을 신뢰했다. 모든 파시스트들은 엘리트들의 반민족적 게으름에 반대하는 진정으로 민족적 아비투스(habitus)를 가진 노동 인민을 대표하고 싶어 했다. 파시스트 이데올로그들은 자신들이 전통적 정치를 인민의 정치로 변형시킨 대안적 입장을 채택했다고 주장했다. 무솔리니가 보기에 파시즘은 그 시작부터 정치를 인민들에게 되돌려주기를 원했다. 그는 "인민을 향해"라는 파시즘의 강령이 '바뀔 수 없는 것'이라는 '신앙'을 가지고 있었다. 그러나 이러한 인민에 대한 추구는 민주주의적 선거 대의제 개념이나 그가 '선거주의'라고 묵살했던 개념들과는 거리가 먼 것이었다. 콜롬비아의 파시스트 실비오 비예가스(Silvio Villegas)가 그의 추종자들에게 상기시켰듯이, 인민의 역할은 두체에 복종하는 것이다. 히틀러는 자신을 "우리 인민의 독재자라기보다 그 지휘자라고 느낀다"라고 말했다. 이 독일의 독재자는 자신이 "인간으로서, 그리고 지휘자로서 인민들과 불가분하게 통일"되어 있다고 주장했다. 무솔리니는 인민이 자신들의 주권과 권력을 지도자의 페르소나에 '위임'했다고 확언한다. 비예가스는 "히틀러와 무솔리니는 인민과 함께, 그리고 인민을 위해 통치"한다고 결론 내렸다.[140] 이집트의 녹색셔츠단 아흐메드 후세인(Ahmad Husayn)은 파시즘의 인민 정치에 대해 놀랍도록 유사한 해석을 내놓았다. 이에 따르면 무솔리니와 히틀러는 "인민 전체의 이익을 위해 밤낮으로 일하면서" 사회 분열을 극복했다. 그들은 "진정으로 인민을 위한 인민의 통치"를 예화했다.[141] 유사하게, 가장 유명한 멕시코 파시스트인 호세 바스콘셀로스(José Vasconcelos)는 "히틀러와 무솔리니의 해방적 전체주의"에 대해 이야기했다. 이 지도자들은 "국제 은행 민주주의에 대항해 인민을 위해" 싸웠다. 바스콘셀로스는 히틀러를 독일의 민족 사상이 육화된 존재로 내세웠다. 그에게 히틀러와 무솔리니는 "아메리카의 모든 히스패닉 민족에게 생산적 교훈"을 주고 있었다. 만일 이 교훈을 배운다면, 라틴아메리카인들은 "집단적 의지를 구현해 창조적 요소로 전환하고, 불현듯 역사의 경로를 바꿀 결심을 할 수 있을 것"이라고 확신했다.[142]

전 세계의 파시스트 추종자들에게 인민 없는 파시즘이란 존재하지 않았다. 무솔리니는 자신의 신문에 "이탈리아 인민(The People of Italy)"이라는 이름을 붙였고, '진정한 인민'과 그에 속하지 않는 사람들을 구분했다. 마테오 파세티가 관찰한 바와 같이, 인민과 반인민에 대한 이 이론은 처음에 정치 폭력을 정당화했고 다음에는 의회 민주주의에 반해 작동했다. 파시즘 독재의 긍정, 그리고 내부의 적의 패배와 함께 인민의 동질화는 인종주의, 제국주의, 그리고 새로운 외부의 적을 창조하는 실천과 결합했다. 지구적 관점에서 이러한 파시스트적 인민 관념은 민주주의적 개념으로 받아들여지지 않았지만, 그 존재는 역사 속의 파시즘과 인민주의 사이에 중대한 연속성을 확립했다. 로저 그리핀이 파시즘을 재탄생이라는 형태를 띤 인민주의적 극단 민족주의라고 총칭적으로 정의하면서 주장했듯이, 파시즘은 "특유하게 비민주주의적인 인민주의의 양태"였다. 이러한 이유에서 그리핀은 파시즘이 파시즘적 인민주의였다는 점을 다른 학자들보다 더욱 강조한다.[143]

파시즘을 파시즘적 인민주의라고 부르는 것은 종종 이념들과 [역사적] 맥락의 혼동으로 이어진다. 파시즘은 인민주의의 부분 집합에 불과한 것이 아니다. 파시즘을 인민주의로 간주하는 이러한 관념은 파시즘과 인민주의적인 전략들 및 이념들 사이의 중대한 연관성을 식별하는 데 도움이 되지만, 이들 사이의 역사적 차이 역시 중요하다. 유럽 중심적 관점을 넘어서 한결 지구적인 관점으로 초점을 옮긴다면 이는 특히 더 명백해진다. 예를 들어, 라틴아메리카의 파시즘을 연구하는 대부분의 역사학자들은 파시즘과 인민주의의 구분을 강조한다. 칠레, 콜롬비아, 페루, 볼리비아, 아르헨티나, 브라질 같은 나라들의 파시즘 단체들이 제시했던 전체주의적 인민 관념이 이후의 현대 인민주의 역사에 영향을 끼쳤다는 점은 입증되었지만, 이것이 파시스트와 인민주의자가 동일하다는 것을 의미하지는 않는다. 이는 특히 파시즘 체제들[정권]이 몰락하고 전후 라틴아메리카의 인민주의 체제[정권]들이 집권을 위한 탁월한 권위주의적 방식으로 새로운 현대 인민주의의 형태를 제시하기 시작한 뒤의 사례에서 확인할 수 있다. 이와 유사하게, 인도에서 인민 공동체라는 이념은 이전과 매우 상이한 전후의 민주주의적 맥락에서 발전했던 인도 민족주의와 중대한 연속성을 지닌다. 중동의 경우, 유럽 파시즘과 유사하다고 여겨지지만 중대한 차이 역시

가지고 있는 우익 정치 급진주의가 "전후 아랍 국가들에서 장기적으로 지속된 권위주의적 경향의 토대를 마련"했다. 일본에서 파시즘은 국체[国体](こくたい), national polity] 사상과 혼합된 인민주의적인 주제와 호소가 결합되도록 했고, 이는 과거의 정치와 현재의 정치 사이에 연속성을 확립하고 있다. [144]

전 세계에 걸쳐서 민족·신화적 지도자·인민이라는 파시즘의 이념은 상호 연결된 합의의 건설과 독재에 의한 억압, 포섭, 배제 과정을 촉발시켰다. 마이클 빌트(Michael Wildt)가 설명하듯이, 나치즘에서 인민 공동체에 대한 관념은 몇몇 인민은 포함되고 다른 많은 이들은 배제되었다는 것을 의미했다. 이와 유사하게, 댄 스톤(Dan Stone)은 나치의 인민 공동체가 "끝없는 '포크(Volk) 되기'의 과정"을 함의했다고 주장한다. "이 과정이 실현될수록, 대안적인 삶의 방식에 대한 더 많은 개념들이 주변화된다." 아리스토틀 칼리스(Aristotle Kallis)가 설득력 있게 말했듯이, 이 과정은 파시즘 이데올로기에서 결정적인 요소였다. "파시스트 이데올로기들은 '타자' 없는 미래를 실연할 기회를 제공했는데, 이 타자 없는 미래는 강력하고 완전하며 동질적인 국가 속에서 재생되고 정화된 민족 공동체에 의해 지배되는 미래였다."[145] 그러나 파시즘은 전술적이고 이데올로기적 이유로 끊임없는 적의 공급을 필요로 했다. 나치즘에서 이것은 반인민으로서 적을 발명하고 그들의 절멸과 박해로 나아가는 급진화의 동학으로 이어졌다. 여타의 파시즘 형태의 경우, 인민의 적이라는 수사로부터 이 수사를 그 희생자의 신체 속에서 실제로 체현하는 실천으로 나아가는 과정은 나치즘에서만큼 발본적이지 않았다. 그러나 이러한 [수사에서 실천으로의] 이동은 여전히 파시즘의 중심에 위치해 있었다.

현대 인민주의는 타자를 배제하는 것에 의존하는 이러한 불관용적 인민 개념의 창출을 받아들였다. 파시즘과 인민주의에서 인민/반인민의 이항 대립은 정치적 관계를 정의하며, 역사적으로 두 정치 이데올로기는 모두 동질적인 인민 개념을 고수해 왔다. 이 과정은 반대파[야당]들을 점차 정치적으로 주변화시키는 한편, 일부 시기에 한해서는 광범위한 합의와 참여를 만들기도 한다. 딜런 라일리(Dylan Riley)가 주장하듯이, 파시즘은 민주주의적 정당성에 대한 주장과 권위주의적 수단을 한데 모았다. "파시스트들은 인민을 대표한다는 주장을, 정치를 국가의 통제권을 둘러싼 집단들 사이의 제도화된 투쟁으로 이해하는 것에 대한 거부와 결합했다. 파시스트들은 선거, 의회, 공공 문제에 대한 토론, 즉 정치의 소재들이 '일반 의지'를 구성하고 대표할 수 없다고 주장"했다. 파시스트들은 제도적 대표와 정치적 투쟁을 "비정치적 이익 대표의 형태"로 대체하기를 원했다.[146] 파시즘에서 인민의 총체적 동질화는 오직 선거 민주주의가 가상적인 인민의 적과 함께 파괴될 때에만 일어날 수 있었다.

   파시스트들과 마찬가지로 후안 도밍고 페론과 같은 전후의 현대 인민주의자들은 직업 정치인들로부터 정치적 대표성을 빼앗기를 원했다. 우리가 다음 장에서 보게 될 것처럼 인민주의 지도자는 그들이 오직 인민을 대변하고 인민의 적, 즉 반인민에 맞서 인민을 수호한다고 주장한다. 그러나 페론은 선거 대의제를 완전히 대체하거나 다당제 시스템을 소멸시키고 싶어 하지 않았다. 파시즘과는 대조적으로 인민주의적인 인민의 동질화 과정은 일반적으로 인민의 수사적 창조에 국한되며, 인민과 그 적에 대한 이론으로부터 후자에 대한 박해와 심지어는 제거로 이어지는 파시즘의 연쇄를 규정하는 극단적 폭력의 행사를 삼간다. 다시 말해, 파시즘과 달리 인민주의는 '인민의 적'을 정치적 과정으로부터 완전히 주변화시키지 않는다. 오히려 인민주의 지도자와 추종자들은 그들의 상대 후보를 공식적인 민주주의적 절차를 통해 패배시키고 싶어 한다. 선거를 이용하고 (적을) 제거하지 않는다는 점이 인민주의 정당성의 결정적인 원천이다. 설령 파시즘이 인민주의적 경향을 가지고 있고, 인민의 적에 맞서 자신을 정치적으로 정의한다고 해도 파시즘은 민주주의의 파괴 이후에 자신의 희생자들에게 능동적 역할을 요구하지 않는다.

파시즘의 인민 개념은 정치 폭력을 통해 합의를 생산한다. 파시즘은 인민의 적을 국가의 적으로 전환시킨다. 그렇게 하면서 파시즘은 전체주의적 독재를 강화한다. 인민의 동질화에 대한 인민주의적 관념은 민주주의 내부의 불관용을 조장한다. 인민주의는 민주주의를 파괴하지 않으면서 민주주의와 싸운다. 인민주의는 공개 선거에서 투표하고 패배할 소수자를 창조하고, 그들에 의존한다. 이러한 소수자들은 제거되지 않고, 실질적으로 박해받지도 않는다. 이들의 역할은 반인민으로 지정된 사람들에게 투표하는 것이다. 인민주의 지도자는 오직 민주주의적 선거에서의 승리를 통해서만 인민 공동체의 유일하고 진정한 표현으로서 자신의 정당성을 주장할 수 있다.

파시즘은 선거 대의제에 반대한 반면, 인민주의는 선거를 권위주의적 방향으로 유도했다. 파시즘과 인민주의 사이의 역사적 연속성과 차이, 즉 파시즘과 인민주의에서 다수의 포섭 및 참여의 형태가 주변화 및 배제와 결부되는 방식은 일반적으로 이론의 영역에서 소실된다. 일부 이론가들은 파시즘을 단순히 또 다른 유형의 인민주의로 환원하는 한편, 또 다른 이론가들은 그들 간의 역사적 연결성을 쉽게 무시한다. 이러한 역사적 맥락을 인식하는 데 실패한 가장 생산적인 사례로 아르헨티나의 탁월한 인민주의 이론가 에르네스토 라클라우(Ernesto Laclau)의 주요 작업을 들 수 있다.

라클라우는 현대 인민주의 이론에서 틀림없이 가장 중요한 저자다. 그는 또한 인민주의의 지구적 차원에 관심을 기울이는데, 라클라우에 대한 대부분의 반인민주의적 비판은 바로 이러한 차원을 놓치고 있다. 그의 널리 알려진 저작인 『인민주의적 이성(Populist Reason)』에서 파시즘이 일반적으로 다뤄지지 않는 것에 반해, 1970년대의 초기 작업에서 파시즘은 압도적으로 많이 나타난다. 그는 파시즘이 반동적이기보다는 "대중 민주주의적 호명을 정치적 담론으로 표현할 수 있는 방법" 중 하나가 되었다고 주장했다. 파시즘은 사회주의가 대중적 대안이 되는 것을 막기 위해 대중 정치와 통일된 인민이라는 관념을 사용했다. "파시즘은 가장 급진화된 형태의 대중[민주주의]적 호명(자코뱅주의)이 지배적인 부르주아 분파의 정치 담론으로 변형될 수 있는 극단적인 형태였다." 인민주의를 구체적인 시대와 맥락에 근거 지으려는 사람들과 논쟁하면서, 라클라우는 인민주의가 서로 다른 시간과 장소에서 나타났다고 주장했다. 이러한 맥락에서 그는 파시즘이 여타의 인민주의적 경험들 중 하나라고 주장한다. 간단히 말해서, 라클라우에게 파시즘은 인민주의인 것이다.

파시즘과 인민주의를 민주주의적 호명의 형태로 다루면서 라클라우는 둘 사이의 중요한 경계를 허물었다. 파시즘은 민주주의적 맥락에서 처음 출현했지만, 민주주의를 파괴하기 위해 민주주의적 호명을 사용했다. 이러한 의미에서 파시즘은 반대파[야권]의 일부일 때 인민주의적 형태를 나타냈지만, 정권[체제]이 되었을 때는 그렇지 않았다. 라클라우의 인민주의에 대한 가장 최근의 영향력 있는 저작에서 이 중요한 차원은 사소한 것으로 격하되었다. 이러한 변화에 충분히 주목하지 않은 채, 역사적 시각을 결여한 또 다른 저명한 파시즘과 인민주의 이론가인 슬라보예 지젝(Slavoj Žižek)은 라클라우가 파시즘과 인민주의 사이의 연결 고리 배후에 있는 위험성을 무시했다고 비난한다. 설령 좌파적일 때조차도 자본주의 체계(edifice)를 보존하고 훼손하지 않는 인민주의는 원형 파시즘(protofacscism)의 경향에 깊게 뿌리내린 적이라는 관념을 제시하는 한 해방적일 수 없다. 급진적 인민 정치는 통일된 인민의 적을 파괴하려는 열망에 의해 대체된다. 그는 "파시즘은 명확하게 인민주의의 일종"이라고 말했다. 파시즘을 인민주의의 아종으로 만들면서, 지젝은 파시즘이 어떻게 보이지 않는 인민주의적 흐름을 가지고 있는지, 그리고 왜 인민주의가 파시즘적 경향을 보이는지 설명한다. 그러나 그의 분석에서 적의 생산에 대해 파시즘과 인민주의 사이에 존재하는 이론과 실천상의 중요한 역사적 차이는 사라진다.[147]

파시스트와 인민주의자는 궁극적 적에 의해 위협받는 인민이라는 관념을 공유하고, 이러한 적에 대한 통념은 오직 지도자만이 해결할 수 있는 종말론적 시대와 위기가 시작된다는 불필요한 경각심을 불러일으킨다. 파시즘에서 이러한 인민에 대한 관념은 발본적으로 배타적이고, 모든 경우는 아니더라도 대부분의 사례에서 결국에는 인종주의적이었다. 반면, 대부분의 인민주의적인 인민 관념은 설령 외국인 혐오적이고 인종주의적일 때에도 막연하고 수사적인 경향이 있다. 파시즘적 인민 개념은 근본적으로 폭력적인 방식으로 이론에서 실천을 향해 이동한다. 그리고 이것은 현대 포스트파시즘적 인민주의에는 부재하는 경향이다. 이 급진적 폭력은 독재라는 통치 형태 아래서 발생했다. 반면에 인민주의는 선거 민주주의와 권위주의가 실천적으로 조화될 수 있는 불안정한 혼합을 나타냈다.[148]

파시즘은 민주주의를 제거하기 위해 민주주의적 수단을 사용하곤 했다. 그러나 파시즘은 끊임없이, 그리고 역설적으로 독재적 전체주의가 대중을 민주주의적으로 대표하는 최고의 수단이라고 주장했다. 이탈리아의 무솔리니나 아르헨티나의 호세 에바리스토 우리부루(José Evaristo

Uriburu) 같은 지도자는 파시즘과 독재가 민주주의의 더 높은 단계를 나타낸다고 주장했다.[149] 잘 알려진 것처럼, 민주주의에 대한 이러한 파시즘적 이해는 민주주의적 형태의 대의제와 법치의 파괴로 이어졌다. 극단적인 파시즘의 폭력은 전쟁, 대량 학살적 제국주의, 홀로코스트로 이어졌다. 이처럼, 소위 '다수'의 욕망을 극단적으로 해석한 결과 1945년 이후 새롭게 등장한 냉전 시대에 파시즘이 그 권력과 정당성을 상실했고 그에 병행해 대표에 대한 파시즘적 사고의 위기가 이어졌다. 이것은 페론주의적 제3의 길이 민주주의적 형태의 대의제에 보다 깊게 뿌리내린, 재정식화된 파시즘으로서 등장한 맥락이다. 브라질, 볼리비아, 베네수엘라 같은 나라들에서도 라틴아메리카적 인민주의 정권[체제]이 곧이어 등장했다. 이러한 고전적 인민주의 정권[체제]들은 페론주의의 모방이라기보다는 인민주의가 중요한 역할을 맡아 권력을 쟁취하고 유지하는 새로운 정치적 시대의 공통적인 징조였다. 이것은 내가 파시즘과 차별화되는 새롭고 완전한 형태의 인민주의라고 부르는 것이다. 파시즘의 폐허로부터 출현한 이 새로운 현대 인민주의는 자신의 선조들과 매우 다르다. 파시즘 이후, 현대 인민주의는 권위주의를 유지하면서 전체주의적 독재와 극단적 폭력은 떠나보낼 필요성에 대한 초민족적 재고찰을 함의했다. 그 결과는 그 원형[파시즘]과는 근본적으로 달라진 정치 이데올로기였다. 집권에 성공한 전후의 새로운 현대 인민주의는 정치적 아종이 아니라 새로운 하나의 유(genus)였다.[150] 파시즘과 마찬가지로, 이념과 운동의 획기적 전환점이 처음으로 집권으로 이어진 이후에 인민주의는 자유주의와 사회주의에 대한 가공할 만한 도전자가 되면서 더욱 완전해질 수 있었다.

현대 인민주의는 파시즘의 패배로부터 파시즘의 경험을 민주주의적 경로로 복귀시키고, 따라서 비관용과 다원성에 대한 거부를 결합한 사회적 참여를 강조하는 권위주의적 민주주의 체제[정권]의 형태를 창조하려는 새로운 포스트파시즘적 시도로부터 탄생했다. 인민주의에서 정치적 권리는 고도로 제약되지만 파시즘하에서 그랬던 것과 달리 제거되지는 않는다. 현대 인민주의는 민주주의를 한계까지 몰고 가지만, 일반적으로 파괴하지는 않는다. 냉전 초기의 라틴아메리카는 민주주의 이론과 실천을 재정의하려는 이러한 포스트파시즘적 시도가 발생한 첫 번째 배경이었다. 현대 인민주의가 체제[정권]로서 처음으로 등장한 것은 바로 그곳/그때였다.[151] 그러므로 1945년 이후, 파시즘은 다음 장의 주제인 인민주의가 된다.

제1장 주

1 다음을 보라. Zeev Sternhell, *The Anti-enlightenment Tradition*, trans. David Meisel (New Haven, CT: Yale University Press, 2009).

2 다음을 보라. Angelo Ventrone, *Grande guerra e Novecento* (Rome: Donzelli, 2015), 222-25.

3 Mike Cronin, "The Blueshirt Movement, 1932-5: Ireland's Fascists?", *Journal of Contemporary History* 30, no. 2 (1995): 319.

4 João Ameal, *A Revolução da Ordem* (Lisbon: S.L., 1932), cited in "Lecturas," *Acción Española* (December 16, 1932): 109; "Reglamentos de los camisas azules," *Bandera Argentina* (February 22, 1933). 또한 다음을 보라. Felipe Yofre, *El fascismo y nosotros* (Buenos Aires: Liga Republicana, 1933), 18, 40; Carlos Ibarguren, *La inquietud de esta hora: Liberalismo, corporativismo, nacionalismo* (Buenos Aires: Libreria y Editorial La Facultad, 1934); Folleto Luis F. Gallardo, *La Mística del Adunismo* (Buenos Aires: 1933), 15, in *Archivo General de la Nación* (AGN); Archivo Uriburu, Legajo 26. 또한 아르헨티나 파시스트 지도자 후안 P. 라모스의 연설은 다음을 보라. Juan P. Ramos in AGN, Archivo Agustín P. Justo, Caja 45, doc. 146.

5 다음을 보라. Miguel Reale, "Nós e os fascistas da Europa," in *Obras Políticas* (Brasilia: UnB, 1983), 3: 222-33; Jorge Vigón, "Actualidadinternacional," *Acción Española* (May 1, 1933): 423; Jorge Vigón, "El éxito del Congreso Antifascista," *Acción Española* (June 16, 1933), 84.

6 다음에 제시된 게오르그 모스(George L. Mosse)의 일련의 저작들을 보라. George L. Mosse: *Masses and Man: Nationalist and Fascist Perceptions of Reality* (New York: H. Fertig, 1980); *The Nationalization of the Masses: Political Symbolism and Mass Movements in Germany from the Napoleonic Wars through the Third Reich* (Ithaca, NY: Cornell University Press, 1991).

7 Richard J. Evans, *The Coming of the Third Reich* (London: Allen Lane, 2003),

184-86. 또한 다음을 보라. Wolfgang Schieder, "Fatal Attraction: The German Right and Italian Fascism," in *The Third Reich between Vision and Reality: New Perspectives on German History 1918-1945*, ed. Hans Momsen (Oxford: Berg, 2001); Alexander De Grand, *Fascist Italy and Nazi Germany* (New York: Routledge, 1995); Philippe Burrin, *Fascisme, nazisme, autoritarisme* (Paris: Seuil, 2000)

8   다음을 보라. Max Horkheimer and Theodor W. Adorno, *Dialectic of Enlightenment* (Stanford, CA: Stanford University Press, 2002). 프로이트에 대해서는 다음을 보라. Federico Finchelstein, *El Mito del fascismo: De Freud a Borges* (Buenos Aires: Capital Intelectual, 2015).

9   Benito Mussolini, "La significazione," *Il Popolo d'Italia*, October 25, 1919; Benito Mussolini, "Un programma," *Il Popolo d'Italia*, February 26, 1920. 또한 다음을 보라. Dino Grandi, *Le origini e la missione del fascismo* (Bologna: Capelli, 1922), 1, 52-57, 58-62, 66-71; 그리고 인민과 민주주의에 대한 무솔리니의 선언에 대해서는 동저자의 다음을 보라 "Lo spirito e il compito del fascismo," *L'Idea Nazionale*, May 24, 1924.

10 Emilio Gentile, *Le origini dell'ideologia fascista (1918-1925)* (Bologna: Il Mulino, 1996), 4-6. 또한 다음의 흥미로운 저작을 보라. Augusto Simonini, *Il linguaggio di Mussolini* (Milan: Bompiani, 2004).

11 이러한 경향의 대표적 사례로는 다음을 보라. Denis Mack Smith, *Mussolini's Roman Empire* (New York: Penguin, 1977). 이러한 주장에 대한 비판으로는 다음을 보라. Zeev Sternhell, "How to Think about Fascism and Its Ideology," *Constellations* 15, no. 3 (2008): 280-90.

12 Antonio Gramsci, *Socialismo e fascismo: L'Ordine Nuovo 1921-1922* (Turin: Einaudi, 1978).

13 Benito Mussolini, "Dopo l'adunata fascista: Verso l'azione," *Il Popolo d'Italia*, October 13, 1919; Benito Mussolini, "Logica e demagogia," *Il Popolo d'Italia*, October 26, 1919; Benito Mussolini, "I volti e lmaschere," *Il Popolo d'Italia*, March 3, 1920; Benito Mussolini, "Dopo un anno. Il fascismo," *Il Popolo d'Italia*, March 26, 1920; Benito Mussolini, "Fatti, non parole!," *Il Popolo d'Italia*, March 30, 1920; Benito Mussolini, "Nella foresta degli 'ismi,'" *Il Popolo d'Italia*, March 31, 1920; Benito Mussolini, "Panglossismo," *Il Popolo d'Italia*, April 11, 1920; Benito Mussolini, "Verso la reazione!," *Il Popolo d'Italia*, April 29, 1920. 또한 다음을 보라. Tabelloni murali, Mostra della Rivoluzione Fascista (MRF), B 91, F 154, Sala dotrinna SF 2, Archivio Centrale dello Stato. Italy.

14 다음을 보라. Ruth Ben Ghiat, *Fascist Modernities: Italy, 1922-1945* (Berkeley: University of California Press, 2001). 반동적 모더니즘의 개념에 대해서는 다음을 보

라. Jeffrey Herf, *Reactionary Modernism: Technology, Culture, and Politics in Weimar and the Third Reich* (Cambridge: Cambridge University Press, 1984).

15 다음을 보라. Walter Benjamin, "The Work of Art in the Age of Mechanical Reproduction," in *Illuminations*, ed. Hannah Arendt, trans. Harry Zohn (New York: Schocken, 1969), 241. 벤야민의 파시즘 개념에 대해서는 또한 다음을 보라. also Walter Benjamin, "Theories of German Fascism," *New German Critique* 17 (1979): 120-28. 발터 벤야민이 결코 원하지 않았을 방식으로 파시즘과 희생양 삼기(victimization)를 미학화하고 탈맥락하는 현대적 주장에 대해서는 다음을 보라. Slavoj Žižek, *Did Somebody Say Totalitarianism? Five Interventions in the (Mis)use of a Notion* (New York: Verso, 2002); Giorgio Agamben, *Remnants of Auschwitz: The Witness and the Archive* (New York: Zone Books, 1999).

16 팩스턴은 이것을 "자신의 정체성, 역사적 운명, 권력을 완전히 인식한 인종에 귀속될 때의 격정(warmth), 거대한 집단적 기획에 참여하는 흥분, 공유된 감정의 물결 속으로 자신을 함몰시키고 집단의 선(good)을 위해 자신의 사소한 걱정을 희생할 때의 만족감, 그리고 지배의 스릴"이라고 설명한다. Robert Paxton, *The Anatomy of Fascism* (New York: Knopf, 2004), 17.

17 Simonetta Falasca-Zamponi, *Fascist Spectacle: The Aesthetics of Power in Mussolini's Italy* (Berkeley: University of California Press, 1997). 또한 다음의 통찰력 있는 에세이를 보라. Falasca-Zamponi, "Fascism and Aesthetics," *Constellations* 15, no. 3 (2008); Mabel Berezin, *Making the Fascist Self: The Political Culture of Inter-war Italy* (Ithaca, NY: Cornell University Press, 1997).

18 예를 들어 다음을 보라. Volt [Vincenzo Fani Ciotti], *Programma della destra fascista* (Florence: La Voce, 1924), 49-51.

19 "Ma fuse e confuse nella sostanza." 다음을 보라. Benito Mussolini, "Blocco fascista anticagoiesco delle 'teste di ferro'!," *Il Popolo d'Italia*, October 24, 1919.

20 다음을 보라. Benito Mussolini, "Sintesi della lotta politica," in *Opera omnia di Benito Mussolini*, vol. 21 (1924; repr., Florence: La Fenice, 1956), 46.

21 다음을 보라. Antonio Gramsci, "La guerra è la guerra," in *Socialismo e fascismo: L'Ordine Nuovo 1921-1922* (Turin: Einaudi, 1978), 5.

22 다음을 보라. Federico Finchelstein, *Fascismo, Liturgia e Imaginario: El mito del general Uriburu y la Argentina nacionalista* (Buenos Aires: Fondo de Cultura Económica, 2002), 144. 라틴아메리카의 파시즘에 대해서는 다음의 선도적 연구를 보라. Sandra McGee Deutsch, *Las Derechas: The Extreme Right in Argentina, Brazil, and Chile 1890-1939* (Stanford, CA: Stanford University Press, 1999); Alberto Spektorowski, *Argentina's Revolution of the Right* (Notre Dame, IN: University of Notre Dame Press, 2003); Franco Savarino, "Juego de ilusiones: Brasil, México y los 'fascismos' latinoamericanos frente al fascismo italiano,"

Historia Crítica 37 (2009): 120-47; João Fábio Bertonha, *Sobre a Direita: Estudos Sobre o Fascismo, o Nazismo e o Integralismo* (Maringá, Brazil: Editora da Universidade estadual de Maringá, 2008); Hélgio Trindade, *O nazi-fascismo na América Latina: Mito e realidade* (Porto Alegre, Brazil: UfrGs, 2004).

23   Yitzhak Arad, Israel Gutman, and Abraham Margaliot, eds., *Documents on the Holocaust* (Lincoln: University of Nebraska Press, 1999), 13.

24   파시즘의 반유대주의에 대해서는 다음을 보라. Michele Sarfatti, *Gli ebrei nell'Italia fascista: Vicende, identità, persecuzione* (Turin: Einaudi, 2000); Renzo De Felice, *Storia degli ebrei italiani sotto il fascismo* (Turin: Einaudi, 1993); Marie-Anne Matard-Bonucci, *L'Italie Fasciste et La Persécution des Juifs* (Paris: Perrin, 2007); Valeria Galimi, "Politica della razza, antisemitismo, Shoah," *Studi Storici* 1 (2014): 169-82; Simon Levis Sullam, *I Carnefici Italiani: Scene dal Genocidio Degli Ebrei, 1943-1945* (Milan: Feltrinelli, 2015).

25   다음을 보라. Emilio Gentile, *Le religioni della politica: Fra democrazie e totalitarismi* (Rome-Bari: Laterza, 2001). 더욱이 파시즘은 때때로 제도 종교들(institutional religions)과 강한 연계를 구축하기도 하며, 아르헨티나의 사례에서 파시즘은 스스로를 신의 정치적 대표자로 내세웠다. 아르헨티나의 교권 파시즘에 대해서는 다음을 보라. Loris Zanatta, *Del estado liberal a la nación católica: Iglesia y Ejército en los orígenes del peronismo* (Bernal, Argentina: Universidad Nacional de Quilmes, 1996); Finchelstein, *Transatlantic Fascism* (Durham, NC: Duke University Press, 2010). 교권 파시즘 개념에 대해서는 또한 다음을 보라. Enzo Collotti, *Fascismo, Fascismi* (Milan: Sansoni Editore, 1994).

26   다음을 보라. Richard J. Evans, *The Coming of the Third Reich*, 184-86. 파시즘의 시각에서 젠더와 남성성의 중심성에 대해서는 다음을 보라. George L. Mosse, *Nationalism and Sexuality: Respectability and Abnormal Sexuality in Modern Europe* (New York: H. Fertig, 1985); George L. Mosse, *The Image of Man: The Creation of Modern Masculinity* (New York: Oxford University Press, 1996). 또한 다음을 보라. Victoria De Grazia, *How Fascism Ruled Women: Italy 1922-1945* (Berkeley: University of California Press, 1992).

27   전체주의의 개념사(conceptual history)에 대해서는 다음을 보라. Enzo Traverso, *El Totalitarismo: Historia de Un Debate* (Buenos Aires: Eudeba, 2001); Anson Rabinbach, "Moments of Totalitarianism," *History and Theory* 45 (2006): 72-100; Ruth Ben-Ghiat, "A Lesser Evil? Italian Fascism in/and the Totalitarian Equation," in *The Lesser Evil: Moral Approaches to Genocide Practices in a Comparative Perspective*, ed. Helmut Dubiel and Gabriel Motzkin (New York: Routledge, 2004); Emilio Gentile, "Fascism and the Italian Road to Totalitarianism," *Constellations* 15, no. 3 (2008): 291-302.

28   Benito Mussolini, "La dottrina del fascismo," in *Opera omnia di Benito Mussolini*,

vol. 34 (1932; repr., Florence: La Fenice, 1967), 119-21. 또한 영어로 된 저작의 경우 다음을 보라. Benito Mussolini, *Fascism: Doctrine and Institutions* (Rome: Ardita, 1935).

29 이 논제에 대해 다음을 보라. Hannah Arendt, "Ideology and Terror: A Novel Form of Government," *Review of Politics* 15, no. 3 (1953): 303-27.

30 이 예시로는 다음을 보라. Segreteria Particolare del Duce, Carteggio riservato, B 50 251/RF "Avanti!" Pietro Nenni (1931), Archivi Fascisti, Archivio Centrale dello Stato, Italy; Dossier France, Daniel Guerin, F Delta 721, 51/1, Vingt Ans d'Histoire Allemande, Bibliothèque de documentation internationale contemporaine, Nanterre, France; Piero Gobetti, *On Liberal Revolution* (New Haven, CT: Yale University Press, 2000), 226; G.L. "1935," *Cuaderno di 'Giustizia e libertá'* 12 (1935): 4-5.

31 Paxton, *Anatomy of Fascism*, 104.

32 다음을 보라. Matteo Pasetti, *L'Europa Corporativa: Una Storia Trans nazionale tra Le Due GuerreMondiali* (Bologna: Bononia University Press, 2016); Antonio Costa Pinto and FranciscoPalomanes Martinho, eds., *A Onda Corporativa: Corporativismo e Ditaduras na Europa e América Latina* (Rio de Janeiro: Editora da Fundação Getulio Vargas, 2016).

33 이와 관련해 슬라보에 지젝은 논증에서 과장으로 이행해 가는 것처럼 보인다. 그에게 공산주의의 합리주의적 배경은 스탈린주의의 해방적 잠재력을 설명하는. Slavoj Žižek, *Did Somebody Say Totalitarianism? Five Interventions in the (Mis)use of a Notion* (New York: Verso, 2001), 131

34 이성에 귀를 기울인다는 생각에 대해서는 다음을 보라. Michael Steinberg, *Listening to Reason: Culture, Subjectivity, and 19th Century Music* (Princeton, NJ: Princeton University Press, 2004). 나치가 베토벤을 전유한 방식에 대해서는 다음을 보라. David B. Dennis, *Beethoven in German Politics, 1870-1989* (New Haven, CT: Yale University Press, 1996). 『타인의 삶』에 대한 견해를 들려준 엘리 자레트스키(Eli Zaretsky)에게 감사드린다.

35 뤽 베송 감독의 「레옹」(1994)에서 게리 올드맨(Gary Oldman)이 맡은 인물이 잔혹한 살인을 할 때 베토벤을 듣는 모습에서 유사한 사례를 찾을 수 있다. 메리 해론(Mary Harron) 감독의 〈아메리칸 사이코〉에서 나오는 살인자가 사람들을 학살할 때, 필 콜린스의 음악을 듣는 모습은 이러한 미학적 운동에 대한 반어적인(ironic) 경시로 읽어낼 수 있을 것이다.

36 마스크스주의 사회과학자들이 발전시킨 또 다른 연구 경향은, 상호 연결된 역사적 과정들에 대한 충분한 탐구 없이 더욱 구조적인 분석을 지속했다. 이러한 접근법의 가장 대표적인 예로 다음을 보라. Nicos Poulantzas, *Fascism and Dictatorship: The Third International and the P roblem of Fascism* (London: NLB, 1974).

37 Renzo De Felice, *Mussolini il Revoluzionario 1883-1920*, vol.22 (1965: repr., Turin: Einaudi,1995); Renzo De Felice, "Il fenomeno fa scista," *Storia Contemporanea* (1979); Emilio Gentile, "Fascism in Italian Historiography: In Search of an Individual Historical Identity," *Journal of Contemporary History* 1, no. 2 (1986): 183.

38 전 세계적인 차원에서 파시즘을 연구하는 심지어 이런 입장이 점차 강화되면서, 노베르트 보비오가 데 펠리체의 역사 서사 속에 체현된 "강력한 반공주의적 열정"이라고 정의했던 것이 되고 있었다. 다음을 보라. Norberto Bobbio, "Revisionismo nella storia d'Italia," in *Italiani, amici, nemici*, ed. Norberto Bobbio, Renzo De Felice, and Gian Enrico Rusconi (Milan: Reset, 1996), 57. 전 세계적인 차원에서 파시즘을 연구하는 문제에 대해, 드 펠리체나 그와 유사한 경향의 역사학자들은 비교사적 작업이 필수적이거나 불가결한 것이라고 생각하지 않았다. 그는 자신의 방대한 저작을 통해 독일의 나치즘이나 다른 급진적 운동들과 비교되는 이탈리아 파시즘 현상의 종별성을 점차 강조하고 신중하게 언급한다. 그러나 당시의 다른 역사학자들은 보다 더 비교사적인 연구를 제시했다. 그 예로는 다음을 보라. Eugen Weber, *Varieties of Fascism: Doctrines of Revolution in the Twentieth Century* (New York, 1964); Walter Laqueur and George Mosse, eds., *International Fascism, 1920-1945* (New York: Harper and Row, 1966); S. J. Woolf, ed., *European Fascism* (New York: Vintage Books, 1969); Walter Laqueur, ed., *Fascism: A Reader''s Guide* (Berkeley: University of California Press, 1976). 이와 관련된 역사학(historiography)으로는 다음을 보라. Wolfgang Wippermann, *Faschismustheorien: Die Entwicklung der Diskussion von den Anfängen bis heute* (Darmstadt, Germany: Primus,1997); Emilio Gentile, *Fascismo: Storia e interpretazione* (Rome: Laterza, 2002).

39 이 논제에 대해서는 다음을 보라. Enzo Traverso, *El Totalitarismo*.

40 Zeev Sternhell, "Fascism: Reflections on the Fate of Ideas in Twentieth Century History," *Journal of Political Ideologies* 5, no. 2 (2002). 드 펠리체의 저작에서 이러한 특정한 냉전적 연속성을 관찰하는 것이 가능하다. 1969년에 드 펠리체는 전체주의 이론이 "우리의 문제와 관련하여 의심의 여지없이 많은 질문을 제기하는 시사적 측면을 지니는 동시에 현상으로서 파시즘을 역사적으로 해석하는 연구에 주요한 요소를 제공하며, 이러한 요소들은 과소평가되어서는 안 된다"라고 주장했다. 드 펠리체는 파시즘의 역사적 현실을 이해하기 위해서는 파시즘이 가진 전체주의적 형태들을 분석해야 한다고 제안했다. 다음을 보라. Renzo De Felice, *El Fascismo: Sus interpretaciones* (Buenos Aires: Paidós, 1976), 120: Renzo De Felice, *Il Fascismo: Le interpretazioni dei contemporanei e degli storici* (Rome-Bari: Laterza,1998), 36. See also Emilo Gentile, "Renzo De Felice: A Tribute," *Journal of Contemporary History* 32, no.2 (1997), 149; Emilo Gentile, *La via Italiana al totalitarismo* (Rome: La Nuova Italia Scientifica, 1995), 114-17.

41 예를 들어 다음을 보라. Roger Griffn, "The Primacy of Culture: The Current

Growth (or Manufacture) of Consensus within Fascist Studies," *Journal of Contemporary History* 37, no. 1 (2002): 21-43; Stanley G. Payne, "Historical Fascism and the Radical Right," *Journal of Contemporary History* 35, no. 1 (2000); Ⅲ, Roger Griffin, ed., *International Fascism: Theories, Causes and the New Consensus* (London, 1998); Roger Eatwell, "Towards a New Model of Generic Fascism," *Journal of Theoretical Politics* 4, no.2 (1992).

42 Stanley G. Payne, *A History of Fascism 1914-1945* (Madison: University of Wisconsin Press, 1995), 461.

43 Gilbert Allardyce, "What Fascism Is Not: Thoughts on the Deflation of a Concept," *American Historical Review* 84, no. 2 (1979): 369.

44 Gentile, *Fascismo*, 9-10.

45 Paxton, *Anatomy of Fascism*, 23, 218.

46 다음을 보라. Ernst Nolte, *La guerra civil europea, 1917-1945: Nacionalsociali δsmo y bolchevismo* (Mexico: FCE, 1994, 초판은 *Der europäische Bürgerkrieg 1917-1945: Nationalsozialismus und Bolschewismus*, Berlin: Propyläen, 1987). 다음을 보라. François Furet and Ernst Nolte, *Fascism and Communism* (Lincoln: University of Nebraska Press, 2001). 놀테와 민족 공동체(Historikerstreit)에 대해서는 다음을 보라. *Forever in the Shadow of Hitler? Original Documents of the Historikerstreit, the Controversy Concerning the Singularity of the Holocaust*, ed. and trans. Truett Cates and James Knowlton (Atlantic Highlands, NJ: Humanities Press, 1993). 이 논쟁의 분석으로는 다음을 보라. Dominick LaCapra, *Representing the Holocaust: History, Theory, Trauma* (Ithaca, NY: Cornell University Press, 1994), 49-50, 53, 106, 190; Dominick LaCapra, *History and Memory after Auschwitz* (Ithaca, NY: Cornell University Press, 1998), 55-59, 64-65; María Pía Lara, *Narrating Evil: A Postmetaphysical Theory of Reflective Judgment* (New York: Columbia University Press, 2007); Matthew G. Specter, *Habermas: An Intellectual Biography* (Cambridge: Cambridge University Press, 2010).

47 총칭적 역사학자의 선구자로서 놀테에 대해서는 다음을 보라. Aristotle Kallis, "Fascism—A 'Generic' Concept?," in *The Fascism Reader*, ed. Aristotle Kallis (London: Routledge, 2003), 46.

48 Ernst Nolte, *Three Faces of Fascism: Action Française, Italian fascism, National Socialism* (New York: Mentor, 1969), 51, 81.

49 Nolte, *Three Faces of Fascism*, 529, 540.

50 Zeev Sternhell, "How to Think about Fascism and Its Ideology," *Constellations* 15, no. 3 (2008): 282.

51　Zeev Sternhell, *La Droite révolutionnaire (1885-1914): Les origines françaises du fascisme* (Paris: Gallimard, 1997), x.

52　Sternhell, *La Droite révolutionnaire*, xxxii.

53　Zeev Sternhell "Fascism: Reflections on the Fate of Ideas in Twentieth Century History," *Journal of Political Ideologies* 5, no. 2 (2000): 139.

54　Sternhell, *La Droite révolutionnaire*, x.

55　다음을 보라. Zeev Sternhell, *The Birth of Fascist Ideology: From Cultural Rebellion to Political Revolution, with Mario Sznajder and Maia Asheri* (Princeton, NJ: Princeton University Press, 1994), 9, 12; Zeev Sternhell, *Neither Right nor Left: Fascist Ideology in France* (Berkeley: University of California Press, 1986), 27; Sternhell, *La Droite révolutionnaire*, ixlxxvi; Zeev Sternhell "Fascist Ideology" in *Fascism: A Reader's Guide. Analyses, Interpretations, Bibliography*, ed. Walter Laqueur (Berkeley: University of California Press, 1976), 315-71.

56　Zeev Sternhell, "How to Think about Fascism and Its Ideology," *Constellations* 15, no. 3 (2008): 281, 282.

57　George L. Mosse, *The Nationalization of the Masses: Political Symbolism and Mass Movements in Germany from the Napoleonic Wars through the Third Reich* (1975; repr., Ithaca, NY: Cornell University Press, 1996), 214. 쪽수는 1996년판을 따랐다.

58　지적, 문화적, 신화적 실천에 대한 많은 통찰이 모스의 문헌에서 하나 이상의 방식으로 나타나며, 이것이 드 펠리체로부터 비롯되는 역사학적 흐름과 동일시될 수 있음을 지적하는 것은 중요하다. 이 맥락에서 가장 주목할 만한 사례는 에밀리오 젠틸레의 중요 저서 *Il culto del littorio* (Rome: Laterza, 1993)이다. 젠틸레는 파시스트 이데올로기의 기원에 대한 자신의 책(*Origini dell' ideologia fascista*, 2)에서 이탈리아 파시즘의 특수성이라는 생각을 포기하지 않으면서도, 모스와 드 펠리체가 가진 혁신적인 역사학적 중요성을 인정했다. George Mosse, *Intervista sul Nazismo: A cura di Michael Ledeen* (Rome: Laterza, 1977), 89-90.

59　George Mosse, *The Fascist Revolution: Toward a General Theory of Fascism* (New York: Howard Fertig, 1998), x-xvii, 42.

60　Enzo Traverso, "Interpreting Fascism: Mosse, Sternhell and Gentile in Comparative Perspective," *Constellations* 15, no. 3 (2008): 310.

61　예를 들어 스탠리 페인은 라틴아메리카 파시즘이 진정한 파시즘이 아닌 일곱 가지 이유를 제시한다. 1) 경미한(minimal) 정치적 동원, 2) 영토적 [팽창] 야망이 존재하지 않는 민족주의, 3) 군사적 우위, 4) 종속적이고 저개발된 국가에서 경제적 자급자족의 불가능성, 5) 엘리트주의적인 후견/피후견 관계, 6) 다인종적인 사회 특성, 7) 1960년대 이전 좌파의 취약성. 아르헨티나, 볼리비아, 칠레, 또는 브라질과 같은 국가에 비추어

볼 때 1, 2, 5, 7번이 단순히 오류라면, 3번은 스페인 파시즘에, 4번과 5번은 이탈리아 파시즘, 특히 이탈리아반도 남부의 절반에 해당할 수 있다. 더욱이 "인종"을 "민족(ethnicity)"으로 대체한다면, 6번에 관련해 홀로코스트 이전의 나치 독일을 다민족 사회라고 제시하는 것도 가능하다. 다음을 보라. Payne, *History of Fascism*, 340. 그의 초기 저서도 참고하라. *Fascism: Comparison and Definition* (Madison: University of Wisconsin Press, 1980), 167-76. 또한 다음을 보라. Alistair Hennessy, "Fascism and Populism in Latin America," in *Fascism: A Reader's Guide. Analyses, Interpretations, Bibliography*, ed. Walter Laqueur (Berkeley: University of California Press, 1976), 255-94; Finchelstein, *Transatlantic Fascism*, 183.

62   예를 들어 저명한 파시즘 연구자인 로저 그리핀은 파시즘을 "기존의 파시즘 개념보다 학술 연구에 발견법적(heuristically)으로 유용하도록 설정한 의식적으로 구성된 이념형"으로 바라본다. 다음을 보라. Roger Griffin, *The Nature of Fascism* (New York: Routledge, 1991), 12; Stanley Payne, *A History of Fascism 1914-1945* (Madison: University of Wisconsin Press, 1995), 4. 이와 관련해 그리핀에 대한 비판으로는 다음을 보라. Daniel Woodley, *Fascism and Political Theory: Critical Perspectives on Fascist Ideology* (London, 2010), 8-13.

63   Payne, *History of Fascism*, 14; Roger Griffin, *Modernism and Fascism: The Sense of a Beginning under Mussolini and Hitler* (London, 2007), xv, 332; Griffin, *Nature of Fascism*.

64   다음을 보라. Griffin, *Nature of Fascism*; *Griffin, Fascist Century* (New York: Palgrave Macmillan, 2008). 다음 또한 보라. Payne, *History of Fascism*; 그의 초기 저작도 참고하라. *Fascism: Comparison and Definition* (Madison: University of Wisconsin Press, 1980), 167-76; Paxton, *Anatomy of Fascism*; Roger Eatwell, "On Defining the 'Fascist Minimum': The Centrality of Ideology," *Journal of Political Ideologies* 1 (1996): 303-19.

65   Benjamin Zachariah, "A Voluntary Gleichschaltung? Indian Perspectives Towards a Non-Eurocentric Understanding of Fascism," *Transcultural Studies* 2 (2014): 66-7.

66   유럽 바깥의 파시즘을 지구적으로 접근하는 연구에 대한 저항들 중 가장 최근의 징후적 사례는 다음의 저작에서 나타난 목적론적이고 매우 반복적인 주요 주제로부터의 탈선(digressions)에서 찾아볼 수 있다. David Roberts's, *Fascist Interactions: Proposals for a New Approach to Fascism and Its Era 1919-1945* (New York: Berghahn Books, 2016). 유럽 바깥의 파시즘에 대한 다른 역사학 연구 사례에 대한 나의 비판은 다음을 보라. Finchelstein, *Fascismo, liturgia e imaginario*, 9-27.

67   다음을 보라. Constantin Iordachi, "Comparative Fascist Studies: An introduction," in *Comparative Fascist Studies: New Perspectives*, ed. Constantin Iordachi (London: Routledge, 2010), 41; Zachariah, "A voluntary Gleichschaltung? Indian perspectives towards a non-eurocentric understanding of fascism." *The*

Journal of Transcultural Studies 5, no. 2 (2014): 63-100. 또한 다음을 보라. Benjamin Zachariah, "Rethinking (the Absence) of Fascism in India, c. 1922-45," in *Cosmopolitan Thought Zones: South Asia and the Global Circulation of Ideas*, ed. Sugata Bose and Kris Manjapra (Houndmills, Basingstoke, UK: Palgrave Macmillan, 2010), 178-209.

68 Benjamin Zachariah, "At the Fuzzy Edges of Fascism: Framing the Volk in India," *South Asia: Journal of South Asian Studies* 38, no. 4(2015): 641.

69 Federico Finchelstein, *Transatlantic Fascism* (Durham, NC: Duke University Press, 2010), 4, 39.

70 다음을 보라. Sebastian Conrad, *What Is Global History?* (Princeton, NJ: Princeton University Press, 2016), 3, 44-5, 78-9. 초민족적이고 비교 연구적 역사에 대해서는, 예시로서 다음을 보라. Daniel Rodgers, Frederick Cooper, Pierre-Yves Saunier, Michael Werner, and Bénédicte Zimmerman, "Penser l'histoire croisée: Entre empirie et réflexivité," *Annales. Histoire, sciences sociales* 58 (2003): 7-36; Gunilla Budde, Sebastian Conrad, and Oliver Janz, ed., *Transnationale Geschichte: Themen, Theorien, Tendenzen* (Göttingen: Vandenhoeck and Ruprecht, 2006).

71 Rebekka Habermas, "Lost in Translation: Transfer and Nontransfer in the Atakpame Colonial Scandal," *Journal of Modern History* 86 (March 2014): 48, 49.

72 다음을 보라. Reto Hofmann, *The Fascist Effect: Japan and Italy, 1915-1952* (Ithaca, NY: Cornell University Press, 2015), 7. 또한 일본 파시즘에 대해서는 다음을 보라. Rikki Kersten, "Japan," in *The Oxford Handbook of Fascism*, ed. R.J.B. Bosworth (Oxford: Oxford University Press, 2009), 526-44.

73 Silvio Villegas, *No hay enemigos a la derecha* (Manizales: Arturo Zapata, 1937), 80, 86, 144, 145. 이 사료를 나와 공유해 준 Luis Herrán Ávila에게 감사를 표하고 싶다.

74 다음을 보라. José Vasconcelos, "El Fulgor en la tiniebla," *Timón*, March 23, 1940; "En Defensa propia: Los protocolos de los sabios de Sión," *Timón*, May 25, 1940; and "Otro fantasma: El nazismo en la América española," *Timón*, May 4, 1940. 이 논문들은 다음에 수록되어 있다. Itzhak M. Bar-Lewaw, ed., *La Revista "Timón" y José Vasconcelos* (Mexico: Edimex, 1971), 77-9, 138-40, 146-9.

75 다음을 보라. Jean Meyer, *El Sinarquismo: ¿Un Fascismo Mexicano? 1937-1947* (Mexico: Joaquín Mortiz, 1979).

76 다음을 보라. Tirso Molinari Morales, *El fascismo en el Perú* (Lima: Fondo Editorial de la Facultad de Ciencias Sociales, 2006), 300-3.

77 다음을 보라. Giulia Albanese, *Dittature Mediterranee: Sovversioni fasciste e colpi di stato in Italia, Spagna e Portogallo* (Rome: Laterza, 2016), 210, 211; Sven Reichardt, "Violence, Body, Politics: Paradoxes in Interwar Germany" in *Political Violence and Democracy in Western Europe, 1918-1940*, ed. Chris Millington and Kevin Passmore (Houndmills: Palgrave, 2015), 62-96.

78 다음을 보라. Albanese, *Dittature Mediterranee*, xxi, xxii; Finchelstein, *Transatlantic Fascism*; Miguel Ángel Perfecto, "La derecha radical Argentina y España: Relaciones culturales e interdependencias," *Studia Historica Historia Contemporánea* 33 (2015); Constantin Iordachi, *The Comparative History of Fascism in Eastern Europe: Sources and Commentaries* (London: Bloomsbury, 2017). 지구적 파시즘에 대해서는 다음을 보라. Stein Ugelvik Larsen, ed., *Fascism outside Europe: The European Impulse against Domestic Conditions in the Diffusion of Global Fascism* (Boulder, CO: Social Science Monographs, 2001).

79 키란 클라우스 파텔(Kiran Klaus Patel)과 스벤 라이히하르트(Sven Reichardt)가 주장하는 것처럼, "나치 독일에 의해 시작되거나 그곳으로 이어진 초민족적 교환과 선택 과정은 대부분 무시되어 왔다. 초민족주의(transnationalism)와 나치즘은 양립 불가능해 보이고, 초민족적 역사학은 유사하게 구조화된 사회 간의 편안한(peaceful) 교환형태에만 주목"하고 있다.("The Dark Side of Transnationalism Social Engineering and Nazism, 1930s-40s," *Journal of Contemporary History* 51, no. 1(2016): 6). 크리스티안 괴셀(Christian Goeschel)은 또한 동질적인 전이(轉移) 개념을 넘어설 것을 예리하게 주장한다. "이제 우리의 용어법을 명확히 하고, 단순한 관점에서 전이를 바라보기보다는 파시즘의 얽히고설킨 역사라는 관점에서, 파시스트 체제 사이의 상호 영향과 연관성을 조사하는 역사[학]의 관점에서 구체적으로 생각해야 할 때이다. '파시즘의 얽힘'이라는 관점은 전이의 중요성을 검토할 뿐만 아니라 모든 교차(crossover)가 그와 관련된 행위자들에게 반드시 동등하게 중요하다고 가정하지 않고, 행위자들 간의 마찰에 주의를 기울인다."["Italia Docet? The Relationship between Italian Fascism and Nazism Revisited," *European History Quarterly* 42, no. 3 (2012): 490]. 또한 루스 벤-기앗(Ruth Ben-Ghiat)의 중요한 초기 저작을 보라. "Fascist Italy and Nazi Germany: The Dynamics of an Uneasy Relationship," in *Art, Culture, and the Media in the Third Reich*, ed. Richard Etlin (Chicago: University of Chicago Press, 2002), 257-86; and Benjamin Martin, *The Nazi-Fascist New Order for European Culture* (Cambridge: Harvard University Press, 2016).

80 Zachariah, "Voluntary Gleichschaltung?," 63

81 César Pico, *Carta a Jacques Maritain sobre la colaboración de los católicos con los movimientos de tipo fascista* (Buenos Aires: Francisco A. Colombo, 1937), 7-8, 13-4, 20, 21, 36, 40-1, 43

82 다음을 보라. José Maria Pemán, "Pasemos a la escucha," *Sol y Luna* 4(1940): 91.

83 Faisal Devji, *The Impossible Indian: Gandhi and the Temptation of Violence* (Cambridge: Harvard University Press, 2012), 21; Markus Daechsel, "Scientism and Its Discontents: The Indo-Muslim 'Fascism' of Inayatullah Khan al-Mashriqi," *Modern Intellectual History* 3, no. 3 (2006): 452-3; Hofmann, *Fascist Effect*, 46.

84 Federico Finchelstein, *The Ideological Origins of the Dirty War: Fascism, Populism, and Dictatorship in Twentieth Century Argentina* (Oxford: Oxford University Press, 2014).

85 다음을 보라. Reto Hofmann, *Fascist Effect*, 136-42. 남미의 냉전에 대해서는 다음을 보라. Tanya Harmer, "The Cold War in Latin America," in *The Routledge Handbook of the Cold War*, ed. Artemy M. Kalinovsky and Craig Daigle (Abingdon: Routledge, 2014); Tanya Harmer, *Allende's Chile and the Inter-American Cold War* (Chapel Hill: University of North Carolina Press, 2011). 또한 다음을 보라. Gilbert M. Joseph, "Latin America's Long Cold War," in *A Century of Revolution: Insurgent and Counterinsurgent Violence during Latin America's Long Cold War*, ed. Greg Grandin and Gilbert M. Joseph (Durham, NC: Duke University Press, 2010); Virginia Garrard-Burnett, Mark Atwood Lawrence, and Julio E. Moreno, eds., *Beyond the Eagle's Shadow: New Histories of Latin America's Cold War* (Albuquerque: University of New Mexico Press, 2013).

86 Andrea Mammone, *Transnational Neofascism in France and Italy* (Cambridge: Cambridge University Press, 2015), xix.

87 다음을 보라. Luis Herrán Ávila, "Anticommunism, the Extreme Right, and the Politics of Enmity in Argentina, Colombia, And Mexico, 1946-1972" (PhD diss., The New School for Social Research, 2016); 그리고 다음에 제시된 그의 논문을 보라. "Las guerrillas blancas, anticomunismo transnacional e imaginarios de derechas en Argentina y México, 1954-1972," *Quinto Sol* 19, no. 1 (2015); Daniel Gunnar Kressel, "The Hispanic Community of Nations: The Spanish-Argentine Nexus and the Imagining of a Hispanic Cold War Bloc," *Cahiers des Amériques latines* 79, no. 2 (2015): 115-33. 또한 다음을 보라. Leandro Pereira Gonçalves, "Plínio Salgado e a Guerra Fria: Uma análise entre Brasil e Portugal no âmbito das Guerras Coloniais," *Cahiers des Amériques latines* 79, no. 2 (2015): 31-54; Odilon Caldeira Neto, *Sob o signo do sigma: Integralismo, neointegralismo e antissemitismo* (Maringá: EDUEM, 2014); Ernesto Bohoslavsky and Stéphane Boisard, "Les droites latino-américaines pendant la guerre froide (1959-1989)," *Cahiers des Amériques latines* 79, no. 2 (2015): 17-30; 다음에 수록된 에세이를 보라. Olivier Dard, ed., *Organisations, Mouvements et partis des Droites Radicales au XXe siècle* (Bern: Peter Lang, 2016); Matteo Albanese and Pablo del Hierro, *Transnational Fascism in the*

Twentieth Century: Spain, Italy and the Global Neo Fascist Network (London: Bloomsbury, 2016).

88 다음을 보라. Jorge Luis Borges, "Deutsches Requiem," in *Obras Completas* (Buenos Aires: Emecé, 1996), 1: 581; Jorge Luis Borges, *Labyrinths: Selected Stories and Other Writings* (New York: New Directions, 1964), 147. 보르헤스와 추어 린데에 대해서는 다음을 보라. Finchelstein, *El Mito del fascismo*.

89 물리적 폭력과 '상징 폭력' 사이의 관계에 대한 자신의 사유를 나누어 준 벤 브로 워(Ben Brower)에게 감사드린다. 또한 이 논제에 대해서는 다음을 보라. Étienne Balibar, "Outlines of a Topography of Cruelty: Citizenship and Civility in the Era of Global Violence," *Constellations* 8, no. 1 (2001); Étienne Balibar, *Violence and Civility* (New York: Columbia University Press, 2015); Richard J. Bernstein, *Violence: Thinking without Banisters* (Cambridge: Polity, 2013); Martin Jay, *Refractions of Violence* (New York: Routledge, 2003). 또한 파시즘 에 대해서는 다음을 보라. Angelo Ventrone, *La seduzione totalitaria* (Rome: Donzelli, 2003); Francisco Sevillano Calero, *Exterminar: El terror con Franco* (Madrid: Oberon, 2004); Sven Reichardt, "Fas cismo e teoria delle pratiche sociali: Violenza e communità come elementi di un praxeologico di fascismo," *Storiografia* 12 (2008).

90 다음을 보라. Finchelstein, *El Mito del fascismo*.

91 반파시즘과 파시즘에 대한 반파시즘의 관점에 대해서는 다음을 보라. Benedetto Croce, *Scritti e discorsi politici*, 1943-1947, 2 vols. (Bari: Laterza 1963), 1:7, 2:46, 357. 또한 다음을 보라. Renzo De Felice, *Interpretations of Fascism* (Cambridge, MA: Harvard University Press, 1977), 14-23; Enzo Collotti, ed., *Fascismo e antifascismo* (Rome: Laterza, 2000); Leonardo Paggi, "Antifascism and the Reshaping of the Democratic Consensus in Post-1945 Italy," *New German Critique* 67 (1996); Manuela Consonni, *L'Eclisse dell'Antifascismoz* (Rome: Laterza, 2015); Hugo García, "Transnational History: A New Paradigm for Anti-fascist Studies?", *Contemporary European History* 25, no. 4 (2016): 563-72; Hugo García, Mercedes Yusta, Xavier Tabet, and Cristina Clímaco, eds., *Rethinking Anti-fascism: History, Memory and Politics*, 1922 to the Present (New York: Berghahn, 2016).

92 Jean Améry, *At the Mind's Limits* (Bloomington: Indiana University Press, 1980), x.

93 Chaim Kaplan, *Scroll of Agony: The Warsaw Diary of Chaim A. Kaplan* (New York: Collier Books, 1973), 280-8.

94 Primo Levi, *The Black Hole of Auschwitz* (Cambridge: Polity, 2005), 8, 33, 72.

95 Ian Thomson, *Primo Levi* (London: Hutchinson, 2002), 26-7.

96 적이라는 관념에 대해서는 다음을 보라. Finchelstein, *Transatlantic Fascism*;

Angelo Ventrone, *Il Nemico Interno: Immagini, parole e simboli della lotta politica nell'Italia del Novecento* (Rome: Donzelli, 2005).

97 물론 파시즘을 연구하는 역사학자 중에도 파시즘과 나치즘, 홀로코스트 사이의 연관성을 조사하는 몇몇 중요한 예외적 학자들이 존재한다. 나는 이 장(章)이 이러한 작업에 대한 정교한 보완점을 제공한다고 생각한다. 예를 들어 다음을 보라. Tim Mason, *Nazism, Fascism and the Working Class* (Cambridge: Cambridge University Press, 1995); G. L, Mosse, *The Fascist Revolution: Toward a General Theory of Fascism.*; Geoff Eley, *Nazism as Fascism: Violence, Ideology and the Ground of Consent in Germany 1930-1945* (New York: Routledge, 2013).

98 Saul Friedländer, "Nazism: Fascism or Totalitarianism," in Charles S. Maier, Stanley Hoffmann, and Andrew Gould, ed., *The Rise of the Nazi Regime: Historical Reassessments* (Boulder: Westview Press, 1986), 30. 또한 다음을 보라. Saul Friedländer, *Memory, History, and the Extermination of the Jews of Europe* (Bloomington: Indiana University Press, 1993), 26; Friedländer, "Mosse's Influence on the Historiography of the Holocaust," in *What History Tells: George L. Mosse and the Culture of Modern Europe*, ed. Stanley G. Payne, David J. Sorkin, and John S. Tortorice (Madison: University of Wisconsin Press, 2004), 142.

99 프리들랜더는 어떤 종류의 비교도 불가능할 만큼 자신의 주장을 급진적으로 밀어붙인다. 프리들랜더는 독일의 역사학자 볼프강 시더의 작업에 대한 비판에서 다음처럼 주장한다. "그리고 나치의 반유대주의를 이탈리아 파시스트들의 아프리카인, 노예, 티롤(Tyrol) 남부[현재의 이탈리아 볼차노 지역] 독일인들에 대한 '인종주의'와 비교하는 주장은 더 이상 논의할 가치가 없어 보인다."("Nazism," 27). 좀 더 섬세한 접근에 대해서는 다음을 보라. Ian Kershaw, *Hitler, the Germans and the Final Solution* (New Haven, CT: Yale University Press, 2008), 345.

100 이러한 연관성에 대한 중요한 작업으로는 다음을 보라. A. Dirk Moses, ed., *Empire, Colony, Genocide: Conquest, Occupation, and Subaltern Resistance in World History* (New York: Berghahn, 2008); Bashir and Amos Goldberg, "Deliberating the Holocaust and the Nakba: Disruptive Empathy and Binationalism in Israel/Palestine," *Journal of Genocide Research* 16, no. 1 (2014): 77-99; Dan Stone, *History, Memory and Mass Atrocity: Essays on the Holocaust and Genocide* (London: Vallentine Mitchell, 2006); Donald Bloxham, *The Final Solution: A Genocide* (Oxford: Oxford University Press, 2009).

101 Matthew P. Fitzpatrick, "The Pre-History of the Holocaust? The Sonderweg and Historikerstreit Debates and the Abject Colonial Past," *Central European History* 41, no. 3 (2008); Edward Ross Dickinson, "The German Empire: An Empire?" *History Workshop Journal* 66 (2008); Olivier Le Cour Grandmaison, Coloniser, *exterminer: Sur la guerre et l'état colonial* Ⅱ (Paris: Fayard, 2005); Isabel Hull, *Absolute Destruction: Military Culture and*

the *Practices of War in Imperial Germany* (Ithaca: Cornell University Press, 2005); Joël Kotek, "Sonderweg: Le génocide des Herero, symptôme d'un Sonderweg allemand?", *La Revue d'histoire de la Shoah* 189 (2008); Jürgen Zimmerer, "The First Genocide of the Twentieth Century: The German War of Destruction in Southwest Africa (1904-1908) and the Global History of Genocide," in *The Holocaust: Lessons and Legacies*, ed., Doris L. Bergen (Chicago: 2008), 34-64; Donald Bloxham, *The Final Solution: A Genocid* (Oxford: Oxford University Press 2009); Benjamin Brower, "Genealogies of Modern Violence, Arendt and Imperialism in Africa 1830-1914," in *The Cambridge History of Violence*, ed. Louise Edwards, Nigel Penn, and Jay Winter, vol. 4 (Cambridge: Cambridge University Press, 2017).

102 다음을 보라. Hannah Arendt, *The Origins of Totalitarianism* (New York : Meridian, 1959) 158-84; Hannah Arendt, "The Seeds of a Fascist International," in *Essays in Understanding, 1930-1954*, ed. Jerome Kohn (New York: Harcourt Brace, 1994), 147.

103 다음을 보라. Raul Hilberg, *The Destruction of the European Jews* (New York: Holmes and Meier, 1985), 660-79; Susan Zuccotti, *The Italians and the Holocaust: Persecution, Rescue, and Survival* (New York: Basic Books, 1987); Simon Levis Sullam, *I Carnefici Italiani: Scene dal Genocidio degliebrei, 1943-1945* (Milan: Feltrinelli, 2015).

104 나는 "파시즘의 실험실"이라는 개념을 엔조 트라베르소(Enzo Traverso)의 주요 저작인 *The Origins of Nazi Violence*로부터 빌려왔다.

105 다음을 보라. Lloyd E. Eastman, "Fascism in Kuomintang China: The Blue Shirts," *China Quarterly* 49 (January-March 1972): 4.

106 Antonio Costa Pinto, *Os Camisas Azuis e Salazar—Rolão Preto e o Fascismo em Portugal* (Porto Alegre: EDIPUCRS, 2016), 110. 또한 포르투갈 파시즘과 포르투갈 파시즘이 여타의 파시즘들과 맺었던 국제적 연관성에 대해서는 다음을 보라. Nuno Simão Ferreira, "Alberto de Monsaraz e a vaga dos nacionalismos político-autoritários europeus do pós-I Guerra mundial: Um rumo até o fascismo?", *Lusíada História* 4 (2007): 7-75.

107 다음을 보라. Federico Finchelstein, "Truth, Mythology and the Fascist Unconscious," *Constellations* 23, no. 2 (2016): 227.

108 Ibid., 225.

109 Ventrone, *La seduzione totalitaria*, 138-9, 153, 185.

110 다음을 보라. Primo Levi, *The Drowned and the Saved* (New York: Vintage, 1989), 105. 레비가 나치즘과 파시즘을 동일시하는 관점에 대해서는 다음을 보라. Primo Levi, *Conversazioni e interviste 1964-1987* (Turin: Einaudi, 1997), 245, 250.

111 부정적 숭고함에 대해서는 다음에 제시된 Dominick LaCapra의 저작들을 보라. Dominick LaCapra, *History and Memory after Auschwitz* (Ithaca, NY: Cornell University Press, 1998), 27-30; *Representing the Holocaust: History, Theory, Trauma* (Ithaca, NY: Cornell University Press, 1994), 100-10; *Writing History, Writing Trauma* (Baltimore: Johns Hopkins University Press, 2001), 94.

112 몇몇 예시로서 다음을 보라. Sergio Panunzio, Diritto, f*orza e violenza: Lineamenti di una teoria della violenza* (Bologna: Capelli, 1921), 17; Curzio Suckert (Malaparte), L'*Europa Vivente: Teoria Storica del Sindicalismo Nazionale* (Florence: La Voce, 1923), xlviii, 1-5, 22-5, 34, 111-9; Curzio Malaparte, *Italia barbara* (Turin: P. Gobetti, 1925). 폭력 "그 자체"에 대한 파시즘의 이해를 비판하는 초기 문헌으로는 다음을 보라. Rodolfo Mondolfo, *Per la comprensione storica del fascismo* (Bologna: Capelli, 1922) i-iii, xv, xxxiv-xxxv; Rodolfo Mondolfo, "Forza e violenza nella storia (Aprendo la discussione)," in *Diritto, forza e violenza: Lineamenti di una teoria della violenza,* ed. Sergio Panunzio (Bologna: Capelli, 1921), viii, xi, xiii, xv, xvii, xvii, xviii, xix.

113 MRF B 93 F, 159 SF 1, Archivio Centrale dello Stato, Italy. 무솔리니는 "신경 안 써(*me ne frego*)"라고 말했다. 한 부상자가 자신의 붕대에 휘갈겨 쓴, 전투 행동대(fighting squad)의 자랑스러운 표어[신경 안 써]는 단지 스토아 철학적인 행위가 아니었다. 이 표어는 단순히 정치적인 것이 아닌 파시즘의 교리를 요약한다. 이 표어는 모든 위험을 받아들이는 투지의 증거다. 이것은 새로운 양식의 이탈리아적 삶을 나타낸다. "파시스트는 삶을 받아들이고 사랑한다. 파시스트는 자살을 비겁하다며 거부하고 경멸한다. 파시스트가 이해하는 삶은 의무, 고결함, 정복이다. 삶은 고상하고 충만해야 한다. 삶은 단지 자신을 위해서뿐만이 아니라 타인을 위해, 가까이 있는 자와 멀리 있는 자 모두를 위해, 현재와 미래를 위해 영위되어야 한다."[원문에는 첫 따옴표가 누락되어 있음] *Opera omnia di Benito Mussolini*, vol. 34 (Florence: La Fenice, 1967), 119-21.

114 MRF B 93 F, 159 SF 1, Archivio Centrale dello Stato, Italy.

115 예를 들어 다음을 보라. tabelloni murali, MRF B 93 F 158; MRF B 91F, 154 Sala Dotrinna SF 2, tabelloni murali," Archivio Centrale dello Stato. Italy.

116 다음을 보라. *Acción Española*, Antología, March 1937, 366; Finchelstein, *Origins of Dirty War*, 45; James P. Jankowski, "The Egyptian Blue Shirts and the Egyptian Wafd, 1935-1938," *Middle Eastern Studies* 6 (1970): 82; Lloyd E. Eastman, "Fascism in Kuomintang Chin: The blue shirts," *The China Quarterly* 49 (1972): 9-10.

117 Villegas, *No hay enemigos a la derecha*, 224; Constantin Iordachi, "God's Chosen Warriors," in *Comparative Fascist Studies*, ed. Constantin Iordachi (London: Routledge, 2010), 345-7.

118 다음을 보라. Benito Mussolini, "Vivere pericolosamente," in *Opera omnia di*

Benito Mussolini, vol. 21 (1924; repr., Florence: La Fenice, 1960), 40.

119 다음을 보라. Benito Mussolini, "La dottrina del fascismo" in *Opera om nia di Benito Mussolini*, vol. 34 (Florence: La Fenice, 1967), 119-21. 국가에 대한 파시스트의 더 구체적인 자기이해는 1942년의 "영속적인" 파시스트 전시장에서 볼 수 있다. 이에 대해서는 다음을 보라. MRF B, 91 F, 154 Sala Dotrinna SF 2, tabelloni murali, "Lo Stato Fascista"; "I Codici di Mussolini," Archivio Centrale dello Stato, Italia.

120 다음을 보라. Ann Laura Stoler, "On Degrees of Imperial Sovereignty," *Public Culture* 18, no. 1 (2006): 135.

121 Bruno Biancini, *Dizionario Mussoliniano Mille Affermazioni e Definizioni Del Duce* (Milan: Hoepli, 1939), 45, 88.

122 "끝없는 전쟁"이라는 사상이 현대 제국주의의 다른 형태들 안에서 어떻게 수용되는지에 관한 연구로는 다음을 보라. Ellen Meiksins Wood, *Empire of Capital* (London: Verso, 2005), 143-51. 메익신스 우드(Meiksins Wood)는 파시즘이 이러한 전쟁 관념을 받아들인 첫 번째 제국주의일 수 있으며, 따라서 파시즘이 현대 제국주의의 선례가 될 수 있다는 점을 언급하지 않는다.

123 MRF B, 93 F, 155 SF 1 Impero. 또한 다음을 보라. Collez, Muss #92; #47, Archivio Centrale dello Stato, Italy.

124 Benito Mussolini, "La dottrina del fascismo," in *Opera omnia di Benito Mussolini*, vol. 34 (Florence: La Fenice, 1967), 119-21.

125 파시스트 인터내셔널에 대해서는 다음을 보라. Michael Ledeen, *Universal Fascism: The Theory and Practice of the Fascist International, 1928-1936* (New York: H. Fertig, 1972); Davide Sabatini, *L'internazionale di Mussolini: la diffusione del fascismo in Europa nel progetto politico di Asvero Gravelli* (Rome: Edizioni Tusculum, 1997); Marco Cuzzi, *L'internazionale delle camicie nere: i CAUR, Comitati d'azione per l'universalità di Roma, 1933-1939* (Milan: Mursia, 2005).

126 다음을 보라. Hannah Arendt, "Ideology and Terror: A Novel Form of Government," *Review of Politics* 15, no. 3 (1953), 303-27; *The Origins of Totalitarianism*, 158-84; "The Seeds of a Fascist International," in *Essays in Understanding 1930-1954*, ed. Jerome Kohn (New York: Harcourt Brace, 1994), 147. 127. 다음을 보라. Sternhell, *Birth of Fascism*.

127 다음을 보라. Sternhell, *Birth of Fascist Ideology*; Sternhell, *Anti-enlightenment Tradition*. 또한 다음을 보라. Sternhell, *Histoire et Lumières: Changer le Monde par la Raison* (Paris: Albin Michel, 2014); "How to Think about Fascism and its Ideology," *Constellations An International Journal of Critical & Democratic Theory* 15, no. 3: 280-90.

128 나의 동료 안드레아스 칼리바스(Andreas Kalyvas)가 아테네 민주주의의 탄생에 대해 들려준 의견과 통찰에 대해 감사를 표한다.

129 Peter Fritzsche, "The Role of 'the People' and the Rise of the Nazis," in *Transformations of Populism in Europe and the Americas: History and Recent Tendencies*, ed. John Abromeit, Bridget Maria Chesterton, Gary Marotta, and York Norman (London: Bloomsbury, 2016), 37; Geoff Eley, "Conservatives-Radical Nationalists-Fascists: Calling the People into Politics, 1890-1930," in *Transformations of Populism in Europe and the Americas: History and Recent Tendencies*, ed. John Abromeit, Bridget Maria Chesterton, Gary Marotta, and York Norman (London: Bloomsbury, 2016), 74; Ismael Saz, *España contra España: Los nacionalismos franquistas* (Madrid: Marcial Pons, 2010), 53; António Costa Pinto, *The Nature of Fascism Revisited, Social Science Monographs* (New York: Columbia University Press, 2012), 1-27. 또한 다음을 보라. Peter Fritzsche, *Rehearsals for Fascism: Populism and Political Mobilization in Weimar Germany* (New York: Oxford University Press, 1990); Eley, *Nazism as Fascism*; Sven Reichardt, "Fascist Movements" in *The Wiley-Blackwell Encyclopedia of Social and Political Movements*, ed. David A. Snow, Donatella della Porta, Bert Klandermans, and Doug McAdam (New York: Wiley, 2013), 2, 457; Pierre Milza, "Mussolini entre fascisme et populisme," *Vingtième Siècle* 56 (1997); Sandra McGee Deutsch, Las Derechas, 315, 329-31, 339; Alberto Spektorowski, *The Origins of Argentina's Revolution of the Right* (Notre Dame, IN: University of Notre Dame Press, 2003); Victor Lundberg, "Within the Fascist World of Work: Sven Olov Lindholm, Ernst Junger and the Pursuit of Proletarian Fascism in Sweden," in *New Political Ideas in the Aftermath of the Great War*, ed. Anders G. Kjøstvedt and Alessandro Salvador (London: Palgrave MacMillan, 2016), 199-217; Daniel Knegt, "French Intellectual Fascism and the Third Way: The Case of Bertrand de Jouvenel and Alfred Fabre-Luce," in *New Political Ideas in the Aftermath of the Great War*, ed. Anders G. Kjøstvedt and Alessandro Salvador (London: Palgrave MacMillan, 2016), 41-65.

130 Pinto, Nature of Fascism Revisited, xix.

131 Matteo Pasetti, *L'Europa Corporativa: Una Storia Transnazionale tra Le Due Guerre Mondiali*; Antonio Costa Pinto and Francisco Palomanes Martinho, eds., *A Onda Corporativa: Corporativismo e Ditaduras na Europa e América Latina*.

132 "Il corporativismo è l'economia disciplinata, e quindi anche controllata, perché non si può pensare a una disciplina che non abbia un controllo. Il corporativismo supera il socialismo e supera il liberalismo, crea una nuova sintesi[조합주의는 규율 있는 경제이므로 통제되기도 합니다. 통제할 수 없는 규

율은 생각할 수 없기 때문입니다. 조합주의는 사회주의와 자유주의를 넘어 새로운 종합을 창조합니다]." 다음을 보라. Benito Mussolini, *Opera omnia di Benito Mussolini*, vol. 26 (Florence: La Fenice, 1958), 95.

133 Pinto, *Nature of Fascism Revisited*, xii.

134 Matteo Passetti, "Neither Bluff nor Revolution: The Corporations and the Consolidation of the Fascist Regime (1925-1926)," in *In the Society of Fascists: Acclamation, Acquiescence, and Agency in Mussolini's Italy*, ed. Giulia Albanese and Roberta Pergher (Basingstoke: Palgrave Macmillan, 2012); Alessio Gagliardi, *Il corporativismo fascista* (Rome: Laterza, 2010). 또한 파시스트 코포라티즘에 대해서는 다음을 보라. Philip Morgan, "Corporatism and the Economic Order," in *The Oxford Handbook of Fascism*, ed. R. J. B. Bosworth (Oxford: Oxford University Press, 2019), 150-65.

135 António Costa Pinto, "Fascism, Corporatism and the Crafting of Authoritarian Institutions in Interwar European Dictatorships," in *Rethinking Fascism and Dictatorship in Europe*, ed. António Costa Pinto and Aristotle A Kallis (Basingstoke, UK: Palgrave Macmillan, 2014), 87.

136 다음을 보라. "En un mitin, en Cáceres, el señor Primo de Rivera afirma Falange Española quiere que haya justicia social y nación," *La Nación*(Madrid), February 5, 1934, 2); Carlo Costamagna, "Teoría general del Estado corporativo," *Acción Española*, May 16, 1933, 468.

137 다음을 보라. AGN, Archivo Agustín P. Justo. Caja 49 doc.166. 또한 다음의 저서들을 보라. Gustavo Barroso, "Capitalismo, Propriedade e Burguesia," in *O que o Integralista Deve Saber* (Rio de Janeiro: Civilização Brasileira, 1935); *O Espírito do Século XX* (Rio de Janeiro: Civilização Brasileira, 1936).

138 Leopoldo Lugones, *El Estado equitativo (Ensayo sobre la realidad Argentina)* (Buenos Aires: La Editora Argentina, 1932), 11.

139 Leopoldo Lugones, *Política revolucionaria* (Buenos Aires: Anaconda, 1931), 52, 53, 65-6; Lugones, *El Estado equitativo*, 9, 11.

140 J. Hurtado de Zaldivar, "El Décimo tercero aniversario de la fundación de los Fascios," *Acción Española*, April 1, 1932, 177; Villegas, *No hay enemigos a la derecha*, 97, 107, 109.

141 Israel Gershoni and James Jankowski, *Confronting Fascism in Egypt: Dictatorship versus Democracy in the 1930s* (Stanford, CA: Stanford University Press, 2009), 251.

142 José Vasconcelos, "Otro fantasma," *Timón*, May 4, 1940; José Vasconcelos, "La inteligencia se impone," *Timón*, June 8, 1940, both in Itzhak M. Bar-

Lewaw, ed., *La Revista "Timón" y José Vasconcelos* (Mexico: Edimex, 1971), 138, 152-4.

143　Matteo Pasetti, "Il progetto corporativo della società senza classi e le tendenze populiste dell'ideologia fascista" (paper presented at the XIII Conference of the Asociacion de Historia Contemporanea, University of Castilla-La Mancha, Albacete, September 2016); Griffin, *Nature of Fascism*, 41, 42, 32, 124, 178.

144　다음을 보라. Peter Wien, "Arabs and Fascism: Empirical and Theoretical Perspectives," *Die Welt des Islams* 52 (2012): 345; Hofmann, *Fascist Effect*, 39, 74.

145　Dan Stone, *Histories of the Holocaust* (Oxford: Oxford University Press, 2010), 264; Michael Wildt, *Hitler's Volksgemeinschaft and the Dynamics of Racial Exclusion* (New York: Berghahn, 2012); Aristotle Kallis, *Genocide and Fascism: The Eliminationist Drive in Fascist Europe* (London: Routledge, 2008), 312.

146　Dylan Riley, *The Civic Foundations of Fascism in Europe: Italy, Spain, and Romania 1870-1945* (Baltimore: Johns Hopkins University Press, 2010), 5.

147　Ernesto Laclau, *Politics and Ideology in Marxist Theory: Capitalism Fascism-Populism* (1977; repr. London: Verso, 2011), 111, 142, 153; Slavoj Žižek, "Against the Populist Temptation," *Critical Inquiry* 32, no. 2(2006): 556-9, 567.

148　Steven Levitsky and Lucan Way, *Competitive Authoritarianism: Hybrid Regimes after the Cold War* (New York: Cambridge University Press, 2010); Andreas Schedler, *The Politics of Uncertainty: Sustaining and Subverting Electoral Authoritarianism* (Oxford: Oxford University Press, 2013).

149　다음을 보라. Finchelstein, *Origins of the Dirty War*, 28. On fascism and dictatorship, 또한 다음을 보라. Paul Corner, "Italian Fascism: Whatever Happened to Dictatorship?", *Journal of Modern History* 74, no. 2 (2002): 325-51.

150　이 주제에 대한 생각을 나누어 준 Andrew Arato에게 감사한다.

151　라틴아메리카 포스트 파시즘의 초기 형태는 프랑스의 국민전선, 이탈리아의 이탈리아사회운동당(Italian Social Movement)과 국가동맹당(Alleanza Nazionale)과 같은 유럽의 사례를 예견한다. 이러한 유럽의 정당들은 네오 파시즘의 형태로부터 보다 명확한 포스트 파시즘적 인민주의 형성으로 전환되었다. 유럽의 포스트 파시즘에 관한 논쟁에 대해서는 다음을 보라. Roger Griffin, "The 'Post-fascism' of the Alleanza Nazionale: A Case Study in Ideological Morphology", *Journal of Political Ideologies* 1, no. 2 (1996): 123-45; Tamir Bar-On, *Where Have All the Fascists Gone?* (Aldershot: Ashgate, 2007), 137; Gian Enrico Rusconi, *Resistenza e postfascismo* (Bologna: Il Mulino, 1995); Michael Löwy and Francis Sitel, "Le Front national dans une perspective européenne,"

Contretemps (2016. 10. 17), www.contretemps.eu/fn-europe-fascisme/; and Enzo Traverso, *Las nuevas caras de la derecha* (Buenos Aires: Siglo Vientiuno, 2018).

제2장

역사 속 인민주의

●

인민주의는 권위주의 형태의 민주주의로, 본래 전후 파시즘의 재정식화로서 출현했다. 파시즘이 붕괴하기 이전에 몇몇 초기 이데올로기들과 전(前)인민주의(prepopulist) 운동들이 프랑스와 러시아, 미국과 같은 상이한 나라들에 존재했다. 그러나 그 이데올로기들과 운동들이 존재했던 맥락은 완전히 상이했다. 인민주의가 하나의 정권[체제]이 된 시기는 파시즘이 세계 무대를 떠난 이후였으며, 이는 무솔리니와 히틀러의 정권[체제]이 부상했던 시기와 같이 역사의 한 전환점을 이루었다. 파시즘이 처음으로 정권[체제]의 형태가 되기 이전에는 파시즘 역시 저항 운동이었을 뿐 성공적으로 집권에 이르는 길은 아니었다. 그러나 파시즘은 이탈리아에서 최초로 권력을 잡고 나서 진정으로 지구적인 정치 패러다임이 되었다. 그렇게 초민족적인 파시스트들은 자신들의 관점을 실질적으로 바꾸었다. 이제 파시즘은 성공적으로 집권에 이르는 길이 되었고 더 이상 자유주의와 사회주의에 대항하는 정치 양식이 아니었다. 이러한 의미에서 무솔리니의 혁명은 러시아 혁명과 프랑스 혁명의 효과에 비견하는 획기적이고 지구적인 효과를 지니고 있었다. 이 혁명들과 파시스트 정권[체제]이 처음으로 수립된 곳이 유럽이라면, 인민주의 정권[체제]이 처음으로 등장한 곳은 1945

년 이후의 라틴아메리카였다. 아르헨티나의 후안 페론과 브라질의 제튤리우 바르가스와 같은 인민주의 정권들의 출현이 진정한 혁명은 아니었다. 그보다는 민족[공동체]을 통치하기 위한 냉전 초기의 새로운 정치 패러다임 창출이라는 혁명의 징후였다.

파시즘이 출현하기 전에, 인민주의 역시 권위주의적인 정치 양식을 취한 대항 운동이었다. 파시즘 이후에 정치적 장이 정리되고 인민주의가 완성되었다. 인민주의는 완연한 권위주의적 정치 패러다임, 즉 파시스트 권력이 부재할 때 국가를 지배하는 영향력 있는 방법이 되었다. 파시즘과 마찬가지로 인민주의 역시 다른 정치를 대리하는 것이 아니었다. 인민주의자들은 단지 인민의 심부름꾼이 아니라 독자적인 행위자들이었다. 그 이전에 파시스트 정권[체제]이 그랬던 것처럼 인민주의 정권[체제]도 인민의 이름으로 행위하고 결정했지만, 이전과는 다르게 민주주의적 수단을 통해 행위하고 결정했다. 달리 말해, 인민주의는 결코 역사의 막간극으로 그치지 않았다. 인민주의는 민주주의적 형태의 파시즘에 불과한 것이 아니라 역사 속 새로운 시대의 새로운 정치 현상이었다. 현대 인민주의는 냉전에 뿌리를 내렸으며 본래는 최초에 파시즘을 낳았다가 그 후에 파시즘이 붕괴하는 데 기여했던 정치적 대의제의 위기에 대한 대응이었다. 이러한 이유 때문에, 인민주의와 인민주의 정치에 대한 설명을 인민주의의 역사적 맥락에 위치시킬 필요가 있다.

파시즘이 독재를 목표로 삼고 권력 분립과 법치를 폐기하고자 하는 반면, 최소한 현대사에서 인민주의가 민주주의를 파괴한 적은 거의 없었다. 하지만 인민주의자들은 법치와 권력 분립을 완전히 폐기하지 않았음에도 그것들의 토대를 점진적으로 약화시켰다. 파시스트들에게 선거는 아무런 의미가 없었지만, 인민주의자들은 선거를 중요하게 생각했다. 확실히 인민주의적 민주주의는 민족주의적이었고, 다른 민주주의 형태들에 비해 세계 시민주의적(cosmopolitan)이거나 해방적이지 않았다. 이와 동시에, 인민주의자들의 선거 참여가 증가했기 때문에 인민주의는 민주주의가 강화되는 현상처럼 보일 수 있었다. 따라서 인민주의의 역사적 복잡성은 인민주의라는 용어를 정태적인 정식화로 부풀리거나 축소하면서 단순화된 정의를 제시하고자 하는 최근의 시도들을 좌절시킨다. 실제로 더욱 단순화된 정의를 제시하면 할수록 우리는 정치사에서 인민주의가 특유하게 나타내는 바가 무엇인가라는 질문으로부터 더욱 멀어지게 된다.

당연히 역사학자들은 역사를 이론가들이 필요에 따라 선택한 골동품 수납함(curio cabinet of artifacts)으로 환원시키는 작업에 반발해 왔다. 그러한 환원주의적 접근은 급진적 형태의 맥락화를 대표하며 이러한 맥락화는 역사학적(historiographical)이라기보다는 골동품 수집가적(antiquarian)이라고 할 수 있다. 골동품 수집가가 과거로부터 유물을 수집하는 이들이라면, 전문 역사학자는 현재 시점에서 과거의 맥락이 어떻게 변이했고 지속되었는지 분석하고 해석한다. 몇몇 이론가들이 이러한 시대에 뒤처진 골동품 수집가적인 역사관을 제시한다면, 또 다른 이들은 인민주의의 상이한 정치사적·정치 이론적 맥락을 충분히 다루지 않은 채 인민주의라는 용어의 긴 역사를 강조한다. 피에르 로장발롱(Pierre Rosanvallon)이 설득력 있게 지적했듯이, 인민주의는 고대 그리스의 아첨꾼들(sycophants)이나 프랑스 혁명기의 급진적 저널리스트였던 장 폴 마라(Jean-Paul Marat), 그리고 19세기 러시아와 미국의 '인민주의자들' 같이 다양한 행위자들을 포함하는 긴 역사를 지니고 있다.[1] 그러나 다른 여러 이론가들과 마찬가지로 로장발롱은 전후의 권위주의적인 현대 인민주의 역사에 충분히 개입하지 않는데, 이는 파시즘을 [분석] 구도에서 배제하는 인민주의 정치 이론에 내재한 일반적 경향성의 징후다.

그럼에도 불구하고 파시즘과 전체주의는 인민주의의 긴 역사에서 핵심적인 부분을 차지하고 있으며, 인민주의가 존재하고 지속적으로 활용되는 방식은 [고대 그리스와 프랑스·미국·러시아 혁명으로 거슬러 올라가는] 그 기원으로 한정되지 않는다. 그럼에도 불구하고 이러한 최초의 인민주의적 계기들을 인정하고 그것의 다양한 역사적 국면들이라는 측면에서 이후 인민주의의 분기와 반향을 평가하는 작업은 중요하다. 예컨대 인민주의의 역사적 국면들에는 19세기 러시아와 미국 정치 속 초기 인민주의 운동의 흐름과 우익 전인민주의의 구성체들[예컨대, 프랑스의 불랑제주의(Boulangism), 비엔나의 루에거(Lueger) 운동, 라틴아메리카의 애국동맹(patriotic leagues)], 전간기 라틴아메리카의 원형 인민주의적 전례들[예컨대, 멕시코의 카르데나스주의(Cardenism), 아르헨티나의 이리고옌주의(Yrigoyenismo), 브라질의 바르가스주의(Varguism)]이 있었다. 1945년 이후 국면에서 현대 인민주의라고 간주될 수 있는 형태는 초기 인민주의와 제1차 세계 대전에 앞서 존재하던 우파 전인민주의 이후에 등장했으며 다음의 형태들을 포함하고 있다.

1) 고전적 인민주의: 아르헨티나의 페론주의가 가장 대표적이지만, 이 용어는 브라질의 바르가스주의의 두 번째 단계(1951~1954), 콜롬비아의 가이탄주의(Gaitanismo, 1940년대 후반), 그리고 에콰도르의 호세 마리아 벨라스코 이바라(José María Velasco Ibarra, 1930년대에서 1970년대) 시대와 더불어 베네수엘라와 페루, 볼리비아와 같은 나라들에서 체험한 전후 인민주의도 포괄하고 있다.

2) 신자유주의적 인민주의: 아르헨티나의 카를로스 메넴(1989~1999), 브라질의 페르난두 콜로르 지 멜루(Fernando Collor de Melo, 1990~1992), 에

콰도르의 압달라 부카람(Abdalá Bucaram, 1996~1997), 페루의 알베르토 후지모리(Alberto Fujimori, 1990~2000), 이탈리아의 실비오 베를루스코니(1994~1995, 2001~2006, 2008~2011) 등이 있다.

3) 좌파의 신고전적 인민주의: 아르헨티나의 키르치네르 행정부(2003~2015), 베네수엘라의 우고 차베스(1999~2013), 니콜라스 마두로(Nicolás Maduro, 2013~), 에콰도르의 라파엘 코레아(Rafael Correa, 2007~2017), 볼리비아의 에보 모랄레스(Evo Morales, 2006)와 함께 스페인 포데모스와 그리스 시리자 같은 유럽의 좌파적인 신고전적 인민주의 정당 등이 있다.

4) 우파·극우파의 신고전적 인민주의: 신고전적 우익 인민주의는 1970년대 극우 페론주의부터, (보통 유럽 야당에 속하지만 이와 동시에 오스트리아, 이탈리아, 핀란드와 같은 나라들에서의 집권 연합이나 미국과 필리핀, 과테말라와 같은 나라들에서의 집권 세력에 속할 수도 있는) 최근의 지배적인 극우 운동과 그 지도자들에 이른다. 이러한 형태의 신고전적 인민주의에는 터키의 레제프 타이이프 에르도안(Recep Tayyip Erdogan) 정권[체제]과 헝가리의 빅토르 오르반(Viktor Orbán) 정권[체제]도 포함된다. 야당 형태의 우파·극우파적 신고전적 인민주의에는 영국독립당(UKIP)과 프랑스 국민전선(National Front), 그리스의 극우파, 그리고 호주의 외국인 혐오자인 폴린 핸슨(Pauline Hanson)과 이스라엘의 아비그도르 리베르만(Avigdor Lieberman) 등 여러 인민주의자들이 주도하는 운동들이 포함된다.

현대 인민주의는 냉전 초기 라틴아메리카에서 이루어진 민주주의에 대한 포스트파시즘적 도전으로부터 시작되는데, 이는 인민주의의 역사에 대한 모든 연구에서 페론주의가 지니는 중심성을 가리킨다. 아르헨티나의 [인민주의] 사례에서 중요한 점은 아르헨티나의 사례가 1946년 페론의 당선·집권 이후 역사상 최초의 인민주의 정권이 되었다는 사실뿐만 아니라 그 인민주의 형태가 다른 모든 가능한 변종들로 변형되어 왔다는 사실에 있다. 달리 말해서 미국 주도의 전후 자유주의적·민주주의적 합의에 반대하면서 만들어졌던 페론주의는 최초의 현대적인 인민주의의 권력 형태를 나타내며, [페론 정부 1기(1946~1955)의 권위주의적 인민주의에서 1960~1970년대 좌파 몬토네로스 게릴라(Montoneros guerrilla)와 네오파시스트 우익 반공 동맹 트리플 에이(Triple A), 1990년대 카를로스 메넴의 신자유주의, 21세기 키르치네르 행정부의 신고전적 인민주의에 이르는] 모든 상이한 국면들에서 인민주의의 전형이 되었다.

인민주의 정치를 정확한 기원이 없는 정치적 불만으로 설명하려는 분석이 현재 과대해지고 있다는 점에 비추어 보았을 때 인민주의를 현대적 맥락 속에 둬야 할 필요성이 더욱 긴급하다. 인민주의 현상을 인민주의의 지구사로 되돌려 보냄으로써 개념으로서 인민주의에 대한 부정적인 선입견들에 대해 재고찰하고, 인민주의 현상을 인민주의의 출현 맥락과 다시금 연결하게 된다. 여기서 내가 주장하고자 하는 바는 인민주의에 대한 이론적 논쟁에 역사를, 그리고 역사학을 되돌려 놓는 일이 필요하다는 것이다.

인민주의는 다양한 역사적 가능성을 제시했는데, 이 가능성에는 정치적 스펙트럼상의 극좌·극우를 왔다 갔다 하는 극단적으로 상이한 경험들이 포함되어 있다. 그럼에도 이를 다시 요약하자면, 이러한 이데올로기적 진자 운동에는 항상 다음의 몇 가지 공통의 특징들이 결합되어 있다.

1) 실천적으로 독재를 부정하는 권위주의적이고 반자유주의적인 선거 민주주의에 대한 애착.
2) 극단적 형태의 정치 종교.

3) 선거에서의 성공과 그러한 일시적인 선거 승리가 가능케 하는 변화를 사회가 (재)정초되는 혁명적 계기로서 제시하는 종말론적인 정치 전망.

4) 메시아적이고 카리스마적인 인민의 지도자가 확립하는 정치 신학.

5) 정적을 반인민, 즉 인민의 적이자 민족의 배신자로 생각하는 것.

6) 법치와 권력 분립에 대한 취약한 이해.

7) 급진적 민족주의.

8) 지도자가 인민을 사인화(私人化, personification)한다는 관념.

9) 운동과 지도자를 인민 전체와 동일시하는 것.

10) 실제로는 기성 정치의 초월을 의미하는 반정치를 주장하는 것.

11) 인민의 이름 아래서 지배 엘리트에 반하는 발화 행위.

12) 스스로를 민주주의의 대변자이자 상상된 혹은 현실의 독재 및 전제 형태 [유럽연합, 병렬 국가(parallel state)[1] 또는 배후 국가 조직(deep state),[2] 제국, 세계 시민주의적 세계화, 군부 쿠데타 등]에 대한 반대파로서 제시하는 것.

13) 인민주의가 정권[체제]이 되었을 때, 인민을 다수 유권자와 등치시키면서 단일한 실체로 동질화하는 관념.

14) 독립된 언론에 대한 깊은 적대와 혐오.

15) 다원주의와 정치적 관용에 대한 증오.

16) 대중문화에 대한 강조와 그리고 심지어 많은 경우에 오락의 세계가 민족 전통을 구현한다고 강조하는 것.[2]

---

1) 역자 주 – 로버트 팩스턴(Robert Paxton)이 제시한 개념으로 조직 형태와 구조에서는 국가 조직과 유사한 성격을 지니지만 실제로는 공식적인 국가 기관이나 정부 기관은 아니며 주로 기존의 사회 정치 이데올로기를 촉진하는 방향으로 기능하는 조직을 지칭한다.

2) 역자 주 – 국가를 지배하거나 특정한 이익을 추구하기 위해 활동하는 비밀스럽고 공인되지 않은 권력 조직이나 네트워크를 지칭하는 음모론적 용어.

오늘날의 전 지구적 인민주의: 유럽, 라틴아메리카, 그리고 그 너머

인민주의는 복수심을 품고 유럽과 미국으로 돌아왔다. 그러나 이 인민주의는 새롭게 태어난 것이라기보다는 유럽과 미국 안팎에 있던 과거의 인민주의 사례들이 역동적으로 재정식화되면서 재출현한 것이다. 대부분의 비판가들은 유럽의 인민주의자들을 통합시킨 요인이 유럽연합의 초민족적 토대들을 허물고자 하는 욕망이라는 점에 동의한다. 유럽의 경우, 이러한 새로운 인민주의는 민족으로의 회귀, 민주주의에 대한 수직적 관념, 그리고 과거의 것이라고 생각된 장구한 외국인 혐오적인 대륙 전통의 등장을 나타낸다. 사실 이러한 것들이 사라졌던 적은 없었다. 단지 이것들은, 1945년 이후에 이러한 관념들을 반파시스트적으로 거부하면서 재정초된 유럽 대륙의 기억 안에 무시되고 억압된 채 있었을 뿐이다. 미국의 경우 [인민주의가] 이에 수렴하면서 전개되는 모습들은 다음의 현상들, 즉 티파티(Tea Party)의 기관 공격(특히 2013년 정부 폐쇄)과 [자유주의의] 대화 전통에 대한 최근의 또 다른 인민주의자들의 공격, 그리고 (2015~2016년 공화당 대통령 후보인 도널드 트럼프의 성공이 특히 예증하는 바와 같이) 히스패닉과 무슬림, 그리고 다른 소수자들에 대한 토착주의적이고 때로는 인종주의적인 입장이 부상하는 현상들에서 명백하게 나타난다.

라틴아메리카의 여러 논평가들에게 인민주의가 중심부로 귀환한 상황은 라틴아메리카의 역사와 오랫동안 연관되어 있던 정치적 경험의 전 지구적 차원을 보여 준다. 라틴아메리카가 인민주의적 정치 전통의 화신(化身)이라는 생각은 단순한 고정 관념이 아니다. 페론 장군에서 차베스 사령관에 이르기까지, 인민주의는 주로 라틴아메리카 지역의 정치라고 정의되어 왔다. 그러나 유럽과 미국이 (영국, 프랑스, 네덜란드, 독일, 오스트리아, 이탈리아, 헝가리, 그리스, 트럼프의 미국 등의) 인민주의 정치와 관계되었다는 사실은 라틴아메리카인들 또한 자신들의 역사가 지닌 뚜렷한 역사적 독특성을 더 넓은 지구적 의미에서 재고찰하게 만드는 힘으로 작용해 왔다.³

라틴아메리카의 인민주의는 유럽과 미국의 인민주의의 형판(template)인 것일까? 라틴아메리카 인민주의의 역사는 격동하는 현재 유럽과 미국의 파토스를 반영하는가? 유럽과 라틴아메리카에서, 그리고 아시아와 호주, 아프리카에서도 인민주의는 전 지구적 부상을 입증하고 있다.⁴ 전 세계의 인민주의자들은 점차로 제도적 견제와 균형을 공격하면서 고도로 위계적인 형태의 지도력을 강조하고, 정치적 대화를 경시하며, 인지된 대의제의 위기를 해결하기 위해서 인민의 이름을 부르짖는다. 그들은 인민과 지도자 사이의 직접적인 연결을 주장하기 위해서 인민의 이름을 부르짖으며, (지도력의 근원과 지도자를 신격화하는 경향이 강하다는 의미에서) 종교적이라고 가장 잘 묘사될 수 있는 형태의 지도력에 의존한다. 끝으로 인민주의자들은 일시적인 다수파 유권자를 민족[공동체]의 인민 전체로 부풀린다. 인민주의는 사회적이고 정치적인 양극화를 강화한다. 더욱 적은 공간만이 정치적 소수자들의 표현을 위해 남겨진다. 이 정치적 소수자들의 정치적 권리들은 제거되지는 않지만 그들의 민주주의적 정당성이 훼손된다. 요컨대 인민주의는 권위주의적 형태의 민주주의이다.

최근 라틴아메리카가 경험한 인민주의가 사회적·정치적 권리의 제한된 확장을 권위주의적 경향과 (긴장을 내포한 채) 결합하는 쪽으로 방향을 돌렸다면, 유럽과 미국은 우파 인민주의자들의 압도적인 존재감을 목도하고 있다. 이 우파 인민주의자들은 사회적·정치적 권리의 확장은 무시하는 반면에 권위주의적 경향에만 관여한다. 이러한 의미에서 유럽과 미국은 라틴아메리카의 현재보다는 과거와 더욱 닮아 있다. 최근의 인민주의를 그 과거의 정식화 및 인민주의의 역사가 초민족적인 역사라는 사실로부터 분리해서 이해하기란 쉽지 않은 일이다. 현대 인민주의는 남반구, 그중에서도 라틴아메리카와 아주 많은 관계가 있는데, 특히 인민주의가 처음에 남반구에서 선출된 정권[체제]이라는 형태를 띤 포스트파시즘으로 발생했던 방식과 크게 관련되어 있다.

나는 좌·우파 운동과 정권[체제]을 왔다 갔다 하고 대양을 가로지르며 정신없이 움직이는 인민주의를 이해하기 위한 예비적인 역사적 분석틀을 제시하고자 한다. 인민주의에 대한 나의 역사적 접근을 파시즘의 재정식화라는 맥락에 위치시킨 이후에, 기능주의적이고 지역화하며 초월적인 인민주의 이론들을 간략하게 비판하고자 한다. 나는 범대서양적인 인민주의의 계보학을 제시하고자 하는데, 이 범대서양적 계보학은 포스트파시즘에서 신자유주의로, 그리고 라틴아메리카의 신고전적 좌익 [인민주의] 형태에서 유럽과 미국에서 우세한 민족주의적 우익 [인민주의] 형태에 이르는 인민주의를 맥락적으로 재정식화한다. 요컨대, 나는 거대한 학제 간 대화에 참여하고 있는 것이다. 물론 이렇듯 매우 야심찬 과제를 책 한 권으로 완성할 수는 없을 것이다. 그럼에도 불구하고 나는 이 접근이 이러한 이론적 논쟁들 속에 역사학자들이 부재하고, 이론가들 역시 역사학에 참여하지 않으면서 생긴 역사와 이론 사이의 중대한 간극을 메우는 데 기여할 수 있으리라 믿는다.[5]

포스트파시즘으로서의 현대 인민주의의 기원

현대 인민주의가 전후 민주주의라는 맥락 속에서 재정식화된 파시즘이기 때문에, 현대 인민주의를 민주주의가 심각하게 제약되었던 초기 인민주의와 구별하고자 한다. 예를 들어 19세기 초반 인민주의의 형태들은 종 종 노예제와 공존했으며, 그 이후에는 투표권에 대한 인종주의적 억압을 비롯한 (특히 1945년 이후에는 점차 현대적인 민주주의 개념에 반테제적인) 또 다른 형태의 착취들과 공존했다. 따라서 19세기 유럽과 미국의 현상들, 특히 차르 치하 러시아의 전제 정권과 미국에서의 엘리트주의적 대의제 정치라는 맥락에서 인민주의는 보다 더 참여적인 대중의 역할을 구상하며 국가와 맞서 싸우기 위한 대중적인 동시에 민족적인 수단을 나타내는 용어였다. 이러한 맥락에서 보편적인 정치·사회적 권리의 확장이라는 현대적 의미의 민주주의는 극단적으로 제약되었거나 존재하지 않았다. 러시아의 나로드니키(Narodniki)나 미국의 인민당(People's Party)은 모두 사회적·정치적 평등의 필요성을 주장함과 동시에 본질적으로 올바르고 유덕한 인민이라는 단일하고 신화적인 관념을 제시하는 경향이 있었다.[6] 가설적으로 이야기하자면, 혹자는 민주주의가 다소간 확립된 후라면 인민주의라는 용어가 더는 그 이전과 같은 방식으로 적용될 수 없다고 주장할 수도 있다. 유럽의 이사야 벌린(Isaiah Berlin)과 라틴아메리카의 지노 게르마니(Gino Germani) 및 토르쿠아토 디 텔라(Torcuato Di Tella)와 같은 저자들은 인민주의가 "현대화의 주변부에 있는" 사회들에서나 존재할 수 있다고 주장한 바 있다.[7] 이러한 이른바 현대화 테제는 역사적으로 매우 문제적인데, 그 이유는 인민주의가 이러한 민주주의의 공고화 과정 이후에도 결코 사라지지 않았기 때문이다. 인민주의는 대서양과 그 너머를 가로질러 현대화의 표준점을 크게 넘어선 곳에서도 재출현했다.

이사야 벌린은 인민주의가 명확한 강령을 결여하고 있지만 사회를 총체화하는 관점과 긴밀히 연결되어 있음을 강조했다. 인민주의는 소수가 통제하는 국가에 대립하는 통일된 인민이라는 개념을 되살리면서 이 인민 개념과 민족주의를 융합했다. 인민주의는 "자생적으로 통일적인 집단과 이 집단을 통일하는 형제애의 감각"을 위협하는 적의 존재를 특히 강조한다. 인민주의는 소수자와 제도들에 잠재적으로 혹은 실천적으로 반하지만, 민족 집단의 평등을 강조하기도 했다. 그렇다면 이러한 초기 인민주의는 민주주의적 대의제와 과두제적 자유주의 정권[체제]에 대한 내재적 도전이었던 것일까? 초기 인민주의와 새로운 권위주의 경향 사이에는 어떤 연관성이 있었는가? 벌린은 인민주의가 파시즘 및 또 다른 형태의 전체주의와 양립할 수 없다고 주장하며, 이 또 다른 형태의 전체주의를 "유사 인민주의(pseudo-populisms)"라고 부른 바 있다.[8] 그러나 인민주의와 파시즘은 서로 대립한다기보다는 서로 수렴하는 정치사·지성사에 속한다. 인민주의의 핵심이 민주주의적이지만 자유주의적이지는 않다는 것임을 고려하더라도, 파시즘의 역사는 인민주의의 역사와 유의미하게 관계되어 있다. 사실 민주주의는 자신의 변증법적 타자, 즉 상이한 시기마다 민주주의와 그 내·외부에서 대립했던 당대의 반동적인 반계몽주의와 함께 태동했다.

특히 제1차 세계 대전 이전에, 그리고 미국과 러시아의 초기 인민주의 운동과 대조해, (루에거 치하의 오스트리아, 불랑제 치하의 프랑스, 민족주의적인 애국 동맹의 아르헨티나, 브라질, 칠레 등) 여러 우파의 전인민주의적 권위주의 운동들은 대중을 통합하는 수단이었다. 그들은 민주주의 게임을 했던 동시에 민주주의를 내부로부터 제한하고자 시도했다. 전인민주의자들은 인민의 이름 아래 외국인 혐오적이었고 인종주의적이었으며, 극단적인 형태의 민족주의를 실천했다.[9] 모든 형태의 우익 전인민주의가 파시즘으로 전환된 것은 아니었지만, 모든 파시즘은 전인민주의적 뿌리를 갖고 있었다. 독일과 이탈리아 혹은 칠레와 아르헨티나, 브라질과 같은 범대서양적 맥락에서, 그리고 특히 제1차 세계 대전의 실천적이고 상징적인 초토화 이후라는 맥락에서 전인민주의는 초민족적인 파시즘으로서 발본적으로 재정식화되었다.

전간기의 대의제 위기는 유럽의 여러 나라들에서 전체주의로 이어졌다. 요약하자면, 대의제의 위기는 민주주의가 소멸하고 파시스트 전체주의 형태의 독재로 대체되는 결과로 이어졌다. 이러한 형태의 전인민주의가 제한된 형태의 민주주의의 해체로 마무리되었다면, 인민주의가 수직적이고 때로는 비관용적 형태의 민주주의로 재출현한 것은 파시즘이 몰락한 이후였다. 그러한 정치적 이데올로기 실험은 인민주의를 발본적으로 변화시켰고, 인민주의는 유럽 외부의 정권[체제]으로서 발원했다. 사실 역사적 분석은 이러한 현대 라틴아메리카의 인민주의 경험이 인민주의가 민주주의의 병리라는 단순한 통념을 복잡하게 만든다는 점을 보여 준다. 페론주의에서 볼리비아·브라질·베네수엘라의 사례에 이르기까지, 라틴아메리카의 인민주의들은 인민주의를 반계몽주의라는 인민주의의 가장 부정적인 차원으로 규정하는 것에 대해 중대한 도전을 제기한다. 라틴아메리카 인민주의의 사회적 권리 확장 역시 민주주의의 지속적인 향상으로 볼 수도 있을 것이다.

라틴아메리카에서의 현대 인민주의 등장

1945년 유럽 파시즘의 붕괴 이후에 현대 인민주의 정권[체제]이 라틴아메리카에서 최초로 출현했다. 페론주의는 역사상 최초의 현대 인민주의 정권[체제]이었을 뿐만 아니라 인민주의의 역사에 걸쳐 극적인 분기점들 또한 지니고 있다. 이러한 분기 경로는 냉전 시기에 인민주의가 파시즘의 재정식화로서 극적으로 출현하면서부터 발생하기 시작했다. 다시 말해서, 후안 페론이 군부 독재에서 발현한 파시스트 폭력에 대한 혁명적 거부를 이끌었으며, 이러한 파시스트 폭력에 대한 거부는 1946년에 전후 최초의 인민주의적 민주주의의 사례를 만들어 냈다. 페론주의는 1960년대와 1970년대 좌익 페론주의 게릴라와 우익 페론주의자들, 카를로스 메넴의 신자유주의적 페론주의 단계, 1990년대 이른바 워싱턴 합의(Washington consensus)를 체결했던 페론주의자들, 그리고 끝으로 키르치네르의 좌파 인민주의(2003~2015)와 함께 지속되었다. 그 긴 역사에 걸친 페론주의의 인민주의적 이데올로기의 중심 측면은 그것이 뚜렷한 강령에 입각한 입장을 낳기를 거부한다는 데 있다. (운동으로서의, 정권[체제]으로서의, 그리고 심지어 정치를 행하고 이해하는 이데올로기적 방식으로서의) 페론주의는 끊임없는 재정식화 상태에 있는 유연성을 지니고 있다. 일부 정치인들이 정치 게임을 떠나더라도, 페론주의는 선거 기구의 재정비, 특전, 그리고 유권자와의 후견주의적 관계와 함께 지속되었다. 이러한 페론주의의 변신은 인민주의의 요동치는 본성을 보여 주는데, 그 이유는 인민주의가 끊임없이 절대적 다수자들을 찾고, 권위주의적인 형태의 지도력에 대한 완전한 충성을 요구하며, 자유주의뿐만 아니라 대중적 형태의 급진 민주주의에도 도전하기 때문이다.

페론주의는 파시즘이 아니다. 그러나 파시즘은 페론주의 기원의 핵심적인 차원을 나타낸다.[10] 파시스트 지도자들은 독재를 원하며, 독재 지도자들은 권력을 잡기 위한 선거 수단의 정당성을 부인한다. 그러한 사례가 바로 이탈리아의 무솔리니, 독일의 히틀러, 그리고 아르헨티나와 중국을 비롯한 다른 여러 곳의 파시스트 지도자들이다. 그들 모두는 초민족적 파시즘을 경험하는 데 참여했다. 그러나 1945년 이후, 아르헨티나 육군 장교

후안 페론은 정당성을 전후 맥락에 맞춰 추구하면서 문제의 조건들을 도치시켰고, 사실상 최초의 현대적 형태의 인민주의를 창출했다. 인민주의는 파시즘과 달리 선거 민주주의를 받아들였다. 1943년에 시작해 나라를 지배했던 독재의 실질적 지도자였던 페론은 선거에서 승리해 진정한 민주주의 지도자가 되었다. 페론주의는 사실상 페론을 그 지도자로 삼았던 군부 독재를 파괴했고(혹은 군부 독재의 자기 해체를 유발했고) 전후 민주주의를 이해하기 위한 새로운 방식을 구축했다.

페론주의는 전간기 아르헨티나의 자유주의적이고 세속적인 전통들이 붕괴하는 맥락에서 출현했다. 1930년대 보수주의의 부활이 시작된 이후에, 군부는 아르헨티나를 포르투갈과 스페인의 경우와 같은 그 시기의 다른 권위주의적 파시스트 독재들에 더욱 가까운 방향으로 이끌었다. 그러나 이러한 나라들과 다르게 아르헨티나에서는 군사 정부가 민주주의적인 선거 절차를 결국에 받아들였고 독재를 중단하게 되었다. 1943년의 독재는 아르헨티나 세속주의에 대해 전면적 공격을 가했다. 1943년의 쿠데타는 가톨릭 교육을 (공립학교에서 의무화하면서) '전국민화했고', 국립대학의 자율성을 없앴으며, 법적으로 정당[결성]을 금지시켰다. 반유대주의 작가이자 1943년 독재 정권의 교육부 장관이었던 구스타보 마르티네스 주비리아[Gustavo Martínez Zuviría, 필명 우고 와스트(Hugo Wast)]가 드러냈던 것처럼, 이 의제는 '국가의 기독교화', 이민 감소, 국가 출생률 증대, 세속적 교리들의 박멸을 의도했다.[11] 페론주의의 관점에서 더욱 중요한 점은, 1945년 이후 민주주의적으로 선출된 대통령 페론이 자신이 군부 독재의 노동부 장관을 맡던 기간에 몰두했던 사회 개혁을 유지하거나 때로는 심화했다는 사실이다(예컨대, 노동 조건 개선, 노동법 강화, 농장 및 도시 노동자들에 대한 더 많은 권리 부여, 국가 퇴직금 전액 지원, 노조 힘의 유의미한 확장, 노동자들이 해고될 수 있는 조건 제한, 유급 휴일 및 휴가 실행).[12] 페론은 활발한 인종주의적 이민 정책을 유지하기도 했는데, 이 이민 정책은 유대계 이민자들을 차별하고 이탈리아와 스페인에서 오는 백인 기독교인 이민을 장려했다.[13] 정치적이고 이데올로기적인 측면에서 1943년 쿠데타는 군부 집권을 공표했는데, 이는 민족주의적이고 (즉, 반나치적인 지역이라는 맥락에서 친나치와 친독일을 표명한다는 의미로) 중립적이며, 권위주의적이고 반제국주의적이면서 교권 파시즘적인 이데올로기에 영감을 받은 것이었다.[3] 군부 독재의 역사는 대부분 페론이 군부의 지배력을 전유해 군부 독재를 선출된 민주주의 정부로 탈바꿈하는 이야기다. 이러한 변화들은 학자들이 "혁명 속의 혁명"이라고 불렀던 맥락 속에서 실현되었다. 이러한 맥락 속에서 페론이 이끄는 젊은 장교들은 쿠데타를 이용해 나라의 제도적 토대를 인민주의적 관점에서 재구성했다.[14] 1943년에서 1955년에 이르는 기간 동안 페론주의 이데올로기는 끊임없이 재정식화되었는데, 이는 군부 안팎의 파시스트들부터 좌경화된 노조 및 전체 노동자 계급에 이르기까지의 상이한 사회적·정치적 '페론주의' 행위자들이 제시하는 다각화된 요구에 적응하기 위해서였다. 양극화는 새로운 페론주의적 질서의 근본 요소였다. 저명한 역사학자인 라난 레인(Raanan Rein)이 평가한 것처럼, 페론주의는 아르헨티나 사회를 절대적으로 대립하는 두 부분으로 분할했다. "노동자 계급 구성원들에게 페론주의는 생활 조건의 실질적 개선을 표상했다." 페론주의는 노동자 계급에게 참여와 긍지의 감각을 제공하기도 했다. 이와 반대로 중간

---

3) 1943년 당시 아르헨티나 군부 세력은 공식적으로는 중립을 유지했으나 제2차 세계 대전의 주축국에 동조하는 경향을 보였다. 군부 세력은 나치 독일과 군사적 협력을 맺으려는 의도가 있었다. 그러나 1944년부터 연합국 쪽으로 기울기 시작해 1945년에는 연합국의 일원으로 참전하게 되었다.

계급과 상위 계급 구성원의 대부분에게, 그리고 아르헨티나 지식인 대부분에게 "페론주의 10년은 트라우마적인 경험"이었다. 이제 공식적인 정치 세계에서 벗어난 이들은 자신들이 나라의 정치적·사회적 과정에 대한 통제뿐만 아니라 그러한 과정에 대한 이해력 역시 상실했음을 깨닫고 충격에 빠졌다.[15]

아르헨티나의 페론주의는 냉전이라는 맥락에서 파시즘의 반자유주의적 유산을 '민주화'하려는 최초의 시도였다. 페론주의는 기본적으로 실업이 없는 상황에서 통치했으며 공공 의료 및 공교육에 대한 국가 지원의 실질적 증대를 나타냈다. 1945년 이후 확장된 국가의 역할에 새로운 정당성이 부여되고 경제가 확장된다는 동일한 맥락 속에서 또 다른 운동들, 예를 들어 브라질의 바르가스주의와 볼리비아 혁명, 콜롬비아의 가이탄주의, 에콰도르의 호세 마리아 벨라스코의 전후 대통령 재임 등이 페론주의를 뒤따랐다. 페루의 아메리카 인민혁명주의(Aprismo)와 베네수엘라의 베탕쿠르주의(Betancourism)와 같은 원형 인민주의 운동은 1945년 이후 냉전 시기에 현대적인 인민주의 구성체들이 되었다. 이 현대적인 냉전 인민주의 구성체들은 점차로 반공주의 입장과 극단적 양극화, 반대파를 적으로 보는 부정적 관점을 자유주의 비판 및 과도한 평등주의와 함께 결합하기 시작했다. 전체적으로 이러한 새로운 민주주의적 인민주의 정권·운동들은 민주주의를 자유주의적으로 이해하는 것에 도전했다.

이는 라틴아메리카 역사에서 처음 있었던 시도들은 아니었다. 분명히, 멕시코의 카르데나스주의(1934~1940), 아르헨티나의 이리고옌주의(1916~1922. 1928~1930), 브라질의 바르가스주의 1기(1930~1945)와 같은 전간기의 중요한 선례들이 있었다. 1920년대 이래로 빅토르 라울 아야 데 라 토레(Víctor Raúl Haya de la Torre)가 주도했던 페루의 아메리카 인민혁명동맹(APRA)도 또 다른 중요 선례였다. 그러나 이러한 모든 실험들은 제2차 세계 대전이 벌어지기 이전 혹은 벌어지는 동안에 상이한 국가적, 지역적, 지구적 맥락에 의해 형성된 것들이었다. 이러한 원형 인민주의 정권과 운동들은 전인민주의적 우익 운동과는 매우 상이했는데, 전인민주의 우익 운동은 제1차 세계 대전 이전의 유럽, 미국, 그리고 라틴아메리카의 사례들에서 더욱 전형적이었다. 초기의 운동들 그리고 전인민주의 운동들이 정권[체제]의 형태를 띠지 않는 불완전한 형태의 인민주의였다면, 원형 인민주의 운동은 충분한 인민주의가 없는 정권[체제]이었다. 처음에 원형 인민주의는 멕시코 혁명과 러시아 혁명을 포함하는 혁명과 반혁명이라는 현실에 의해 특징지어졌고 이러한 현실이 원형 인민주의에서 중심적이었다. 그 직후에는 과두제적 공화정의 유산이, 그 뒤에는 반식민주의 투쟁과 파시즘과 반파시즘 사이의 전 지구적 전쟁이 원형 인민주의를 특징지으면서 그 중심이 되었다.[16]

이러한 원형 인민주의의 형태들은 상당히 상이했지만 그중 무엇도 이후에 현대 인민주의와 달리 자유주의가 자신들의 주적이라고 생각하지는 않았다. 그와 달리 원형 인민주의는 자신들 이전에 있었던, 그 누구도 손대지 않은 과두제 국가의 유산을 넘어서는 데 집중했다. 이러한 원형 인민주의 정권[체제]들은 자신들이 구식의 라틴아메리카 자유 민주주의를 '정정'한다고 제시했다. 그러나 그들은 자유주의적 과거를 정정하기를 원했을 뿐 결코 그것과 완전히 단절할 수는 없었다. 오히려 그들은 자율성을 추구하면서 신생 민족들의 민주주의 모델이 지닌 한계들을 강조하는 경향이 있었다.

아르헨티나의 원형 인민주의인 이리고옌주의는 그에 상응하는 멕시코와 브라질의 원형 인민주의보다는 과거의 보수주의에 더 많이 연관되어 있었다. 아르헨티나의 경우, 급진적인 원형 인민주의가 정치적 권리의 확장을 이끌었다. 그러나 그러한 정치적 권리의 확장은 오직 남성들만을 위한 조치였으며, 카리스마적 지도자와 강한 행정부, 그리고 사회적 동요를 처리하기 위해 확장된 군대의 역할을 파타고니아와 부에노스 아이레스 등지에서 이루어진 산발적이지만 상당히 높은 수준의 반좌익적 억압과 결합하는 체계라는 맥락에서만 이루어진 것이었다. 멕시코의 경우 원형 인민주의는 권위주의 체제의 모습을 띠었는데, 이 체제에서 선거는 특수한 국지적 맥락, 특히 정당 내 경쟁이라는 측면에서 역할을 수행했다. 동시에 멕시코 원형 인민주의는 특히 정당과 코포라티즘적 국가 구조를 통해서 인구의 상당 부분(도시 부문, 농민, 노동자 계급)을 흡수했다.[17] 바르가스 치하의 브라질에서도 유사한 [원형 인민주의의] 전개가 있었지만, 바르가스는 스스로를 정치적 스펙트럼상의 우파에 명확히 위치시켰으며 1937년에서 1945년 사이에 코포라티스트적 독재를 창출했다. 카르데나스주의와 바르가스주의는 그들 자신을 위로부터의 혁명을 이끄는 행위자라고 보았다. 그들은 권력 속에서 탄생했다. (페론주의에서 트럼프주의와 르펜주의에 이르는) 현대의 민주주의적 인민주의와 달리, 이러한 원형 인민주의는 높은 수준의 정치 폭력을 목도했고 때로는 그러한 폭력을 산출하기도 했다. 카르데나스주의와 1기 바르가스주의는 종국적으로 전 지구적 파시즘에 대항했고 지역적으로는 파시스트들과 극우파를 억압했다. 브라질의 경우, 바르가스주의의 첫 번째 국면은 거의 대부분의 기간 동안 독재였으며 앞서 존재했던 엘리트주의적인 형식적 민주주의를 실질적으로 파괴했다. 멕시코의 경우 카르데나스주의 시기는 단일 정당 지배를 제도화했고, 강하지만 일시적으로 제한된 관료, 그리고 선거 민주주의의 실질적 최소화를 이끌었다. 멕시코와 브라질의 원형 인민주의 정권[체제]들은 1945년 이후의 현대 민주주의적 인민주의와 달리 충분히 민주주의적이라고 생각될 수 없었다. 그럼에도 불구하고 멕시코와 브라질에서의 운동들은 아르헨티나의 이리고옌주의 이상으로, 새로운 형태의 경제 민족주의와 그에 따른 노동자 계급의 권위주의적 협약으로의 포섭 등 미래 인민주의의 중요한 선례들을 확립했다. 전후 현대 인민주의가 될 것에 훨씬 더 가까웠던 원형 인민주의는 페루의 아메리카 인민혁명동맹(APRA)이었다.

아메리카 인민혁명동맹 운동은 페루뿐만 아니라, 소규모이지만 라틴아메리카의 다른 지역에서도 도시 정당이자 노동자, 학생, 중간 계급 지식인의 동맹(그 동맹의 지도자가 "팔과 뇌의 통일체"라고 불렀던 연합)으로서 매우 활발하게 움직였다. 점점 더 아야 데 라 토레의 신비스러운 지도력이 그들 사이를 연계하게 되었다. 그 시기 동안, 아야 데 라 토레는 전능한 적에 맞서 국가 방위와 주권 확립을 위한 라틴아메리카 반공·반파시즘 전선을 내세웠다. 아야가 말한 것처럼, 이러한 모델의 핵심은 "좋은/나쁜 인민 혹은 대중이 존재하는 것이 아니라, 좋은/나쁜 지도자들이 존재한다"는 점에 있다. 페루의 지도자는 아메리카 인민혁명동맹 운동과 자신의 지도력을 안팎의 적들을 격퇴하기 위한 수단으로 제시했다. 아메리카 인민혁명동맹 운동은 1930년대 초반에 실제 정당이 되었고, 민주주의 시기의 민주주의적 절차를 따르다가 집권 실패 후 독재 시기가 오면 무장봉기로 전환하고는 했다. 카를로스 데 라 토레(Carlos de la Torre)가 설명한 것과 같이, 이러한 초반의 "인민주의 담론을 특징짓던 도덕주의, 독실함, 그리고 비타협성"에 주목할 수 있다. 또한 아메리카 인민혁명동맹주의는 "나를 따르든지 떠나든지" 식의 인민주의적인 논쟁 논리를 특징으로 하며, (이후 콜롬비아의 가이탄주의의 사례에서 볼 수 있듯이) 이러한 논리에는 그 반대자에 대한 인종주의적 비판까지도 포함되어 있었다. 1931년에 시작해 냉전이 출현한 1945년 이후에 가장 확실해졌듯이, 그 범라틴아메리카주의적 수사에도 불구하고 아메리카 인민혁명동맹주의가 페루의 민족주의적 원형 인민주의 조직이었다는 사실은 매우 분명하다. 아메리카 인민혁명동맹주의는 아야의 수직적인 지도력 아래서 공산주의와 자유주의 모두에 반하며 전후 반제국주의 전선을 내세웠는데, 아야는 공식적으로는 헤페 막시모(Jefe Máximo, 최고 지도자), 즉 '모호하고 부정확한 대중의 욕망'에 대한 최고의 해석가라고 규정되었다.[18] 몇몇 역사학자들이 아메리카 인민혁명동맹주의를 최초의 라틴아메리카 인민주의라고 불렀지만, 전후 시대 이전에 아메리카 인민혁명동맹주의는 훨씬 더 전통적인 다계급적 온정주의 모델에 가까웠으며 훨씬 더 분산된 인민주의적 인민 주권 사상, 지도자와 인민 사이의 훨씬 더 전통적인 연결 관계, 그리고 더 약한 민족주의적 관점을 지니고 있었다. 대체로 이러한 원형 인민주의들(카르데나스주의, 바르가스주의 1기, 이리고옌주의, 그리고 초기 아메리카 인민혁명동맹주의)은 현대 인민주의, 특히 1945년 이후 출현한 페론주의의 중요하고 명확한 선례가 되었다.

멕시코, 아르헨티나, 페루 그리고 브라질에서의 원형 인민주의의 역사는 원형 인민주의가 큰 영향력을 갖고 있었으며, 1945년 이후에 아르헨티나와 같은 나라들에서 더욱 더 고유한 전인민주의의 유산들 및 파시즘의 유산들과 결합되었음을 보여 준다. 이는 파시즘이 아르헨티나에서 그랬던 것처럼 라틴아메리카의 다른 나라들에서도 지배적이었다는 것을 의미하지 않는다. 라틴아메리카 대부분의 나라들에서 권력을 장악한 자유주의의 장기 역사는 파시즘이 정권[체제]으로 출현한 다른 나라들(예컨대 독일, 이탈리아, 스페인)에서보다 더 길게 이어졌으며, 이것[자유주의의 긴 존속]이 대부분의 라틴아메리카의 인민주의 사례들이 지닌 특유성이라는 점을 보여 준다. 예를 들어 가장 폭력적인 결과들을 보인 콜롬비아와 같은 곳에서도 자유주의적인 정치 게임의 규칙들은 너무 깊이 자리 잡고 있어서 완전히 제거할 수는 없었다. 아르헨티나의 경우 이와는 다른 상황이었다. 아르헨티나에서는 자유주의 전통에 대한 공격이 목격됐는데, 이는 여타의 라틴아메리카 나라들과는 다른 모습이었다.

서구에서 자유 민주주의가 가장 정당화된 정부[통치] 형태로서 재출현하게 된 새로운 맥락에서 전 세계의 파시스트들, 특히 그중에서도 아르헨티나의 파시스트들은 처음으로 파시즘의 우익적이고 전인민주의적인 근원으로 되돌아갔으며, 이러한 근원을 전후 맥락에 맞게 유기적으로 재구성했다. 현대 민주주의의 독재적 결과인 파시즘의 근원은, 그 이전에 있었던 19세기 프랑스의 보나파르트주의와 불랑제주의에서 세기말(fin-de-siècle, 1880~1990) 비엔나의 칼 루에거의 사회적·기독교적 반유대주의에 이르는 민주주의에 대한 권위주의적 전인민주의의 반작용에 있었다.[19] 그러나 파시즘이 1922년 이탈리아와 1933년 독일에서 권력을 장악한 이후, 파시즘은 민주주의를 내부로부터 파괴했다. 전 세계의 파시스트들은 이와 유사한 계획들을 제시했다. 1945년 파시즘의 전 지구적 패배 이후, 많은 파시스트들과 전 지구적 우익 반공주의자들은 정당성을 확보하기 위해선 파시즘이 더 이상 독재에 기초해서는 안 된다는 점을 깨달았다. 이는 오늘날 우리가 알고 있는 현대 인민주의의 출현을 알리는 신호였다. 현대 인민주의의 계보는 파시즘 전통을 재기입하려는 급진적 시도이자, 보다 일반적으로는 극단적인 독재 민족주의에서 이탈하려는 시도였다.

파시스트 정권[체제]의 몰락 속에서 살아남았던 파시스트들에게, 냉전은 자유주의적 민주주의 형태의 자본주의와 소비에트 식의 공산주의라는 새로운 갈림길을 제시했다. 그들은 새롭게 수립된 양극의 세계를 벗어나고자 했다. 현대 인민주의는 공산주의와 자유주의 사이에서 선택해야 한다는 냉전 딜레마 극복을 목표로 삼은 최초의 제3의 입장으로 제시되었다. **역사상 최초로 실체화된** (다시 말해, 파시즘을 '민주주의적으로' 재고찰하는 과정이 하나의 권력 체제로 이어졌던 최초의 역사적 경험 속에서) 인민주의는 페론주의라고 불렸다. 아르헨티나의 페론주의는 이미 틀을 갖추고 있던 냉전 네오파시즘이라는 판본을 채택하지 않는 대신 새로운 민주주의적 틀에 맞춰 파시즘의 유산을 조정하고자 했던 최초의 운동이 되었다. 페론주의는 현대 인민주의 정권[체제]의 최초 사례이기도 했다.

페론주의에 반대하는 많은 이들에게, 페론주의는 민주주의 시대에 적응한 새로운 파시즘이었다. 이는 1940년대 라틴아메리카의 또 다른 인민주의 사례들에 대해서도 마찬가지였다. 라틴아메리카 나라들은 제2차 세계 대전 이후 심대한 변화들을 경험했다. 브라질의 제툴리우스 바르가스, 에콰도르의 호세 마리아 벨라스코 이바라, 그리고 콜롬비아의 지도자인 호르헤 엘리에세르 가이탄은 모두 파시스트이자 페론주의자라고 비난받았다. 그러나 사실 이들은 자신들 나라에서 민주주의의 한계에 대한 민족적인 인민주의적 대응을 구성했다. 이러한 인민주의적 대응에는 사회적 권리에 대한 기존 제약들을 비난하거나 권위주의적인 방식으로 인민과 민족을 자신들의 페르소나 및 의제들과 동일시하는 대응이 포함되어 있다.

페론과 마찬가지로 바르가스는 신국가(Estado Novo, 1937~1945) 시기에 반공 독재 정권[체제]을 통치했다. 그러나 이후에 그는 민주주의 절차를 재복원했고 1951년 대통령 선거에서 승리했다. 이러한 '새로운 바르가스 시대'는 본질적으로 인민주의적이었다. 바르가스는 그 이전 자신의 독재적 접근을 전간기 내전의 위협에 대한 유일한 대안이라고 규정했었다. 그러나 시대가 바뀌었다. 이제 바르가스는 민주주의 정치인이 되었다. 그는 자신의 독재적인 신국가의 관점을 새로운 민주주의적 맥락에 맞추어 재정식화했다. 페론과 마찬가지로, 바르가스는 정치적·경제적 자유주의를 거부했다. 또한 페론과 마찬가지로 바르가스는 반공주의자이기도 했다. 바르가스의 정책들은 노동자 계급을 조작하면서도 노동자 계급의 관심사를 예리하게 읽어 내고 표현하며 노동자 계급의 관심사에 따라 행동하는 방식을 보여 주었다. 달리 말해서, 바르가스주의는 권위주의를 사회적 민주화 과정과 결합했다. 라틴아메리카에 있는 자신의 동료들과 마찬가지로 바르가스는 "브라질의 페론"이라고 비난받았지만, 동시에 그는 브라질의 헤게모니 위기에 대해 브라질적인 대응을 할 것을 강조했으며, 예상대로 이 브라질의 헤게모니 위기는 아르헨티나적 [인민주의의] 전개보다는 브라질적 [인민주의의] 전개와 더욱 긴밀하게 관련되어 있었다. 아르헨티나 페론주의는 현대 인민주의의 이상적 형상이 아니었다. 그보다는 전후 라틴아메리카에서 출현한 여러 인민주의 정권[체제]들 가운데 최초의 인민주의 정권[체제]이었던 것이다.[20]

따라서 유사한 전개가 콜롬비아에서도 발생했는데, 콜롬비아에서 인민주의의 부상은 대중 부문을 정치적 의사 결정에서 배제하는 라틴아메리카 전통이 광범위하게 확산되면서 생긴 예기치 못한 결과였다. 라틴아메리카 지역의 다른 나라들처럼, 콜롬비아의 전후 인민주의는 인민의 정치적 대표 결여, 엘리트와 대다수 시민 사이의 거대한 분할, 그리고 사회적 불평등이 낳은 결과였다. 페론과 마찬가지로, 가이탄은 파시스트 이탈리아를 방문하면서 파시즘에 영향을 받았다. 가이탄은 무솔리니의 전체 내각 앞에서 자신의 학위 논문을 읽었지만, 페론과 마찬가지로 파시스트 양식을 단일한 인민 관념, 그리고 권리를 박탈당했던 다수 시민을 다루기 위한 사회적 권리의 촉구와 결합하면서 좌파로 이동했다. 가이탄은 자본주의와 공산주의 사이에서 페론주의가 취했던 제3의 입장에 친화성을 느꼈다. 또한 그는 제국주의에 반한 '방어적 민족주의'의 필요성을 강조했다. 보수주의자들은 이러한 인민주의의 재정식화를 '좌파 파시즘'이라고 오해했으며, 자유주의자들과 좌파들은 이를 히틀러와 무솔리니의 파시즘이라고 오해했다. 따라서 페론과 마찬가지로 가이탄은 종종 파시스트가 되었다고 비난받거나 페론주의자가 되었다는 혐의를 받기도 했다. 그러나 이 아르헨티나 지도자의 사례에서와 같이 가이탄은 파시스트가 아니었으며, 실제로는 특히 1945년 이후에 새로운 민주주의적 현실에 맞춰 과거의 사상[파시즘]을 조정한 주요 정치인 가운데 하나였다. 엔리케 페루조티(Enrique Peruzzotti)가 주장하는 것처럼, 인민주의자들은 선거 과정 속에서 자신들의 정치적 정당성의 구성 요소를 보았다. 여기서 인민주의자들은 진정한 정당성을 선거에서 찾지 않고 독재의 절대적 필요성을 강조했던 파시스트들과 명확하게 달라진다. 가이탄은 이 후자의 파시스트 유형에 들어맞지 않는다. 1948년 가이탄이 피살되면서 그의 가공할 만한 정치 경력이 중단되었다. 이때 더 중요한 점은 가까운 미래에 가이탄의 피살이 섬뜩한 내전과 종국적으로 콜롬비아의 유일하고 짧은 현대 군사 독재를 초래하면서 콜롬비아의 인민주의를 중단시켰다는 사실이다.[21]

에콰도르의 경우, 팔랑헤(Falange)에 영향을 받은 파시스트 정당이 벨라스코 이바라의 세 번째 대통령 재임(1952~1956)을 지지했다. 유사한 정치적 운동이 페론이 권좌에 오르는 것을 지지했다. 초기에 노동자들과 강력한 반공주의 세력이었던 가톨릭 부문이 벨라스코를 지지했다. 그러나 페론주의처럼, 에콰도르의 인민주의는 좌익 사상·지지자들과 우익 사상·지지자들을 혼합했다. 제2차 세계 대전 당시 연합국을 지지할 것을 요구했던 좌·우파의 지지를 통해 결국 벨라스코는 1944년 권좌에 복귀했다. 권위 있는 인민주의 학자인 카를로스 데 라 토레가 이야기하듯이, 벨라스코

이바라의 정치사상은 시몬 볼리바르(Simón Bolívar)가 보였던 민주주의에 대한 회의주의에 영향을 받았으며, 강한 행정부와 심지어 일시적인 독재를 이상화했다. 이러한 관점은 벨라스코 이바라가 페론주의를 모방하지는 않았지만 오랫동안 동경했다는 점에 의해 강화되기도 했다. 벨라스코 이바라는 고전적 페론주의의 일부 기간(1943~1955) 동안 부에노스아이레스로 망명하기도 했었다.

페론, 가이탄, 벨라스코 이바라 같은 지도자들은 정치적 논쟁을 새로운 도덕적 질서를 위한 '흑백 논리' 식의 싸움으로 변형시켰다. 이는 데 라 토레가 "윤리 혹은 종말론적 구원(eschatological redemption)으로 변모한 정치"라고 부른 바 있는 것이다. 고전적 인민주의는 인민의 이름으로 행위하고 말하면서 민주주의 절차가 약화되었을 때 한꺼번에 등장했다. 인민주의는 대표되지 못했다고 느끼는 이들에게 목소리를 주었지만, 그 대가로 합법적으로 반대할 권리를 희생시켰고 지도자의 목소리를 '모든 덕성의 원천'으로 변형했다.[22] 이와 유사한 전개가 페루와 볼리비아, 베네수엘라에서 나타났다. 사실 페루의 빅토르 라울 아야 데 라 토레나 베네수엘라의 로물루 베탕쿠르 같은 지도자들이 초기에는 공산주의에 가까웠다면, 특히 1945년 이후에 이들은 수직적인 반자유주의적 지도력과 사회 변화를 위한 정치적 요구를 인민주의적으로 혼합하는 방향으로 명확하게 전환했다. 가이탄과 같이, 아야는 결코 권력을 장악할 수 없었다. 그러나 1948년에 피살된 콜롬비아의 지도자와 다르게 아야는 망명을 가서 페루 정치의 주요 행위자로 남아 있었다. 페루에서 정치 참여를 금지당한 아야는 자신과 자신의 추종자들이 선거에 다시 참여할 수 있도록 조치를 요구했다. 아야의 전후 인민주의는 사회 개혁에 대한 요구를 줄이고, 점차로 카리스마적 지도자 신화에 몰두하며, 미국의 냉전 반공주의에 대한 충실하고 무조건

적인 지지를 보이고, 과거 페루의 과두제의 정적들과 동맹을 맺는 등의 특징을 보였다.[23]

아르헨티나의 사례에서 이미 보았고 이후 베네수엘라의 사례에서 볼 수 있었듯, 볼리비아의 인민주의는 군사 독재에 참여하면서 최초로 권력을 잡을 수 있었다. 군사 정권의 독재자이자 지도자였던 구알베르토 비야로엘(Gualberto Villarroel) 소령과 민족혁명운동(Revolutionary Nationalist Movement, MNR)의 지도자였던 빅토르 파스 에스텐소로(Víctor Paz Estenssoro)는 부에노스아이레스의 후안 페론 대령이 이끄는 엽합장교단(Grupo de Oficiales Unidos, GOU) 군사 정부와 긴밀히 연결되어 있었다. 페론에 대해 보였던 태도와 마찬가지로, 미국은 볼리비아 군사 정부를 라틴아메리카에서의 파시즘 도래와 등치시켰다. 확실히 아르헨티나가 볼리비아 쿠데타에서 일정한 역할을 맡았을 수 있다. 그러나 볼리비아 쿠데타의 가장 중요한 특징은 그것이 파시즘적이었다는 점이 아니라 원형 인민주의적이었다는 점이다. 볼리비아와 아르헨티나 사이의 초민족적 연관성은 실제로도 중요했다. 그러나 볼리비아의 사건들은 종별적인 민족적 기원을 지니고 있었으며 이 민족적 기원은 볼리비아 인민주의라는 민족적인 판본의 인민주의 쪽을 가리키고 있었다. 페론주의와 마찬가지로, 독재에 대한 볼리비아 인민주의의 지지는 이후에 권위주의적 선거 민주주의에 대한 지지로 변모했다. 볼리비아의 역사학자 로라 고트코비츠(Laura Gotkowitz)는 민족혁명운동(MNR)이 처음에 독재를 지지했지만 이와 동시에 사회적으로 포용적인 메스티소 민족(mestizo nation)이라는 전망을 전면화했다고 설명한다. 메스티소 민족이라는 전망은 민족주의적이고 때로는 외국인 혐오적인 사회적 포용 모델로, 동시에 민족 통일성을 강조하고 [정치적] 정당성을 나라의 대다수 인디언 및 메스티소에게 귀속시켰다.

비야로엘-MNR 독재는 정치적 권리를 심각하게 제약했으며, 정치 암살에 호소하거나 좌익 반대파의 구성원을 감금하면서 약간의 국가 파시스트 경향을 확대시켰다. 그러나 동시에 MNR의 지도자 빅토르 파스 에스텐소로는 자신들이 "비야로엘 정부를 인민에 복무하는 새로운 합법성이자 혁명적 합법성을 창출하기 위한 출발점으로" 전환하기를 원한다고 설명했다. MNR은 새로운 형태의 정권[체제]을 목표로 삼았다. 실제로 MNR은 인민으로부터 발원한 정당성을 추구했다. 결국 독재자는 군중에게 살해되었고, MNR 지도부는 1946년 이후 망명을 떠났다.[4] 불과 5년이 지난 후 MNR은 자체 파시즘을 버리고 볼리비아 정치 지형에서 좌파의 방향으로 명확하게 옮겨 가는 제3의 입장을 채택했다. 그렇게 파스 에스텐소로는 노동자 기반의 민족주의 혁명 정당 지도자가 되었다. 볼리비아 팔랑헤의 깃발 아래 군부와 볼리비아 우파가 이에 반대했다. MNR이 스스로 권력을 장악한 시점이 바로 이 초기 전후 국면(1952년)이었지만, 이 역시 공개 선거를 통하지 않고 이루어졌다. 실제로 MNR은 글을 읽고 쓸 줄 아는 소수의 개인들에게만 투표권을 국한시키는 제한된 민주주의 과정을 통해 1951년 선거에서 승리했다. 어찌 되었든, 독재 군사 정부는 MNR이 권력에 접근하는 것을 가로막았다. 1952년에 MNR은 인민과 유권자들의 이름

---

4) 군부 출신인 비야로엘은 1943년 군사 쿠데타를 통해 엔리케 페냐란다 정부를 전복한 뒤 MNR의 에스텐소로와 연합 정권을 구성했다. 그러나 비야로엘 정부는 광산 노동자들을 비롯한 대중의 반정부 시위와 함께 1946년 전복되었고 비야로엘 대통령 역시 살해당한다. 당시 MNR 역시 비야로엘 정부와 노동 문제와 경제 개혁 안건에서 점차 갈등을 빚었고, 정권 붕괴 이후 보수적 엘리트와 군부 중심의 정권이 들어서면서 탄압을 피해 망명을 떠나게 되었다. MNR의 주요 지도자들은 주로 페론 정부하 아르헨티나로 망명해 조직 재건을 시도한 뒤 1949년 볼리비아에서 무장봉기를 주도했고, 1951년 대통령 선거에서 당선된 뒤 1952년 집권에 성공하며 볼리비아 혁명을 이끌었다.

으로 혁명을 이끌었다.[5] 바로 그때, MNR은 이전에 파시즘이 끼친 영향력을 떨쳐 내고 마르크스주의적·트로츠키주의적 뿌리를 지닌 새로운 노동자 계급이라는 토대를 흡수했다. MNR의 혁명은 광범위한 도시 및 농촌에서의 토대를 지녔으며, 볼리비아인들이 보통 선거, 주석 광산 국유화, 그리고 농업 개혁을 포함한 나라의 정치에 참여할 수 있는 기회를 급진적으로 증가시켰다. MNR은 자신들이 과두제를 '폭파시켜 버리는' 행위를 한다고 제시했지만, 고트코비츠에 따르면 MNR은 시민권을 "더 넓은 자유·평등 사상과 연결시키지 않았고, 민족을 식민지적 속박으로부터 해방시키기 위한 참여적 투쟁의 역사와도 연결시키지 않았"다. 농업 개혁 자체는 본성상 '개량주의적'이었고 토지에 대한 공동 소유보다는 사적 소유에 우선권을 부여했다(개혁 이전에 토지 소유자의 6퍼센트가 개발된 토지의 92퍼센트를 소유했다). 그렇지만 이 농업 개혁은 라틴아메리카에서 가장 불평등한 나라 중 하나인 곳에서 토지 분배를 크게 변화시켰다(개혁 이후 토지의 20퍼센트가 재분배되었다). 혁명 이후, MNR은 그 정당성의 근원을 확장된 선거 과정과 단일 민족주의와 동질적인 인민 주권 개념에 두었다. 고트코비츠가 주장하듯이, MNR 혁명의 결정적 특징은 민주화 효과로, 이 민주주의의 확장은 "원주민의 정치 참여에 대한 지지와 제약이 빚어내는 긴장"으로 특징지어진다. 볼리비아의 고전적 인민주의는 양극화를 증가시켰고 정치적·사회적·종족적 다원성을 경시하는 반면, 민주주의적 대표성을 크게 확장시켰다. MNR은 과두제에 대적하는 단일한 인민 개념을 상대적으로 낮은 수준의 사인주의(私人主義, personalism)와 결합시켰다. 이러한 온건한 인민주의

---

[5] 1951년 파스 에스텐소로가 대선에서 다수표를 얻어 대통령에 당선되었지만 군부는 쿠데타를 통해 파스 에스텐소로의 당선을 취소시켰고, 이후 1952년 볼리비아 혁명 이후 파스 에스텐소로는 귀국해 다시 대통령으로 취임한 바 있다.

라는 의미에서 MNR은 베네수엘라의 사례와 닮았는데, 베네수엘라의 사례 속 인민주의자들 역시 처음에는 군부와 동맹했고 곧이어 정치적 스펙트럼의 왼편으로 이동할 것을 시사했다. 고전적 인민주의 형태의 MNR은 초기에는 페론주의, 벨라스코주의(Velasquismo), 아메리카 인민혁명동맹주의, 가이탄주의, 그리고 바르가스주의보다 더 급진적인 인민주의 운동이었다. 이는 MNR이 권력을 혁명적으로 장악했다는 특수성뿐만 아니라 MNR이 전후에 초민족적이면서 민족적인 파시스트 폭력을 거부했던 점과도 관련되어 있다. 그러나 결국에 파스 에스텐소로는 인민주의적 변형주의(transformista)의 방식으로 1960년대 당의 좌파와 결별하고 명확하게 미국 주도 냉전 및 볼리비아 군부와 자신을 나란히 했다.[24]

베네수엘라에서 1945년 쿠데타에 관여했던 민주행동당(Acción Democrática)은 "베네수엘라 우선주의(Venezuela first)"나 "구분하는 것은 곧 동일시하는 것이다(to divide is to identify)"와 같은 슬로건을 채택했다. 그렇게 2년 후 민주행동당은 74퍼센트의 득표율로 대선에서 승리했다. 페론주의와 바르가스주의, 볼리비아의 MNR과 마찬가지로 민주행동당 역시 독재에 참여했다가 전환해 인민주의적 민주주의가 되었다. 또한 페론주의와 바르가스주의, 볼리비아의 MNR과 마찬가지로 민주행동당은 사회관계들을 재접합하고, 새로운 정치적 동일성[정체성]을 규정하며 인민의 대표성과 참여를 증대시켰다.[25] 대체로, 라틴아메리카의 다른 여러 나라들은 냉전 민주주의의 현실에 맞춰 파시즘을 조정하는 페론주의적 방식을 채택했다. 다른 라틴아메리카 인민주의의 기원이 페론주의의 기원처럼 파시스트적이지 않았더라도, 인민주의는 정치 신학, 신화적 역사관, 그리고 정치적 스펙터클 및 정치 종교의 의례적 성격과 같이 파시즘과 연관된 요소들을 지니고 있었다.

아르헨티나의 인민주의는 다른 모든 인민주의들을 형성하는 [플라톤적] 형상이라기보다는, 파시스트들을 포함한 전 지구적 반공산주의 사상가들과 군부가 공유하는 전 지구적 요구, 즉 자유 민주주의 및 현실 사회주의를 극복해야 한다는 요구가 정권[체제]으로 현실화된 최초의 사례였다. 유럽 파시스트들의 실험과는 멀리 떨어져 있었고 유럽 파시스트들의 완패에 아주 심하게 영향을 받지는 않았던 아르헨티나는, 초민족적 파시즘 그리고 더욱 일반적으로는 반공주의가 매우 상이한 맥락 속에서 스스로를 재고찰하면서 살아남을 수 있는 장소가 되었다.[26] 그러나 아르헨티나 때문에 라틴아메리카 정치 전체에서 인민주의가 지배적이게 된 것은 분명히 아니었다. 브라질 또는 볼리비아의 인민주의는 페론주의만큼 영향력 있지는 않았으며, 두 정권[체제] 모두 전 지구적이고 지역적인 포스트파시즘적 현실이 낳은 결과였다. 달리 말해서, 라틴아메리카는 전체적으로 집권한 인민주의의 첫 번째 축성 장소였으며, 이 역사적 정초(foundation)의 파급 효과가 지닌 지구적 의의는 매우 컸다.

나는 과거와 현재의 인민주의 형태들이 지니는 보편적 함의에 대해 고찰하기 위해서 인민주의의 맥락 횡단적 연결 관계와, 더 특수하게는 라틴아메리카의 역사를 살펴보는 시도의 적합성을 강조하려 한다. 여러모로 나는 주변부의 관점에서 중심부를 더욱 선명하게 볼 수 있다고 생각한다.[27] 따라서 나의 역사적 분석틀은 인민주의의 파시즘적 계보와 인민주의가 어떻게 창출되어 시간이 지나면서 변화했는지 강조함으로써 북반구와 남반구 사이의 표준적인 이분법에서 벗어난다. 이러한 의미에서 트럼프, 차베스, 프랑스의 르펜, 터키의 에르도안은 (특히 그들의 정치 양식에서) 실천적으로나 이론적으로나 히틀러·무솔리니와 연관되어 있지만, 동시에 고전적 파시스트 정치로부터의 단절을 나타낸다. 그들은 파시스트가 아니다. 그러나 그들의 정치는 파시즘적인 역사적 배경을 공유한다. 일반적으로 파시즘과 인민주의의 이러한 역사적 관계는 이론으로 번역되면서 소실된다.

역사와 이론 사이의 인민주의

일부 정치 이론가들에게 인민주의는 널리 확산된 대의제의 위기에 대한 민주주의적 대응이며, 또 다른 이들에게 인민주의는 현재와 미래의 민주주의에 대해 비민주주의적 제한을 부과하는 시도이다. 따라서 주류의 접근에서 인민주의는 [라틴아메리카에 한정되는] 지역적 현상으로 제시되거나, 기능적으로는 민주주의의 상징이자 증상, 혹은 심지어 병리로 축소된다. 이론가들은 기껏해야 인민주의를 자유 민주주의적 대의제에 대한 역사적 반대(파)의 일부로 묘사할 뿐이다. 이러한 인식틀에 따르면, 인민주의는 역사적 개념의 한 예시가 되며, 역사 그 자체는 이론을 소묘하는 데서 미미한 역할만을 수행할 뿐이다. 최악의 경우 인민주의는 역사 없는 개념이 된다.

인민주의 이론가들은 종종 역사가 오랜 시간에 걸친 구조적 변화를 수동적으로 받아들이는 수용체이자 인민주의가 창출되기 위해 필요한 유사 초월적 조건들이 생겨나는 특수한 시공간인 것처럼 다루고는 한다. 이러한 이론들에 따르면, 동태적인 역사적 과정들은 종종 현대화나 카우디요주의(caudillismo) 등과 같이 보다 정태적인 초역사적 과정들로 대체된다. 그렇다면 인민주의는 그러한 구조의 변화·지속의 실패나 지연, 또는 성공을 나타내는 시간적 표식이다. 그러므로 일부 학자들, 특히 라틴아메리카의 학자들은 인민주의를 과거(또는 다른 과거들)에 고정되어 현재와 분리된 것으로 본다. 다른 이들은 일반적으로 역사적 맥락을 민주주의의 주기적 혹은 체계적 위기에 대한 더욱 총칭적인 관점과 등치시킨다. 역사학자 앨런 나이트(Alan Knight)가 지적하듯이 위기와 인민주의가 등치될 때 순환 논리가 만연하는데, 그 결과 인민주의의 관점에서 위기를 설명하게 된다.[28] 나이트에 따르면, 인민주의를 지도 양식(leadership style)이라는 관점에서 역사적으로 연구할 필요가 있다. "인민주의를 지도 양식이라는 관점에서 정의하는 것은 유연할 뿐만 아니라 (아마 가장 중요하게는) 역사에 충실하다는 미덕을 지니고 있다. 달리 말해, 이는 다른 것들(보다 더 정밀한 이론/모델들)이 역사에 충실하지 못했던 것과 달리 역사적 기록에 조응하는 것처럼 보인다. 현실을 거스르는 과장된 이론보다 유효한 대략적 경험 규칙(rule of thumb)을 갖는 것이 확실히 더 바람직하다."[29] 역사적 현실을 자주 무시하면서 역사를 이론적 소묘로 축소하는 이론가들에 대한 나이트의 비판은 중요하며, 특히 다음과 같은 그의 주장은 아주 중요하다. "이론이 정밀함과 정교함을 키웠지만 역사에 충실했음을 보여 주는 결정적 기준을 제시하는 데 실패했다. 이론들은 정돈되어 있지만 틀렸다. 또는 더 정확히 이야기하자면, 이론이 정돈되어 있는 만큼 이론은 틀린 것이다. 따라서 이론이 통찰력이나 설명력을 완전히 결여한 것은 아니더라도 총칭적 모델의 기반을 형성할 수 없다."[30]

그러나 나이트는 비판적 이론이 개방한 분석 관점들을 폄하하는 경향이 있다. 그는 주로 이론을 총칭적 모델과 혼동하며, [인민주의] 이론 전체를 이른바 현대화 테제를 포함하는 특정한 인민주의 이론과 뒤섞는다. 여러 이론가들이 지닌 문제의 근원은 인민주의 현상에 대한 그들의 특정한 이론들이 실증주의 분과와 같이 역사를 이해하는 수 세기 전의 방식에 멈춰 있다는 것이다. 이와 달리 역사학자들은 자신들의 분과가 지닌 고유한 역사성을 재고찰하고 재현의 한계를 다루며, 일국적이면서 초민족적인 역사들을 재구성하고 역사적 해석과 맥락화를 비판적으로 결합하면서 지난 두 세기 동안 자신들의 접근법을 발본적인 방식으로 바꿔 왔다.

정치학자와 사회학자, 비판적 이론가들, 그리고 소수의 역사학자들은 인민주의를 하나의 개념으로 가공하는 경향이 있다. 더욱이, 라틴아메리카 바깥에 있는 대부분의 이론가들은 라틴아메리카와 다른 남반구의 인민주의 역사를 다루지 않으면서 인민주의의 긴 역사보다는 수천 년 된 인민 개념을 이해할 필요가 있다고 강조한다.[31]

우리는 인민주의 이론·역사를 보다 수량화되고 묘사적이며 자칭 실용적인 접근들로 대체하는 기능주의자들의 저작에서 이러한 인민주의에 대한 유럽 중심적이고 북대서양 중심적인 논점을 발견할 수 있다. 이러한 접근은 인민주의의 다양한 역사적 의미들을 설명하지 않고 오히려 당연한 것으로 받아들이거나, 인민 주권을 옹호하고 인민을 엘리트의 대척점에 두는 운동이라는 광의의 정의를 인민주의에 부여한다.

수십 년 전, 이사야 벌린은 고정된 정의를 강제하는 시도에 반대하는 논증을 제시한 바 있다. 그가 저술을 하던 때는 지금과는 다른 시대였다. 즉, 당시는 사회과학이 역사와 이론의 접합을 경시하는 신실증주의(neo positivism) 형태로 돌아가기 이전이었다. 그는 인민주의 연구 영역이 병리적인 조건을 지닌 영역이라고 조롱한 바 있다. 인민주의의 신데렐라 콤플렉스는 인민주의 연구 영역에 영향을 미쳤다.

> 내가 이를 통해 뜻하고자 하는 바는 다음과 같다. 인민주의라는 하나의 신발이 존재한다. 이 신발에 맞는 발이 어딘가에는 반드시 존재할 것이다. 이 신발에 거의 들어맞는 온갖 발이 존재하지만 이 거의 들어맞는 발이라는 것에 속아서는 안 된다. 왕자는 항상 이 신발을 들고 돌아다닌다. 그리고 우리는,

어디엔가 순수한 인민주의라고 불리는 다리가 기다리고 있다고 확신한다. 이것이 바로 인민주의의 중핵이자 본질이다. 모든 다른 인민주의들은 이 순수한 인민주의의 파생물이자, 순수한 인민주의로부터의 이탈이자 그 변종이다. 그러나 어디엔가는 고작 6개월 정도 지속되었거나 혹은 오직 한곳에서만 발생했을지도 모르는 완벽하고 진정한 인민주의가 숨어 있을 것이다. 이는 플라톤주의적인 인민주의의 이데아이며, 다른 모든 것들은 이 이데아가 희석된 것이거나 왜곡된 것이다.[32]

유럽 중심적 관점은 신실증주의적인 플라톤주의 사상가들만의 배타적 영역이 아니다. 유럽 중심적 관점은 이 주제에 대한 몇몇의 가장 혁신적이고 종합적인 이론적 접근들에도 존재한다. 유럽이 이러한 역사와 이론화의 중심에 있었다는 점은 부정할 수 없다. 그러나 구대륙은 항상 남반구와의 유동적인 대화나 전이 과정에 관여해 왔다. 실제로, 유럽은 항상 거대한 맥락 속의 한 지방이었고, 이러한 까닭에 유럽을 다른 지역들과 단순히 분리시키는 것은 문제적이라고 할 수 있다. 초민족적인 인민주의의 교류 및 재정식화에 대한 연구들은 비교 연구가 이루어질 수 있는 맥락을 제공해 주지만, 인민주의 연구 영역은 많은 비교 연구를 생산하는 반면에 초민족적인 연구는 거의 생산하지 않아 왔다. 예를 들어 초민족적 인민주의 연구는 상이한 범대서양적 인민주의의 사례들이 지니는 공시적·통시적 수렴점이라는 관점에서, 즉 이 사례들이 다른 인민주의 경험들에 대해 갖고 있는 친연성과 대척점이라는 관점에서 이 범대서양적 인민주의의 사례들이 어떻게 사고하고 행위하는지를 다룬다. 이는 정확히 초민족적 관점의 정치사·지성사가 이론에 제공할 수 있는 것이다. 그러나 훨씬 소수의 이론들만이 역사를 이론의 소묘를 위해 이용할 대상이 아니라 비판적인 대화 상대로 진지하게 고려해 왔다. 이러한 사실은 독보적인 인민주의 연구 저작들에서도 마찬가지인데, 로마와 중세의 인민 개념이 재정식화되는 과정에서부터 인민주의가 민주주의의 핵심 차원으로서 현대적으로 구성되는 과정에 이르는 궤적을 다룬 마가렛 캐노번(Margaret Canovan)의 혁신적인 연구나, 프랑스 혁명에서 등장했던 민주주의의 양가성과 내재적 이중성에서 비롯된 인민주의적 주제계가 최초로 출현하는 과정을 다룬 피에르 로장발롱의 시사적인 연구가 그러하다. 두 저자 모두 제도의 매개 없이 이상적인 다수의 의지를 대표하려는 시도가 긴 역사에 걸쳐 민주주의의 내적 긴장을 구성하는 차원이었다고 주장한다.[33] 그러나 캐노번이 인민주의가 민주주의라는 모임의 정당한 구성원이라고 생각하는 반면, 로장발롱은 인민주의가 "민주주의 이념·절차의 내재적 왜곡"이라고 주장한다.[34]

캐노번과 로장발롱 모두 고전적 인민주의 및 라틴아메리카에 대한 고정관념에 기초한 언급들을 하면서, 그들의 영향력 있는 민주주의 이론 기반을 약화시키는 방식으로 유럽 외부를 탐험했다. 이상하게도 캐노번이 유럽 바깥의 인민주의에 대해 이야기할 때면 그녀는 인민주의를 독재와 뒤섞는다. 그러나 그녀는 페론주의와 같은 민주주의의 구성 형태가 자신의 설명 속에서 어떻게 독재 구성체로 제시되는지 설명하지 않는다.[35]

로장발롱에게 인민주의는 민주주의에 반하여 정립된 특수한 병리(학)이다. 인민주의는 민주주의를 종말론적 함의로 가득한 서커스로 전락시킨다. 로장발롱의 기능주의적 분석은 인민주의를 "민주주의가 스스로를 반민주주의(counter-democracy)에 의해 흡수당하고 완전히 흡혈당하게끔 내어주는 정치적 표현 형태"로 사고한다. 로장발롱은 인민주의를 민주주의 기획 바깥에 두면서, "인민주의는 반정치의 극단"이라고 결론 내린다. 그에게 인민주의는 '정치적 병리(학)'로, '반민주주의적 [정치] 형태들의 성장

으로 특징지어지는' 시대에 속하는 것이다.³⁶

다른 많은 이들은 증상으로서의 인민주의라는 로장발롱의 기능주의적 관념을 공유하고, 인민주의의 궤적을 다른 무언가의 종지부로 묘사한다. 인민주의의 복잡성은 [중심이] 얇은 이데올로기(thin ideology)로서의 인민주의가 지닌 미결정성과 혼동되고는 한다. 카스 무데(Cas Mudde)나 크리스토발 로비라 칼트바서(Cristóbal Rovira Kaltwasser)와 같은 인민주의 학자들은, 인민과 엘리트라는 도덕적으로 대립하는 두 개의 집단으로 사회를 분할하고 지역적인 하위 유형을 지닌 이데올로기로서 인민주의를 최소주의적으로 정의한다. 이들에게 인민주의는 다른 개념 또는 다른 이데올로기들에 비해 적합성이 떨어진다. 이 저자들은 인민주의를 특정 정치적 조건에 대한 (일시적일지라도) 구조적인 응답으로 파악하면서, 고유의 개념사가 없는 현상으로서의 인민주의라는 저자들만의 인민주의 판본을 구축한다. 이와 대조적으로, 다른 최소주의자들은 인민주의라는 용어가 최근에 와서야 유럽에서 중요성을 획득했다고 주장하면서 인민주의 개념의 궤적을 탐색하는데, 이들은 다른 인민주의 경험들과 관련해 유럽의 인민주의 경험을 위치시키기 위해서 비유럽의 사례·해석들에 대한 피상적인 검토만을 제시하고 있다.³⁷

여러 인민주의 이론들에서 라틴아메리카와 아프리카, 또는 아시아의 사례들은 징후적 타자(symptomatic other)로 재현된다. 특히 유럽의 경우, 이러한 고정관념에 기초한 관점들은, 유럽 역사의 초창기부터 인민주의적 경향성이 어떻게 존재했는지 은연중에 드러내는 유럽의 자유주의적 자아에 대해 본래성이라는 은어(jargon of authenticity)[6]를 사용한다. 이러한 이

---

6) 『본래성의 은어(The Jargon of Authenticity)』는 1964년에 출간된 독일의 철학자 테

론들에 따르면, 어떤 이유에서인지 인민주의는 역사 바깥에 위치해 있는데, 그 이유는 인민주의가 민주주의 안에 나타나는 비자유주의적·도덕주의적·전체주의적인 혹은 여타 비민주주의적 경향성을 반복적으로 정정하는 작용을 하기 때문이다. 이러한 이론들에서 라틴아메리카는 주로 인민주의 방정식(populist equation)의 일부로 여겨지지만, 여전히 전통적인 유럽/비유럽의 이원론이라는 틀 속에서 그려진다. 이러한 접근에서 중심(부)과 주변(부)은 결정적이고 절대적인 특징으로 받아들여진다. 이와는 다른 경우에는 유럽에만 초점이 맞추어지면서 사소한 비유나 예시로 사용되는 경우를 제외하고는 유럽 대륙 바깥과의 연결 고리는 거의 만들어지지 않았다. 예를 들어, 로장발롱 같은 영향력 있는 학자이자 공공 지식인(public intellectual)은 인민주의 현상에 나타난 현대의 유럽적 반자유주의의 차원을 강조하는데, 로장발롱은 1945년 이후 민주주의적이고 반자유주의적인 정치의 발전을 나타내는 하나의 개념이자 정권[체제] 모델인 인민주의의 궤적과 관련된 라틴아메리카의 핵심 논점들을 광범위하게 다루는 데 실패한다.

다원주의에 반하는 인민주의?

여러 인민주의 학자들은 인민주의의 권위주의적이고 심지어 전체주의

오도어 아도르노(Theodor W. Adorno)의 저서로, 하이데거의 실존주의 비판을 주된 내용으로 한다. 아도르노는 실존주의가 강조하는 '본래성'의 개념이 개인을 사회 비판의 요구로부터 멀어지게 만든다고 주장한다. 그는 본래적 자아를 발견함으로서 자유를 획득할 수 있다는 주장이 사회의 구조적 문제를 개인적 문제로 환원한다고 지적한다. 이러한 환원은 개인으로 하여금 사회적·역사적 조건을 망각하고 내면에 몰두하게 만들며, 궁극적으로는 계급적 질서의 안정에 기여한다.

적인 경향성을 강조한다. 가장 영향력 있는 인민주의 이론가 가운데 한 명인 카를로스 데 라 토레가 주장하는 바에 따르면, "인민주의가 다원주의를 경멸하는 것은 인민을 단일한 의지와 의식을 가진 하나의 주체로 보며, 경쟁자를 유덕한 인민의 적으로 보는 인민주의의 관점을 통해 설명할 수 있다."[38] 그러나 데 라 토레 또한 "인민주의가 새로운 정치적 주체를 창출하기 위해서 사적 영역에 침투하고자 하는 전체주의적 의도를 갖고 있다 하더라도, 인민주의 지도자들은 다원주의와 [정치적] 경합을 위한 몇몇 제한된 공간들은 유지함으로써 일당 지배를 확립하지는 않았다"라고 말한다. 그에 따르면 인민주의자들의 목표가 사회적 삶을 통제하고 새로운 주체를 창출하는 것이더라도, 그들이 "공적 영역과 시민 사회를 완전히 식민화하지는 않았다. 인민주의자들의 정당성의 원천은 단 한 표뿐인 선거 혹은 대중 집회에 올라온 의견의 단일성에 기초를 두고 있는 것이 아니었다. 인민주의자들의 정당성은 이론상 질 수도 있는 선거에서 승리하는 데 근거"했다.[39] 데 라 토레가 지적하듯이, "인민주의의 논리가 본질적으로 반민주주의적이라고 주장하는 것보다 인민주의의 논리와 자유주의적 민주화 사이의 불확정적인 관계를 분석하는 것이 더욱 유익"할 것이다. 인민주의는 선거에 근거하면서도 거리에 위치하기도 한, 다시 말해서 제도 및 절차의 '내부와 외부에' 있는 이중적 정당성을 갖고 있었다. "고전적 인민주의는 선거권을 확대했다. 현대의 급진적 인민주의자들은 항시적인 정치 캠페인에 나섰다." 데 라 토레에게 볼리비아의 에보 모랄레스는 인민주의가 반대파 [야당] 구성원을 악마화하면서도 어떻게 정치 참여를 높일 수 있는지를 보여 주는 인민주의 사례다.[40] 볼리비아의 경우, 특히 볼리비아 원주민 대부분은 수십 년 동안 인종주의와 권위주의, 신자유주의의 결합 아래 있었는데, 인민주의는 민주주의적 특징과 비민주주의적 특징을 결합해 원주민들

의 정치적·사회적 참여를 분명히 확대시켰다.[41]

인민주의와 참여는 인민주의 이론가들 사이에서 현재 이루어지는 논의의 핵심적 요소다. 인민주의 이론가 얀 베르너 뮐러(Jan-Werner Müller)는 인민주의가 기술관료제의 비민주주의적 경향성에 대한 비민주주의적 대응이며, 더 일반적으로 인민주의가 유럽의 전후 질서의 토대에 대해 불신을 드러낸다는 점을 지적한다.[42] 폴 태가트(Paul Taggart)와 벤자민 아르디티(Benjamin Arditi)처럼 뮐러에게도 인민주의는 진정한 시민 참여의 부재가 낳은 증상이자 이에 대한 문제적 대응이다.[43] 뮐러는 이러한 유럽 질서의 반파시즘적 토대에 대해 설득력 있게 언급하면서, 인민주의가 어떻게 엘리트 지배에 대한 주기적 대응으로서 각색되고 있는지에 관한 문제로 우리의 주의를 돌린다. 뮐러는 인민주의를 "배타적인 형태의 정체성 정치"로 보는 관점을 제시하면서 이러한 정치가 "항상 민주주의에 위협"을 제기한다고 이야기한다. 확실히, 뮐러의 분석 또한 인민주의의 상징적 차원과 인민주의의 도덕주의적 상상에 주목한다. 그러나 이 분석은 초기 페론주의에서 콜롬비아의 가이탄주의로, 그리고 다시 19세기 말 미국의 초기 인민주의자들에 이르기까지, 인민주의가 민주주의에서의 참여를 제한하기도 했지만 동시에 증대시키기도 했던 양가적인 시대들의 중요성을 깎아 내린다. 뮐러는 "인민주의가 더 많은 정치 참여로 이어지는 경로가 아니"라고 주장한다.[44] 그러나 이러한 접근은 복잡하고 모순적으로 보이기도 하는 인민주의의 역사를 경시하고 대서양과 그 너머를 가로지르는 인민주의의 가장 중요한 역사적 경험들을 인민주의의 이론에서 배제하는 입장에 의존하고 있다. 이러한 맥락에서 역사는 인민주의 이론을 역사 속 인민주의의 양가적이고 까다로운 본성 위에 근거 지으면서 이론가들로 하여금 인민주의 이론을 복잡하게 만드는 데 기여한다.

인민주의는 권위주의의 한 형태로 출현했지만 그럼에도 독재를 거부했다. 그러므로 인민주의 이론들은 인민주의의 참여적 차원과 배제적 차원을 모두 다룰 필요가 있는데, 이때 이 두 차원이 주로 결합하는 상이한 역사적 과정이라는 관점에서 이를 다룰 필요가 있다. 사실 1945년 이후 인민주의는 민주주의보다 독재에 대해 더욱 위협적이었다. 특히 제2차 세계대전이 끝난 이후 라틴아메리카에서 인민주의는 인민의 정치 참여 증가를 주요한 반민주주의적 특징들과 결합했다. 이러한 인민주의 내부의 긴장은 인민주의의 역사와 인민주의를 개념화하려는 노력을 연결한다. 맥락은 항상 추상적 이론을 가로막는다. 총칭적인 인민주의 이론들이 제시하는 것과 같은 이분법은 역사에 주의를 기울이는 비판적인 민주주의 이론을 구성하는 데 결코 도움이 되지 않는다. 역사와 이론에 도전한다는 것은 역사와 이론을 서로 대립시키는 것에서 벗어난다는 것이다. 역사적 경험을 초역사적인 정의들과 대립시키는 데 집착하는 총칭적 시도들과 달리, 나는 인민주의가 파시즘과 맺는 계보학적이고 맥락적이며 때로는 반테제적 관계라는 관점에서 인민주의를 역사적으로 위치시킬 것을 제안한다. 유럽과 전 지구적인 전후 자유 민주주의 질서가 반파시스트적 토대 속에서 굳어졌다면, 최근 인민주의가 제기하는 도전의 파시즘적·포스트파시즘적 기원을 강조하는 것이 중요하다.

최근의 일부 논평가들은 인민주의가 다시 한번 파시즘으로 변형될 수 있음에 두려워하고 있다. 그리고 만일 이러한 일이 벌어진다면, 이론적 억양을 띤 역사학적 접근은 여러 전인민주의 세력들이 결국에는 전간기와 1945년 이후까지도 파시스트가 되었지만 이들 가운데 일부는 민주주의로 선회했다는 점을 보여 줄 것이다.[45] 우르비나티(Nadia Urbinati)나 카를로스 데 라 토레, 아라토와 같이 선도적인 정치 이론가들은 역사적으로 구성된 인민주의 개념을 제시해 왔고, 이는 인민주의 역사학자들이 인민주의 현상을 분석할 때 고려할 필요가 있는 개념이었다. 나는 이 이론가들의 이론적 통찰에서 역사학으로 이동하면서, 특히 파시즘적 전체주의의 유산을 재정식화한 인민주의 출현 이후에 어떻게 이러한 파시즘의 유산과 인민주의의 접합이 출현했는지 역사적으로 강조하고자 한다.

인민주의를 역사적으로 구성하는 작업은 왜 인민주의의 유럽 및 북미로의 귀환이 이 지역들의 외국인 혐오적이고 반민주주의적인 과거의 전통들을 활성화하는 것인지 명확히 보여 준다. 인민주의는 단지 엘리트와 관료들에 대한 외재적 대응이 아니라 민주주의에 대한 내부로부터의 비판이다. 인민주의자들은 역사적으로 현 상태(status quo)에 대한 자신들의 비판이 권력을 인민에게 되돌려주면서 민주주의를 급진화하는 시도라고 보아왔다. 이러한 급진화가 함의하는 바는 좌파냐 우파냐에 따라 달라진다. 사회적 불평등에 대한 좌파의 인민주의적 대응 출현이 나타내는 바는, 민주주의와 신자유주의적 재정 긴축 조치의 결합이 지닌 미심쩍은 특질이 소위 유럽 주변부, 특히 그리스와 스페인 같은 나라들에서 결코 사소하지 않다는 것이다. 윤리·정치적으로나 분석적으로나 중요한 구분들을 망각하지 않는 이상 좌파의 대응들을 유럽의 우익 인민주의와 뒤섞을 수는 없을 것이다. 시리자와 포데모스와 같은 좌파 인민주의 운동들이 전형적인 인민주의의 방식으로 소득 불평등 비판을 엘리트 대 인민이라는 이분법 및 민족주의와 결합할 때조차도, 좌파 인민주의를 총칭적으로 우익 인민주의와 연결짓는 것은 현실을 호도하는 것이다.[46]

오늘날 라틴아메리카의 좌익 인민주의자들과 마찬가지로, 21세기 유럽의 좌익 인민주의자들은 신자유주의적 배제와 기술관료적 대책, 그리고 전통적인 정당들에 의한 시민의 권리 박탈을 비판했다. 이들이 좌·우파의 구분을 초월해야 한다고 주장할 때조차도 이들 좌익 인민주의 정당들은 분명히 정치 스펙트럼상의 왼편에 위치해 있었다. 실제로 이들은 전통적으로 비인민주의 좌파들이 보유했던 영역들을 점령했다. 포데모스는 특히 스페인의 정치 논리를 소득 불평등과 재정 긴축 조치에 대한 논쟁으로 재정식화했다. 이는 이들이 '카스트'를 강조하고, 아르헨티나의 정치 이론가 라클라우의 저작과 라틴아메리카의 신고전적 좌익 인민주의의 사례들에서 자기 성찰적 영감을 발견했다는 점에서 비롯되었다. 2013년에 결성된 포데모스는 경제 위기에 대한 대응인 동시에 전통적인 사회주의 정당과 보수주의 정당의 본성이 닮아 있으며, 그들이 신고전파 경제 패러다임을 서로 수용했음을 인지하면서 생긴 대응이었다. 포데모스의 창설 집단에는 라클라우주의 학자들이 포함되어 있는데, 이들은 라틴아메리카적 형태의 인민주의에 깊은 관심을 가졌으며, 특히 볼리비아뿐만 아니라 베네수엘라와 아르헨티나에도 관심을 가졌다. 포데모스는 '아래에' 있는 사람들을 대표하면서 '위에' 있는 사람들에 반대한다고 강조했다. 실제로 포데모스의 지도자 가운데 하나인 이니고 에레혼(Iñigo Errejón)은 라클라우를 따라 유럽의 우익 인민주의와 라틴아메리카의 좌익 인민주의 사이의 이분법에 맞서며 유럽에서 좌파의 인민주의가 가능하다고 주장했다. 포데모스의 지도자들은 또 다른 핵심 이분법, 즉 민주주의 대 카스트(democracia versus casta)라는 이분법을 통해 스페인 정치를 설명했다. 그들은 자신들과 인민을 민주주의와 분명하게 동일시하는 반면, 전통적인 정당들은 카스트를 대표한다고 주장했다. 인민 대 엘리트라는 인민주의의 공리는 헤게모니 투쟁의 중심에 있었다. 포데모스의 지도자인 파블로 이글레시아(Pablo Iglesias)는 정치란 인민의 적들이 가진 서사보다 우리[인민]의 서사를 우위에 두는 것이라고 주장했다. 그가 주장하는 것처럼, "스페인에는 (…) 적들에게 굴욕을 주고 싶었던 사람들이 있다. 이 사람들은 누가 자신들의 적인지에 대해 분명한 생각을 지니고 있다. 이 적들은 인민을 수탈하고 인민의 희생으로 스스로를 배불린 정치·경제 엘리트들"이다. 달리 말해서 변화는 기득권층에게서 권력을 빼앗을 때, 그리고 권력이 인민의 수중에 있을 때 올 것이었다. 인민과 조국은 본질적으로 선한 존재였음에도 사기의 피해자가 되어 왔던 것이다.

좌파 비판가들이 평가한 것처럼, 포데모스가 이론상으로는 "인민은 결정해야만 하는 유일한 존재"라거나, 기존의 민주주의는 '경제 권력과 카스트'에 의해 제한받고 있다고 주장해 왔을 것이다. 그러나 실제로는, 이 정당은 정치적 의사 결정을 지도자들, 특히 파블로 이글레시아나 이니고 에레혼, 후안 카를로스 모네데로(Juan Carlos Monedero)에게 위임하고자 회의체와 같은 집합적인 의사 결정에 대한 약속을 저버렸다.[47] 어떠한 의미에서는 포데모스가 권력에 가까이 갈수록 더욱 수직적이고 인민주의적으로 변해 갔다. 그리스에서는 이러한 집합적 의사 결정에서 인민에 의한 권한 위임(popular delegation)으로의 인민주의 변형이 더욱 급격하게 이루어졌다.

2004년에 원내 좌익 정당과 원외 좌파의 연합으로 결성된 시리자는 2015년에 권력을 장악하면서, 포데모스 이상으로 유럽 인민주의의 본성과 관련된 총칭적 정의에 도전하는 역사적 경험을 대표했다. 원래 동질적인 인민 공동체 이념보다는 다원주의적인 이념을 강조하던 시리자는 결국 보다 고전적인 인민주의의 방향으로 전환했다. 시리자는 권력을 장악한 이후로 소수 협력자이자 소규모의 외국인 혐오적인 우익 정당 독립그리스인(ANEL)과 연합을 형성했다. 결국, 시리자 또한 유럽연합의 재정 긴축 요구를 묵인하고 그에 따라 필연적으로 중도파로 전환했다. 실제로 시리자는 IMF, EU, ECB라는 유럽의 트로이카가 그리스에 부과한 재정 긴축 조치를 비판하는 입장에서 이를 관리하는 입장으로 전환했다. 권력을 장악한 이후 변화한 다른 인민주의 운동들처럼 시리자도 덜 다원주의적이고 덜 수평적으로 변화했다. 지오르고스 카참베키스(Giorgos Katsambekis)가 설명한 것처럼, 시리자는 (현재는 종종 시리자-ANEL 정부에 반하여 동원되는) 사회 운동에 대해 갖는 소명을 경시하면서 '훨씬 더 수직적'이고 지도자 중심적으로 변했다. 그리고 시리자는 내부 민주주의와 내부 다층성의 기반을 약화시키고, '공정한 방식'이라고 주장되는 새로운 재정 긴축 계획을 실행하는 데 주안점을 둔 더욱 실용적이고 기술적인 담론에 관여했다.[48] 인민주의는 권력을 장악했을 때 새로운 엘리트를 구성하는 새로운 형태의 변형주의(transformism)를 채택하는 동시에, 인민의 지지와 사회적 양극화를 증대시키면서 다시 한번 시민들을 유의미한 정치적 의사 결정 참여로부터 멀어지게 한다. 수십 년 전 안토니오 그람시가 평가했던 것처럼, 이러한 유형의 변형은 인민의 요구를 수직적인 정치로 전환시키면서 더욱 해방적인 정치를 차단했다.[49]

이러한 맥락에서 유럽의 좌익 인민주의자들은 2003년에서 2015년까지 아르헨티나를 통치한 페론주의적 키르치네르주의(Kirchnerismo) 같은 변형주의적인 라틴아메리카 운동에 더욱 가까웠다. 키르치네르주의는 본래 페론주의 정치를 극복하겠다는 목표를 가진 수평적 전략을 제안했다. 그러나 권력을 잡은 후, 키르치네르주의는 신자유주의에 반해 인민이 고를 수 있는 유일한 선택지를 자임하면서, 전형적인 방식으로 좌익과 우익의 이데올로기 모티프들을 결합했다. 고도로 특이한 키르치네르주의는 고전적 페론주의라는 제3의 길을 사회주의 좌파와 자유주의 너머로 확장시키면서 재정식화했다. 유럽 또한 이러한 현상의 특유한 사례를 보여 주었다. 유럽에는 희극인 베페 그릴로(Beppe Grillo)가 이끄는 이탈리아 오성운동과 같은 인민주의가 있는데, 이 이탈리아 오성운동은 우파와 좌파의 제안들을 혼합한다. 좌파와 우파의 혼합체인 오성운동은 전통적인 정당들과 우파의 인민주의 운동에도 대적해 왔다.[50]

대체로 유럽과 미국의 인민주의가 우익 현상이라거나, 라틴아메리카가 획일적인 좌익 유형의 인민주의로 특징지어진다거나, 혹은 그러한 이유로 인민주의가 나머지 세계에는 존재하지 않는다고 주장하는 것은 문제적일 것이다. 비인민주의 좌파는 더욱 유럽적일 것이며, 라틴아메리카 좌파는 압도적으로 인민주의적일 것이라는 반인민주의자의 발상은 역사적으로만 보더라도 잘못되었다. 유럽이 필요로 하는 것은 좌익 '라틴아메리카화(latinoamericanization)'[51]라는 인민주의 지지자의 고정관념에 기초한 발상 또한 마찬가지로 잘못되었다. 아르헨티나와 에콰도르, 브라질, 베네수엘라, 이탈리아, 그리스, 스페인, 프랑스, 터키, (제이콥 주마의) 남아프리카, (탁신 운동의) 태국과 같은 나라들의 역사적 경험은 각각 독특하면서도 때로는 수렴하기도 하는데, 대서양과 그 너머를 가로지르는 고정관념은 이 역사적 경험과 어긋난다.

유럽이 자동적으로 우파의 입장에 서 있지 않으며, 라틴아메리카가 순전히 좌파의 입장에 있지도 않다. 예를 들어, 1990년대 라틴아메리카 인민주의는 일반적으로 신자유주의의 편에 있었지만, 이후 십 년간 인민주의 좌파가 라틴아메리카 지역에서 우세했다. 그러나 2010년대 동안 유럽과 미국은 프랑스의 국민전선에서 네덜란드의 헤이르트 빌더르스(Geert Wildeers) 인민주의로, 그리고 티파티에서 트럼프 대통령에 이르기까지 명실공히 세계적인 외국인 혐오적 인민주의 세력이 되었다. 이러한 지배적인 우익적 인민주의 양식은 뚜렷하게 우익적인 인민주의 정당들에서만 나타나는 것이 아니다. 지배적인 우익 인민주의 양식은 한결 보수주의적인 형태로 존재하기도 하는데, 이들은 실용적인 혹은 이데올로기적인 이유에서 이민에 반대하는 민족주의적 인민주의의 비관용적 강령의 핵심 특징들을 열성적으로 채택한다. 2017년에 트럼프가 취임했을 때, 영국의 테레사 메이(Theresa May)와 아르헨티나의 마우리시오 마크리(Mauricio Macri)는 이러한 모방적 보수주의(mimetic conservatism), 즉 일종의 연성 인민주의(populism light)를 대표했다.[52] 인민주의는 종종 중도 우파와 극단적 우파 사이에 있는 '다공성 경계(porous frontier)'를 보여 주기도 한다.[53] 유럽의 우파는 파시즘에서 포스트파시즘으로의 여정 중에 민주주의를 내부화했는데, 이들은 현재 자신들의 관점에 따라 민주주의에 대해 논쟁할 정도로 민주주의를 내부화했다. 그러나 이러한 논쟁은 민주주의를 심화하지 않고 민주주의를 종족적이고 민족주의적인 함의 속에 가둔다. 국가 거주자의 오직 일부만이 시민으로 받아들여진다. 저명한 인민주의 연구자 가운데 하나인 우르비나티는, 인민주의가 민주주의를 '손상시키고(disfigure)' 민주주의의 미래에 대해 잠정적인 도전을 제기한다고 주장한다. 우르비나티는 인민주의가 민주주의적인 통치 형태더라도, 인민주의의 공화주의적인 경향이 더욱 고유하게 민주주의적인 경향을 대체한다[7]는 점을 강조한다.[54]

우르비나티의 역사적·이론적인 인민주의 비판은 민주주의에 대한 맥락적 이해에 근거해 있다. 이러한 민주주의에 대한 맥락적 이해는 인민주의가 민주주의의 또 다른 개념들과 상호작용하는 더 큰 영역에 주의를 기

---

[7] 우르비나티는 정치 공동체를 양극화하는 인민주의의 관점이 로마 전통의 공화주의와 공명한다고 주장한 바 있다.

울이며, 이때 이 민주주의의 또 다른 개념들은 인민주의의 역사적 가능성을 마찬가지로 제약한다. 이러한 의미에서, 인민주의를 정치적인 것이라거나 정치적인 것이 되어 가는 것이 아니라 스스로를 정치적 영역의 바깥으로 밀고 가는 것으로 이해할 수 있을 것이다. 우르비나티의 접근은 우리로 하여금 인민주의와 (기술관료, 전문가, 그리고 또 다른 비정치적 관계자들의) 비정치적 형태의 심의, 그리고 국민투표 형태의 민주주의 사이의 관계에 대한 정전화된 가정들을 재고찰하게 만든다. 그녀는 다음과 같이 설명한다. "인민주의는 민주주의의 가장 극심한 부패인데, 그 이유는 인민주의가 대표 제도들(주로 선거와 정당 다원주의)을 급진적으로 전복하고, 판단이나 의견이 지닌 논박하는 힘(negative power)을 정치적으로 선출된 지도자들을 통제하고 감시하는 힘에서 (지도자와 인민의 심층적인 통일성이라는 명분 아래) 선출된 지도자들의 선거 정당성을 거부하는 힘으로 변형시키기 때문이다. 인민주의는 이데올로기적 정당성을 헌법적·절차적 정당성과 대립시킨다."[55]

우르비나티의 핵심적 이론화는 인민주의를 [민주주의의] 특정한 손상을 낳는 민주주의의 이상화로 구성하는데, 나는 이에 의지해 인민주의가 냉전 파시즘의 변조(變潮, defacement)로서 출현했던 과정을 강조하고자 한다. 파시즘 모델은 매우 영향력 있었고, 전간기에 정치적 스펙트럼 전체에 폭넓게 걸쳐 있던 지도자들을 고무시켰다.[56] 그러나 1945년 이후 라틴아메리카 인민주의는 한층 수직적인 방식으로 재정식화한 민주주의를 제시했는데, 이러한 민주주의의 재정식화는 민주주의를 확장하기도 하고 동시에 제약하기도 했다.

이 역사들과 현재 유럽을 비롯한 미국, 라틴아메리카의 현실 사이에는 중요한 차이점들이 있다. 현재 유럽과 북아메리카의 인민주의는 라틴아메리카 인민주의에 비해 파시스트적 외국인 혐오와 민족주의에 더욱 가깝다. 대체로 초민족적 우익 인민주의의 새로운 동학은 라틴아메리카 인민주의의 사회적·권위주의적 효과 이상으로 유럽과 미국에서의 민주주의적 삶에 대해 더 큰 제약이 될 가능성이 있다.[57] 어떤 경우든, 인민주의를 그것의 전후 역사로 되돌려 놓음으로써 우리는 이러한 [인민주의들 사이의] 수렴점과 차이점들을 역사적으로 위치시키고 분석할 수 있을 것이다.

인민주의와 반인민주의를 설명하기

인민주의와 이론의 문제로 돌아가 보면, 모든 이론가들이 인민주의의 범대서양적이고 지구적인 차원들을 배제하는 것은 아니지만, 여기서도 인민주의를 명확히 정의하는 일은 종종 인민주의를 민주주의의 가장 순수한 현현 혹은 민주주의의 궁극적 반테제로서 이상화하는 시도로 이어질 수 있다. 라클라우의 영향력 있고 저명한 저작은 인민주의에 대한 편협한 유럽적 관점을 극복한다. 실제로 라클라우는 때때로 모든 일국적·역사적 경계들을 극복하는 경향을 보인다. 궁극적으로 그는 인민주의가 정치 '그 자체'라고 제시한다. 라클라우에게 인민주의는 적대적인 사회적 요구들을 통해 사회를 분할하는 것에 토대를 둔 권력의 한 형태를 나타낸다. 이러한 비분절적 요구들은 사회적 공간을 이분화하기 위해서 '등가 사슬의 논리'를 따른다. 라클라우에게 '인민주의적 절단(populist rupture)'은 내부 경계이자 사회의 심층적 양극화를 확립한다. 즉, 사회를 권력자와 약자의 두 진영으로 분할한다. 인민주의에서 요구를 형성하는 이들은 인민 주체로, 이 요구들은 인민의 이름을 걸고 권력자나 엘리트에 맞서 그들을 옹호하는 지도자들에 의해 접합된다. 무엇보다도 라클라우는 인민주의가 정치의 논리를 지녔다고 주장한다.[58] 이렇듯 예리하지만 초월적이고, 때로는 순환 논리를 따르는 설명은 종종 역사 바깥으로 벗어나고는 한다. 최근 비판 이론가인 아라토와 우르비나티는 라클라우의 접근법을 인민주의를 규정하는 정치 신학 및 인민주의가 초래한 민주주의의 손상이라는 영역에 배치했다. 간단히 말해 이들은 라클라우 해석의 반민주주의적 차원을 부각시켰다.[59]

이러한 비판은 라클라우가 인민주의를 민주화의 궁극적 대리인으로 이해하는 학파의 창시자라는 점을 고려할 때 의미심장하다. 라클라우와 그의 학파는 일반적으로 좌파 인민주의에 주목하는데, 이들은 좌파 인민주의를 인민주의의 진정한 형태로 보는 경향이 있다.[60] 라클라우 학파에게 인민주의는 지배에 맞선 평등의 체계적 요구를 구조적으로 결정하는 요소다. 다시 말해 인민주의는 정치적 해방으로 이어지는 것이다. 야니스 스타브라카키스(Yannis Stavrakakis)는 말한다. "인민주의 없는 민주주의 정치를 상상하기란 매우 어렵다. 다시 말해 [예를 들어, 등급 평가 기관이나 아리스토이(aristoi)가 아니라] 인민을 그들의 결절점이자 특권적인 정치적 주체로, 또 평등주의적 요구를 심화시키기 위한 정당화의 토대이자 상징적 수단으로서 요청하고 지정하는 형태의 정치적 담론 없이 민주주의 정치를 생각하기란 매우 어렵다."[61]

스타브라카키스는 인민주의를 악마화하는 매우 문제적인 경향성이 자유 민주주의의 규범적 차원에 대한 견고한 가정을 은연중에 드러내면서 대중 영합적 요구(popular demands)와 인민주의를 뒤섞는다는 점을 보여준다.

랑시에르는 인민주의에 대한 의례적 비난이 인민의 민주주의적 표현을 경시하는 엘리트주의적 시도의 일부라는 점에 주목한다. 랑시에르는 (페론에서 바르가스 그리고 차베스에 이르는) 라틴아메리카 인민주의의 한 단면만을 강조하면서, 유럽에서 인민주의라는 용어가 라틴아메리카와는 '다른 무언가를' 이야기하기 위해 사용된다고 설명한다.[62]

랑시에르에 따르면 인민주의라는 용어는 민주주의에 대한 증오와 동일시되는 것들을 위해 유지된다. 랑시에르는 민주주의에서의 삶을 현상태(status quo), 즉 시민 참여를 경시하는 상태와 대립시킨다. 랑시에르는 이러한 상황을 "인민 주권과 개인의 자유에 대한 이중적 인정이 과두제 권력을 제약하는 (…) 과두제적 법의 국가"와 동일시한다. 이렇듯 제한된 민주주의의 공간에서 인민주의라는 용어는 인민 없이 통치하려는 신자유주의적 시도를 은폐하는 데 사용된다. 랑시에르는 극우 정당들이 기술관료와 전문가들의 과두적 합의의 결과이자 이 합의에 대한 반작용이라는 점을 인정하지만 그들을 인민주의자라고 부르기는 주저한다. 그는 어떻게 인민주의가 신자유주의에 대한 민주주의적 대응과 인종적·종교적 광신주의를 뒤섞는 데 사용되는지 강조한다. 그에게 인민주의는 분석을 위한 용어가 아니라 공격을 위한 용어인 것이다.[63]

이와 대조적으로 스타브라카키스, 장 코마로프(Jean Comaroff), 에티엔 발리바르(Étienne Balibar)와 같은 학자들은 라클라우를 따라 인민주의 개념을 분석적·규범적 목적을 위해 사용하는 것을 옹호한다. 코마로프는 인민주의가 항상 "내용을 나타내기 위해서 쓰이기보다는 차이를 표시하는" 방법으로 사용되었으며, "그 의미는 (…) 이 개념이 배치되는 입장에 따라 달라진다"라고 평가했다. 그녀가 설명하는 바에 따르면, "이러한 역설에도 불구하고(혹은 그 때문에) 인민주의는 그 어떤 개념보다도 우리 세계의 폭넓은 공적 논쟁의 스펙트럼을 가로지르면서 소환되는 개념이 되었다. 이는 아마도 집합적 압제의 기억이 생생하게 남아 있는 탈식민지·탈전체주의의 맥락 속에 매우 극명하고 명백하게 나타난다고 해야 할 것이다. 예를 들어 라틴아메리카, 러시아, 짐바브웨에서 그러했고, 이 나라들뿐만 아니라 틀림없이 베를루스코니의 이탈리아, 사르코지의 프랑스, 빌더르스의 네덜란드에서도 그러했다고 주장할 수 있을 것"이다. 또한 그녀는 인민주의를 신자유주의에 반하는 실존 형태로서 고찰할 필요가 있는 나라들에 남아프리카와 미국과 같은 나라들을 포함시킨다. "특정 형태의 인민주의는 과거든 현재든, 진보적이든 보수적이든 모든 반기득권 운동의 필수 조건이며, (…) 그 자체로는 지속적이고 정치적으로 구성적인 동원을 위한 연료가 되기에 결코 충분하다고 할 수 없다."[64] 발리바르는 자신의 입장에서 다음과 같이 주장한다. "나는 인민주의라는 용어 자체를 거부하지는 않는데, 그 이유는 유럽 안팎의 정치적 범주로서 인민주의의 장기적이고 양가적인 역사가 떠올랐기 때문이다. 특히 이러한 계기에서 인민주의는 연구할 만한 가치가 있다." 발리바르는 정치적·사회적 불평등에 대한 최근의 비판을 민주화된 형태의 인민주의(democratizing form of populism), 즉 '인민의 정치화'[65]와 등치시킨다.

종합하면, 반인민주의에 대한 이러한 주요 비판들은 자유 민주주의에 대한 규범적 가정들과 자유 민주주의의 기술관료적 경향성을 비판하고, 어떻게 전문가들의 통치[정부]가 민주주의적 상호작용을 제약하는지 보여 준다. 그러나 반인민주의에 대한 대응 역시 이상화된 판본의 인민주의에 관여하기도 하는데, 특히 라틴아메리카 인민주의에 대해서 그러하다. (특히 트럼프주의가 부상하기 이전에 인민주의가 단순히 인민의 요구에 관심을 기울이고 인민의 요구를 만족시킨다는 것을 의미했던 미국에서) 이들은 좌파들이 활용하는 인민주의의 상이한 의미를 대서양과 그 너머를 가로지르는 다층적이고 역사적인 인민주의의 의미들과 뒤섞는다. 따라서 불평등에 대한 민주주의적 반응은 다소 기계적으로 인민주의 담론 및 실천과 동일시된다.

자유 민주주의 모델을 고수하는 저자들이 주로 인민주의를 하나의 병리로서 진단하는 반면, 급진 민주주의 개념에 동조하는 학자들은 인민주의를 정치적 대표성을 강화하는 건강하고 때로는 해방적인 힘이라고 사고하는 경향이 있다. 이러한 간극을 줄이는 것이 가능할까? 칠레 출신의 인민주의 연구자인 크리스토발 로비라 칼트바서(Cristóbal Rovira Kaltwasser)는 범대서양적 연구의 필요성에 주목한다. 또한 다음의 문제를 고찰할 필요성에 대해서도 주목한다.

> 인민주의와 민주주의의 관계를 분석하는 것이 민주주의가 어떻게 작동해야 하는가에 대한 규범적인 가정·선입견에 얼마나 의존하고 있는지 고찰할 필요가 있다. 인민주의가 민주주의에 미치는 영향이라는 문제는 경험적인 문제보다는 이론적인 문제가 되는 경향이 있으며, 이러한 문제에 대한 답은 대개 민주주의가 어떠해야 하는가에 대한 이념적 관점에서 도출된다. 이러한 규범적 편향을 어떻게 극복해야 하는가? 나는 가장 유망한 방법은 인민주의를 민주주의와 비교해 연구하는 최소주의 접근을 발전시키는 것이라고 생각한다.[66]

로비라 칼트바서의 제안은 연구 대상과 관련된 주관적 입장이라는 문제의 기반을 약화시킨다. 그가 제시한 추정적으로 중립이고 규범적이지 않은 인민주의 규정에 규범적 조건이 없는 것이 아니다. 그가 지지하는 최소주의적 인민주의 규정은 인민주의를 정치적인 것과 관련된 모든 것으로 이해하는 라클라우의 개념을 되풀이한다. 로비라는 인민주의가 모든 개인의 내면적 자아의 일부라는 발상을 제시하기까지 한다. 그에 따르면, 이러한 종류의 인민주의적 무의식은 무데가 수행한 것과 같은 '경험 조사'에 의해 실증된다. 인민주의를 자아의 병리학으로 보는 이와 같은 관점은 필연적으로 초역사적일 수밖에 없다. 로비라는 다음과 같이 말한다. "경험 조사는 대다수의 개인이 잠복된 상태로 이러한 인민주의적 태도를 지니고 있음을 드러낸다. 인민주의적 태도는 휴지 상태로 존재하다가 일정한 맥락적 상황을 만나면 활성화된다. 달리 말해서, 우리의 대부분은 우리 안에 작은 차베스를 갖고 있지만 이 작은 차베스는 숨겨진 장소에 있으며, 따라서 우리의 정치적 선호를 결정하지 않는다."[67]

역설적으로 칼트바서는 정치적인 것 그 자체로서의 인민주의라는 라클라우의 개념을 비판한다. 그러나 칼트바서 자신은 비판적인 인민주의 이론을 대체하고 동시에 연구에서 규범적인 혹은 윤리·정치적이고 주관적인 입장들을 중화하면서, 이상화되고 낭만적이라고도 할 수도 있는 경험 조사를 제시한다. 그 결과 일종의 얄팍하게 층화된 이론이 정당의 기능을 비롯한 그 밖의 또 다른 보다 이해하기 좋은 단위들에 대한 데이터 묶음으로 채워진다. 이러한 추상적 인민주의 이론은 더욱 반인민주의적인 이론과 마찬가지로 중립적인 과학 연구라는 이념을 강제하면서 역사와 이론을 희석시킨다.[68] 이전 장에서 파시즘 이론들과 관련해 살펴보았던 것처럼, 모든 총칭적 학파들은 인민주의의 개념 정의를 위해 역사적 해석을 쫓아낸다. 인민주의의 개념 정의는 이 주제에 대한 논쟁을 차단하고자 하기 때문에, 그에 따라 이전의 관점들을 극복하는 동시에 자신들이 보다 중립적이라고 생각하는 연구자들에게 총칭적 정의를 경험적으로 검증할 수 있게끔 하는 새로운 합의를 확립한다. 두 경우 모두 최소주의적 정의는 자기 준거를 토대로 형성되었으며 종종 얄팍하게 위장·개조된 형태의 실증주의를 강제하고는 한다. 그러한 최소주의적 이론들은 파시즘에서 급진적 폭력이 수행한 역할들을 경시하고 인민주의적인 형태의 권위주의를 용인한다. 따라서 홀로코스트가 초민족적 파시즘의 역사에서 적절하고 도전적인 자리를 부여받지 못한 것처럼, 트럼프주의의 불편한 출현은 분명히 인민주의의 역사에서 유의미한 자리를 부여받을 가치가 있음에도 인민주의 연구 영역에서 가볍게 배제되어 왔다. 예를 들어 카스 무데는 인민주의를 정의하면서 인종주의와 외국인 혐오를 이에 포함시키지 않는데, 그 이유는 인종주의와 외국인 혐오가 토착주의의 형태들이고 따라서 최소주의적인 인민주의 정의와 충돌하기 때문이다. 무데에 따르면, 트럼프의 사례는 유럽의 우파 인민주의와는 크게 다르다. 그 이유는, 그의 관점에서 트럼프는 "불법 이민을 걸러낸 것"이지 "다문화 이민 국가로서의 미국의 지위"를 공격한 것은 아니기 때문이다. 이에 더해 무데는 트럼프가 적어도 "2011년 이후부터 무슬림 문제에 대해 발언해 왔다"고 하더라도, "이슬람과 무슬림에 대한 트럼프의 관점은 마린 르펜이나 기어트 빌더스 같은 사람들에 비하면 훨씬 더 미묘하다"라고 언급했다. 트럼프 식의 인민주의는 무데의 정의에 들어맞지 않는다. 무데는 "인민주의 지도자들이 여론(vox populi), 즉 인민의 목소리를 자임하는 곳에서, 트럼프는 트럼프의 목소리를 낸 것이다"라고 주장했다. 그러나 급진적 나르시시즘과 카리스마적 메시아주의, 그리고 신화적 사고들은 인종주의와 토착주의, 외국인 혐오와 필수적으로 접합되어 인민주의 역사 속에서 종종 등장하고는 한다. 물론 트럼프는 결국 그의 후보 시절 인민주의적 성격을 감안할 때 자연스럽게도, 공화당 전당대회에서 자신이 "인민의 목소리"[69]라고 주장했다. 총칭적 정의를 강조하는 것은 역사 속 인민주의가 취했던 민주주의적 외피를 축소한다. 일부 유럽과 미국의 인민주의자들이 최근 보여 준 것처럼, (특히 우파들에 의한) 민주주의 시대에 이루어진 파시즘의 재정식화로서 인민주의는 항상 그 기원으로 되돌아갈 가능성이 있다.

　인민주의의 좌익 변종과 동질화될 경우 우익의 급진적 인민주의는 가장 독재적이고 권위주의적인 차원으로부터 면제받게 된다. 역사상 좌파와 우파의 인민주의는 주로 반테제적이었고 지금도 그러하지만, 총칭적인 실증주의라는 표지하에서 좌파와 우파의 인민주의는 뒤섞이는 경향이 있다. 추상적 이론 속에서 역사적 차이들은 침묵하게 된다.

　데이터를 분석하기 위해 [인민주의] 정의를 활용하는 사심 없는 연구자들의 이상은 비판적인 이론적 관점에서 정치적인 것을 깊게 사유해야 할 필요성을 제거한다. 역사학자 도미니크 라카프라(Dominick LaCapra)가 "부활한 실증주의"라고 적절하게 정의했던 것이 '세상 저 높이 위에 있는' 이론과 함께 작동한다.[70] 반면에 비판적 이론은 이론적 공리를 실증하기 위해 데이터를 성찰없이 사용하는 연구가 지니는 잠재적 문제들을 지적한다. 실제로 이는 라클라우의 비판적 저작이 지닌 특히 강력한 차원의 하나이기도 하다. 라클라우는 자신의 중요한 저작들에서 인민주의에 대한 선구적인 검토를 제시한다. 그러나 그의 예리한 진단을 그의 예측과 구분해야 한다. 라클라우에게 인민주의는 특히 라틴아메리카에서 지지해야 할 규범적 모델이다. 그는 의회주의와 공개 토론, 그리고 입장의 다원성을 (인민과 지도자에 의한) 이중적인 인민 주권 체현 원리 및 동지/적 관계라는 맥락 속에서 수직적 지도력의 필요성과 대립시킨다. 현대적이고 신화화된 라틴아메리카 인민주의의 예시들, 특히 베네수엘라와 아르헨티나 같은 나라들의 지도자 사례는 라클라우의 논증 근거가 된다. 라클라우의 사상은 소렐(Sorel)이나 『의회 민주주의의 위기(Crisis of Parliamentary Democracy)』를 쓴 파시스트 성향의 칼 슈미트(Carl Schmitt) 같이 주로 인용되지 않고 잘 알려지지 않은 사상가들에게서 받은 영향을 반영하고

있다.[71]

규범적인 인민주의 모델에 대한 라클라우의 애착 때문에 그는 자신의 이론적 동지들 이상으로 라틴아메리카에 주목할 뿐만 아니라 라틴아메리카 지역을 규범적으로 이상화하는 것을 수용하기도 한다. 라틴아메리카 학자들은 라클라우의 개념적 논적이 이탈리아계 아르헨티나 학자인 지노 제르마니(Gino Germani)라는 사실에 놀라지 않는데, 그 이유는 제르마니가 일찍이 파시즘과 페론주의라는 라틴아메리카 인민주의 실험 사이의 점들을 연결한 사람이기 때문이다.

지노 제르마니는 이탈리아의 반파시스트 지식인으로, 파시즘을 피해 대서양을 건넜으며 인민주의라는 현대의 정치적 경험에 대한 유럽의 지엽적 이해를 교정하는 데 기여했다. 놀랍게도, 제르마니는 주목받지 못했고 여전히 그러하며, 혹은 인민주의에 대한 유럽적이고 북아메리카적인 해석들에 붙여진 형식적인 주석 정도로 격하되었다. 인민주의의 역사와 이론에 관심을 가진 이들은 제르마니의 저작을 다시 다룰 필요가 있다.[72] 제르마니는 그의 개인적 경험에 영향을 받아서 페론주의와 파시즘의 관계에 관심을 가졌다.[73] 파시즘이 권력을 장악했을 때 이 사회학자는 어린아이였고, 고향 이탈리아에서 전체주의 국가가 수립되었을 때 청소년이었다. "젊은 시절의 나는 일반 시민과 그 가운데서도 젊은 세대들의 일상과 크게 관련된 전체주의 이데올로기의 풍토를 경험했다. 이후에 정치적 난민으로 아르헨티나에 가서는 또 다른 다양한 권위주의를 만날 수 있었다."[74] 또 다른 형태의 권위주의적 지배로서의 페론주의 현상에 대한 이러한 언급은 아르헨티나와 이탈리아에 대한 제르마니의 비교 연구를 조명한다. 제르마니는 비교 연구의 관점에서 페론주의 아르헨티나가 이탈리아의 역사적 과정에 비해서 뒤쳐져 있는 것처럼 보인다는 점을 강조했다. 이탈리아와 아르헨티나의 사회 구조와 정치사가 뚜렷한 차이점들을 갖고 있지만, 이 두 나라는 두 가지 상이한 권위주의 형태들에 의해 무너졌다는 공통점을 갖고 있다. 그에게 (대체로 인민주의가 그러한 것처럼) 페론주의는 인구 및 계급 구조의 변화라는 맥락의 결과였다. 그리고 제르마니는 이에 의지해 인민주의를 저발전된 사회에서의 계급 동원을 위한 수단이라고 설명한다. 다른 여러 이론가들과 달리, 제르마니는 운동의 중핵을 이루는 계급 형성이 위치한 맥락들을 구별했다. 그러나 그 또한 페론주의를 따르던 노동자 계급 행위자들의 행위성과 여러 인민주의 정권 및 페론이 인민주의 운동의 다계급적 차원을 확장하기 위해 했던 시도들을 간과하는 경향이 있었다.

제르마니는 페론주의로 대표되는 현대적인 형태의 인민주의에 자신의 이론을 가둬 두고는 했다. 그러나 아르헨티나 역사학자 툴리오 할페린 동히(Tulio Halperín Donghi)와 같은 이들과 제르마니의 선구적인 비교 연구 작업들 덕분에, 인민주의 연구는 페론주의적 인민주의의 혁명적 성격과 파시즘과의 그 복잡한 계보학적 관계를 파악하기 시작할 수 있었다. 할페린 동히가 언급했던 것처럼, 페론주의 혁명은 선거 절차에 의해 확정되었으며 '국민투표 민주주의'라는 새로운 체제에 생명력을 부여했다. 그에게 페론주의는 지배 정당의 원칙을 국가 교리의 지위로 상승시켰다.[75] 할페린이 그의 유명한 1958년 논문에서 언급했던 것처럼, 파시즘과 페론주의의 관계는 모호했더라도 이것이 비교 역사적 분석으로부터 달아나는 이유가 될 수는 없었다.[76]

파시스트와 페론주의자들은 견고하고 탄탄하다고 여겨지던 자유 민주주의 체제가 실패했을 때 권력을 장악했다. 파시스트와 페론주의자들 모두 1945년 이전 무솔리니와 아르헨티나의 파시스트 나시오날리스따(nacionalistas)가 의미를 부여했던 용어인 절대적 통합주의(absolute integralism)와 유기체론 의미에서의 전체주의 정치를 활용했다. 두 정권[체제] 모두 현대성이 공중의 법관념과 경제, 국가 정당성의 영역에서 발생시킨 위기에 대해서 전체주의적인 해답을 제시했다. 두 정권[체제] 모두 분명 반자유주의적이고 반공주의적이었으며 반사회주의적이었지만, 자신들의 적을 다루는 방식은 매우 상이했다. 끝으로, 두 정권은 선전과 다양한 행동을 이용하거나 대중 정치를 고무시키고 다수의 사람들에게 지도자가 그들과 민족 전체를 대표한다는 점을 납득시키면서 자신들의 인구 집단(population)을 위로부터 동원했다. 그러나 파시즘이 중간 계급을 동원했던 반면, 페론주의는 노동자 계급을 결집시켰다. 파시즘이 유럽과 세계에 전쟁과 제국주의, 인종주의를 가져왔지만 페론주의는 결코 전쟁을 일으키진 않았다. 다른 라틴아메리카의 고전적 형태의 인민주의와 같이 페론주의는 파시즘을 발본적으로 재정식화하면서 파시즘에 대응했던 특수한 포스트파시즘의 하나였다.[77]

인민주의가 된 파시즘: 페론주의에서 트럼프주의까지, 그리고 그 너머

민주주의를 이해하는 새로운 방식 중 하나인 페론주의는 선거에서 승리하고 민주주의적인 대의제 형태를 채택하면서 인민 주권을 수용했지만, '인민의 의지를 가장 잘 해석하는 자'로 잘 홍보된 지도자의 형상을 급진적으로 강화하기도 했다. 추종자들은 지도자의 직관과 지속적인 정책 변화에 대한 믿음을 가지도록 요구받았다. 추종자들은 지도자가 하고자 하는 바가 곧 정치에 대한 자신들의 이해도를 포괄할 뿐만 아니라 그것을 넘어선다는 점을 믿도록 요구받았고 여전히 요구받고 있다. 인민주의에서 지도자의 정당성은 유권자를 대표하는 지도자의 능력뿐만 아니라 지도자의 의지가 정치적 대표의 권한(mandate)을 크게 넘어선다는 믿음에 있기도 하다. 이는 인민주의자들이 지도자가 인민들이 진정으로 원하는 바를 인민들보다 선천적으로 더 잘 안다고 주장하기 때문이다. 인민주의에서 인민주의 지도자들은 공식적인 민주주의 절차 안에서 대표의 대상(object of representation)이자 인민으로부터 권한을 위임받은 주체(subject of popular delegation)로 간주된다.[78] 선출된 지도자들은 인민 주권을 사인화화하며 그들을 선출했던 다수에 대해서 상대적으로 높은 자율성을 소유한다.

정치 이데올로기로서 인민주의는 파시즘이나 자유주의, 공산주의와 같이 단기적인 정치 참여를 증대시키는 반면, 동시에 장기적인 정치 참여를 축소시킨다. 신자유주의와 같은 현재 민주주의의 또 다른 발현들에서와 같이, 인민주의에서도 시민의 유의미한 정치 참여는 수사에 그치며 실천으로 쉽게 전환되지 않는다. 요약하자면, 인민주의는 정치적인 것을 이해하는 현대적 방식의 하나로, 인민 주권과 지도력, 그리고 자본주의 사회가 어떻게 조직되고 통치되어야 하는가에 대한 관념들을 불안정하게 혼합·결합했다는 특징을 지니고 있다. 인민주의는 전후에 파시즘을 재고찰하고 파시즘의 극단적 폭력을 명확하게 거부하는 것에 토대를 두면서 권위주의적 지도력과 융합된 민주주의적 선거 대의제의 원리를 수용한다. 고전적 페론주의 형태의 현대 인민주의는 사회 개혁을 능동적으로 장려하고, 지도자 및 운동과 맺는 연결 관계를 통해 새로운 엘리트에게 귀속된 국가 자본주의 형태를 창출함으로써 부분적으로 소득 불평등을 완화한다.

고전적 인민주의는 극단적 민족주의와 사회주의 전통에 대한 비마르크스주의적 해석을 파시스트적으로 결합하는 것을 보여 주었고, 베니토 무솔리니와 같은 파시스트들은 비마르크스주의적인 사회주의 전통을 아주 잘 이해하고 있었다. 그러나 페론의 인민주의는 파시즘의 유산을 파시즘의 적이 남긴 유산과 결합하는 복잡한 이데올로기의 요람에서 태어났다. 예를 들어 페론은 다음과 같이 주장했다. "우리는 분파주의자(secterian)가 아닙니다. (…) 우리가 공산주의로부터 취할 수 있는 무언가가 있다면, 우리는 공산주의라는 이름 때문에 두려워하지는 않을 것입니다. 파시즘과 무정부주의 혹은 공산주의에 좋은 무언가가 있다면 우리는 그것을 취할 것입니다."[79] 페론은 좌파와 우파로부터 이데올로기들을 빌려오면서 절충주의라는 비난을 칭찬으로 받아들였다. 이 '절충주의'는 페론과 무솔리니가 공유하는 것으로, 페론을 이 이탈리아 독재자[무솔리니]로부터 실천적인 측면에서 그리고 이후에는 이론적인 측면에서 달라지게 만들었다. 파시즘의 지속적인 특징은 폭력과 전쟁을 민족성의 숭고한 가치이자 지도자의 페르소나로서 이상화한다는 점이었다. 파시즘은 군사적 측면에서 대중을 동원했지만, 그에 반해 사회적 측면에서는 대중을 탈동원하는 경향이 있었다. 페론주의는 파시즘이라는 방정식의 항들을 뒤집으면서 파시즘 모델과 거리를 두었고 독특한 정치 이데올로기가 되었다. 페론주의가 파시즘을 재정식화했고 선출된 인민주의 정권이 되었다는 점은 광범위한 현대 인민주의의 역사를 정초한다는 의미를 지닌 문제였다.[80]

페론주의를 창시한 이를 포함한 모두에게 페론주의는 아르헨티나의 정치적 삶을 파시즘적으로 개혁하려는 시도가 낳은 의도치 않은 결과였다. 파시즘은 항상 페론의 모델이었지만 그렇다고 해서 페론주의가 단지 새로운 형태의 파시즘은 아니었다. 역사학자 툴리오 할페린 동히가 제시한 것처럼, "파시즘의 사례가 페론주의 운동에 구체적인 지향점을 제공해 줄 수 없었더라도, 대신에 파시즘은 페론주의 운동의 지향점을 상실시킴으로써 매우 효과적인 기여"를 했다.[81] 파시즘 모델은 아르헨티나와 전후의 전 지구적 냉전의 현실 또는 페론주의 운동 지도부와 기층 사이의 수직적·수평적 모순에도 조응하지 않는 목표에 초점을 맞추는 경향이 있었다. 아르헨티나에서는 파시즘이 무르익을 때가 된 것처럼 보였던 반면, 세계에서는 파시즘이 무르익을 시기가 이미 지나 버렸다.[82]

파시스트적 지도력이라는 메시아주의적 사상에서 노동조합 페론주의(unionized Peronism)로의 심대한 전화로, 그리고 파시즘에 대한 페론의 열정에서 노동자 운동에 대한 그의 열정에 이르기까지, 페론주의 이데올로기와 실천이 탐험했던 여정의 전 과정에서 지도자와 추종자들 사이의 역동적인 상호작용은 지도자들의 자율성을 제한했고 추종자들을 동원하거나 변형시켰다. 특히 바르가스주의나 가이탄주의 운동과 같은 또 다른 고전적 라틴아메리카 인민주의의 사례를 활용해서 이와 수렴하는 논증을 제시할 수 있다. 이후에 이와 유사한 논리를, 정파들 사이의 위기로 인해 다른 집단의 지도자들이 인민주의에 의지하게 되는 경로가 개방되는 맥락에서 신고전적 인민주의 운동에 적용할 수 있을 것이다. 예를 들어, 터키와 태국에서는 인민주의가 뒤늦게 출현했고, 인민주의는 이전에 인민주의자가 아니었던 지도자들이 고를 수 있는 정치적 선택지가 되었다. 이러한 나라들에서 에르도안이나 탁신 친나왓(Thaksin Shinawatra, 2001~2006)같은 지도자들은 그들의 정부 출범 당시에는 인민주의적 수사가 상대적으로 부재했지만, 이후에는 인민주의 정책으로 이동했다. 에르투그 톰버스(Ertug Tombus)가 설명하는 것처럼, 터키의 경우 에르도안의 정의개발당(AKP)은 자신들이 민주화의 유일한 대리인이라고 이해했으며, 이는 역설적으로 권위주의가 커지게 되는 것으로 이어졌다. 에르도안은 2002년에 집권했지만, 그가 인민주의 양식(style)과 전망을 완전히 받아들인 것은 시간이 흐른 뒤인 2007년이었다. 따라서 터키에서 세속주의 집단이 에르도안의 정치에 심각하게 문제를 제기했던 순간에 인민주의는 정치적인 것을 이해하고 정치를 행하기 위한 그 다음 선택지로서 출현했다. 톰버스가 주장하듯이, 바로 그 시기에 "에르도안은 자신에게 민주주의가 국민투표적 박수 표결의 한 단계에 불과하다는 것을 보여 주었다. 즉, 민주주의적 절차와 원리들은 오직 에르도안의 권력 강화로 이어지는 한에서만 존중할 가치가 있는 것들임을 보여 주었다. 헌법적 제한과 법치는 인민의 의지 앞에서는 장애물에 불과했고, 그들에게 인민의 의지는 에르도안과 정의개발당이 구현하는 것"이었다.[83] 이렇듯 인민의 이름으로 그리고 민주주의라는 명분으로 작동하는 권위주의적 통합의 논리는 2016년 여름 터키의 반인민주의 쿠데타가 실패한 이후 더욱 강하게 밀어붙여졌다. 그렇게 지도자에 반대한다고 생각되는 모든 사람이 적으로 간주되었다.

태국의 언론계 거물인 탁신 친나왓은 인민의 목소리라는 역할을 맡았고 더 나아가 대중적인 방식의 화법과 옷차림을 하기도 했다. 그는 비판적 언론을 괴롭혔고, 자신의 정치를 "연성 권위주의"라고 제시하면서 2006년에는 "내가 정부의 대세이고 다른 모든 사람들은 단지 나의 도우미일 뿐이다"라고 주장했다. 정치 이론가인 벤자민 모핏(Benjamin Moffit)이 언급하듯이 이 태국 지도자는 지식인과 비영리 조직, 그리고 시민 사회 집단이 '민족의 적'이라고 주장했다. 한때 당의 슬로건은 "행복한 삶을 위한 인민주의"였다.[84]

인민주의에게 적은 인민과 지도자에 반대하는 이들이었다. 데마고그적인 인민주의 지도자들의 수사에서 중심적인 인민과 적의 분할은 지도자와 추종자들 모두의 필요와 욕망이 이중으로 강조되고, 다른 이들에 대한 상징적이고 때로는 실천적인 배제가 증가하는 것으로 이어졌다. 그 결과는 민주주의의 질이 떨어지거나 심지어 민주주의가 제거되는 것이었다. 이 두 경우 모두 권위주의에 대한 지도자의 호소가 증가하거나(터키) 혹은 인민주의를 실각시키는 반인민주의 독재가 출현하는 것(태국)을 통해 이루어졌다. 고전적 인민주의의 경우 이 두 가지 추세[민주주의의 질 하락과 소멸]가 모두 존재했다. 1946년 당선 이후 페론은 훨씬 더 권위주의적이고 폭력적인 반인민주의 독재자들에 의해 1955년에 결국 실각할 때까지 권위주의를 증대시켰다.

인민주의는 과거 파시즘적 폭력에 대한 권위주의적 대안으로 급부상했다. 즉, 이 대응에는 정치적으로 대표되지 못한 채 있던 시민들에게 새롭게 초점을 맞추는 것뿐만 아니라 민주주의적 기조 속에서 파시즘을 재조율하는 것이 포함되어 있었다. 이러한 까닭으로 지난 세기에 가장 영향력 있는 역사학자 가운데 한 명이었던 에릭 홉스봄은 파시즘이 라틴아메리카 역사에 막대한 효과를 끼쳤다고 믿었던 것이다.

홉스봄에게 파시즘이 아메리카 대륙에 끼친 이데올로기적 영향력은 부인할 수 없는 것이었다. 그러나 그는 이러한 영향력이 유럽을 모방하는 데 참여한 결과가 아니라 민주주의적 변혁의 결과라고 언급했다. 홉스봄은 라틴아메리카 파시즘의 민족적 특수성을 보는 데 실패했지만 이와 동시에 라틴아메리카의 파시즘이 낳은 인민주의적 결과를 예리하게 인식하고 있었다. "유럽의 파시즘이 끼친 영향이 드러나고 인정받게 된 것은 라틴아메리카였으며, 콜롬비아의 가이탄(1898~1948)과 아르헨티나의 페론(1895~1974)과 같은 개별 정치인이나 바르가스의 신국가(Estado novo)와 같은 정권 수준 모두에 유럽의 파시즘이 영향을 끼쳤다."

홉스봄은 라틴아메리카 전후 맥락의 의미를 충분히 분석하지 않고 파시즘이 대서양을 건너면서 겪었던 실체적 전화를 강조했다. 그는 파시즘이 인민주의로 전화되는 과정이 지닌 고유성을 강조하며, 이러한 고유성이 민족주의적인 구조적 요인에 있다고 보았다. "라틴아메리카 지도자들이 유럽 파시즘으로부터 취한 것은 [정치적] 행동으로 명성을 얻은 인민주의 지도자들에 대한 신격화였다. 그러나 인민주의 지도자들이 동원하고 싶어 했으며 자신들이 동원되고 있다는 사실을 알게 된 대중들은 무언가를 잃을까 봐 두려워하는 이들이 아니었다. 이 대중들은 잃을 것이 없는 이들이었다." 이러한 구조적 요소들은 파시즘이 아니라, 인민주의가 ('과두제'는 곧 적이라는 관념과 함께) 라틴아메리카를 장악했던 이유를 설명해 준다. 이러한 인민주의 지도자들이 우파가 되었을 때, 그리고 심지어 파시즘에 동조했을 때조차도 추종자들은 그들이 결국 좌파로 움직이게끔 만들었다. 이와 대조적으로 홉스봄은 미국의 인민주의자들, 예컨대 휴이 롱(Huey Long)과 그의 전간기 루이지애나 "정복"이, "민주주의의 이름으로 민주주의를 축소시키는" 급진적인 좌익 전통에 더 크게 뿌리내려 있다고 보았다. 홉스봄에게 미국의 인민주의는 좌파의 것이었는데 그 이유는 미국의 인민주의가 '빈자의 평등주의'에 호소했기 때문이다. 그에게 이는 "그 시대에 가장 성공적이면서도 위험성이 큰 데마고그적 인민주의"였다.[85]

인민주의가 우파에 기초할 수도 있고 좌파 전통에서 발원할 수도 있었기 때문에 인민주의는 파시즘보다 포용적이었다. 흥미롭게도 홉스봄은 파시즘과 인민주의를 '자유주의의 실패'라는 맥락 속에 기입했다. 그러나 내가 주장할 것처럼, 1945년 이후에는 파시즘과 인민주의의 경험이 분리되는 새로운 맥락이 출현했다.

미국도 인민주의의 지구사에 포함되어 있는데, 미국에서는 인민주의가 좌익이 될 수도 있고 우익이 될 수도 있었다. 미국의 역사학자들은 오랫동안, 특히 1950년대 리처드 호프스태더(Richard Hofstadter)의 선구적인 작업들이 등장한 이후부터 이 문제에 대해 논쟁해 왔다. 호프스태더 이전에 미국의 역사학은 인민주의를 19세기 후반의 전통 속에서 좌익적인 현상으로만 간주했다. 그러나 호프스태더는 미국의 인민주의가 권위주의적 특징을 지니고 있음을 강조했다. 프랑크푸르트 학파의 작업에 영향을 받은 호프스태더는 권위주의적이고 비합리적이며 목가적이고 반도시적인, 그리고 심지어 반유대주의적이고 반지성주의적인 초기 미국 인민주의의 본성을 강조했다. 호프스태더 이후 여러 학자들은 여전히 인민주의를 좌파와 동일시하기도 했지만, 다른 학자들은 인민주의가 진보적일 수도 있고 반동적일 수도 있는 이중적 가능성을 강조했다. 잭슨 민주주의(Jacksonian democracy)에서 매카시즘에 이르기까지, 그리고 1945년 이전 찰스 코글린(Charles Coughlin) 신부의 대중 선동적인 반유대주의적 파시스트 연설과 찰스 린드버그(Charles Lindberg)의 전인민주의적 우익 토착주의 연설에서부터 1968년 조지 월리스(George Wallace) 및 1996년 로스 페로(Ross Perot) 후보에 이르기까지, 미국 역사학자들은 인민주의가 현대성에 대한 반응인지 아니면 현대성에 대한 거부인지를 두고 논쟁을 벌여 왔다. 그러나 역사적으로, 그리고 이에 더해 초민족적으로 본다면 인민주의의 정치적·사회적 성향은 맥락에 따라 달라진다 할 수 있다.

다른 모든 곳과 마찬가지로 미국에서 전후 인민주의는 실제의 혹은 인식된 자유주의의 위기에 대한 현대적 대응이자 파시즘 없는 세계라는 냉전 초기의 새로운 경험에 대한 대응이었다. 미국의 역사학자들은 일반적으로 전후 현대 인민주의의 초민족적 함의와 전후 시기에 고전적 인민주의가 출현했던 곳이 라틴아메리카였다는 사실을 탐색하지 않는다. 민족적 전통에만 초점을 맞추는 이러한 역사학자들은 특히 제2차 세계 대전 직후에 활성화된 반공주의 운동과 그로부터 얼마 지나지 않아 민권 운동에 반해 가해진 맹렬한 반동들로 인해 인민주의가 진보적 좌파의 현상에서 반동적인 우익 현상으로 확실히 돌아섰다고 이야기했다. 미국사를 연구하는 역사학자 대부분은 인민주의가 진보에서 반동으로, 즉 보다 확실한 지배적인 우익 형태로 돌아선 이유가 또 다른 세계적 추세, 특히 (유일한 원인은 아니지만) 반공주의와 반자유주의적 페론주의를 비롯한 다른 제3의 길 운동들이 전후에 자유주의가 부활한 뒤 구체화되는 흐름에 조응했기 때문이라는 사실을 다루지 않는다. 미국은 나머지 나라들의 사례와 다르지 않았다. 1945년 이전 미국의 진보주의적 인민주의와 뉴딜(New Deal)에 반대하며 강화되었던 반공 우익 인민주의 사이의 차이점은, 전인민주의와 라틴 아메리카에서의 원형 인민주의 및 고전적 인민주의를 나눴던 나의 구분과 연대기상으로 조응한다. 통일된 인민을 자유주의 엘리트들로부터 보호한다는 목표를 갖고 1940년대에 지배적이게 된 새로운 아메리카 인민주의는 다른 민족적·초민족적 인민주의의 사례들과 많은 자극을 공유했다.[86]

    미국사를 연구하는 여러 역사학자들은 인민주의가 전후 시기에 우파로 돌아섰다는 점에 동의한다. 그러나 역사학자 로날드 포르미사노(Ronald Formisano)가 강조하는 것처럼 이러한 경향에는 중요한 예외가 존재했다. 몇몇 사례들에서 미국의 인민주의는 진보와 보수의 모티프를 혼합한다는 것을 내세웠는데, 예를 들어 1992년 로스 페로의 제3정당 대선 출마 지지자들이 이 두 가지 모티프를 모두 반영했다.[87] 그러나 포르미사노는 종교 우파가 1990년대에 "공화당 진영으로 확실하게 이동했다"고 언급했다. 이러한 움직임과 함께, 토착주의 및 훨씬 더 외국인 혐오적인 인민주의의 주제들이 공화당(GOP)을 점점 더 식민화해 가는 현상은 2008년 버락 오바마의 당선 이후 많은 풀뿌리 티파티가 출현하게 되는 과정을 설명해 준다. 예를 들어 "티파티는 2009년에 정부 지출과 높은 세금, 구제 금융에 저항하면서 정치 무대에 혜성처럼 등장했지만, 여성과 미등록 이주민들의 사회적 권리 및 사회적 지위에 초점을 맞춘 종교 우파 및 동맹 집단의 문화적 편견도 티파티의 열망을 크게 고무"시켰다. 특히 반이민적 외국인 혐오는 티파티 이데올로기에서 중심적이었다. 경제 위기에 대한 오바마 대통령의 매우 온건한 대응에 따른 신자유주의적 공포와 인종주의 역시 [티파티 이데올로기에서] 중요했다. 메사추세츠의 티파티 모임을 분석한 베네사 윌리엄슨(Vanessa Williamson)과 테다 스카치폴(Theda Skocpol), 존 코긴(John Coggin)은 말한다. "공적 모임에서 나타나는 티파티의 수사는 호프스태터의 『미국 정치의 피해망상적 양식(Paranoid style of American politics)』의 한 페이지를 옮겨 놓은 것처럼 보였다. 이들은 대통령이 미국 민주주의를 위협한다고 매도했는데, 이는 실제 정치적 사건이나 정책적 사건들에 비해 너무 과도한 방식의 비난이었다."[88] 티파티는 많은 공화당원들을 양극화와 현존 대통령에 대한 악마화로 이끌었다. 여기서 도널드 트럼프는 이른바 버서 운동(birther movement)의 가장 유명한 주창자였다. 오바마 대통령이 자국 출신이 아니라는 거짓말의 배후에 있는 환상은, 엘리트이면서 인민과 민족에 반한다고 판단되는 이의 정치적 정당성을 벗겨 내고자 하는 전형적인 인민주의적 충동이다. 트럼프가 미국 인민주의 우파의 대명사가 되고 미국의 대통령이 되었을 때 인민주의의 고리가 완성되었다. 미국 인민주의는 그전까지는 불완전한 형태였던 인민주의를 완전하게 만들어 줄 그 지도자를 찾았다.

21세기 초반 몇 십 년간 티파티와 트럼프 대통령은 이러한 민족적이지만 동시에 초민족적인 인민주의 전통을 지속시켜 왔다. 백인 우월주의 웹사이트 브레이바트(Breibart)는 트럼프가 대통령이 되는 길에 혁혁한 역할을 수행했으며, 그 경영인(CEO)이 트럼프 캠페인의 최고 참모였다. 브레이바트에게 트럼프는 대서양 전역의 '인민주의자·민족주의자 후보들'을 위한 선도적인 사례를 제공했다. 브레이바트는 "프랑스, 독일, 오스트리아, 이탈리아, 영국, 헝가리 등지에서 인민주의 정당들이 지속적으로 부상하면서 세계주의(Globalism)에 대한 일련의 강력한 타격들이 가해졌다. 브렉시트 국민투표의 사례에서도 (기득권의 증폭기인 주류 언론을 포함해) 기득권은 사실을 거부하며 이를 부인했고, 그러다가 자신들의 예측이 허상이었음이 입증되면 자신들의 옷을 찢어 버렸다"라고 주장했다. 브레이바트가 트럼프의 인민주의가 미국을 구원할 것이라고 주장했다면, 이탈리아의 인민주의자 베페 그릴로는 트럼프의 승리는 세계사의 전환점이었다고 주장했다. "트럼프의 당선은 광범위하게 엿을 먹인 것이다. 트럼프는 훌륭한 승리의 날(V-Day)을 이뤄 낸 것이다." 그다음에 마린 르펜도 트럼프의 승리가 "전 세계적 혁명"이자 엘리트에 대한 인민의 의지의 승리를 대표한다고 주장했다. 르펜에게 "분명히 트럼프의 승리는 오래된 세계를 대체할 새로운 세계를 건축하기 위해 더해질 벽돌"이다. 르펜은 "인민의 이름으로(Au nom du people)"라는 슬로건을 자신의 대선 캠페인에서 채택하면서, "우리는 교차로에 서 있습니다. (…) 이번 선거는 문명의 선택입니다"라고 주장했다. 트럼프와 같이, 르펜은 자신의 입장을 진정한 애국자의 입장과 동일시했다. "이제는 좌·우파의 분할이 아니라 애국자냐 세계주의자냐의 분할이 중요하다."[89]

이렇듯 초민족적으로 공유되는 친연성과 맥락적 유사성은 세계에서 가장 모범적이고 저명한 민주주의 국가에서 인민주의가 새로운 재앙과 같이 승리했음을 공표했다. 이러한 사실은 전통적으로 미국 예외주의를 외치던 정치학과, 유사한 초민족적 역사들을 무시하던 미국 역사학의 오랜 경향을 모두 침묵시켰다. 파시즘과 권위주의 전문가인 코스타 핀투(Costa

Pinto)가 주장했던 것처럼, 트럼프주의의 탄생과 함께 미국 민주주의가 폭넓은 우익 인민주의 추세에 속하지 않았다는 주장이 얼마나 문제적인지 분명해졌다.[90] 미국이 다른 모든 지방(province)에 독자적으로 영향을 미치는 중심적인 지방이라고 하더라도, 결국 미국은 지구사 속의 한 지방이다. 실제로 역사 속 미국 인민주의의 징후적인 특유성이 몇 가지 존재한다. 자유주의가 대권을 장악한 나라[미국]에서 정초된 미국의 인민주의는 필연적으로 공화정이라는 국가의 자유주의적 시발점으로 되돌아가서 이를 다뤄야 했다. 안드레아스 칼리바스(Andreas Kalyvas)와 이라 카츠넬슨(Ira Katznelson)이 주장하는 것처럼, 실제로 미국은 "전 세계 최초의 자유주의 정권[체제]"이었다. 미국 공화정의 정초자들인 토마스 페인(Thomas Paine)과 제임스 매디슨(James Madison) 같은 이들은 정치적 덕성을 정치적 대의제로 재정식화했다. 그들은 현대 민주주의를 인민의 대표로 정의했다.[91] 그들의 해법은 인민 주권과 정치적 대의제를 새롭게 결합하는 것이었다. 그들에게 권력은 절대적인 것이 아니었고 권위는 궁극적으로 인민들로부터 도출되는 것이었다. 선거 절차들은 바로 이러한 것들의 표현이었다. 대표들은 인민의 이름으로 일정 기간 동안 통치하지만 절대 권력은 오직 인민에게만 존재하는 것이었다. 정치적 정당성을 부여하는 이는 인민이었지 인민을 한시적으로 대표하는 이들이 아니었다. 공화정의 시발점에서부터 실천적으로 이러한 이상이 항상 달성되었던 것은 아니다. 대표를 선출하면서 인민들은 직접 통치를 간접 통치와 맞바꾸었고 이는 민주주의의 확장에 제한을 두었다. 이에 더해 인민들이 자신들의 이름으로 행동할 수 있도록 권력을 위임했던 이들은 종종 지배 형태를 강제할 수 있는 정치 과정을 행하기도 했다. 예를 들어 한나 아렌트에게 인민 주권의 사용은 불평등하고 권위주의적인 결과로 쉽사리 이어졌다. 칼리바스가 설명하는 것처럼, 아렌트는 "주권의 동질화하려는 욕동이 단일한 거시 주체, 즉 하나의 인민(People-as-One)이라는 위험한 허구를 폭력적으로 부과하면서 공적 공간의 구성적 다양성, 즉 공적 공간의 다원성을 파괴할 수 있는 위험이 있다고 경고"했다.[92]

확실히, 역사상의 인민 주권 개념은 평등주의적인 결과로도 권위주의적인 결과로도 나타났다. 다른 사례들과 마찬가지로, 주권 개념에 대해서 (민주주의적 결과를 촉진하기도 하고 제한하기도 했다는 의미로) 양가적이었다는 점에서는 미국도 예외가 아니었다. 정치 이론가 제이슨 프랭크(Jason Frank)는 우리로 하여금 미국이라는 나라의 역사가 인민을 "권력의 유일하게 정당한 원천"으로서 소환하면서 구성되었다는 점을 상기시킨다. 즉 "인민은 식민지 권위에 맞선 민중 혁명을 정당화하거나 '집단 자격의 인민들을 [미국 정부에서 직접적인 역할을 하지 못하게끔] 배제하는 것'에 기초한 헌법적 질서를 정초하기 위해 사용되었다. 혹은 주에 용기를 부여하고 연방에 힘을 부여하기 위해, 자경(自警, vigilantism)을 승인하고 법치를 긍정하기 위해, 도금 시대의 경제적 착취에 반하는 광범위한 인민주의 전선을 창출하고 국가의 몇몇 최악이라고 할 수 있는 인종적 잔학 행위를 영속시키기 위해서, 대통령의 권력을 증대시키고 권력을 기층 민중에게 되돌려 주기 위해 사용되었다."[93]

전 지구적으로 후보자나 여타 정치 지도자들은 종종 자신들에 대한 언론이나 학계의 비판을 차단하기 위해 자신들의 사상이 지닌 대중성을 들먹였다. 그 결과로 모든 인민주의 분석이 엘리트주의적이라거나 혹은 민족[공동체]의 다수자라고 여겨지는 이들의 필요와 바람에 부합하지 않는다고 간주하는 목적론적 경향성이 생겨났다. 이러한 상황은 대중적(popular)이라는 말이 지시하는 현실이 어떤 것이든, 비판가들이 이 말에 반하는 상징적 공격을 하면 [거꾸로] 비난당하는 상황에 노출되도록 만들었다.[94] 특히 미국에서 대중적인 것과 인민주의는 종종 마치 동의어인 것처럼 활용되어 왔고, 그 결과로 이 두 가지 말은 인민의 필요를 되찾기 위한 정당하며 진보적인 대의와 동일시되었다.

사실 인민이라는 용어는 자유주의에서 파시즘에 이르기까지의 정치 운동들을 대표하는 상이한 민족적 행위자들이 동등하게 전유해 온 중립적인 용어다. 파시스트들은 포폴로(popolo)나 포크(volk)의 이름으로 발언해 왔고, 현실 사회주의자들 또한 인민을 민족과 결부해 왔으며, 자유주의자들은 현대를 나타내는 근본적 표현으로서 '우리, 인민(we the people)'에 준거해 왔다.[95] 그러나 인민주의가 이러한 모든 전통들을 연결했다. 이러한 맥락에서 인민주의는 정치적 대표를 완전 위임(full delegation)과 뒤섞었고, 정치적 대표와 완전 위임을 민주주의가 실질적으로 작동했던 과거라는 신화적 관념과 결부지었다. 따라서 인민주의는 스스로를 과거로 회귀하는 것으로서 제시했지만 이와 동시에 관용과 다양성이 중요한 정치적 역할을 맡는 걸 멈출 때에는 스스로를 미래로서 제시하기도 했다. 다른 어느 곳들보다도 미국의 인민주의는 항상 그 민주주의적 기원으로 되돌아갈 수 있었지만, 다른 모든 곳에서와 마찬가지로 이러한 민주주의적 기원들은 자주 희석되었고 다수자에 한정되었으며 다원성으로부터의 구원을 위한 원천인 것처럼 신화적으로 상상되었다.

세계의 다른 나라들 사례와 마찬가지로, 제2차 세계 대전의 종전은 미국을 크게 바꾸어 놓았다. 전후 경제 질서와 자유주의의 새로운 헤게모니적 지위는 우파의 인민주의가 파나마 운하 북쪽에서 지배적인 변종이 되도록 하면서 좌파의 인민주의적 잠재력은 최소화시켰다. 그럼에도 20세기의 나머지 시기 동안 인민주의는 공화당 안팎에 있는 더욱 보수적인 요소들에 의해 선별적으로 수용되거나 제한되었다. 이러한 상황은 점차로 달라졌다. 특히 신자유주의와 기술관료, 새로운 세기의 경제 위기가 서로 연계하며 순환한 이후에 그러했다. 마침내 2017년 미국의 극우 인민주의가 권력을 장악했다.

운동의 수준에서 미국의 티파티와 그 이후의 트럼프주의는 전 지구에 걸친 인민주의를 역사적으로 규정해 온 이들에게 유사한 권위주의적 상호 작용을 보여 주었다. 인민주의적 급진화의 논리는 인민과 타자(상상된 인민의 적) 사이의 대립을 극찬했다. 이러한 극단적 적대는 많은 추종자들이 자신들의 지도자들에게서 원하는 것이었다. 2016년에 파블로 피카토(Pablo Piccato)와 내가 트럼프주의와 관련해 주장했던 것처럼, 몇몇 논평가들은 트럼프의 추종자들이 트럼프가 대표하는 것이 무엇인지 잘못 이해하고 있거나 적어도 그것을 신봉하지는 않을 것이라고 믿는다(혹은 아마도 그러기를 바랄 것이다). 그러나 그들은 틀렸다. 이러한 논평가들에는 트럼프의 추종자들이 호도당하고 있다고 제시했던 버락 오바마 대통령도 포함된다. 그러나 여러 연구들은 아프리카계 미국인들과 이민자들에 대한 분개와 트럼프에 대한 지지 사이에 일정한 상관관계가 있음을 관찰했으며, 일부에서는 "트럼프의 지지자들이 트럼프를 그의 반민주주의적 특성에도 불구하고 좋아하는 것이 아니라 정확히 바로 그 반민주주의적 특성 때문에 좋아하는 것이다"[96]라고 주장한다. 인민주의는 카리스마적 지도자로 단순히 환원될 수 없고, 인민주의자의 영향력을 인민주의자가 인민의 진정한 혹은 거짓된 대변인인지 아닌지의 여부로 설명할 수 없다. 지도자와 추종자는 서로의 기대에 조응하고 운동의 현실을 형성한다. 실제로 이는 현대 인민주의가 아르헨티나 독재 체제의 민주화를 이끌면서 하나의 정권[체제]으로 태어난 방식이었다. 그러나 그 반대 역시 가능하다. 예를 들어 거대한 소수나 아주 작은 다수가 투표한 지도자(베네수엘라의 마두로의 사례)는 역사 속 인민주의의 구성 요소였던 선거 정당성의 필요성을 없애면서 민주주의로부터 더 멀리 이탈하기를 선택할 수도 있을 것이다.

이는 현대 인민주의의 역사가 보여 주는 것처럼, 페론주의의 사례에서 처음으로 명확해졌다. 페론 치하에서 아르헨티나는 유의미한 소득 재분배를 경험했고, 임금 상승 및 일자리 증가와 함께 도시·농촌 노동자들의 권리가 향상되었다. 처음에 페론과 1943~1946년 독재에 의해 달성된 사회적 토대의 구조 개혁은 민주주의 절차에 따른 것이 아니었다. 따라서 페론의 추종자들은 독재 정권과 독재 정권을 지도하는 인물에 대한 지지를 공개적으로 표현할 수 없었다. 이는 독재의 정당성을 없애지 않는다면 이루어질 수 없는 것이었다. 페론은 당시까지 독재적이었던 자신의 지도를 정당화하기 위해 선거를 요구함으로써 이 모순을 해결했다. 이에 더해 그가 1945년에 독재 정권에서의 직책에서 해임되고 그를 지지하는 대중 시위가 벌어졌을 때, 페론은 자신을 독재에 반한 인민 쿠데타의 지도자로 자리매김할 수 있었다. 그렇게 그는 1946년 2월 대선에서 승리했다. 그 결과는 사회적 권리의 확장과 페론 지지자들의 선거 참여 증가, 그리고 반대파[야당]의 정치적 권리 제한이 결합된 민주주의였다.

과거에서 현재로

이러한 새로운 형태의 전후 정치는 이후에 라틴아메리카 인민주의의 고전적 사례가 되었다. 선거 민주주의의 권위주의적 판본인 인민주의는 스스로를 보통의 정치의 외부자로 제시했다. 이는 민주주의에 대한 비선거적(nonelectoral) 주장을 형성한다. 정치적 소수자들이 스스로를 표현할 수 있게끔 남겨진 공간은 점점 줄어들었고, 정치적 소수자들에게 민족의 '진정한' 의지에 대한 반역자라거나, 혹은 더 나쁜 경우 나라를 음해하려는 외국 권력의 꼭두각시라는 혐의가 씌워졌다. 마침내 인민주의는 인민의 화신으로서의 지도자로 특징지어지는 후견주의 형태를 강제하면서 국가와 운동을 융합했다. 실제로 페론은 자신의 지도력이 민족[공동체]의 인민 전체와 국가의 안보 장치를 영원히 연결한다고 보았다. 페론이 그 유명한 1945년 10월 17일의 연설에서 자신을 3인칭으로 언급하며 주장했던 것에서 이를 알 수 있다. "이러한 공화국의 역사적 시간은 이 페론 대령으로 하여금 인민과 군대, 경찰 사이의 형제애를 깨뜨릴 수 없게 하는 연합의 연결고리가 되도록 만들었습니다. 이러한 연합이 영원하고 무한할 수 있게 해, 인민들이 진실되고 참된 민족성 및 질서의 힘이 어우러지는 영적 통일체 속에서 자라날 수 있게 합시다." 페론은 스스로를 법과 질서의 지도자로 자리매김했다. 그는 인민들 사이의 모든 차이를 없앰으로써 분할된 공중을 하나로 모을 수 있었다. 그렇게 함으로써 아르헨티나 군은 아르헨티나 안팎에서 나라의 국가 안보뿐만 아니라 민족 정체성을 훼손한다고 상상된 인민의 적들에 맞서 치안과 무력을 증가시켰다. 우리가 파블로 피카토와 더크 모세스(Dirk Moses)와 함께 주장했던 것처럼, 트럼프 또한 우리 대 적이라는 상상된 경각심과 징고주의적(jingoistic) 성명들, 그리고 법과 질서에 대한 관념을 자신이 인민의 '전령(messenger)'이라는 허구와 혼합했다. 자신의 취임 연설 "미국의 살육(American carnage)"에서, 트럼프는 미국 인민들이 소수의 정치인들을 패퇴시켰다고 이야기했다. 트럼프는 "너무 오랫동안 우리나라 수도 워싱턴의 소수 집단이 정부로부터의 혜택을 수취하는 동안 인민은 그 비용을 부담했습니다"라고 이야기했다. 또한 선거 유세 기간 동안 트럼프는 '살인율'이 거의 반세기 만에 가장 높았고, 경찰이 미

국에서 '가장 학대받는 사람들'이라고 거짓 진술하면서 나라가 범죄에 시달렸다고 주장했다.[97]

트럼프는 고전적 인민주의의 우수한 제자로, 페론 판본의 인민주의를 현실화하고 있었고 이는 세속적인 입헌 민주주의가 민족 쇠퇴의 원인이라는 관점에 의지하고 있다. 이러한 지도자들은 자신들이 민족과 인민을 사인화한다고 표상하면서 [인민으로부터 위임받은] 선출직의 권한이라는 망토를 뒤집어쓰고 자신들의 나라를 뒤집어 놓고자 했다. 트럼프가 유권자 투표(대중 투표, popular vote)에서 패배했다는 현실에도 불구하고 트럼프주의에서 이러한 허구가 만들어진 것이다. 페론주의에서 이러한 권위주의적인 민주주의관은 전간기 민족주의와 비마르크스주의적인 민족주의적 사회주의의 종합을 정당화하기 위해 대중 투표를 활용해야 할 필요성을 현실화했다. 페론은 자신의 회고록에서 이탈리아 파시즘 및 나치즘을 "민족적 성격을 지닌 사회주의"와 동일시했다. 그는 파시스트 이탈리아를 방문했을 때를 언급하면서 다음과 같이 진술했다. "나는 이탈리아에서 군복무하기로 했는데, 그 이유는 새로운 민족적 사회주의가 검증되고 있던 곳이었기 때문이다. 그때까지 사회주의는 마르크스주의적이었다. 이와 달리 이탈리아에서의 사회주의는 이탈리아만의 독자적인 사회주의였다. 그것은 바로 파시즘이었다."[98] 페론은 민주주의적이고 반자유주의적인 새로운 기조 속에서 파시즘을 급진적으로 재조정했다. 그러나 인민주의는 아르헨티나나 라틴아메리카, 북아메리카, 아시아, 혹은 유럽만의 전유물이 아니다. 이와 달리 인민주의는 서로 구분되는 유럽·아시아·미국·라틴아메리카의 역사들을 지닌 전 지구적 현상이다. 인민주의는 대서양과 그 너머를 아우르는 정치적 이념들과 역사적 경험들이 상호 연관되고 이전된 결과다(결과였다).

인민주의는 처음에 반좌익적인 민주주의적 해법이자 자유주의와 공산주의 사이의 냉전 이분법을 극복하기 위한 시도로서 출현했다. 파시즘의 비민주주의적 경험들을 '민주화'하기 위한 방식으로, 페론주의는 전후 첫 번째 인민주의 정권[체제]의 사례로 변형되었다. 다른 [인민주의] 정권[체제]들이 브라질과 볼리비아 및 여타 라틴아메리카 국가들에서 뒤이어 나타났다.

파시즘의 재정식화로서 현대에 출현한 인민주의는 상반되는 여러 역사들을 갖고 있었다. 한스 보를랜더(Hans Vorländer)가 주장하는 것처럼, 인민주의는 "좋기도 하고 나쁘기도 하며 추하"기도 하다. 인민주의는 민주주의에 다양하고 모순적이기까지 한 효과를 미쳐왔을 것이다. 인민주의는 민주주의를 촉진하기도, 협애화하기도, 심지어 파괴할 수도 있다.[99]

라틴아메리카에서 고전적 인민주의 정권[체제]들은 일반적으로 권위주의적이고 국민투표적인 대통령 지도력과 거대한 다수 인민의 의지, 그리고 사회적 권리의 확장을 결합해 왔다. 반면에 더 최근의 유럽 우파 인민주의는 일반적으로 이민자를 공격의 표적으로 삼고 유럽연합의 해체를 강조해 왔다. 인민주의는 가장 최근의 그 역사적 형성 과정에서 전 지구적 경제 침체에 대한 비다원주의적 대응을 대표한다. 또한 인민주의는, 행정부를 옮겨 다닐 뿐 사회적 격차의 증가에는 무관심해 보이는 기술관료 엘리트들이 계속 남아 있음으로써 촉발된, 널리 인식된 대의제의 위기에 대한 비다원주의적 대응을 대표하기도 한다.[100]

신자유주의에 대한 이러한 대응들은 좌·우파 각각 모두에게서 나타나며, 경우에 따라서는 이탈리아 오성운동과 아르헨티나의 키르치네르주의 운동에서 볼 수 있는 것처럼 좌·우파의 대응이 혼합되기도 한다. 이러한 좌·우파의 혼합은 좌파와 우파의 전통적 경계에 이의를 제기하지만,

그렇다고 중요하고 실체적이기까지한 차이들, 예컨대 볼리비아에서 있었던 에보 모랄레스 운동의 좌파 인민주의나 핀란드에서 있었던 핀인당(Perussuomalaiset, True Finns)의 외국인 혐오적 인민주의 사이의 차이들까지 없애지는 않았다.[101] 신자유주의에 대한 이들의 대응이 극단적으로 상이하다는 점은 비역사적인 총칭적 정의의 외피 아래서 좌·우파의 구분을 완전히 뭉개 버릴 수 없다는 점을 설명해 준다. 그러나 인민주의는 끊임없이 현존하는 표준적인 이데올로기의 경계들을 재형성하고자 한다.

좌·우파 인민주의 모두 유럽에서 하나의 정치적 세력이 되었다. 좌파의 경우, 그리스와 스페인이 가장 적합한 사례가 될 수 있다. 영국, 이탈리아, 프랑스, 슬로바키아, 불가리아, 덴마크, 핀란드, 네덜란드, 독일, 오스트리아의 우익 정치인들은 권력을 '인민'에게 되돌려줘야 할 필요성이 있으며 '과두 엘리트'들로부터 권력을 탈환해야 한다고 강조한다. 비록 종종 유럽에 속하지 않는다고 생각되는 나라들이더라도, 예를 들어 터키와 러시아는 선명한 형태의 인민주의적 지도력을 구성했고, 이러한 지도력에서 반대파[야당]는 인민의 의지와 반대되는 존재로 제시되었다. 황금새벽당(Golden Dawn)과 헝가리의 요비크당(Jobbik Party)은 다른 운동들보다 더 극단적 형태의 인민주의를 주장했고, 이들은 새로운 파시즘의 추종자 혹은 더 단순하게는 네오나치즘의 형태로 볼 수 있었다.

이렇듯 파시즘과 인민주의를 오가는 움직임은 궁극적으로 민주주의적 권위주의 판본의 인민주의가 해체되고 인민주의가 파시즘으로 되돌아갈 가능성을 나타낸다. '온건한' 측의 경우, 영국에서의 영국독립당의 활동은 2016년 브렉시트가 성공하는 데 기여했고, 더 일반적으로는 유럽의 해체에 기여했다. 이들은 민족으로 회귀하고 [국제] 제도들을 반정치적으로 거부할 것을 제안했다.

인민주의의 구성체들이 야당[반대파]에 있을 때, 이들은 불완전하고 그 역할은 체제 내에서의 반대 정파의 기능으로 국한된다. 권력을 장악하지 않았을 때, 이들의 영향력은 이들이 어떻게 정치적 의제에 영향을 미치는지의 문제와 연관되어 있다. 이들은 상이한 국가를 가로지르는 시민 유대에 반하는 비관용적 민족주의의 방향으로 작동하는 기능을 맡는다. 이러한 인민주의 우파의 성공, 즉 다발적인 반유럽[통합] 국민투표에서 브렉시트에 이르는 일련의 사건들이 전형적으로 보여 주는 (그러나 이 사건들로 국한되지 않는) 성공은 인민주의 우파에게 현상 유지에 반대하는 방법을 찾아내는 특수한 힘이 있다는 사실을 보여 준다. 이들이 찾아낸 이 방법들에는 반다원주의, 분노 표출, 포괄적 불만, 즉 보다 구체적으로는 이민자와 언론에 대한 비난, 그리고 무엇보다도 징고주의적[8] 민족주의의 귀환이 있다.[102] 대부분의 경우에 이러한 인민주의 우파는 민주주의적 삶과 다원주의의 잠재력에 맞서는 인민의 역설을 보여 주지만, 이는 또 다른 역설과도 결부되어 있다. 즉, 이 역설은 전제와 파시즘 혹은 독재에 반한다는 명분으로 반민주주의적 가치들을 이야기하는 역설이다. 랑시에르가 평가한 것처럼, 과두제 형태의 주권은 친족 혹은 인종으로서 정치와 연결된다. 친족과 인종 모두 더욱 평등한 민주주의에 반하며 작용하는 형태의 반민주주의를 대표한다.[103] 다음 장에서 살펴볼 것처럼, 인민주의가 인민 주권 개념을 지도자와 인민의 삼위일체라는 관념과 결합하는 방식을 통해 인민 주권 개념에 제약을 부과한다면, 신자유주의 또한 이중적인 주권 개념을 나타낸

---

8) 징고주의(Jingoism)는 배타적 민족주의나 애국주의를 뜻하는 말로 1870년대 영국에서 유래되었다. 당시 러시아의 남하 정책에 맞서 영국 보수당 내각은 강경 정책을 추진했고, 국내에서는 전쟁을 불사하겠다는 정서와 그를 반영하는 노랫말("전쟁을 원하지 않지만 필요하다면 결단코(by Jingo) 싸울 것")이 담긴 유행가가 널리 퍼졌다고 한다.

다. 남반구에서 수십 년간의 독재자에 대한 지지가 이루어진 이후, 신자유주의는 시장의 섭리에 대한 신앙을 전 지구적 규모에서의 선거 과정의 정당성과 결합한다. 볼프강 슈트렉(Wolfgang Streeck)이 주장하는 바와 같이, 신자유주의는 민주주의적 참여에 유의미하게 의지하지 않는 주권 형태의 하나를 나타내는데, 그 이유는 신자유주의가 시장의 명령에 의지하기 때문이다. 따라서 신자유주의는 시민의 정치 참여를 없앰으로써 민주주의에 대한 신자유주의의 도전을 전면화하고 인민 주권을 시장의 주권과 결합한다. 이렇듯 자본주의적 삶과 사회적 삶 사이에 이루어진 타협의 한 차원은 시장 논리가 자연화되고 하나의 도덕적 혹은 윤리적 명령이 되어 정치에 앞서거나 그 위에 있다는 식으로 제시된다는 점이다. 슈트렉에게, "민주주의가 '시장의 힘이 자유롭게 작동'하는 상태에서 평등주의적인 정치적 개입의 역량을 박탈당한다면, 신자유주의적 자본주의와 선거 민주주의는 평화적으로 공존"할 수 있다. 이러한 민주주의의 평등주의적 역량이 박탈된 결과는 "자본주의적 단일 문화가 권위주의적으로 강화되는 것"이다.[104]

신자유주의와 인민주의 모두 인민의 이름과 이익을 내세우면서 통치하기를 바라지만 사회에 대한 대안적 전망의 정당성은 고려하지 않는다. 이는 특히 유럽의 사례에서 나타난다. 이러한 새로운 유럽의 우파 인민주의 운동은 유럽연합을 해체하고자 할 때에도 민주주의를 파괴하려 시도하지는 않는다. 그들은 단지 민주주의의 범위를 제약하고 민주주의의 해방적 잠재력을 제한하려 할 뿐이다. 그러나 유럽에서 이루어진 파시즘의 귀환은 (특히 몇몇 국가들에서) 가장 권위주의적인 인민주의의 계보를 급진화하는 형태로 나타났다. 대부분의 유럽 인민주의의 사례가 이러한 형태로 나타난 것은 아니다. 그러나 그리스에서 황금새벽당은 과거 파시즘에 깊게 뿌리내리고 있다. 이 나라의 금융 위기와 함께 독일과 유럽연합이 가혹한 신자유주의 재정 긴축 조치 실행을 고집하면서 전간기 유럽 파시즘의 유령을 소환하는 인민주의자들의 대응이 발생해 왔다. 네오파시스트 황금 새벽당은 하켄크로이츠문양(swastika)을 따라한 상징을 공개적으로 사용한다. 그 지지자들은 이민자들과 정적에 대해 (살인을 포함한) 폭력적인 물리적 공격을 저지르며, 정당 노선에는 반유대주의와 홀로코스트 부정론이 포함되어 있다. 유사한 분위기가 헝가리에서도 부상하는데, 여기서는 민족주의적이고 이민에 반하는 반유대주의 정당 요비크당이 이 나라에서 가장 중요한 정치 구성체들 가운데 하나가 되었다.[105]

대서양의 또 다른 축에서는 트럼프의 성공적인 대선 캠페인이 미국을 세계 우익 인민주의의 중심지로 다시 자리매김시켰다. 트럼프는 종족적·종교적 차별을 고집하면서 인종주의를 아주 명시적인 방식으로 수용했는데, 이는 프랑스의 국민전선과 오스트리아의 자유당이 인종주의를 전략적으로 재포장한 것을 넘어서는 시도였다.

유럽과 미국은 자유주의에 대한 대응이자 좌파에 대한 대응으로서 출현했던 우익 형태의 인민주의의 귀환을 목도하고 있는데, 이 우익 인민주의는 라틴아메리카의 고전적 권위주의 판본 인민주의로 되돌아가고 있다. 그러나 이는 후자가 행했던 사회적 포용에 대한 강조를 재생산하지 않고 이루어지는 것이다. 우익 유럽 인민주의자들과 미국의 인민주의자들은 라틴아메리카의 인민주의적인 사회 불평등 비판을 종족적·종교적·이주민 소수자들을 민족에서 배제하려는 징고주의적인 압력으로 대체해 왔다. 사회 불평등의 증가라는 맥락에서, 유럽과 미국의 우파 인민주의 지도자들은 시민을 전통적 형태의 민주주의 대의제로부터 분리시킬 필요가 있다고 강조한다. 그들에게 지도자들은 그 나라의 전체 거주자와 대조되는 '진정한' 인민의 현현을 표상한다. 예를 들어, 영국·네덜란드·프랑스·이탈리아와 같은 유럽의 나라들에서 이러한 반소수자 관점은 인민주의 운동의 관점을 초월하며, 보수주의 정치인들과 사회 민주주의 정치인들까지도 점차로 반소수자 관점을 받아들이고 있다.

라틴아메리카에서, 좌·우파의 인민주의는 일반적으로 지역 통합을 강조했다. 유럽과 미국의 우익 인민주의의 경우에 이와는 다르다. 인민주의가 1940년대에 사회적 재분배와 국가 자본주의를 결합한 좌파에 대한 반공주의적 대응으로서 출현했다고 하더라도, 1990년대에 인민주의는 수직적 지도력을 자유 시장 경제학과 결합하려는 새로운 반좌파적 시도로 변형되었다. 이러한 재정 긴축 계획은 경제적 역기능과 침체 증가에 대한 대응으로서 제시되고는 했다. 현실에서 재정 긴축 계획은 이러한 문제들을 해결하기 위한 시도로서 실패했고, 라틴아메리카에서 사회적 격차를 줄이기 위한 국가의 역량이 축소되는 결과를 낳았다. 최근 볼리비아와 베네수엘라, 에콰도르에서 좌파와 연합한 라틴아메리카 인민주의는 분명히 이러한 좌·우 인민주의 순환의 결과라고 할 수 있다. 이들은 우파 인민주의에 대한 한 대응이며, 이제 국가와 운동을 혼합하고 지도자를 효과적인 인민의 부양자로 승격시키는 후견주의 형태를 강화한다. 사회적 격차가 줄어들 때조차도, 정치적 양극화는 지배적이다.[106] 이와 반대로, 최근 유럽과 미국이 체험한 인민주의는 페론주의나 브라질의 바르가스주의보다는 훨씬 덜 포용적인 형태이기는 하지만 고전적 인민주의의 초기 형태를 닮았다고 이야기할 수 있다. 얼마 전, 인민주의 학자들은 (서구의 선도 세력인) 독일과 같은 나라가 얼마간 인민주의에 대한 면역력이 있으며 마치 모방해야 할 패러다임이라도 되는 것처럼 자신 있게 이야기한 바 있다.[107] 사실 독일은 더욱 확장된 유럽-미국적 형태의 외국인 혐오 인민주의의 선도적인 사례다.

가장 급진적 형태로 그리스와 헝가리가 있고, 이에 비해 묽은(smaller doses) 형태로 프랑스, 이탈리아, 오스트리아, 독일, 네덜란드가 있는 이 새로운 유럽 우파의 인민주의는 놀랍게도 그것의 전(前)민주주의적 토대로 돌아갈 여지가 있다. 마찬가지의 논리가 21세기 미국 인민주의의 여정을 추동한다. 최선의 경우 이 인민주의는 민주주의 제도들에 대해서 여전히 양가적일 것이다. 그러나 최악의 경우, 이 인민주의는 민주주의 제도들을 파괴하려 할 것이다. 특히 유럽에서 인민주의가 비민주주의적 계보로 회귀할 가능성이 있다는 점은 다음의 질문을 제기한다. 유럽의 우익 인민주의는 스스로를 개조하고, 최근에 획득했던 민주주의적 신조들을 경시하며, 억압된 파시스트적 과거를 재활성화할 것인가? 그리스와 헝가리의 우익 인민주의자들은 (다른 반유럽연합 정파들과 함께) 민주주의적 다원주의와 소수자의 권리에 반하는 인종주의적 네오파시스트의 입장을 차지하면서, 실제로 기꺼이 인민주의를 파시즘으로 되돌려 놓을 의지가 있는 유럽적 판본의 인민주의를 내놓았다. 독재 파시즘으로 돌아간다는 것은 1945년 이래로 인민주의라고 할 수 있던 것, 즉 민주주의적 권위주의가 용해될 수 있다는 것을 의미할 것이다.

고전적 인민주의는 독재 파시즘 형태뿐만 아니라 높은 수준의 정치 폭력, 인종주의, 반유대주의, 그리고 이와 함께 전쟁과 군사주의를 거부했다. 확실히 페론은 많은 나치 추종자들과 파시스트들을 환영했고, 바르가스 또한 브라질 소수자들을 박해하기도 했다. 그러나 페론은 아르헨티나 유대인들이 스스로 페론주의자 유대인이라고 선언하기만 한다면 이들을 민족의 완전한 구성원으로 받아들였다. 소수자들에 반하는 바르가스의 캠페인은 나치식의 파시즘이 시행한 인종주의 법보다는 동시대 미국 민주주의의 비자유주의적 추세를 닮아 있었다(예를 들어, 일본계 미국인에 반하는 프랭 클린 D. 루즈벨트의 행동). 인민주의는 파시스트적 방식에 대한 거부를 함의했다. 그 과거[파시즘]가 폭력에 의해 특징지어졌다면, 그 미래[인민주의]는 다를 것이었다. 페론은 당선되기 이전 1945년에 다음과 같이 이야기했다. "우리는 폭력으로 승리한 것이 아닙니다. 우리는 영리함과 조직으로 승리한 것입니다. (…) 미래는 우리의 것입니다." 이와 유사하게 에바 페론(Eva Perón)은 스페인을 방문했을 당시 스페인 독재자 프랑코의 아내 카르멘 폴로(Carmen Polo)에게 페론주의가 표현했던 인민의 의지와 프랑코가 재현했던 폭력 사이의 본질적 차이를 설명하면서 페론주의 정권과 프랑코 독재를 명확하게 구분했다고 이야기했다. "나는 더는 참을 수 없을 때까지 두어 번 참다가, 그녀에게 그녀의 남편이 인민의 투표에 의해서가 아니라 승리를 강요해 통치자가 된 것이라고 말했다. 뚱뚱한 여자는 조금도 좋아하는 내색을 비치지 않았다."[108]

페론주의와 여타 라틴아메리카 인민주의는 사회를 양극화했지만 그렇다고 높은 수준의 압제와 정치 폭력에 관여하지는 않았다.

민주주의 속에서 유사한 권위주의의 전개가 지난 두 세기 동안의 라틴아메리카 인민주의에 스며들었다. 인민주의는 수직적 형태의 민주주의를 수직적 형태의 지도력과 합체시켰다. 차베스와 니콜라스 마두로 치하의 베네수엘라 사례는 이념형적 구도를 복잡하게 만들고는 했다. 그들의 인민주의 정권[체제]은 군사력과 대중 군사주의(popular militarism)를 강화했고, 때로는 반유대주의에도 관여했다. (페론이 1930년과 1943년에 그랬던 것처럼) 차베스도 처음에는 쿠데타에 참여했지만, 이후에 그는 다른 민주주의 절차들은 제한하면서도 민주주의 선거에 강하게 천착했다. 따라서 일반적으로 라틴아메리카 인민주의는 파시즘을 뒤로 한 채 권위주의적 형태의 민주주의를 실질적으로 수용했다(권위주의적 형태의 민주주의는 라틴아메리카 인민주의를 아주 잘 정의해 주었다). 유럽과 미국의 신고전적 우익 인민주의 형태들 역시 라틴아메리카의 좌·우익 인민주의 역사 대부분에 걸친 사례들이 일반적으로 그랬던 것처럼 형식적 민주주의에 천착했는지 여부는 명확하지 않다. 파시즘의 그림자가 (특히 유럽에서) 과거와 현재의 인민주의 역사에 항상 드리우고 있다. 형식적 민주주의에 확고하게 뿌리내린 대부분의 라틴아메리카 판본의 인민주의들과 명확하게 대조되는 유럽 인민주의(Euro-populism)는 인민주의 현상을 그 전인민주의적 혹은 심지어 파시스트적 기원으로 되돌릴 수 있는 위험이 있다. 유럽의 극단적 인민주의는 파시즘의 포스트파시스트적 재정식화를 해체하면서 점차로 네오파시즘으로 전환하는 중이었다.

인민주의는 정치적 다양성·관용·다원성에 반대한다. 인민주의는 상상된 다수의 이름으로 이야기하며, 소수자에 속한다고 생각하는 모든 이들의 관점을 무시했다. 특히 우파 측에서 종교적이고 종족적인 소수자들이 종종 적의 범주에 포함되었고, 독립 언론은 항상 적의 범주에 포함되었다. 페론은 인민의 이름으로 이야기했고 스스로를 엘리트에 반대하는 자라고 상상했다. 르펜, 빌더러스, 트럼프 및 그 밖의 많은 동시대 지도자들처럼, 이 아르헨티나의 장군은 기성 정치에 반하는 자신만의 페르소나를 준비했다. 그는 반정치를 대표했고, 메시아적인 용어들로 자신의 역할을 구상했다. 그는 아르헨티나를 발본적으로 변화시키는 임무를 맡았으며, 최종적 위기의 시기에 아르헨티나에 새로운 역사적 기반을 제공했다.

페론이 20세기 인민주의의 전형이었다면, 새로운 우익적 변종은 새로운 세기의 새로운 인민주의의 흐름을 대표한다. 그러나 이 시대에 인민주의는 페론과 고전적 인민주의가 거부했었던 몇몇 파시스트적 주제들로 되돌아간다. 미국의 인민주의 우파(와 프랑스의 마린 르펜, 이탈리아의 북부동맹

(Northern League), 독일의 독일대안당(AFD) 및 페기다(Pegida)는 라틴아메리카의 지휘자들이 결코 상상할 수 없었던 방식의 외국인 혐오로 되돌아가고 있다.

페론 판 권위주의적 민주주의가 파시스트적이고 외국인 혐오적인 과거의 관점과 거리를 두었고, 그 핵심 요소 가운데 하나가 인종주의를 거부하는 것이었다면, 오늘날 인종주의는 다시 한번 정치의 중심에 서 있는 것처럼 보인다. 초기 냉전이라는 맥락 속에서 형성된 인민주의는 전통적인 좌파와 전통적인 우파 사이에 있는 제3의 길을 나타냈다. 인민주의는 민주주의의 논리와 민주주의 사상을 그 내부로부터 논박했다. 파시즘에서 페론주의로, 그리고 르펜주의에서 트럼프주의에 이르기까지 (그 역방향으로의 움직임에서도) 인민주의는 전통적인 형태의 정치 혹은 더욱 급진적인 형태의 해방적 정치 모두에 대한 강력한 대응이자 중요한 도전자로 남아 있다. 또한 인민주의는 비판적이고 역사적인 근거에 기반한 민주주의 이론에 대한 모든 위압적인 도전을 대표한다.

제2장 주

1 Pierre Rosanvallon, *La Contrademocracia. La política en la era de la Desconfianza* (Buenos Aires: Manantial, 2007), 260-1.

2 이러한 문제들을 다루고 있는 저작들의 경우 다음을 보라. Raanan Rein, "From Juan Perón to Hugo Chávez and Back: Populism Reconsidered," in *Shifting Frontiers of Citizenship*, ed. Mario Sznajder, Luis Roniger, and Carlos Forment (Boston: Brill, 2012); Carlos de la Torre, *Populist Seduction in Latin America* (Athens: Ohio University Press, 2010). 다음에 있는 에세이들을 보라. Carlos de la Torre, ed. *The Promise and Perils of Populism: Global Perspectives* (Lexington: University Press of Kentucky, 2015). 또한 다음의 내 책들을 보라. *Transatlantic Fascism* (Durham, NC: Duke University Press, 2010); *The Ideological Origins of the Dirty War: Fascism, Populism, and Dictatorship in Twentieth Century Argentina* (Oxford: Oxford University Press, 2014).

3 이 주제에 관해서는 다음을 보라. Federico Finchelstein and Fabián Bosoer, "Is Fascism Returning to Europe?", *New York Times*, December 18, 2013.

4 다음을 보라. Benjamin Moffitt, *The Global Rise of Populism: Performance, Political Style, and Representation* (Stanford, CA: Stanford University Press, 2016); Benjamin Moffitt, "Contemporary Populism and 'The People' in the Asia-Pacific Region: Thaksin Shinawatra and Pauline Hanson", in de la Torre, *Promise and Perils of Populism*; Danielle Resnick, "Varieties of African Populism in Comparative Perspective", in de la Torre, *Promise and Perils of Populism*.

5 이 장은 인민주의에 대한 나의 역사적 연구를 더욱 정교화한다. 인민주의에 대한 나의 최근 저작으로는 *The Ideological Origins of the Dirty War*의 4장을 특히 참조하라. 인민주의와의 관계에서 중요한 예외가 되는 역사학자들로는 로리스 자나타(Loris Zanatta), 라난 레인(Raanan Rein), 알베르토 스펙토로프스키(Alberto Spektorowski), 앨런 나이트(Alan Knight)가 있다. 다음을 보라. Loris Zanatta, *El Populismo* (Buenos Aires: Katz Editores, 2014); Raanan Rein, "From Juan Perón

to Hugo Chávez and Back: Populism Reconsidered", in *Shifting Frontiers of Citizenship*, ed. Mario Sznajder, Luis Roniger, and Carlos Forment; Alberto Spektorowski, *The Origins of Argentina's Revolution of the Right* (Notre Dame, IN: University of Notre Dame Press, 2003); Alan Knight, "Populism and Neo-Populism in Latin America, Especially Mexico", *Journal of Latin American Studies* 30, no. 2 (1998): 240.

6   이사야 벌린의 고전적 글의 경우 다음을 보라. "Russian Populism", *Encounter* 15, no. 1 (1960): 13-28. 다음 역시 참조하라. Berlin, *The Power of Ideas* (Princeton, NJ: Princeton University Press, 2013), 127-9. 러시아 인민주의에 관해서는 다음을 보라. Franco Venturi, *Roots of Revolution: A History of the Populist and Socialist Movements in Nineteenth Century Russia* (New York: Knopf, 1966). 미국의 경우에는 다음을 보라. Michael Kazin, *The Populist Persuasion* (Ithaca, NY: Cornell University Press, 1995); Ritchie Savage, "A Comparison of 'New Institutionalized' Populism in Venezuela and the USA", *Constellation*s 21, no. 4 (2014).

7   Isaiah Berlin, "To Define Populism," *Government and Opposition* 3, no. 2 (1968): 175; Gino Germani, *Política y sociedad en una época de transición: De la sociedad tradicional a la sociedad de masas* (Buenos Aires: Paidós, 1962); Torcuato S. Di Tella, "Populismo y Reforma en América Latina," *Desarrollo Económico* 4, no. 16 (1965): 391-425; Gino Germani, Torcuato Di Tella, and Octavio Ianni, *Populismo y contradicciones de clase en Latinoamérica* (México: Ediciones Era, 1973).

8   Berlin, "To Define Populism," 174, 177.

9   다음을 보라. Zeev Sternhell, *The Anti-enlightenment Tradition*, trans. David Meisel (New Haven, CT: Yale University Press, 2009); Sandra McGee Deutsch, *The Extreme Right in Argentina, Brazil, and Chile 1890-1939* (Stanford, CA: Stanford University Press, 1999); Guy Hermet, *Les populismes dans le monde: Une histoire sociologique, XIXe-XXe siècle* (Paris: Fayard, 2001) 167-204.

10 페론주의와 파시즘에 관해서는 다음을 보라. Paul H. Lewis, "Was Perón a Fascist? An Inquiry into the Nature of Fascism," *Journal of Politics* 42, no. 1 (1980): 242-56; Cristián Buchrucker, *Nacionalismo y Peronismo* (Buenos Aires: Sudamericana, 1987); Alberto Spektorowski, *Argentina's Revolution of the Right*.

11 와스트에 대해서는 다음을 보라. David Rock, *Authoritarian Argentina: The Nationalist Movement, Its History and Its Impact* (Berkeley: University of California Press), 137; Loris Zanatta, *Perón y el mito de la nación católica: Iglesia y Ejército en los orígenes del peronismo, 1943-1946* (Buenos Aires: Sudamericana, 1999), 104-15.

12 다음을 보라. James W. McGuire, *Peronism without Perón: Unions, Parties, and Democracy in Argentina* (Stanford, CA: Stanford University Press, 1997), 52.

13 Robert Potash, "Las fuerzas armadas y la era de Perón," in *Los años peronistas (1943-1955)*, ed. Juan Carlos Torre (Buenos Aires: Sudamericana, 2002), 92-4. 이 주제에 대해서는 다음의 글 또한 보라. Leonardo Senkman, "Etnicidad e inmigración durante el primer peronismo," *E.I.A.L* 3, no. 2 (1992).

14 다음을 보라. Juan Carlos Torre, Introduction in *Los años peronistas (1943-1955)*, ed. Juan Carlos Torre (Buenos Aires: Sudamericana, 2002).

15 다음을 보라. Raanan Rein, *In the Shadow of Perón* (Stanford, CA: Stanford University Press, 2008), 2. 페론주의에 관해서는 다음 역시 참조하라. Juan Carlos Torre, "Interpretando (una vez más) los orígenes del peronismo," *Desarrollo Económico* 28, no. 112 (1989): 525-48; Juan Carlos Torre, ed., Los años peronistas; Miguel Murmis and Juan Carlos Portantiero, *Estudios sobre los orígenes del peronismo* (Buenos Aires: Siglo Veintiuno Editores, 1971); Tulio Halperín Donghi, *La larga agonía de la Argentina peronista* (Buenos Aires: Ariel, 1994); Mathew Karush and Oscar Chamosa, eds., *The New Cultural History of Peronism* (Durham, NC: Duke University Press, 2010); Loris Zanatta, *Breve historia del peronismo clásico* (Buenos Aires: Suda- mericana, 2009).

16 Eric Hobsbwam, *The Age of Extremes: The Short Twentieth Century 1914-91* (London: Michael Joseph, 1994).

17 일당 국가의 붕괴로 인해 새로운 형태의 인민주의가 우리 세기에 멕시코에서 뒤늦게 등장했다. 가장 중요한 사례가 안드레스 마누엘 로페즈 오브라도르(Andrés Manuel López Obrador)이다. 이에 관해서 다음을 보라. Carlos Illades, "La izquierda populista mexicana," *Nexos*, September, 1, 2016. wwww.nexos.com/mx/?p=29483#ftn5. 로페즈 오브라도르는 또한 멕시코 정치에서 이용 가능한 유일한 두 가지 선택으로서 멕시코의 자유주의적 현상태와 인민주의를 징후적으로 대립시키는 반인민주의적 방식으로 공격받기도 했다. 다음을 보라. Enrique Krauze, "López Obrador, el mesías tropical," *Letras Libres*, June 30, 2006.

18 다음을 보라. Steve Stein, "The Paths to Populism in Peru." in *Populism in Latin America*, ed. Michael L. Conniff, 2nd ed. (Tuscaloosa: University of Alabama Press, 1999), 97-116; Carlos de la Torre, *Populist Seduction*, 15; Steve Stein, *Populism in Peru* (Madison: University of Wisconsin Press, 1980); Martin Bergel, "Populismo y cultura impresa: La clandestinidad literaria en los años de formación del Partido Aprista Peruano", *Ipotesi* I 17, no. 2 (2013):135-46; Víctor Raúl Haya de la Torre, *Obras Escogidas* (Lima: Comisión del Centenario del Nacimiento de Víctor Raúl Haya de la Torre, 1995), 2:77, 92, 131.

19 보나파르트주의에 대해서는, 예컨대 다음을 보라. Domenico Losurdo, *Democrazia*

o bonapartismo: Trionfo e decadenza del sufragio universale (Turin: Bollati Boringhieri, 1993). 초기 인민주의와 반유대주의의 관계에 대해서는 다음의 중요한 저작을 보라. Michele Battini, *Socialism of Fools: Capitalism and Modern Anti-Semitism* (New York: Columbia University Press, 2016).

20 다음을 참조하라. Thomas Skidmore, "Las dimensiones económicas del populismo en Argentina y Brasil," in *La democratización fundamental. El populismo en América Latina*, ed. Carlos M. Vilas (Mexico: Consejo Nacional para la Cultura y las Artes, 1994), 245, 257; Thomas Skidmore, *Politics in Brazil* (New York: Oxford University Press, 1967), 74, 75, 132, 133; Francisco Weffort, "El populismo en la política brasileña," in *Populismo y Neo- populismo en América Latina: El problema de la cenicienta*, ed. Maria M. Mackinnon and Mario A. Petrone (Buenos Aires: Eudeba, 1998), 136-43.

21 역설적이게도, 구스타포 로하스 피니야(Gustavo Rojas Pinilla) 장군의 독재(1953~1957)는 독재라는 기원에서 자유 선거의 당선인이 되어 스스로 권력을 획득한 페론에게 심대한 영감을 얻은 것이었다. 로하스는 노동자와 관료, 그리고 과거의 가이탄의 추종자들까지 동원해 자신만의 제3의 정당을 만들고자 했다. 그러나 그는 자신이 억압해 적대 관계에 있던 신흥 학생 운동의 반대뿐만 아니라 전통적인 두 정당의 반대에 직면했다(자유당과 보수당). 로하스는 독재를 인민주의적 민주주의로 전화하려는 계획이 있었지만 실패했고, 그렇게 국민대중연합당(ANAPO) 하에서 한결 브라질의 바르가스주의적인 방식의 정치로 되돌아갔다. 그리고 그는 또 다시 양당에 의해 대표되고 있지 못한다고 느끼는 시민들을 유인하고자 했다. 그는 1962년 대선에 출마했다. 그는 1970년에 다시 출마했지만 고도로 경쟁적인 선거에서 패배했다. 이에 관해서 다음을 보라. César Augusto Ayala Diago, *Resistencia y oposición al establecimiento del Frente Nacional: los orígenes de la Alianza Nacional Popular, ANAPO: Colombia, 1953-1964* (Bogota: Universidad Nacional de Colombia,1996); Herbert Braun, *The Assassination of Gaitán: Public Life and Urban Violence in Colombia* (Madison: University of Wisconsin Press, 1985), 37, 57, 92, 108-9, 121; Daniel Pécaut, "El populismo Gaitanista", in La Democratización Fundamental: El populismo en América Latina, ed. Carlos M. Vilas (Mexico: Consejo Nacional para la Cultura y las Artes, 1995), 501, 505, 515; John W. Green, *Gaitanismo, Left Liberalism, and Popular Mobilization in Colombia* (Gainesville: University Press of Florida, 2003); Enrique Peruzzotti, "Populismo y representación democrática," in *El retorno del pueblo: El populismo y nuevas democracias en América Latina*, ed. Carlos de la Torre and Enrique Peruzzotti (Quito: Flacso, 2008), 97-125.

22 다음을 보라. de la Torre, *Populist Seduction*, 28-79. 페론주의와 이바라에 관해서는 다음을 보라. Loris Zanatta, *La internacional justicialista: Auge y ocaso de los sueños imperiales de Perón* (Buenos Aires: Editorial Sudamericana, 2013), 44, 295, 346. 가이탄과 페론주의에 대해서는 다음을 보라. Zanatta, *La*

  internacional justicialista, 156, 161.

23 Tulio Halperin Donghi, *Historia contemporánea de América Latina* (Buenos Aires: Alianza, 1994), 485.

24 다음을 보라. Laura Gotkowitz, *Revolution for Our Rights: Indigenous Struggles for Land and Justice in Bolivia, 1880-1952* (Durham, NC: Duke University Press, 2007), 287, 15, 164-6, 172-3, 289; Víctor Paz Estenssoro, *Pensamiento Político de Paz Estenssoro: Compilación*, ed. Ramiro Antelo León (La Paz, Bolivia: Plural Editores, 2003), 107. 또한 다음을 보라. Loris Zanatta, "The Rise and Fall of the Third Position: Bolivia, Perón and the Cold War, 1943-1954," *Desarrollo Económico* 1 (2006): 76-84; Zanatta, *La internacional justicialista*, 30-2; Donghi, Historia contemporánea de América Latina, 440-4; 502-6, Herbert Klein, *Bolivia: The Evolution of a Multi-ethnic Society* (New York: Oxford University Press, 1982), 219-20, 225-6, 244-5; Christopher Mitchell, *The Legacy of Populism in Bolivia, From the MNR to Military Rule* (New York: Praeger, 1977).

25 페론주의와 마찬가지로 민주행동당 또한 반인민주의 군사독재에 의해 실각됐다. 민주행동당이 1959~1969년에 권력에 복귀했을 때, 민주행동당은 우파의 방향으로 더욱 움직였지만 항상 반독재의 양식을 취하고 있었다. 실제로 로멜로 베탕쿠르는 그 지역의 군사 독재 반대의 강력한 주창자였다. 페데리크 랑그에게 베탕쿠르의 인민주의는 다른 고전적인 선례들, 특히 페론주의보다는 훨씬 온건한 경우였다. Frédérique Langue, "Rómulo Betancourt: Liderazgo democrático versus personalismo en tiempos de celebraciones," *Araucaria: Revista Iberoamericana de Filosofía, Política y Humanidades* 21 (2009), 226-38. 베탕쿠르와 민주행동당에 대해서는 다음을 보라. Steven Ellner, "El Populismo en Venezuela, 1935-1948: Betancourt y Acción Democrática," in *La Democratización Fundamental*, ed. Carlos M. Vilas, 419-34; Manuel Caballero, *Rómulo Betancourt, político de nación* (Caracas: Alfadil-FCE, 2004).

26 이 주제에 대한 확장된 분석을 한 나의 책 *Transatlantic Fascism*과 *The Ideological Origins of the Dirty War*를 보라.

27 다음을 보라. Étienne Balibar, *We, the People of Europe? Reflections on Transnational Citizenship* (Princeton, NJ: Princeton University Press, 2004), 2.

28 나이트는 다음과 같이 이야기한다. "'위기'가 마치 식별 가능한 원인인 것처럼, 인민주의의 [발생 원인을] 위기(혹은 그 밖의 것)에서 찾는 동어 반복적 경향이 존재하지만 사실 이는 대체로 분해해 볼 필요가 있는 현상들의 묶음을 느슨하게 기술한 것을 의미하고는 한다. 분해는, 위기에 의해 인민주의(혹은 동원이나 반역 등)가 발생한 것이 아니라 인민주의(혹은 동원이나 반역 등)에 의해 위기가 발생했음을 때때로 보여 준다("Populism and Neo-populism", 233)." 인민주의에 대한 정태적인 "역사주의적

(historicist)" 개념에 대한 비판으로 다음을 보라. Francisco Panizza, introduction to *Populism and the Mirror of Democracy*, ed Francisco Panizza (London: Verso, 2005), 3.

29 Knight, "Populism and Neo-Populism," 233.

30 Ibid., 237.

31 보다 적은 수이지만, 몇몇 라틴아메리카 인민주의를 연구하는 학자들은 유럽적 인민주의의 적합성을 경시한다.

32 1957년 5월 런던 정치경제대학교(London School of Economics)에서 열린 학회 '인민주의를 정의하기 위하여(To Define Populism)'에서의 이사야 벌린의 발언을 다음에서 참조할 수 있다. Isaiah Berlin Virtual Library, 5-6, 2014년 10월 14일 접속. http://berlin.wolf.ox.ac.uk /lists/bibliography/bib111bLSE.pdf. 편집된 학회 자료들은 다음의 영향력 있는 책으로 출판되었다. Ghita Ionescu and Ernest Gellner, eds., *Populism: Its Meaning and National Characteristics* (London: Weidenfeld and Nicolson, 1969). 이 논쟁에서, 다음의 글 또한 보라. Maria M. Mackinnon and Mario A. Petrone, eds., *Populismo y Neopopulismo en América Latina* (Buenos Aires: Eudeba, 1998).

33 다음을 보라. Margaret Canovan, *The People* (Cambridge: Polity, 2005); Pierre Rosanvallon, *Democracy Past and Future* (New York: Columbia University Press, 2006).

34 Rosanvallon, *La Contrademocracia*, 257.

35 Rosanvallon, *La Contrademocracia*, 257; Margaret Canovan, *Populism* (London: Junction, 1981), 12, 13, 15, 148, 169, 229-30, 294, 298. 캐노번(Canovan)에게 페론주의는 "인민주의 독재"이다. 최근에 그녀는 다음과 같이 주장했다. "유럽 바깥에서, 특히 라틴아메리카에서는 다소간 독재적인 인민주의 지도자들이 더 흔했다(Canovan, People, 71)." 그녀는 후안 페론과 에바 페론, 그리고 우고 차베스를 그 사례로 언급했다. 캐노번의 다음 글 또한 보라. "Trust the People! Populism and the Two Faces of Democracy", *Political Studies* 67, no. 3 (1999): 2-16; "Populism for Political Theorists?", *Journal of Political Ideologies* 9, no. 3 (2004): 241-52.

36 Rosanvallon, *La Contrademocracia*, 262, 263, 264.

37 그들에게는, "인민주의는 그 제한된 형태론(morphology) 때문에 필연적으로 인민주의 그 자체보다는 적합성이 더 높은 다른 개념들이나 이데올로기적으로 [인접한] 어족(families)에 들러붙는 것처럼 보인다." [Cas Mudde and Cristóbal Rovira Kaltwasser, "Populism," in *The Oxford Handbook of Political Ideologies*, ed. Michael Freeden and Marc Stears (New York: Oxford University Press, 2013), 508-9]. 다음 또한 보라. Cas Mudde and Cristóbal Rovira Kaltwasser, *Populism: A Very Short Introduction* (Oxford: Oxford University Press, 2017), 5-6;

Cristóbal Rovira Kaltwasser, "The Ambivalence of Populism: Threat and Corrective for Democracy," *Democratization* 19, no. 2 (2012); Cas Mudde, *On Extremism and Democracy in Europe* (London: Routledge, 2016); Matthijs Rooduijn, "The Nucleus of Populism: In Search of the Lowest Common Denominator," *Government and Opposition* 49, no. 4 (2014); Pierre-André Taguieff, "Le Populisme et la science politique du mirage conceptuel aux vrais problèmes," *Vingtième Siècle: Revue d'histoire* 56, no. 1 (1997): 4-33. 타기예프(Taguieff)의 논문의 보다 확장되고 갱신된 판본은 그의 책에서 확인할 수 있다. *L'Illusion populiste: De l'archaïque au médiatique* (Paris: Berg, 2002).

38 데 라 토레는 다음과 같이 이야기한다. "인민주의자들은 시민을 다원적인 의견을 갖고 공론장에서 숙의하는 사람(body)으로 보지 않는다." 그러나 그는 다음의 내용을 덧붙인다. "그러나 인민주의자들이 완전히 권위주의적이기만 한 것은 아닌데, 그 이유는 그들의 정책이 자원을 재분배하고 빈자들에게 잠재적으로 힘을 부여할 수 있기 때문이다." ["The People, Democracy, and Authoritarianism in Rafael Correa's Ecuador", *Constellations* 21, no. 4 (2014), 463].

39 Carlos de la Torre, "Populism and the Politics of the Extraordinary in Latin America," *Journal of Political Ideologies* 21, no. 2 (2016): 131.

40 다음을 보라. Carlos de la Torre, "The Contested Meanings of Populist Revolutions in Latin America," in *Transformations of Populism in Europe and the Americas: History and Recent Tendencies*, ed. John Abromeit, Bridget Maria Chesterton, Gary Marotta, and York Norman (London: Bloomsbury, 2016), 332.

41 데 라 토레는 다음과 같이 말한다. "원주민들에게 힘을 부여하는 것(empowerment)은 볼리비아 정치 경관에서의 상징적 변화에 의해 입증된다. 그 이전에 백인 권력의 중심이었던 대통령궁에서 토착 의식들이 행해졌다. 문화적이고 상징적인 토착민의 내포는 경쟁자를 적으로 보는 인민주의적 이해 방식에 수반되는 것이다. 권위주의의 유령은 소규모 공동체와 민족 수준에 현존한다. 예를 들어 키야코요(Quilacollo)라는 작은 마을에서 2005년 대통령 선거 결과를 알게 된 원주민 지도자는 "우리 공동체에서 한 명이 투토 키로가(모랄레스의 선거 경쟁자)에게 투표했는데, 우리는 동지들의 배신을 용납할 수 없기 때문에 이것이 누구인지 조사할 것이다"라고 단언했다. 이렇듯 반대파를 적으로 보는 비민주주의적 관점은 대통령과 부통령의 세계관 및 연설을 특징짓는다("Contested Meanings," 338). 또한 다음을 참고하라. Fernando Mayorga, "Movimientos Sociales y Partici-pación Política en Bolivia," in *Ciudadanía y Legitimidad Democrática en América Latina*, ed. Isidoro Cheresky (Buenos Aires: Prometeo, 2011).

42 Jan-Werner Müller, "Getting a Gripon Populism," *Dissent*, September 23, 2011, 2014년 10월 14일 접속. www.dissentmagazine .org/blog/getting-a-grip-on-populism.

43 다음을 보라. Paul Taggart, *Populism* (Buckingham: Open University Press, 2000); Paul Taggart, "Populism and the Pathologies of Representative Politics," in *Democracies and the Populist Challenge*, ed. Yves Meny and Yves Surel (Oxford: Palgrave, 2002); Benjamin Arditi, *La política en los bordes del liberalismo: Diferencia, populismo, revolución, emancipación*, 2nd augumented ed. (Buenos Aires: Gedisa, 2014).

44 Jan-Werner Müller, "Populists and Technocrats in Europe's Fragmented Democracies," *World Politics Review*, 2016년 3월 31일, www.worldpoliticsreview.com/articles/18928/populists-and-technocrats-in-europe-s-fragmented-democracies. 또한 다음을 보라. Müller, *What Is Populism?* (Philadelphia: University of Pennsylvania Press, 2016), 102.

45 다음을 보라. Slavoj Žižek, "Against the Populist Temptation," *Critical Inquiry* 32, no. 2 (2006): 551-74. 또한 다음을 보라. Žižek, "Una aclaración con respecto al populismo," *Público*, April 27, 2015, http://blogs.publico.es /otrasmiradas /4501/una-aclaracion-con-respecto-al-populismo/. 전체주의 개념의 역사에 관해서는 다음을 보라. Enzo Traverso, *El totalitarismo: Historia de un debate* (Buenos Aires: Eudeba, 2001); Simona Forti, *Il totalitarismo* (Rome-Bari: Laterza, 2005).

46 이러한 혼동의 사례로, 총칭적 연구자인 피에르 앙드레 타그예프(Pierre-André Taguieff)의 저작을 보라. *La révanche du nationalisme: Néopopulistes et xénophobes à l'assaut de l' Europe* (Paris: PUF, 2015). 또한 다음을 보라. Andreas Pantazopoulos, "The National-Populist Illusion as a 'Pathology' of Politics: The Greek Case and Beyond", *Telos Scope*, 2016년 3월 25일, www.telospress.com/the-national-populist-illusion-as-a-pathology-of-politics-the-greek-case- and-beyond/; Pierre-André Taguieff, "The Revolt against the Elites, or the New Populist Wave: An Interview," *Telos Scope*, 2016년 6월 25일. www.telospress.com/the-revolt-against-the-elites-or-the-new-populist-wave- an-interview/#notes.

47 Alexandros Kioupkiolis, "Podemos: The Ambiguous Promises of Left-Wing Populism in Contemporary Spain," *Journal of Political Ideologies* 21, no. 2 (2016); Luis Ramiro and Raul Gómez, "Radical-Left Populism during the Great Recession: Podemos and Its Competition with the Established Radical Left," *Political Studies* (June 2016); Nicolás Damín, "Populismo entre Argentina y Europa: Sobre la transnacionalización de un concepto," *Revista Cuestiones de Sociología* 4, no. 2 (2015): 61; Iñigo Errejón Galván, "También en Europa: posibilidades populistas en la política europea y Española", *Viento Sur* 115, no. 3 (2011): 105, 109, 111, 113; Pablo Iglesias, *Una nueva transición* (Madrid: Akal, 2015); Jesús Jaén "Un debate con el populismo",

Viento Sur 2015년 7월 14일, http://vientosur.info/spip.php?article10293; Pablo Iglesias, "Guerra de trincheras y estrategia electoral," *Público*, 2015년 5월 3일, http://blogs.publico.es /pablo-iglesias/1025/guerra-de-trincheras-y-estrategia-electoral/.

48 Giorgos Katsambekis, "Radical Left Populism in Contemporary Greece: Syriza's Trajectory from Minoritarian Opposition to Power," *Constellations* 23, no. 3 (2016): 391-403; Yannis Stavrakakis and Giorgos Katsambekis, "Left-Wing Populism in the European Periphery: The Case Of SYRIZA," *Journal of Political Ideologies* 19, no. 2 (2014); 119-42; Giorgos Katsambekis "'The People' and Political Opposition in Post-democracy: Reflections on the Hollowing of Democracy in Greece and Europe," in *The State We're In: Reflecting of Democracy's Troubles*, ed. Joanna Cook, Nicholas J. Long, and Henrietta L. Moore (Oxford: Berghahn, 2016): 144-66.

49 다음을 보라. Antonio Gramsci, *Il Risorgimento* (Rome: Editori Riuniti, 1979): 197-8.

50 키르치네르주의에 대한 분석으로는 다음을 보라. Beatriz Sarlo, *La audacia y el cálculo: Kirchner 2003-2010* (Buenos Aires: Sudamericana, 2011). 오성운동에 대해서는 다음을 보라. Roberto Biorcio and Paolo Natale, *Politica a 5 stelle: Idee, storia e strategie del movimento di Grillo* (Milan: Feltrinelli, 2013).

51 라틴아메리카의 원형 인민주의 사상에 대해서는 다음을 보라. Javier Lorca, "'Hay que latinoamericanizar Europa': Entrevista a la politóloga Chantal Mouffe," *Página 2*, October 21, 2012.

52 마크리에 대해서는 다음을 보라. Beatriz Sarlo, "Macri es un neopopulista de la felicidad," *La Nación*, October 14, 2016.

53 다음을 보라. EnzoTraverso, "La Fabrique de la haine xénophobie et racisme en Europe," *Contretemps* 9 (2011).

54 다음을 보라. Nadia Urbinati, "The Populist Phenomenon," *Raisons politiques* 51, no. 3 (2013): 137-54.

55 우르비나티는 "인민주의와 국민투표 현상은 의지와 의견 사이의 거리를 극복하고 만장일치와 동질성을 달성하고자 하는 열망, 다시 말해 고대부터 민주주의적 공동체를 특징짓는 한 이상화로서 민주주의적 양두 정치(diarchy) 속에 내장되어 있던 것이다"라고 주장한다[*Democracy Disfigured: Opinion, Truth, and the People* (Cambridge: Harvard University Press, 2014), 27].

56 다음을 보라. Finchelstein, *Transatlantic Fascism*.

57 최근의 베네수엘라 인민주의의 역사는 이러한 라틴아메리카적 유형에 대한 명확한 예외가 된다.

58 Ernesto Laclau, *On Populist Reason* (London: Verso, 2005), 특히 68-77, 110, 117-121, 154, 156, 224. 또한 다음을 보라. Ernesto Laclau, "Populism: What's in a Name," in *Populism and the Mirror of Democracy*, ed. Francisco Panizza (London: Verso, 2005), 32-49.

59 Andrew Arato, *Post Sovereign Constitutional Making: Learning and Legitimacy* (Oxford: Oxford University Press, 2016), 281-9; Urbinati, Democracy Disfigured.

60 라클라우에 대한 탁월한 분석으로 다음을 보라. Nicolás Damín, in "Populismo entre Argentina y Europa," 56.

61 다음을 보라. Yannis Stavrakakis, "The Return of 'the People'," *Constellations* 21, no. 4 (2014).

62 다음을 보라. Jacques Rancière, "L'introuvable populisme," in *Qu'est-ce qu'un peuple?*, ed. Alain Badiou, Pierre Bourdieu, Judith Butler, Georges Didi-Huberman, Sadri Khiari, Jacques Rancière (Paris: La Fabrique, 2013). 137. 또한 다음을 보라. Marco D'Eramo, "Populism and the New Oligarchy," *New Left Review* 58 (2013): 8; Ezequiel Adamovsky, "¿De qué hablamos cuando hablamos de populismo?," *Revista Anfibia*, 2015년 6월 19일, www.revistaanfibia.com/ensayo/de-que-hablamos-cuando-hablamos-de-populismo-2/.

63 Jacques Rancière, *Hatred of Democracy* (London: Verso, 2006), 73, 79, 80.

64 Jean Comaroff, "Populism and Late Liberalism: A Special Affinity?," *Annals AAPSS*, 637 (2011): 100, 101, 103.

65 다음을 보라. Étienne Balibar, "Our European Incapacity," *Open Democracy*, 2011년 5월 16일, www.opendemocracy.net/etienne-balibar/our-european-incapacity; Yannis Stavrakakis, "The Return of 'the People'," 512-4. 또한 다음을 보라. Étienne Balibar, "Europe: l'impuissance des nations et la question 'populiste'," *Actuel Marx* 2, no. 54 (2013): 2, 13-23. 라클라우에 대한 발리바르의 고찰로는 다음을 보라. Étienne Balibar, *Equaliberty* (Durham: Duke University Press, 2014), 187-95.

66 Cristóbal Rovira Kaltwasser, "The Ambivalence of Populism: Threat and Corrective for Democracy," *Democratization* 19, no. 2 (2012): 185.

67 스페인어 원문은 다음과 같다. "Investigaciones empíricas revelan que la gran mayoría de los individuos tienen actitudes populistas que se encuentran en un estado de latencia, vale decir, están dormidas y solo son activadas frente a ciertas situaciones contextuales. En otras palabras, casi todos tenemos un 'pequeño Hugo Chávez' al interior nuestro, pero éste se encuentra en un lugar oculto y, por lo tanto, no define nuestras preferencias políticas." 다음을 보라. Cristóbal Rovira Kaltwasser, "Explicando el populismo,"

Agenda Pública, 2016년 5월 30일, http://agendapublica.es /explicando-el-populismo/. 또한 다음을 보라. Agnes Akkerman, Cas Mudde, and Andrej Zaslove, "How Populist Are the People? Measuring Populist Attitudes in Voters," *Comparative Political Studies* 47, no. 9 (2014). 병리(학)으로서의 인민주의에 관해서는 다음을 보라. "Populist Radical Right Parties in Europe Today," in *Transformations of Populism in Europe and the Americas: History and Recent Tendencies*, ed. John Abromeit, Bridget Maria Chesterton, Gary Marotta, and York Norman (London: Bloomsbury, 2016).

68 칼트바서는 경험 자료들이 카스 무데의 인민주의에 대한 '최소주의적 정의'와 함께 활용될 수 있다고 주장한다. 칼트바서는 이 최소주의적으로 정의된 인민주의를 "사회가 두 개의 적대적 진영('순수한 인민' 대 '부패한 엘리트')으로 분할되어 있다고 생각하는 독특한 이데올로기"라고 이해한다. ["The Ambivalence of Populism: Threat and Corrective for Democracy," *Democratization* 19, no. 2 (2012): 185, 192-6, 200]. 또한 다음을 보라. Kaltwasser's "Latin American Populism: Some Conceptual and Normative Lessons", *Constellations* 21, 4 (2014); 그리고 칼트바서의 다음 글을 보라. "Explicando el populismo."

69 다른 여러 평론가들과 마찬가지로 무데에게 트럼프는 예비 선거 기간(primary season) 초반의 일시적 현상이었다. 그에게 트럼프는 인민주의보다는 미국의 보수주의 노선에 더 가까웠다. 확실히 무데는 인민주의가 트럼프의 "일부 지지 기반"이라고 이야기했지만, 그는 트럼프를 인민주의 연구에서 제외해야 한다고 강조했다. 이에 대해서는 다음을 보라. Cas Mudde, "The Trump Phenomenon and the Euro- pean Populist Radical Right," *Washington Post*, 2015년 8월 26일, www.washingtonpost.com/blogs/monkey-cage/wp/2015/08/26/the-trump-phenomenon-and-the-european-populist-radical-right/; Cas Mudde, "The Power of Populism? Not really!," *Huffington Post*, 2016년 2월 13일, www. huffingtonpost.com/entry/the-power-of-populism-not_b_ 9226736

70 Dominick LaCapra, *History in Transit: Experience, Identity, Critical Theory* (Ithaca, NY: Cornell University Press, 2004), 156.

71 Carl Schmitt, *The Crisis of Parliamentary Democracy* (Cambridge, MA: MIT Press, 1994). 라클라우의 슈미트 독해 및 활용에 대한 비판으로 다음을 보라. Arato, Post Sovereign Constitution Making, 269-70, 281. 라클라우가 정치적 신화에 대한 소렐의 이론을 정치적 주체성의 구축이라는 관점에서 복원하는 한 사례로 다음을 참고하라. Ernesto Laclau, *The Rhetorical Foundations of Society* (New York: Verso, 2014).

72 이러한 비판은 라틴아메리카를 주제로 작업하는 여러 학자들에게는 적용되지 않는다. 보다 도발적인 연구들 가운데 언급하고 싶은 주요 저작은 다음과 같다. Kurt Weyland, "Clarifying a Contested Concept: Populism in the Study of Latin American Politics," *Comparative Politics* 34, no. 1 (2001): 1-22; Carlos de la Torre, *Populist Seduction in Latin America*.

73 Gino Germani, *Authoritarianism, Fascism and National Populism* (New Brunswick, NJ: Transaction Books, 1978).

74 Ibid., vii.

75 다음을 보라. Tulio Halperín Donghi, *Testimonio de un observador participante: Medio siglo de estudios latinoamericanos en un mundo cambiante* (Buenos Aires: Prometeo, 2014), 23.

76 Tulio Halperín Donghi, "Del fascismo al peronismo," *Contorno* 7-8 (1958).

77 Finchelstein, *Origins of the Dirty War*, 4장.

78 민주주의와 위임(delegation)에 대해서는 Olivier Dabene, "Un pari néo-populiste au Vénézuéla," *Critique internationale* 4 (1999), 38. 위임 민주주의(delegative democracy)에 관해 다음의 영향력 있는 저작을 보라. Guillermo O'Donnell, "Delegative Democracy," *Journal of Democracy* 5, no. 1 (1994): 55-69.

79 다음에서 재인용. Perón, Cristián Buchrucker, *Nacionalismo y Peronismo*, 325.

80 Finchelstein, *Origins of the Dirty War*, 90-1.

81 Tulio Halperín Donghi, *Argentina en el callejón* (Buenos Aires: Ariel, 1995), 30.

82 Ibid., 35.

83 다음을 보라. Ertug Tombus, "The Tragedy of the 2015 Turkish Elections, " *Public Seminar*, 2015년 11월 11일, www.publicseminar.org /2015/11/the-tragedy-of-the-2015-turkish-elections/#.V5oZqOgrLIU

84 Benjamin Moffitt, *Global Rise of Populism*, 63, 81-3, 148-9; Moffitt, "Contemporary Populism," 293-311.

85 Hobsbwam, *Age of Extremes*, 133, 135; Eric Hobsbwam, *How to Change the World: Marx and Marxism* (London: Little, 2011), 270-1.

86 미셸 카진(Michael Kazin)이 『인민주의의 설득(*The Populist Persuasion*)』에서 말한 것처럼, 이렇듯 인민주의의 수사가 좌파에서 우파로 넘어간 것은 1950년대와 1960년대 적색 공포(red scares)뿐만 아니라 냉전과 뉴딜의 등장이라는 맥락에서 일어난 것이었다. 이는 대부분의 백인 미국인들이 "자신을 중산층 소비자와 납세자로 여기게 되었고 그들의 신학만큼이나 보수적인 정치 성향을 가진 복음주의 교회의 급성장"(4)을 보게 된 맥락이었다. 카진은 인민주의를 "지속적이지만 동시에 가변적인 정치 수사 양식"(5)으로 규정한다. 그는 다음과 같이 이야기한다. 그는 인민주의가 진보적이었을 때에는 19세기에 깊게 뿌리내려 있었지만, 19세기 후반에는 지배적으로 우파가 되었다고 평가한다. 카진의 인민주의 '정의'가 거의 미국사의 관점에서만 제시되고 있음은 분명하다. 그러나 미국과 다른 나라에서 인민주의가 역사적으로 전개되는 과정상에는 여러 수렴점들이 존재한다. 또한 다음을 보라. Kazin, "Trump and

American Populism," *Foreign Affairs*, 2016년 10월 6일, www.foreignaffairs. com/articles /united-states/2016-10-06/trump-and-american-populism; 그리고 최근의 통찰력 있는 논의로는 다음을 보라. Charles Postel, Gary Marotta, and Ronald Formisano, *Transformations of Populism in Europe and the Americas*, ed. John Abromeit, Bridget Maria Chesterton, Gary Marotta, and York Norman. 또한 다음을 보라. Charles Postel, *The Populist Vision* (New York: Oxford University Press, 2008). 여기서 저자는 인민주의가 배타적으로 좌파적인 것이라는 테제를 방어한다.

87 페로와 관련해서 로날드 포르미사노는 다음과 같이 주장한다. "페로가 정치적 연줄로부터 이익을 얻은 보수적인 전직 공화당원이었지만, 그는 전문 정치인들에 대한 좌절과 분노에 의해 동기부여되어 있고, '평소와 같은 정치'에 질려 버린 독립적인 유권자들이나 정당 소속감이 약한 사람들을 끌어들였다. 페로는 노동자 계급·중간 계급 미국인들에게 강하게 호소했는데, 이들은 1980년대에 백만장자를 위한 레이건이라는 노다지(Reagan bonanza for millionaires)로부터 탈락했다고 느꼈고 기업 구조 조정과 북미자유무역협정(NAFTA) 같은 엘리트인(그리고 양당제적인) 정책에 두려움을 느끼고 있었다. 페로를 보수적 혹은 반동적 인민주의라고 치부하기 전에, 역사가들은 그의 지지 범위뿐만 아니라 그의 많은 지지자들이 선호했던 진보적 개혁을 일부 살펴봐야 할 것이다." ("Populist Movements in U.S. History: Progressive and Reactionary," in *Transformations of Populism in Europe and the Americas*, ed. John Abromeit, Bridget Maria Chesterton, Gary Marotta, and York Norman. 144).

88 Ronald Formisano, "Populist Movements," 145. 또한 다음의 포르미사노의 책을 보라. *The Tea Party: A Brief History* (Baltimore: Johns Hopkins Univer- sity Press, 2012). 그리고 다음을 보라. Vanessa Williamson, Theda Skocpol, and John Coggin, "The Tea Party and the Remaking of Republican Conservatism," *Perspectives on Politics* 9, no. 1 (2011): 33, 34, 35.

89 Virginia Hale, "Le Pen: Trump's Win 'Victory of the People Against the Elites'," *Breitbart*, 2016년 11월 13일, www.breitbart.com /london/2016/1w1/13/le-pen-trumps-win-victory-people-elites/; "Far- Right Hopeful: French Election 'Choice of Civilization'," *Breitbart*, 2017년 2월 5일, www.breitbart. com/news/far-right-hopeful-french- election-choice-of-civilization/. 또한 다음을 보라. Thomas D. Williams, "Italian Leftist Media in Meltdown Over Trump's Populist Victory," *Breitbart*, 2016년 11월 9일, www.breitbart.com/ london/2016/11/09/italian- leftist-media-meltdown-trumps-populist-victory/; Chris Tomlinson, "European Populist Candidates to Benefit from 'Trump Effect'," *Breitbart*, 2016년 11월 9일, www.breitbart.com/ london/2016/11/09 /european-populist-candidates-benefit-trump-effect/; Donna Rachel Edmunds, "Emboldened by Trump's Success, Italian Populist Parties Circle Prime Minister Renzi," *Breitbart*, 2016년 11월 10일, www. breitbart .com/london/2016/11/10/emboldened-trumps-success-italian-populist- parties-circle-prime-minister-renzi/

90 다음을 보라. Antonio Costa Pinto, "Donald Trump, com e sem populismo," *Público*, September 3, 2016.

91 Andreas Kalyvas and Ira Katznelson, *Liberal Beginnings: Making a Republic for the Moderns* (Cambridge: Cambridge University Press, 2008), 4-5, 14, 16, 93, 96, 98-9.

92 Andreas Kalyvas, "Popular Sovereignty, Democracy, and the Constituent Power," *Constellations* 12, no. 2 (2005): 224. 칼리바스가 주장하는 것처럼, 한스 켈젠(Hans Kelsen)과 미셸 푸코(Michel Foucault)처럼 서로 매우 다른 다양한 저자들이 주권의 비민주주의적 잠재력에 대해 유사한 입장을 취한 바 있다.

93 Jason Frank, *Constituent Moments: Enacting the People in Postrevolutionary America*. (Durham, NC: Duke University Press, 2010), 5.

94 Pierre Bourdieu, "You said 'popular'?," in *What Is a People?*, ed. Alain Badiou, Pierre Bourdieu, Judith Butler, et al. (New York: Columbia University Press, 2016), 32-48.

95 이 주제에 대하여 다음을 보라. Alain Badiou, "Twenty-Four Notes on the Uses of the Word 'People'," in *What Is a People?*, ed. Alain Badiou, Pierre Bourdieu, Judith Butler, 21-2.

96 Federico Finchelstein and Pablo Piccato, "Donald Trump May Be Showing Us the Future of Right-Wing Politics", *Washington Post*, February 27, 2016.

97 "Desde los balcones de la Casa de gobierno despidiéndose de los trabajadores concentrados en la Plaza de Mayo: Octubre 17 de 1945," in Coronel Juan Perón, *El pueblo ya sabe de qué se trata: Discursos* (Buenos Aires: 1946), 186. 또한 다음을 보라. Dirk Moses, Federico Finchelstein, and Pablo Piccato, "Juan Perón Shows How Trump Could Destroy Our Democracy without Tearing It Down," *Washington Post*, March 22, 2017.

98 Tomás Eloy Martínez, *Las vidas del General* (Buenos Aires: Aguilar, 2004), 2.

99 Hans Vorländer, "The Good, the Bad, and the Ugly: Über das Verhältnis von Populismus und Demokratie-Eine Skizze," *Totalitarismus und Demokratie* 8, no. 2 (2011): 187-94.

100 다음을 보라. Fabián Bosoer and Federico Finchelstein, "Populism and Neoliberalism: The Dark Sides of the Moon," *Queries* 3 (2014), 2014년 10월 14일에 접속, www.queries-feps.eu/populism-and-neoliberalism-the-dark-sides-of-the-moon/. 또한 다음을 보라. Fabián Bosoer and Federico Finchelstein, "Russia Today, Argentina Tomorrow," *New York Times*, October 21, 2014. 인민주의와 기술관료에 대해서는 다음을 보라. Christopher Bickerton and Carlo Invernizzi Accetti, "Populism and Technocracy:

Opposites or Complements?," *Critical Review of International Social and Political Philosophy* 20, no. 2 (2017): 182-206; Müller, *What Is Populism?*, 93-9. 라틴아메리카의 경우 다음을 보라. Carlos de la Torre, "Technocratic Populism in Ecuador," *Journal of Democracy* 24, no. 3 (2013): 33-46. 엘리트 개념과 현재의 인민주의에 대해서는 다음을 보라. Hugo Drochon, "Between the Lions and the Foxes," *New Statesman*, January 13-19, 2017.

101 Nancy Postero, "El Pueblo Boliviano, de Composición Plural: A Look at Plurinationalism in Bolivia," in de la Torre, *Promise and Perils of Populism*, 398-423; Östen Wahlbeck, "True Finns and Non-True Finns: The Minority Rights Discourse of Populist Politics in Finland," *Journal of Intercultural Studies* 37, no. 6 (2016): 574-88.

102 Étienne Balibar, "Brexit: A Dismantling Moment," *Open Democracy*, 2016년 7월 14일, www.opendemocracy.net/can-europe-make-it/etienne-balibar/brexit-anti-grexit. 저항 운동으로서의 인민주의에 대해서는 다음을 보라. Hans Vorländer, Maik Herold, and Steven Schäller, *PEGIDA: Entwicklung, Zusammensetzung und Deutung einer Empörungsbewegung* (Wiesbaden: Springer, 2016).

103 Jacques Rancière, *Hatred of Democracy*, 96-7. 다음 또한 참고하라. Rancière, "Non, le peuple n'est pas une masse brutale et ignorante", *Libération*, January 3, 2011.

104 신자유주의는 "시장 논리가 정책과 정치를 지속적으로 규율하며 자유 시장 자본주의의 기능적 명령을 향해 사회 구조가 지속적으로 재편된다는 것"을 나타낸다. 다음의 저작들을 보라. Wolfgang Streeck, "Small State Nostalgia? The Currency Union, Germany, and Europe: A Reply to Jürgen Habermas", *Constellations* 21, no. 2 (2014): 214, 218; "Markets and Peoples," *New Left Review* 73 (2012): 64, 67; "L'egemonia tedesca che la Germania non vuole", *Il Mulino* 4 (2015): 608.

105 Finchelstein and Bosoer, "Is Fascism Returning?"; Andreas Kalyvas and Federico Finchelstein, "Fascism on Trial: Greece and Beyond," *Public Seminar*, October 10, 2014.

106 Finchelstein and Bosoer, "Populism and Neoliberalism".

107 Cristóbal Rovira Kaltwasser, "Explaining the Emergence of Populism," in de la Torre, *Promise and Perils of Populism*, 212-3.

108 Juan Domingo Perón, *El gobierno, el estado y las organizaciones libres del pueblo, La comunidad organizada: Trabajos, alocuciones y escritos del general Juan Domingo Perón que fundamentan la concepción justicialista de la comunidad* (Buenos Aires: Editorial de la Reconstrucción, 1975), 76; "La gira del arco iris", *La Nación*, April 5, 1998.

제3장

민주주의와 독재 사이의 인민주의

●

독재는 현대 인민주의의 토대 중 하나지만, 그렇다고 하여 인민주의가 곧 독재는 아니다. 초기 냉전이라는 맥락에서 현대 인민주의가 독재적 통치를 포기하면서 그와 같은 역설이 발생했는데, 이는 결과적으로 새로운 권위주의 정권[체제] 형태의 민주주의를 형성했다. 파시스트 독재 경험은 인민주의 정권[체제] 출현의 주요한 요인이었다. 그래서 일정 부분 인민주의는 독재에 반대한다는 관점에서 정의되었다. 현대 대중 독재 중 하나의 특수한 역사적 유형인 '파시스트 독재'는 이제 인민주의 계보의 중심에 놓인다. 인민주의에 대한 몇몇 접근들은 보다 최근의 인민주의와 냉전 독재가 보이는 대립 관계와 연속성을 강조한다. 내가 여기서 대화하는 상대는 바로 이러한 관점들이다. 나는 이들과 달리 인민주의가 냉전 이전에 존재하던 파시즘식의 독재적 통치를 명확하게 거부했다는 관점에서 인민주의의 양가적이고 대립적인 본성을 이해할 필요가 있다는 점을 강조한다.[1] 인민주의는 브라질, 파키스탄, 엘살바도르, 그리고 여러 곳에서 있는 현대의 고전적인 냉전 독재가 출현하기 훨씬 이전부터 반자유주의적이고 권위주의적인 민주주의의 한 형태였고, 독재에 대한 맥락적 거부라는 측면에서 정의되어 왔으며, 현재도 그러하다. 동시에 인민주의는 여전히 독재의 일부 요소들을 공유하고 있는데, 특히 이는 제2차 세계 대전 종전 후에 종식된 지구적인 파시스트 대중 독재의 경험이 남긴 유산으로부터 이월된 것이다.

이데올로기, 운동, 그리고 정권[체제]으로서 인민주의가 민주주의적이면서 동시에 고도로 반제도적일 수 있을까? 독재와 많은 차원을 공유하는 반제도적인 정치 양식이 독재의 반대가 될 수 있을까? 혹은 내가 주장한 바와 같이 양자가 모두 진실이고 항상 현대 인민주의의 경험에 내재해 있었다면, 인민주의의 부조화에 대해 숙고하면서 우리는 어느 정도까지 나아갈 수 있을 것인가? 따라서 이러한 질문들에 대답하기 위해서는 1945년 이후 결국 인민주의가 정권[체제]의 형태로 구성되었던 시기에, 이러한 명시적인 모순들이 어떻게 그리고 왜 인민주의의 일부가 되었는지를 이해하는 것이 필요하다. 이에 더해 그에 대한 대답들은 상이한 맥락 속에 존재했던 인민주의와 독재 사이의 복잡하고 다양한 연결 관계들 속에 배태되어 있다. 이는 인민주의와 독재 사이의 친연성이 제기한 이론적 질문들이 역사적인 틀에 담겨야 한다는 뜻이다. 놀랍게도 인민주의 학자 중 상당수가, 특히 더 단순한 정의를 제공하는 사람들이나 대항 [야당] 운동으로서 인민주의를 연구하는 사람들은 중요한 문제, 즉 인민주의가 권력을 잡았을 때 무슨 일이 일어났는지를 다루지 않는다. 하지만 이것은 인민주의의 역사와 이론을 이해하는 데서 핵심적이다. 직설적으로 말하면, 인민주의가 어떻게 그리고 왜 지배할 수 있었는지를 분석하지 않는다면 인민주의의 완전한 그림을 얻는 것은 불가능하다.

반제도주의(anti-institutionalism)는 권력을 잡았던 파시스트 독재와 현대 인민주의의 중심적인 측면이다. 분명히 두 입장 모두 감지된 자유주의의 위기를 민주주의적 대의제의 위기로 특징짓고 그것을 극복하려고 시도

했다. 예를 들어, 파시스트 독재자와 인민주의 지도자는 제도의 매개 역할을 거부하고 지도자와 인민 사이에 직접적인 유기적 연결을 수립하는 것을 목표로 삼았다. 그러나 인민주의와 독재의 차이점은 무엇인가? 주요한 차이는 정치 폭력 또는 정치적 박해와 심지어 정치적 죽음에 대한 상반되는 입장에서 나타난다. 인민주의적 민주주의는 권력을 공고화하기 위한 폭력의 필요성을 지지하더라도 이는 국가가 폭력을 독점하되 집행하지는 않는 경우에 더 가깝다. 반면에 독재, 특히 파시스트 독재는 폭력을 독점하는 것뿐만 아니라 폭력을 시민들에게 폭넓게 행사하는 경향이 있으며, 많은 경우 법치의 밖에서 폭력이 벌어진다. 독재적 통치의 이러한 반제도적 차원은 정치 폭력의 고삐를 풀어 버리는 [과정의] 중심으로, 이것은 인민주의가 폭력을 대하는 입장과 아주 극명한 대조를 이룬다.

독재와 제도

현대 독재란 무엇인가? 현대 독재는 전제정(tyranny) 및 폭정(despotism)(다시 말해, 현대 민주주의가 등장하고 공고화되기 이전의 맥락에서 억압과 폭력을 통한 부당한 형태의 통치를 지칭하는 범주)과는 어떻게 다르며, 왜 인민주의를 역사적으로 이해하는 데 개념사 속에서의 이러한 차이가 매우 중요한가? 단순하게 말하자면, 현대 독재는 폭력과 독재자에 대한 인민의 동의를 결합해 민족[국가]을 통치하는 형태지만, 현실에서 독재자의 말은 법과 제도적 절차 위에 있다. 현대 독재에서 일부 법적 절차는 유지되지만 언제든지 독재자의 의지로 대체될 수 있다.

앤드류 아라토(Andrew Arato)가 제시하듯, 독재는 현대 민주주의의 대립항에 놓인다. 고전적인 전제정과 다르게 현대 독재는 새로운 질서를 향한 '이행'의 절대적 약속이 담긴 이데올로기적 체계다. 달리 말해서 현대 독재는 입헌 민주주의(constitutional democracy)에 대한 명확한 대안을 나타낸다. 로마 독재는 공화국의 제도로서 그 자체로 임시적인 성격을 가졌던 데 비해, 현대 헌법은 영구적인 독재의 가능성을 거의 고려하지 않는다. 아라토가 가리키듯, 고대와 현대에 독재라는 표현이 갖는 각각의 의미 사이에는 거대한 간극이 존재한다. 고대 전통에서 종종 초법적인 치안판사의 법령 개설이 수반되었다면, 이는 정상적인 정치 속 막간극 같이 벌어지는 일이었다. 이와 대조적으로, 현대 독재자는 입헌 민주주의적 질서를 전복시키고 불법적 혹은 초법적인 활동을 인민 주권에 대한 요구와 결합시킨다(즉, 독재자들은 인민들이 선출직 지도자가 아니라 자신들의 거의 영원한 집권을 바란다고 주장한다). 독재적 통치의 옹호자이자 권위주의 사상가 칼 슈미트는 나치가 되기 전, 현대 민주주의의 시대에 독재는 행정부와 인민을 동일화하는 최고의 형태라고 주장했다. 옛 형태와 대조적으로 새로운 독재는 대표와 위임, 정당성과 합법성, 절차와 민족[국가]을 직접 통치하는 것 사이의 충돌을 인민의 이름으로 해소해 버렸다. 현대 독재는 과거의 개념을 새로운 개념과 결합했는데, 독재자의 페르소나 속에 인민 주권을 육화했고 더는 삼권을 분립하지도 않았다. 따라서 현대적 의미에서 독재라는 말은, 권위주의적 지배라는 새로운 현실과 사물의 질서(the order of things)를 바꾼 '비상 통치[정부](extraordinary government)'의 등장을 개념화해야 할 필요성에서 생겨났다. 현대 독재는 민주주의를 소멸시켰다. 그리고 법치에 대한 무시, 높은 수준의 억압, 언론 소멸 또는 탄압, 자유롭고 경쟁적인 선거의 거부를 대중적 동의와 결합했다. 더욱 일반적으로는 권력 분립과 언론 자유와 같은 제도를 위반한 것이었다.[2]

모든 현대 독재는 고도로 이데올로기적인 '반제도적 정치'를 행하고

"(합법성, 절차적 민주주의 또는 관료제로 정의되는) 기존 정상성의 형태에" 반대하는 급진적인 혁명적 폭력의 형태를 받아들이는 능력이 있다. 따라서 한나 아렌트가 비전체주의적인 형태의 독재에는 포함되지 않는다고 잘못 판단했던 몇몇 현대 독재는, 언어와 실제 폭력을 사용해서 인간성을 말살시키고 타자인 비체를 만들어 낸다. 달리 말해서, 비전체주의적 독재도 파시즘적인 전체주의적 형태의 독재를 닮지 않더라도 급진적인 반제도적 폭력에 참여할 수 있다. 이와 동시에 파시스트 독재 또한 일정 기간 동안은 제도적 정치를 지지할 수 있는데, 다만 오직 제한된 범위에서 그러할 뿐이다. 왜냐하면 국가가 폭력을 배버주의적으로 제한하지 않고 오히려 폭력의 고삐를 풀어 버리는 것이 파시즘 이데올로기의 핵심적인 측면이기 때문이다. 이러한 폭력의 필연적 결과는 파시스트 독재의 반제도주의를 규정한다. 특히 파시스트 유형의 현대 독재에서는 국가 형벌 규범 분석의 대상이 전도되는 것을 발견할 수 있다. 국가는 주로 입법자가 아니라 법률을 위반하는 주체로 보아야 한다. 아라토는 파시스트 독재와 비파시스트 독재가 둘 다 똑같이 반제도적일 수 있다고 지적한다.[3]

대중 독재는 동시에 비전체주의적이면서 극단적으로 폭력적이고 고도로 이데올로기적일 수 있다. 아르헨티나의 '추악한 전쟁' 독재(1976~1983)는 이를 완벽하게 보여 주는 사례다. 추악한 전쟁은 실제 전쟁은 아니었고 다만 불법적으로 군사화한 국가 탄압이었다. 그러한 극단적인 폭력은 냉전 시기 아르헨티나에만 고유하게 있었던 것은 아니고 칠레, 과테말라, 인도네시아 그리고 많은 다른 독재 구성체들에서도 나타났다. 그들은 모두 민주주의적 절차를 거부했으며, 광범위한 압제와 살인을 자행했다. 1970년대 아르헨티나 독재에서 이데올로기는 압제와 폭력의 관료제를 추동했다. 어떤 정부의 기술관료도 이데올로기에 의해 추동된 과격한 방법에 대해 이의를 제기하지 않았다. 나치 정권[체제]의 집단수용소처럼, 아르헨티나의 수용소도 국가의 행정 권력에 의해 의례화된(ritualized) 폭력의 구체적인 장소로서 조직되었다. 아르헨티나의 비밀 수용소에서 독재의 폭력을 제한하는 장치는 아무것도 없었다. 이 캠프 안에서 독재는 대중의 시선으로부터 완전히 보호되었고, '완벽한 지배'를 할 수 있었다. 이 수용소들은 파시스트적 에토스를 가졌고 폭력이 지상 명령으로 군림하는, 정치적으로 만들어진 세계를 수립했다. 이 수용소들은 정부가 아르헨티나 인민의 적이라고 상정한 자들을 희생양으로 삼기 위한, 파시즘 이론의 이데올로기적 요구와 반제도적인 동력을 실현하고 재구성하기 위해 지어진 법 너머의 세계였다.[4]

아르헨티나의 독재와 같이 냉전 독재 형태를 취한 대부분의 독재들은 현대 인민주의와는 달랐는데, 이는 인민주의가 정치적인 것을 이해하는 독특한 방식 때문이다. 하지만 현대 인민주의가 똑같이 반제도적일 수 있는가? 인민주의의 반제도주의는 독재가 강조하는 폭력과 압제를 명확하게 거부했으며, 이는 인민주의 정권[체제]의 정당성과 지속 가능성의 필수적인 조건이 되었다. 소위 온건한 독재라 불리는, 예를 들어 페루의 후안 벨라스코 알바라도(Juan Velasco Alvarado, 1968~1975)와 베네수엘라의 마르코스 페레 히미네스 장군(Marcos Pérez Jiménez, 1952~198)의 연성 독재(dictablanda) 또는 더 폭력적이지만 여전히 상대적으로 제한된 독재였던 스페인의 후기 프랑코 정권(1960년대), 그리고 브라질의 군부 독재(1964~1985)조차도 국가의 폭력 독점과 그에 따른 폭력 사용의 제한을 단순한 정치적 은유로만 사용하는 데 그치지 않았다.[5] 그들은 또한 사람들의 머릿속에 최근의 압제, 고문, 그리고 국가 폭력의 전 지구적이고 지역적인 기억을 심어 두려는 목적으로 이러한 전략을 사용했다. 이와 대조적으로 현대 인민주의는 이론적으로 폭력에 뿌리내리고 있지 않으며 오히려 시민들 다수에 의해 만들어진 투표 결과에 뿌리를 두고 있다. 후안 도밍고 페론 장군, 혹은 이후의 우고 차베스 중령, 그리고 다른 많은 이들은 인민주의 지도자로서 자신들의 초기 전력에서 쿠데타를 시도했을 때조차도 대중 독재의 전형에 가까운 폭력은 거의 거부했다. 페론은 원래는 군부 독재의 지도자였으나, 결과적으로 자신의 통치를 승인받기 위해 선거와 다른 민주주의 절차에 의존했다. 그리고 이러한 전환은 반대파[야권]에 대한 광범위한 국가 폭력 사용의 측면에서 차이를 만들어 냈다. 인민주의의 역사를 보면 인민주의는 (특히 집권했을 때) 대부분 높은 수준의 반제도적 정치(그리고 일부 전체주의적 양상을 보이더라도)와 낮은 수준의 반제도적 폭력을 결합했고, 여전히 결합하고 있다.

인민주의의 반제도적 차원은 파시즘이라는 과거의 결과이면서 동시에 부정이기도 하다. 고전적인 인민주의는 파시즘 이론에 연결되어 있었지만, 파시즘 이론의 종말과 비자유주의적인 '제3의 길'인 반공산주의적 민주주의의 형성을 명시적으로 제안했다. 인민주의는 종종 명시적으로 반인민주의적이었던 다른 냉전 독재 형태보다는 파시즘과 더 가깝게 연결되어 있다. 그러나 인민주의는 결코 파시즘이 아니며, 파시즘적 반제도주의라는 의미에서의 독재는 아니라고 말할 수 있다. 비록 최근 파시즘 반제도주의를 경시하는 역사학의 시도들에도 불구하고, 폴 코너(Paul Corner) 같은 파시즘을 연구하는 역사학자들은 파시즘의 독재적인 압제 차원이 지닌 중심성을 강조했다. 그리고 이 압제적 폭력의 중심성은 인민주의와 파시즘 사이의 인식론적인 장벽이 되는 핵심적인 경계선을 긋는다.[6]

파시즘이 명료하게 민주주의 절차들을 거부한다면, 1945년 이후 아르헨티나의 페론주의나 브라질의 바르가스주의와 같은 인민주의적 판본의 민주주의는 파시즘적인 반제도적 정치를 (그리고 그에 따른 폭력의 정치를) 거부했을 뿐만 아니라 자유 선거를 받아들였고, 더 일반적으로는 자유 민주주의에서 주로 구상되었던 선거 대의제도 받아들였다. 이러한 형식적인 의미에서, 그리고 그 현대적인 시작에서부터 인민주의는 독재의 한 형태로 여길 수 없다. 그러나 인민주의는 '민주-자유주의'를 거부했는데, 이 거부는 종종 합법성과 정당성을 뒤섞어서 일부 정치적 자유는 무시했지만 투표자의 선거 참여를 포함한 사회적·정치적 권리를 강조하거나 확대하기도 했다.

우리가 인민주의적인 형태의 전체주의를 이야기할 수도 있을까? 확실히 전후 반파시스트 연구자들은 종종 자유 민주주의에 대한 인민주의적 거부가 파시스트 독재의 전체주의적 차원을 닮았다고 생각했다. 이는 예를 들어 이탈리아 사회학자 지노 제르마니와 아르헨티나 작가 호르헤 루이스 보르헤스 같은 반파시스트들에게는 사실이었다.[7] 이는 또한 파시즘과 인민주의의 과거와 현재의 경험들을 뒤섞는 현재의 많은 유럽 또는 아메리카 학자들의 관점이기도 하다. 맥락상 페론주의자, 르펜주의자, 또는 트럼프주의자의 성명들(statements)이 파시스트 지도력의 독재적 형태들을 묘하게 닮은 점을 생각해 보면, 그들의 이러한 해석을 이해할 수는 있다. 특히 인민과 민족 총체의 숭고한 의지를 지도자와 융합하는 과거와 현재의 인민주의적 성명들의 경우라면 더욱 그렇다.

지도자는 신과 같은 형상으로 그리고 인민들의 민족적 영웅이라는 이중적인 모습으로 나타난다. 예를 들어 페론 장군의 부인인 에바 페론은 페론을 민족과 인민을 아우르는 총체로 승격시킨다. "나는 아무것도 하지 않았습니다. 모든 것은 페론입니다. 페론은 조국이고, 페론은 모든 것이며, 우리 모두는 민족 지도자로부터 천문학적인 거리에 있습니다. 페론 장군

의 손안에 조국이 있기에 조국은 구원받을 수 있었습니다."⁸

지도자와 그의 신민 사이의 "천문학적인 거리"에서부터 인민과 민족의 초월적 구원자인 메시아적 지도자라는 통념까지, 정치를 직접 통치로 보는 인민주의자의 자기 이해를 다룬 이 예시에서 독재적인 형태의 지도력이라는 파시즘 이론의 요소가 매우 분명하게 나타난다. 지도자는 민족 구원이라는 미래의 수혜자(recipient)이기도 하지만 동시에 이 구원을 이끄는 구원자이자 통보자이기도 하다. 이것은 페론부터 트럼프까지 그리고 차베스부터 르펜까지 대부분의 인민주의자들에게 적용된다. 그럼에도 여전히 인민주의 지도자들은 선출과 재선을 거듭했고, 인민주의 정권[체제]이 자유 선거를 폐지한 적은 거의 없다.

나의 핵심 주장을 다시 강조해 보자면, 인민주의의 형태들은 현저히 권위주의적이다. 하지만 독재를 초래하기 위해 민주주의를 사용하고 남용하는 고전적 파시즘과 대조적으로, 인민주의는 민주주의적 대의제를 파괴하거나 자신이 법치보다 완전히 우위에 있다고 제시하지 않는다. 과거에도 현재에도 많은 반파시스트와 반인민주의 논평가들은 대의제에 대한 포스트파시즘적이면서 인민주의적인 관념이 지닌 이중성과 더불어 지도자와 추종자들 사이의 상호 작용이 지니는 이중성을 알아보지 못하고 있다. 인민주의는 또한 지도자가 예외적인(extraordinary) 위치에 있는 '이중 국가'를 주장한다. 하지만 파시즘과 대조적으로 인민주의 지도자는 형식적인 절차와 제도들보다 완전한 우위에 있는 것은 아니다.

인민주의가 민주주의적 대의제의 정치적 정당성을 명시적으로 강조하면서 (특히 1945년 이후에는 더욱) 인민주의는 독재적이라고 볼 수 없게 되었다. 현대 인민주의는 대중 독재의 한 형태가 아닌데, 그 이유는 다음의 세 가지 상호 연결된 역사적 근거들 때문이다. 1) 인민주의가 파시스트 독재의 폭력을 거부하도록 추동했던 맥락, 2) 지도자가 완전히 법 위에 있는 것이 아니며 그의 명령이 법이나 국가와 완전히 동일시되는 것은 아니라는 사실, 3) 인민주의가 진전시킨 선거 대의제라는 문제와 이중적인 인민 주권 개념. 위의 세 가지 이유는 단순히 [정치] 양식(style)이나 전략의 문제가 아니라 대단히 이데올로기적인 것들이다.

대체로, 좌파, 신자유주의, 그리고 극우의 강령에 대해 인민주의적 권위주의 이데올로기가 보여 주는 유연성, 급진적인 사인주의와 지도자에 대한 숭배, 그리고 인민주의의 적들에 대한 반민주주의적인 관념들이 인민주의가 이데올로기적으로 고유의 특색이 없음을 의미한다고 혼동해서는 안 된다. 인민주의는 많은 것을 할 수 있다. 민주적 참여를 확대하거나 축소할 수 있고, 새로운 자본가 계급을 만들 수 있으며, 혹은 전통적인 기업 권력의 힘을 키워 줄 수도 있고, 인종주의와 투쟁하거나 인종주의를 옹호할 수도 있다. 그러나 민주주의에 대한 인민주의의 관념이 유사하게 유지되었다는 것은 명백하다. 인민주의는 인민의 이름으로 말할 뿐만 아니라 인민의 자리를 상징적으로 대신하는 지도자에 의해 관리되는 민주주의다. 인민주의가 정권[체제]이 되면, 지도자는 인민의 이름으로 움직인다. 이 상자 속에는 인민의 적은 반인민이라는 관념도 담겨 있다. 간단히 말해서 지도자와 운동의 통일성과 위임성(delegative nature)을 인정하지 않는 자들은 진정한 민족 구성원이 아니게 된다. 왜냐하면 인민주의자들에게 적이란 엘리트의 일원이거나, 무지몽매한 시민들이거나, 혹은 민족 [국가] 내 인민의 의지를 배신한 자들이기 때문이다. 1945년 이후 지도자, 민족, 그리고 인민에 대한 배타적인 시각(그때까지 파시즘에서 매우 중요한 부분이었다)이 선거 절차와 결합되었을 때 역사상 첫 번째 인민주의 정권[체제]이 형태를 갖추게 되었다. 그 이후로 현대 전후 인민주의의 여정은 극도로 다양했다. 우리는 이제 전 지구적 역사 속 인민주의의 다양성으로 넘어간다.

민주주의, 신인민주의, 그리고 신자유주의

전후의 현대 인민주의는 파시즘을 재정식화했는데, 특히 정치적 대의제의 측면에서 그러했다. 칼 슈미트는 자신의 독재 이론을 구상했을 때 위임 독재(commissarial dictatorship)와 주권 독재(sovereign dictatorship)라는 두 개의 이념형을 제시했다. 전자가 위기 상황에 등장해서 사태를 바로 잡는다면, 후자는 정치 체제에 급진적이고 심지어 혁명적이기까지 한 변화를 준다.[9] 비록 슈미트가 특히 현대의 실제 역사 속으로 들어가면 이러한 유형학은 해체되고 두 형태의 독재를 결합한 형태가 나타난다고 분명히 밝혔지만, 파시스트 대중 독재는 그들이 새롭고 획기적이라고 주장하던 정치 질서를 만들었다는 의미에서 위임 독재라기보다는 주권 독재에 더욱 가까웠다고 말할 수 있을 것이다.

인민주의도 역시 자신들을 획기적 변화로 내세웠으나, 현실에서는 민주주의적인 '정상 상태'로의 회귀를 나타냈다. 인민주의는 대중 독재의 대표성 논리와 상당히 멀리 떨어져 있다. 대표에 관한 파시즘 이론에서 지도자, 인민, 그리고 민족은 결합해 단일한 등식을 만든다. 지도자는 단순히 자유 민주주의적인 의미로 당선되는 것이 아니다. 지도자는 '인민의 의지'를 영원히 대표한다고 여겨진다. 간단히 말하면, 독재는 파시스트 형태 대표성(representation)의 근원이다. 이와 대조적으로 1945년 이후 인민주의는 영원한 형태의 대표라는 훨씬 더 양가적인 관점을 내세웠다. 비록 바르가스에서 우고 차베스에 이르기까지 대통령직에 권력을 집중시키려는 지속적인 경향이 있어 왔지만, 인민주의에서 민주주의는 총체적인 대표(total representation)를 향한 인민주의의 욕망에 한계를 둔다. 파시스트 독재에서 권력은 어떤 진정한 선거 대의제의 수단도 결코 매개하지 않은 채 지도자에게 완전히 위임된다. 파시즘이 민주주의적 선거 대표 체계를 제거하는 반면, 인민주의는 1945년 이래 민주주의를 다시 실행시켰다. 따라서 히틀러나 중국 또는 아르헨티나의 파시스트들이 민주주의를 파괴하려 시도했다면, 인민주의는 파시즘의 몰락 이후 민주주의의 정당성을 부활시켰다. 다만 그 방식이 권위주의적이었던 것이다. 파시스트 대중 독재는 선거 대의제를 제거했지만, 페론이나 바르가스 같은 인민주의 지도자들은 선거 대의제를 반자유주의적이고 코포라티즘적으로 재정당화했다.

인민주의적 민주주의에서 지도자는 헌법적 한계를 통해서 혹은 보다 단순하게는 선거에서 짐으로써 행정수반에서 내려오게 될 수도 있는데, 파시스트 독재에서는 그러한 일은 있을 수 없다. 아르헨티나의 페론 그리고 최근 베네수엘라의 우고 차베스 같은 인민주의 지도자들은 이러한 상황을 전형적으로 보여 준다. 그들이 헌법적 한계를 맞닥뜨렸을 때, 페론은 1949년에 그리고 차베스는 2007년에 둘 다 개헌을 위한 선거를 제안했다.[10] 인민주의 지도자가 민주주의 절차를 무시하는 그 순간 인민주의는 독재는 하지 않겠다던 입장을 배신하고 독재가 되어 버린다. 이와 같은 사례로 1992년 페루의 인민주의 대통령 알베르토 후지모리(Alberto Fujimori)와 그의 친위 쿠데타(autogolpe, self-coup)가 있다.[11] 지도자가 조건상의 한계를 맞이할 때 물러날 가능성을 인정하지 않으면 인민주의는 흐트러지기 시작하고, 어떤 의미에서는 더 이상 인민주의가 아니게 된다.

파시즘과 다르게, 인민주의는 헌법적 견제와 균형을 깎아내리려 할 때도 다당제 선거 정치와 권력 분립을 전부 폐지하는 단일 행정부 이념은 절대 지지하지 않는다. 심지어 친위 쿠데타를 한 이후의 후지모리도 자신의 행동과 지도를 정당화하기 위해 선거를 열었다. 아프리카와 아시아에서도 비슷한 전개가 있었다. 그곳에서는 민주화 때문에 생긴 경제, 사회, 그리고 정치적인 실패로 인해 인민주의가 성행했다. 예를 들어 다니엘 레스닉(Danielle Resnick)의 설명에 따르면 제이콥 주마(Jacob Zuma, 2009~2018), 세네갈의 압둘라예 와데(Abdoulaye Wade, 2000~2012), 그리고 잠비아의 마이클 사타(Michael Sata, 2011~2014) 같은 아프리카 인민주의 지도자들은 1990년대에 개방된 '경합과 토론(contestation and debate)'을 위해 최근에 창출된 민주주의적 공간 속에서 비로소 부상할 수 있었다. 다당제가 우세한 다른 지역에서 아프리카의 인민주의 정치인들은 자신이 인민의 목소리라고 주장하기 위해 선거에 사람들을 동원한 다음 실질적인 대중 참여의 부재라는 문제를 다뤘다.[12] 이러한 참여적 선거에 의한 민주주의적 정당성이라는 개념은 프랑코나 무솔리니 같은 지도자들에게는 상상할 수 없는 일이었을 것이다. 아프리카 대륙의 많은 나라들에서 권위주의 또는 독재 정권[체제]이 지배적인 것에 비해 대조적으로, 특히 남아프리카와 잠비아에서는 아프리카 인민주의 지도자들이 인민주의와 종족적 지지층을 결합시켰다. 어떤 학자들은 아프리카 인민주의를 '종족 인민주의(ethno-populism)'로 정의하면서 아프리카의 경험을 볼리비아 같은 라틴아메리카 국가들의 경험과 연결한다. 아프리카에서 인민주의는 1990년대 신자유주의와 기술관료적인 정치에 대한 반응으로 부상했다. 아프리카의 종족 인민주의는 종족적 정체성이 '단일 차원적'이지 않은 나라들에서 증가해 왔고, 그래서 더욱 확장적이고 포용적인 인민 개념과 결합할 수 있었다. 유럽과 라틴아메리카에서처럼 아프리카에서 이러한 인민주의적 포용성은 필연적으로 구성적 외부를 만들었으며, 이 구성적 외부는 반인민이 되어 버렸다. 따라서 닉 치즈만(Nic Cheeseman)과 마일스 라머(Miles Larmer)가 주장하듯이, 아프리카 인민주의 지도자들은 "종족적 정체성과 경제적 지위에 기반한 정치적 주변화에 관한 기존의 서사들을 공통된 배제의 서사로 엮는" 능력이 있었다. 정적을 상대로 한 가혹한 행위들 때문에 "코브라 왕"으로 알려진 사타와 같은 지도자들은 국민투표 방식의 접근과 외국인 혐오, 반엘리트주의, 그리고 외국인의 악마화를 종종 결합했다. 사타는 자신의 당이 노아의 방주와 같다는 종말론적 전망을 갖고 있었다. 그의 표어(lemma)는 "배에 올라타시오"였으며, 그는 도시 빈민의 우선사항에 초점을 맞추면서도 자신이 인민의 의지 전체를 구현한다고 주장했다. 사타는 가톨릭 교회와 중요한 동맹을 수립했고, 경제 위기가 닥쳤을 때 그는 자본주의나 "일반적인 경제적 자유화는" 문제 삼지 않았으며 "그보다는 (특히 인도와 중국에서 온) 해외 투자자들이 속으로는 평범한 잠비아 사람들의 이익을 생각하고 있지 않기 때문"이라고 주장했다. 그는 엘리트와 외국인이 인민의 부를 착복한다고 비난했다.[13]

비슷한 경우로, 세네갈의 와데는 반엘리트 담론을 사회적 변화에 대한 요구와 결합했다. 반면에 주마는 마치 아르헨티나의 키르치네르주의자(Kirchners)들과 페론주의 당처럼, 자신이 속한 정당의 신자유주의적 과거에 도전하면서 동시에 다양한 부패 혐의들과 맞서 싸웠다. 주마는 수직적 지도 방식을 엘리트를 인민의 적으로 보는 반기술관료적 비난과 결합했다. 볼리비아의 모랄레스처럼, 주마의 줄루족 정체성은 그의 인민주의 전략의 핵심적인 차원이었다. 그러나 그는 아프리카민족회의(African National Congress)를 배타적인 정당으로 만들지는 않았다. 오히려 때로 그는 당의 포용 범위를 확대했으며, 특히 청년에 대해 그러했다.[14]

하지만 주마, 와데, 사타 같은 지도자들이 차베스주의 또는 볼리비아의 모랄레스 유형 같은 좌익 형태의 인민주의와 더 공통점이 많았다면, 페루의 알베르토 후지모리는 신자유주의를 수용한 신인민주의자(neopopulist)였다. 오랫동안 서로 모순적이라고 사고되어 왔던 신자유주의와 인민주의는 인민/적으로서의 과두제, 그리고 민족에 관한 인민주의 이념을 신자유주의적인 긴축 조치 및 친시장 경제 정책과 결합함으로써 중요한 협력을 하고 있다. 아르헨티나의 카를로스 메넴이 1990년대에 페론주의 운동을 신자유주의의 선봉으로 재구성했던 반면, 페루와 콜롬비아에서는 신자유주의적 인민주의가 두 국가의 좌익 게릴라들을 반대하는 공격적인 캠페인과 합류했다. 메넴과 브라질의 콜로르 지 멜루 그리고 에콰도르의 압달라 부카람(Abdalá Bucaram)은 경제적·사회적 위기의 시기에 신자유주의적 재정초라는 종말론적 개념에 호소했다. 후지모리와 콜롬비아의 알바로 우리베(Álvaro Uribe, 2002~2010) 또한 빈민을 위한 사회적 힘으로서 시장의 손에 호소함과 더불어, 실제의 혹은 임박한 내전 상황에 대한 대응으로서의 인민주의라는 고전적 비유에도 호소했다. 이 대통령들 모두 자신들의 카리스마적이고 때로는 메시아적인 형태의 지도력을 지지하는 다수의 시민들을 동원했다. 그들은 좌파와 다른 적들에 맞서서, 민주주의적 대의제가 행정부로의 인민주의적인 권력 위임을 의미한다고 해석함으로써 국민투표 방식의 전략을 사용했다. 콜로르와 부카람을 제외하면, 이 대통령들은 또한 자신들의 정치적 지위를 강화하기 위한 수단으로 전쟁을 사용했다. 우리베와 후지모리는 게릴라들과의 내부 분쟁을 마치 흑백논리식의(all-or-nothing) 전쟁인 것처럼 슬며시 보여 주면서, 게릴라들을 인민과 지도자, 그리고 민족의 외부자로 묘사했다. 또한 메넴과 후지모리는 자신들의 정치적 신임을 끌어올리기 위해 제1차 이라크 전쟁에 참여했고(메넴) 1995년 페루와 에콰도르의 짧은 전쟁에 참여했다(후지모리).

이스라엘 학자 대니 필크(Dani Filc)는 이스라엘의 우파 지도자 베냐민 네타냐후(Benjamin Netanyahu, 1996~1999, 2009~2021)[1]가 부카람, 메넴, 그리고 후지모리에 대해 보이는 유사성을 강조했다. 네타냐후는 일반적으로 인민주의 연구에 포함되지 않지만, 필크는 이 이스라엘 지도자를 신자유주의적 인민주의의 독특한 사례로 생각할 수 있는 강력한 근거를 마련했다. 나의 관점에서 네타냐후와 같은 지도자들은 인민주의의 동조자인데, 이는 마치 전간기 우익 정권과 우익 운동이 파시스트의 동조자였던 것과 같은 의미다. 그들은 가까울 뿐만 아니라, 심각한 반제도적 양상을 공유하며 정치를 다수의 적들을 상대로 한 흑백논리식의 전쟁으로 생각한다는 점 역시 공유한다. 그러나 그들은 지도자 숭배와 엘리트 대 인민이라는 논리의 측면에서는 소극적이다. 네타냐후는 메넴이나 베를루스코니에 비해서 강한 개인숭배를 고무하는 편은 아니지만, 그는 종종 인민주의의 전략과 핵심 용어들을 사용했다. 브라질의 룰라(2003~2011)[2]같은 좌파 지도자도 마찬가지다. 룰라는 다당제 연합(multiparty coalition)을 시행했는데, 지도자와 지도자에 의한 인민의 사인화에 대한 과격한 신화, 인민주의의 신학적 특징과 정치 종교적 측면, 그리고 언론을 상대로 한 인민주의의 공격을 포함하는 인민주의의 주요 특징들의 측면에서 차베스나 키르치네르 같은 지도자와는 분명히 달랐다. 종합하면, 좌·우파를 망라해 이러한 지도자들은 모두 한때는 인민주의의 동조자였거나 여전히 동조자다. 그들은 지속적으로 인민주의 전략을 사용하거나 혹은 인민주의 전략에서 벗어나기로 했다.

---

1) 네타냐후는 2022년 재집권했다.
2) 룰라는 2023년 재집권했다.

파시즘 연구자들이 설명하는 파시즘화의 논리, 즉 전형적인 파시스트가 아니었던 우익 운동을 포괄하는 중력장처럼, 위에서 다루었던 지도자들은 다른 특징들은 의식적으로 피하면서도 인민주의적 특성 중 일부분을 보여 주었다. 그들의 경험을 이 책에서 연구했던 더욱 전형적인 인민주의의 예시들과 단순히 뒤섞을 수는 없다.[15] 그렇지만 이 지도자들 중에 네타냐후는 인민주의의 모체에 가장 가까운 사람이다.

대니 필크(Dani Filc)는 네타냐후를 전쟁과 종족에 기반한 정치가 인민주의와 맺는 관계를 놀라울 정도로 잘 보여 주는 적절한 예시로 보고 있다. 필크는 이 이스라엘 지도자를 배타적인 종족 인민주의의 상징으로 본다. 네타냐후의 배타적인 시민권 개념은 1960년대와 1970년대 우익 리쿠드당(Likud Party)의 상대적으로 포용적인 노선을 보존하는 동시에 그 기반을 약화시키기도 했다. 리쿠드당의 설립자인 메나헴 베긴(Menachem Begin)은 비유럽 배경을 가진 유대교 시민들을 포용하는 방식과 아랍 시민들의 배제를 결합하면서도, 또한 아랍 소수자들이 모든 시민적 권리를 갖고 있다고 강조했다. 이와 대조적으로, 네타냐후는 정기적으로 이스라엘의 내 아랍 시민들의 투표권을 무효화하지 않는 이상 그들은 국가 안보에 위협을 가한다고 비난한다. 1990년대 네타냐후의 초기 경력에서 그는 자신을 당의 엘리트에 속하지 않는 사람이며, 이스라엘 사회에서 가장 가난한 부문들과 어떻게든 공명하는 사람으로 소개했다. 이러한 맥락에서 이스라엘 학자 우리 람(Uri Ram)은 이 리쿠드당의 지도자가 인민주의의 반엘리트주의를 '인민주의적인 유대인 전통주의'와 유대교 소수자, 정착민, 그리고 세속적·종교적 민족주의자들의 지속적 포용과 성공적으로 결합했다고 주장했다. 이 연합은 포용적이면서 동시에 배타적인, 이스라엘 인민에 대한 새로운 관점을 보여 주었다.

1999년 네타냐후는 자신의 적은 인민을 싫어하는 '엘리트'라고 특정했다. 그가 일인칭 복수로 표현한 '우리'에 포함된 집단은 희생자로 여겨졌다. "그들은 혐오합니다. 그들은 세파르딤(Sephardim)[3])과 러시아인을 혐오합니다. 그들은 자신들과 다른, 자신들과 함께하지 않는 모두를 혐오합니다. 에티오피아인, 세파르딤, 모로코인, 그리고 종교인을 혐오합니다. 그들은 이들을 혐오합니다." 네타냐후에게 엘리트는 인민에게 적대적이었고, 유대인이라는 것이 무슨 의미인지 잊어버린 '좌파'를 대표하는 사람들이었다. 네타냐후가 적으로 이해한 사람들 안에 사업계의 엘리트들은 포함되지 않았다. 그에게 정치적 엘리트와 좌파는 구별하기 어려웠다. 필크가 지적하듯, 좌파는 미즈라힘(Mizrahim)을 차별했던 아슈케나짐(Ashkenazim), 중·동부유럽 출신 유대인, 공무원과 노동조합, 유럽의 공산주의 정권, 자유주의 유대인, 학자, 언론, 외국인 노동자, 아랍인을 동시에 포괄하는 아주 모호한 표현이었다. 필크는 네타냐후를 이렇게 평가한다. "이 리쿠드 지도자는 순수한 인민/부패한 엘리트라는 인민주의의 대립 개념을 고수한다. '우리'는 진정한 유대인들이다." 이와 유사하게, 지브 스테른헬은 오늘날의 리쿠드당이 자신들의 정책을 '역사적 권리'와 동일시하고, 그 권리가 인권보다 우월하다고 간주하고 있다고 주장한다. 스테른헬은 파시즘에 관한 가장 중요한 전문가에 속하는 사람이다. 그는 역사학자이고, 홀로코스트 생존자이며, 시온주의자이고, 이스라엘군의 전직 장교이자 참전 용사였고, 2008년 이스라엘 우익 극단주의자가 설치한 폭탄의 피해자였다. 스테른헬이 보기에 리쿠드당의 입장은 널리 퍼져 있

---

3) 역자 주 - 세파르딤이란 이베리아반도를 기원으로 하는 유대인을 의미한다. 이들은 이스라엘 인구의 약 14% 정도를 차지한다.

는 반자유주의적 관점이 [유권자들로부터 위임된] 선출직의 권한(electoral mandate)의 의미를 어떻게 해석하고 있는지 확인시켜 준다. "그들이 하는 말은 사실상 '우리가 다수고, 우리는 무엇이든 마음대로 할 수 있다'라는 것이다." 다수에게 자유통행권을 허락함으로 인해 소수자에 대한 배제 요구가 이어졌다. 2015년 선거에서 네타냐후는 상당히 많은 수의 아랍인들이 투표하고 있다고 이스라엘 사람들에게 경고했는데, 이는 마치 아랍계 시민들의 정당한 권리 행사가 본인이 이해하는 민주주의를 위협한다는 식이었다. 그가 실제로 의미한 바는 이스라엘 시민인 팔레스타인 사람들(2015년 이스라엘 유권자들의 20%에 달한다)이 인민주의 지도자가 선호한 다수 종족 집단에 포함되지 않는다는 뜻이었다. 네타냐후는 아랍계 이스라엘 사람들을 자신의 지도력, 민족, 그리고 종족성의 일원화된 개념에 포함되지 않는 일종의 반인민으로 보고 있는 것이 분명하다. 이스라엘의 인민주의 지도자이자 네타냐후의 극단적인 우익 동맹인 아비그도르 리베르만(Avigdor Lieberman)은 네타냐후도 "만약 아랍인들이 떼 지어 투표한다면, 그들을 막을 사람은 강력한 리베르만밖에 없다는 것을 잘 알고 있다"라고 했다. 리베르만은 또한 "불충한" 아랍계 이스라엘인들은 참수해야 한다고 말했다. 이스라엘 야당 지도자인 치피 리브니(Tzipi Livni)와 《예루살렘 포스트(Jerusalem Post)》의 보도에 따르면, "총리는 이스라엘 좌파들을 민족의 적으로 돌리고 '용서할 수 없는' 입장으로 간주하고 있다. 리브니는 이러한 계략이 네타냐후를 승리로 이끌었지만, 이는 또한 혐오와 공포로 이끄는 행보라고 경고"했다. 네타냐후가 2016년 리베르만을 국방부 장관으로 임명했을 때, 이스라엘의 전 총리였던 에후드 바라크(Ehud Barak)는 이스라엘 내 파시즘의 위험을 경고했다. 그는 이스라엘이 "파시즘의 씨앗에 감염되었다"라고 주장했다. 흥미롭게도 바라크는 지브 스테른헬의 분석과 공명하는 것으로 보이는데, 스테른헬은 "이스라엘 민주주의가 점점 더 부식되고 있다"라고 주장했다. 그는 또한 파시즘의 징후가 보인다고 경고했다. 그는 이스라엘인들에게 "민주주의는 다수결을 받아들이기를 요구하지만, 다수가 올바르다거나 도덕적으로 정당하다는 것을 인정하라고 명령하지는 않는다"는 점을 환기시켰다. 인민주의의 핵심적인 차원을 압축하는 이 의견에 따라, 나는 리베르만의 당에 대해, 그리고 그와 다른 우파 정치인들이 유럽의 외국인 혐오적인 우파들과 보이는 뚜렷한 유사성에 대해 사고하기 위해서는 파시즘보다 우익 인민주의가 더 나은 설명이라고 주장한다. 다른 곳에서도 그러하듯, 이스라엘의 인민주의는 민주주의적 절차를 반민주주의적이고 반다원적인(antidiverse) 인민 개념과 결합하는 것에 의존한다.[16] 필크가 주장했듯이, "공포는 '우리'(진정한 인민)와 '저들'(외국의 적, 팔레스타인 사람들과 때에 따라 달라지는 그들의 국내 동맹 세력들)을 나누는 경계를 따라 세워지는 것"이다.[17]

터키의 레제프 타이이프 에르도안 같은 지도자는 2010년대에 지속적으로 공포 정치를 구사해 왔다. 에르도안의 경우, 쿠르드족 터키인 시민들과 다른 정치적 소수자들을 상대로 공포 정치를 함으로써 강한 행정부를 만들고 사법부와 같은 국가 기관의 역할은 격하시켰으며, 자신을 지지하는 종족·종교의 다수 유권자에게 힘을 실어주었다.

민주주의를 '침묵'하는 다수와 다수 종족 유권자들의 배타적인 영역으로 이해하는 것이 에르도안, 네타냐후, 리베르만 그리고 도널드 트럼프와 미국 공화당의 '대안 우파(alt-right)' 같은 이들만의 고유한 생각이 아니라면, 자신의 권리를 행사하는 소수 유권자들에 대한 이들의 우려는 이들을 페루의 알베르토 후지모리 같은 사람에 더 가깝게 만든다. 더 일반적으로,

신자유주의적 인민주의자는 법령에 의한 지배(rule by decree)[4]를 위해 끊임없이 인민의 이름을 들먹일 뿐만 아니라, 자신들의 가장 반민주주의적인 결정을 승인하기 위해 선거를 요청했다. 마치 캠페인을 벌이는 것처럼 통치하는 정치인들에게 권위주의 그리고 선거는 둘 다 중심적이었다. 커트 웨일랜드(Kurt Weyland)가 다음과 같이 설명한다. "후지모리, 메넴 그리고 콜로르 같은 다른 신인민주의 지도자들은 자신들의 선거 캠페인에서 사용했던 인민주의 정치 전략을 유지했다. 그들은 자신들과 겉보기에 직접적으로 연결되어 있으며 미조직된 거대한 대중이라는 토대 위에서 자신들의 통치 기반을 닦아 나갔다. 이들은 기성 정당들과 이익 집단을 우회하고, 정치 계급과 다른 기성 엘리트를 공격하며, 여론 조사 국민투표(의 위협)와 반대파[야당]를 진압하기 위한 다른 인민주의 수단들을 사용하고, 그들의 사인주의적 지도력을 강화하며, 권력을 집중하고 헌법 체계에서 다수결의 요소를 강화하고, 자유주의적 정치 규범을 벗어나고 제도적 통치를 짓밟는다."[18]

폴란드와 우크라이나 같은 동유럽의 나라들에서도 유사한 인민주의적 상황들이 나타났는데, 여기서는 인민주의적 지도자들이 급격한 신자유주의 시장 개혁과 결부되어 있었다.[19] 이탈리아의 실비오 베를루스코니는 바람둥이이자 억만장자이고, 대중 매체의 거물이자 이탈리아에서 우승을 제일 많이 한 축구팀인 AC밀란의 소유주로, 정치적 대표의 위기라는 맥락에서 부상했다. 베를루스코니는 스스로를 평범한 이탈리아 사람들을 대변하는 이단아로 자임했다. 반공주의자인 그는 '악'과 싸우기 위해 정

---

[4] 법령에 의한 지배는 입법 승인 없이 대통령이나 특정 집단에 의해 신속하고 도전받지 않고 법률을 공포할 수 있는 통치의 방식을 지칭한다.

치에 입문했다고 말했다. 그는 이탈리아 총리가 되자마자 권력 분립을 약화시키고 사법부를 '암'이라고 불렀으며, 국민투표적인 형태의 권력을 행사했다.

베를루스코니가 택한 정치 구성체의 이름인 전진이탈리아(Forza Italia)와 자유민중당(Il Popolo della Libertà)은 베를루스코니주의의 사인주의적 수단으로, 베를루스코니와 자유를 옹호하는 인민으로서 그의 지지자들을 일원화하는 관념을 축구 구호와 결합한 것이었다. 이 구성 속에 반대파를 위한 정당한 공간은 없었다. 그들이 인민과 자유를 반대했는가? 이것이 바로 베를루스코니의 요점이었다. 기사(Il Cavaliere)라는 별명을 가진 이 이탈리아 인민주의 지도자는 1990년대와 2000년대의 이탈리아 정치를 지배했으며, 마가렛 대처와 로널드 레이건을 존경했다. 총리 재임 기간(1994~1995, 2001~2006, 2008~2011) 동안 그는 이탈리아의 맥락에 맞춰 신자유주의를 도입했다. 이는 유럽의 기술관료들과 친시장 언론을 초조하게 했다. 이와 비슷한 경우로 아르헨티나의 카를로스 메넴 역시도 페론주의의 정치 문화 속에서 신자유주의 긴축 정책들을 도입하려고 했는데, 이탈리아의 경우처럼 개인적인 스캔들과 부패 속에서 민주주의 제도들을 무시하게 되었다. 메넴과 후지모리처럼 베를루스코니는 사회민족주의 사상을 가진 부문을 포함한 우파 내부의 유대를 강조했는데, 이를 위해서 마가렛 대처의 영국이나 아우구스토 피노체트 장군의 칠레에서 도입했던 강력한 긴축 정책을 전면적으로 적용하는 것은 제한했다. 베를루스코니는 포스트파시스트(postfacist)인 국가동맹당(Alleanza Nazionale), 외국인을 혐오하는 북부동맹(Lega Nord)과 연정을 구축했다. 항상 살아 있는 남자(un vivo)를 자임한 메넴처럼, 베를루스코니는 자신의 이상적인 모습을 인민의 남자이자 농담을 즐기는 교활한 사람(the furbo), 혹은 영리한 사내(wise guy)로 설정했다. 그는 늘 남들 뒤에서 '뿔'을 뜻하는 손짓을 하곤 했는데, 2002년 스페인에서의 회동 중에 스페인 외무부 장관에게도 이와 같은 행동을 했다. 이러한 몸짓에 더해 좌파로부터 민주주의를 지키겠다는 주장이나, 질서와 안보를 옹호하겠다는 말이나, 세금을 낮추고 생태계를 보호하겠다는 말이나, 이주민에 대한 비판들이나, 간간히 나오는 무솔리니에 대한 옹호나, 그리고 자신이 진정한 '자유'를 대표하겠다는 약속은 베를루스코니를 가장 성공한 세계적인 신자유주의적 인민주의자 중 한 명으로 만들었다. 특히 자유에 대한 그의 관념은 자신 스스로에게, 그리고 인민들이 원하는 것이 되고 이를 대표하는 후보자가 되겠다는 자신의 자유에 적용되었다. 정치 이론가 나디아 우르비나티가 주장하는 바에 따르면 베를루스코니는 거꾸로 된 형태의 정치를 내세우는데, "대다수 청중의 우둔함을 (…) 소수가 연출하는 스펙터클과" 나란히 배치한다. 베를루스코니는 자신의 인민주의를 엘리트와 좌파라는 반인민에 맞서는 진정한 인민의 민주주의라고 홍보했다. 그는 엘리트와 좌파를 반민주주의적이라고 보았는데, 왜냐하면 그들은 여론 그리고 자신과 자신의 우익 동맹에게 투표한 이들의 주권에 저항했기 때문이다.[20]

    베를루스코니와 메넴 같은 지도자들은 정치에서 신자유주의적 전통과 자기를 동일시했지만, 신자유주의를 인민주의적 관점에서 재정식화했다. 그들은 공적으로 텔레비전과 유명 축구인들, 거기에 더해 인기 여배우와 매춘부까지 어울리고 다니면서 자신들이 누구이고 누구를 대표하고 있는지에 대한 정치적인 메시지를 전달했다. 다른 말로 하면, 그들의 [정치] 양식이 기성 정치에 대한 그들의 '도전'을 대표했다. 그들은 자신들의 화려한 성적 문란함과 여성 혐오를 엘리트와 대중적인 전통의 결합으로 투영했다. 메넴주의자들은 "피자와 샴페인"[21]이라는 음식의 융합으로 유명했다.

피자와 샴페인은 그들이 엘리트의 고루한 정치를 현대화하는 시도를 설명할 때 사용했던 비유인데, 대중적 전통과 유명인의 상류층 감성을 혼합하는 방식이라는 뜻이었다. 베를루스코니주의도 똑같이 권위주의적인 대중적 기대를 고상한 연예인 문화의 세계와 섞었다. 이러한 지도자들에게 자유주의는 더 이상 나쁜 말이 아니었는데, 그들이 이해하고 실행한 자유주의는 자유주의의 가장 비인간적인 경제적 변종 같은 것이었다.

과거의 이탈리아 정치 체제로부터 막대한 이득을 본 베를루스코니는 자신의 메시아적인 지도력과 운동을 이탈리아의 역사와 정치를 재정초하는 것으로 투영하면서 이를 극단적인 의지주의와 결합했다. 이와 비슷하게, 페론의 '제자'였던 메넴은 신자유주의적인 워싱턴 합의(Washington Consensus)라는 새로운 맥락에서 페론이 했을 법한 일을 하는 것이라고 설명했다. 선거에서 그는 아르헨티나 사람들에게 '자신을 따라 달라고' 요구했다. 그러고 나서 1989년 취임 연설에서 그는 자신이 인민을 위해 왔으며 인민으로부터 말한다고 설명했다. 그는 독창적이게도 긴축 정책을 인민 주권과 연결지었다. 그는 자유 시장 정책을 옹호하면서 조국과 신 그리고 인민을 들먹였다. 그는 이러한 정책들이 "민족적 단결, 그리고 아르헨티나와 라틴아메리카의 성스러운 이익"을 위해 필요하다고 주장했다. 메넴은 라틴아메리카 사람들이 메넴식의 신자유주의적 인민주의에 의해 완전히 통합될 것이라고 생각했다. 그는 이 새로운 인민주의를 페론주의라는 과거와 연결하고 싶어 했다. "우리 장군님의 뜻은 우리의 이데올로기에서 출발한 우리의 교리, 우리의 원칙을 실현하는 것이었습니다. 그리고 우리의 교리와 우리의 원칙을 실현한다는 것은 단결된 인민이라는 시작점에서 아르헨티나를 세계의 모든 국가들이라는 맥락 속으로 재배치하는 것입니다." 그에게 이 실현은 민주주의의 새로운 의미를 함의하는 것이었는데,

그 역시 이를 [정치] 양식의 측면에서 이해했다. "우리는 여기서 국가의 정치적 삶의 새로운 [정치] 양식을 정착시키려 합니다. 그리고 저는 이것이 라틴아메리카 전역으로 전파되기를 바랍니다. 인민으로부터 일어난 통치는 인민과 함께 머물러야 하며 오직 인민을 위해 일해야 합니다." 메넴의 신자유주의는 인민주의적인 민주주의 개념에 새로운 의미를 부여했다. 그는 과거의 페론주의를 개선하면서 동시에 '아르헨티나 인민의 단결'[22]을 유지하려고 했다.

메넴은 자신이 국가적인 경제 '긴급 상황'이라고 정의한 시기에 '가혹한 긴축 정책'을 부과하려 했다. 아르헨티나는 중대한 위기와 '초인플레이션'을 경험하고 있었다. 그리고 메넴은 이 위기가 인민에게 고통을 주게 될 것임을 인정했다. 하지만 그는 민족주의적 감각을 가지고 인민의 이름으로 행동한다고 말했다. 이것은 "모든 견딜 수 없는 선대의 악을 뿌리부터 없애는 중대한 수술"이 될 것이었다. 메넴은 신자유주의를 "사회 정의의 이름"으로 도입했다.[23]

대부분의 페론주의자는 당시에 메넴이 페론과 에비타의 역사적 계승을 대표한다는 것에 동의했다. 파타고니아 지방 산타크루즈주의 주지사였던 네스토르 키르치네르(Néstor Kirchner)는 아르헨티나의 주력 정유회사를 메넴주의적으로 민영화하는 일을 지지했으며, 심지어 파타고니아 지방 사람들의 의견을 듣던 와중에 메넴이 페론 이후 아르헨티나 최고의 대통령이라고 주장하기도 했다. 크리스티나 키르치네르(Cristina Kirchner)는 민영화가 '도덕성'의 문제라고 옹호했다. 2000년대에 네스토르 키르치네르와 크리스티나 키르치네르는 메넴주의자였던 자신들의 이력을 부정하고 자신들을 '조국의 깃발'을 배신한 메넴주의와 정반대의 새로운 시대 지도자로 묘사했다. 하지만 메넴이 페론주의를 신자유주의 우파로 전환시킬 당시에 크리스티나 키르치네르는 연방의원이었으며, 공개적으로 대통령에게 투표했고 지지한다고 말했다. 그녀는 "페미니즘을 (…) 혐오한다"고 했으며, 아르헨티나가 더 이상 "1970년대의 악명 높은 붉은 깃발(trapo rojo)에 패배할 위험"이 없어졌다고 말했다. 시간이 흐른 뒤인 2000년대에 그녀는 인민주의 좌파를 포섭하려고 했는데, 그녀는 빨간색을 택한 소위 좌파에 의문을 제기하면서 진정한 좌파는 국가의 상징색을 입고 있는 아르헨티나 사람들에 의해 대표된다고 했다. 그러면서 그녀는 21세기의 트로츠키주의 좌파와 추악한 전쟁 때 압제를 행한 군인들이 차이가 없다는 생각을 내비치기도 했다. 그녀에게는 키르치네르주의에서 벗어나는 우파나 좌파에게는 정당한 자리가 없었다. 역사는 입장을 바꾼 지도자들이 마음대로 할 수 있는 상황이었지만, 지구적 맥락은 동등하게 중요했다. 만약 신자유주의 시기에 페론주의를 이해할 수 있는 방법이 하나 있었다면, 페론주의가 왼쪽으로 입장을 바꾸었을 때 좌파에게는 그 외에 어떠한 정당한 공간도 주어지지 않았다는 것이다. 이러한 관점에서 비(非)페론주의 우파와 좌파는 그저 민족[국가]와 인민의 지도자를 따를 수밖에 없었다.

2010년대에 키르치네르는 메넴이 민영화했던 정유 회사를 국유화했는데, 메넴 본인은 상원의원 자리에 있을 때 키르치네르주의를 지지했다.[24] 하지만 메넴과 키르치네르 부부와 같은 지도자의 변화 과정 속 이러한 전형적인 인민주의적 계기들을 넘어서, 바로 강조되어야 하는 것은 인민주의의 유연성이다. 고전적인 형태부터 신자유주의적 판본과 좌파적 판본에 이르기까지 인민주의는 자유주의와 독재에 대한 관계 속에서 스스로를 재정의했다. 이 재정의가 파시즘과 인민주의의 근본적인 차이를 만들었다.

지도자와 인민

파시즘은 민주주의에 반대하는 혁명이었다. 이와 대조적으로 1945년 이후, 인민주의는 현 상태를 개혁해 권위주의적 형태의 민주주의를 추진했다. 이러한 유형의 민주주의는 이중적인 본성을 갖는다. 현대 인민주의는 비혁명적 맥락에서 인민의 이름으로 말하면서 민주주의적이지만 반공주의적인 대안을 제공했다. 인민주의는 파시즘이 더 이상 충분히 정당하지 않다고 여겨지던 시기에 반자유주의적 정치를 민주화하려고 시도했다.

페론에게 파시즘은 반복될 수 없는 과거였다. 새로운 시대를 위한 새로운 진리가 필요했다. 페론은 새로운 형태의 '유기적' 민주주의를 제안했다. "유기적 정부란 무엇인가? 유기적 정부란 그 선두에는 하나의 국가수반이 있는 견고하게 통일된 힘의 총합이다. 국가수반은 천재이거나 현자일 필요는 없지만 다른 사람들이 보지 못하는 완전한 전경을 폭넓게 볼 수 있는 특수한 조건을 부여받은 자질이 있어야 한다."[25] 운동의 유기적 특성은 장기적으로 정치적 우위로 이끈다. "우리의 열망은 6년간 통치하는 것이 아니라 60년의 정부를 지키는 것입니다."[26] 그러나 이 우위를 얻기 위해서는, 선출된 대표이면서 동시에 인민의 유사-초월적인 지휘자라는 지도자의 이중적 본성을 승인하는 국민투표에서 이겨야만 한다는 것은 모두에게 분명했다. '권력의 진정한 지표'는 '지휘자' 없이는 이해될 수 없으며 진정한 정치의 성공은 그 없이는 존재할 수 없다. 페론은 자주 이렇게 말했다. "인민은 알아야 한다 (…) 지휘자는 타고난다는 것을. 명령이나 선거로 지휘자를 만들어 낼 수는 (…) 지휘자가 자신만의 주형을 찾아, 그 이후에 자신이 신에게서 받은 사무엘(Samuel)의 성유와 직접적인 관련이 있는 내용으로, 자신의 능률에 따라 그 주형을 채우는 것은 필수적이다."[27]

마찬가지로, 콜롬비아의 지도자 가이탄은 민주주의의 '모조품'을 '진정한 민주주의'로 대체하고 싶었다. 1945년에 그는 '도덕적이고 민주주의적인 회복'을 요구하면서 '정치적 민족[체]'을 인민의 민족[국가]으로 대체하려고 했다. 민주주의는 파시즘을 물리쳤고, 이 승리와 함께 '폭력의 승리'는 '기독교 문명'의 승리로 대체되었다. 가이탄은 신을 부르면서 신성은 그와 그의 추종자들이 행했던 것처럼 콜롬비아를 위해 무엇이 최선인지 알고 있다고 말했다.[28] 그렇더라도, 지도자가 오직 신적인 것에서 발생한 권력을 지닌 반신반인(半神半人)으로만 여겨진 것은 아니었다. 지도자의 권력은 그와 인민 사이의 '탯줄 같은' 연결 관계 그리고 민족의 적을 상대로 한 공동의 전투로부터 발현되는 것이었다.

베네수엘라의 인민주 지도자 로물로 베탕쿠르(Rómulo Betancourt)는 파시즘과 공산주의에 대단히 비판적이었던 사람으로, 자신만의 제3의 길을 제시했다. 반공주의자로 전향한 과거의 공산주의자인 베탕쿠르는 민족적 민주주의라는 선택을 지지해 전간기의 공산주의를 포기했다고 설명한다. 이렇듯 공산주의를 포기한 것은 경제적 조건의 결과였다. 하지만 이는 또한 "내가 생물학적으로 나의 고향과 나의 인민에 속함으로" 말미암은, 베네수엘라 사람 그리고 라틴아메리카 사람으로서의 강력한 정체성이 '반영'된 것이기도 했다. 그의 운동은 "베네수엘라에 대한 깊은 믿음을 가진" 사람들을 위한 운동이었다. 그의 정당은 '인민의 당'이었고, 그의 적은 '반조국(antipatria)'이었다. 1948년에 베탕쿠르는 공개적으로 말했다. "나는 인민의 역사적 적들에 맞서서 인민의 편이었으며, 지금도 그러하고, 앞으로도 그럴 것이다." 베탕쿠르는 역사에 호소하면서 사실상 선과 악 사이의 장대한 초역사적인 싸움을 언급한 것이다. 오직 '사회 정의와 민족 해방'을 위한 인민의 당과 정부만이 '진정한 민주주의'를 대변할 수 있다. 인민주의는 역사적인 독재를 거부함으로써 정의되었다. 당은 인민들에게 '찬탈당한 주권'을 '돌려준' 것이었다. 이러한 모델은 정치적으로 반대파[야당]의 정당성을 박탈했는데, 그렇더라도 상대방은 민주적 과정에서 참여할 것으로 예상되었다. 사실 적들은 애매하게 규정되었다. 그들은 항상 인민의 반대편에 섰다는 한에 있어서는 '역사적'이었다. 대부분의 경우, 적들은 공산주의자와 제국주의자 그리고 과두제 집권층의 일원과 정치 계급을 포함했다.[29] 1946년에 가이탄이 베네수엘라인들에게 말한 바에 따르면, 베탕쿠르 정권은 첫 번째 단계로서 정치적 자유를 얻었지만, 민주주의는 '경제적 자유와 사회적 자유의 정복'이 뒤따르지 않는다면 여전히 형식적인 것으로 머물 것이라고 했다. 가이탄에게 통상적인 적들 속에 파시스트, 금권 정치, 과두 정치, 그리고 기성 정치가 포함되어 있었다. 정치는 하나의 전투였고 그는 "콜롬비아 대중(multitudes)의 대장"이거나 혹은 그가 1947년에 이야기한 것처럼 "전선에서의 임무를 자원한 병사"였다. 가이탄에게 '인민은 그들의 지도자보다 우월'했으며, 지도자들은 단지 '인민을 위해 인민의 목소리를' 대표할 뿐이었다. 지도자-인민 등식의 반대편에 있는 것은 반인민, 즉 인민에게서 '자신들의 등을 돌린' 자들이었다.[30] 이와 유사하게, 페론에게 '아르헨티나의 드라마'는 인민과 '반인민' 사이의 투쟁이었다. 반인민이 존재한다는 것은 그 투쟁이 '이데올로기적'이라는 것을 의미했으나, 인민주의 지도자 입장에서 그 투쟁의 초월적인 본성은 또한 이 투쟁이 아르헨티나 해방의 역사에서 핵심적인 순간이라는 것을 의미했다. 이 말을 했을 당시 자신의 나라에서 입국을 금지당하고 망명 중이었던 지도자에게는 그러한 예외적인 순간조차도 선거 절차를 넘어서야 하는 때가 아니라 선거 절차의 회복을 요구해야 하는 상황이었다. 페론주의는 민주주의의 사회적이고 경제적인 한계에 반대하는 투쟁에 인민의 참여를 다시 한번 호소했다. 하지만 어떠한 모순도 인지하지 못한 채 페론은 이렇게 말하기도 했다. "우리의 적은 사실 인민의 적이다."[31]

페론주의는 인민 및 통일된 민족의 이름으로 행동했고, 그는 시민들의 완전한 선거권을 옹호했다. 다른 인민주의처럼 페론주의자들은 민주적 선거가 적을 물리치기 위한 주된 방법이라고 생각했다. 하지만 지도자와 인민 사이의 관계가 선거 형태를 우회하며, 특수한 맥락이나 심지어 민족을 초월한다고 여겨지기도 했다. 제3의 길을 위한 투쟁은 "제2차 세계 대전 이후 등장한 거짓된 세력"인 두 개의 제국주의를 넘어섰다. 이는 페론에게 아르헨티나 혹은 아르헨티나 인민의 운명이 달린 일이자, 세계와 세계 인민의 운명이 달린 일이었다.[32] 이처럼 악의 세력과 전 세계적 흑백논리식의 대립을 하고 있다는 생각은 이후의 세월 속에서도 여러 차례 재현되었다. 페론 장군이 자신과 인민을 연결해 주는 자신만의 고리를 자신의 군인으로서 페르소나와 관련이 있다고 이해했다면, 우고 차베스 중령은 스스로를 페론주의자라고 생각했다. "나는 가슴 속 깊이 페론주의자다. 왜냐하면 페론 장군은 라틴아메리카와 그 인민의 병사였기 때문이다." 그는 또한 인민에게만 복종하는 '인민의 병사'를 자청했다. 차베스는 "차베스주의자가 아닌 사람들은 베네수엘라인이 아니다"라고 했다.[33]

이러한 방식으로 지도자와 인민을 연결하면 안드레아스 칼리바스가 "초일상의 정치(politics of the extraordinary)"라고 부른 바 있는 것을 만들어 내는 하나의 정치 이상이 뒤따른다. 인민주의의 경우에, 이는 인민주의적 정치의 국면이 마치 역사 속에서 일반적으로 기능했던 보다 평범한 국면들을 초월하는 것처럼 내세우는 것을 의미했다.[34]

이러한 연결 관계는 대의제나 특정한 정책 및 사상 또한 초월한다. 가이탄이 설명하듯, 어떠한 지도자도 열정과 생각 또는 결정을 인민에게 효과적으로 심어 줄 수는 없다. 마치 예술가가 죽은 사물에 영원한 삶을 부여하는 것과 같은 방식처럼 지도자가 대중에게 무언가를 할 수 있는 것은 아니다. "위대한 대중 운동의 지도자는 주어진 순간에 집합적 영혼의 동요하는 암류를 포착하고 종합하는 세심함과 유연성을 가진 사람이다." 간단하게 말하면 지도자는 아래에서 부상한 것을 위에서 모아 내는 '안테나'다. 그리고 그는 대중적 요구를 윤리학에서 미학까지 종합했다.[35] 빈자에 대한 사려 깊은 고민과 더불어 평등주의, 민족주의, 그리고 수사적인 적의 악마화의 혼합체는 박수 표결과 위임 그리고 더 전통적인 민주주의 절차와 제도들을 결합한 조직된 공동체를 형성했다. 페론주의자들처럼 콜롬비아인들과 브라질인들은 민주주의에 대한 자유주의적·파시즘적 관념이 그들의 인민주의 지도자들(가이탄과 바르가스)이 유기적 형태의 민주주의라고 이해했던 것으로 전화하는 과정을 목격했으며, 이 유기적 형태의 민주주의는 대중을 자유주의와 공산주의 너머로 움직였다.

역사 속 파시즘은 민주주의적 대의제, 혹은 민주주의적인 가능성에 관한 관념을 이론적이고 실천적으로 거부했으며, 그 결과 자연스럽게 독재가 수립되었다. 1945년 이후 이러한 독재적 대표라는 관념은 패배했고, 페론 같은 군부 독재 지도자들은 독재를 그 내부에서 파괴했다.

페론주의는 이처럼 독재에서 권위주의적 위임 민주주의로의 변화를 만들어 낸 역사상 첫 번째 정권[체제]이다.[36] 파시즘은 패배했다. 페론은 새로운 질서, 즉 그가 널리 표방했던 자본주의와 공산주의 사이의 제3의 길이 민주주의라는 틀을 갖추어야 한다는 사실을 잘 이해하고 있었다. 그의 1947년 "세계를 향한 메시지"에서, 페론은 "인류가 우익 또는 좌익 헤게모니의 홀로코스트 속에서 파괴"되는 것은 받아들일 수 없다고 주장했다.[37]

페론주의적인 제3의 길은 민주주의적 기조 속에서 반자유주의 정치를 할 수 있는 방법을 찾는 것이었다. 어떠한 [정치적] 전통이든 고려 대상이 되었으며, 페론은 좌와 우 모두에 손을 뻗었다. 페론의 시도는 냉전이라는 맥락에서 반계몽주의 전통을 이어 가는 시도였다. 페론은 집권 후 참신한 형태의 정치를 체현한 스트롱맨이었고, 카우디요였다. 그는 인민의 이름으로 권력을 얻고, 실제로는 인민을 대신해 통치하기 위해서 인민과 민족[국가]을 육화할 뿐만 아니라 새로운 전후 이데올로기적 종합을 육화했다. 온전한 인민주의의 어느 판본이든 권위주의적 지도자가 중심에 있다는 점을 고려했을 때, 일부 인민주의 학자들이 "스트롱맨의 권위주의적인 특징은 인민주의에 내재하는 것이 아니다"라고 하는 것은 놀라운 일이다. 이러한 관점은 라틴아메리카는 근본적으로 스트롱맨의 지역이고 유럽과 미국에는 본래 스트롱맨이 없다는 이중적인 고정관념을 긍정하는 것에 의존한다. 사실 라틴아메리카만 인민주의적 지도력 개념을 독점하고 있는 것은 아니다. 이것은 전 지구적 현상이지 라틴아메리카만의 전유물이 아니다.[38]

21세기의 맥락이지만 똑같은 사인화를 시도했던 지도자로 도날드 트럼프와 마린 르펜이 있다. 2017년 르펜의 대통령 선거 운동은 분명히 자신의 페르소나가 프랑스 민족을 체현한다는 점을 입증하고자 했는데, 그녀의 선거 운동 클립의 제목 "인민의 이름으로"가 이를 적절하게 보여 준다. 우파와 좌파를 반대하면서 르펜은 자신이 프랑스 인민의 유일한 후보라고 주장했다. 그녀 자신의 페르소나 속에서 그리고 그 페르소나를 통해서 그녀의 행정부는 "프랑스 우선주의(French First)"가 될 것이었다. 르펜은 미국 우선주의(America First)라는 트럼프의 구호와 공명했다. 이 구호는 미국에서 1930년대 파시즘 동조자에 의해 처음 사용되었다. 이 파시즘의 내력이 트럼프에게 문제가 되지 않았다면, 르펜은 결국 프랑스의 나치

협력자들이 자행한 홀로코스트에서의 어떤 역할도 부정했을 것이다. 그 협력자들은 사실 유대인들이 수용소로 추방될 수 있게 했다. 르펜과 트럼프의 두 사례에서 모두 나라와 자신들에게 '첫 번째' 우선순위를 부여한다는 생각에는 차이가 없었다. 그들은 뼛속까지 인민주의적인 권위주의 지도자들이었다. 하지만 인민주의의 역사에서 인민주의적 스트롱맨의 정치는 1945년 이후에 첫 인민주의 정권[체제]과 함께 처음으로 부상했다.[39] 이러한 의미에서 그리고 과장되게 표현하면, 트럼프는 미국의 페론이 되었다. 지구상에서 가장 강한 나라가 전 세계 인민주의의 중심이 되었다는 사실은 많은 연구자들에게 충격이었지만, 미국에서도 마찬가지로 불평등의 증가 그리고 신자유주의와 기술관료의 융합은 무시할 수 없을 정도로 심각해져 있었다.

티파티와 트럼프주의는 모두 이러한 지구적 양상에 대한 미국의 권위주의적인 대응을 대표했다. 확실히 트럼프의 극단주의는 (조지 월리스와 같은 무소속 후보뿐만 아니라) 배리 골드워터(Barry Goldwater)와 리처드 닉슨(Richard Nixon) 같은 과거의 공화당 지도자들과 공명한다. 트럼프는 명시적으로 닉슨이 "침묵하는 다수"를 소환했던 것을 반복한다. 비록 닉슨과 트럼프의 프레이밍이 그들의 가장 분리주의적인 추종자들처럼 명시적이지는 않지만, 닉슨과 트럼프에게 이 다수는 분명히 백인이었다. 특히 많은 트럼프주의 추종자들에게 나라의 서부해안 지방과 동부해안 지방은 다수에 포함되지 않았다. 1964년에 골드워터는 이와 유사한 선명한 반도시·반동부해안의 감수성을 보여 주었다. 그는 실제로 동부해안이 쓸려나가서 바다에 떠내려간다면 나라가 더 잘살게 될 것이라고 했다.[40]

다른 인민주의의 역사에서보다 미국 인민주의에서 지금까지 인종은 중심적이었다. 그럼에도 전 세계의 많은 파시즘과 인민주의 역사가들에게 트럼프주의는 무언가 완전히 새로운 것이었고, 민주주의에 대한 위협이라는 관점에서는 확실히 저점을 새롭게 찍었다. 트럼프가 공화당 공천에서 1위를 하고 대선에서 승리했다는 점은 [세계 인민주의 영역에서 발생한] 새로운 형태의 미국 우위를 나타내는 신호였으며, 이는 세계 곳곳에서 발전하고 있는 외국인 혐오적인 우익 인민주의와 궤를 같이하는 것이었다.

트럼프는 선거 운동 중에 인종주의, 종교 차별, 그리고 반이민과 반통합 수사를 혼합하면서, 자신이 인민주의 집단의 새로운 지배적인 세계적 지도자임을 세계 무대에 보여 주었다. 또한 트럼프의 수사에는 그의 정적인 힐러리 클린턴의 징역이나 추방을 요구하는 것까지도 포함되어 있었다. 트럼프주의자들이 선거 운동 행사들에서 힐러리 클린턴을 향한 폭력을 의례적으로 요구해 온 것처럼 "그녀를 가둬라!"라는 구호는 선거 운동의 지배적인 주제였다. 트럼프는 어떤 대통령 선거 토론에서 자신이 대통령이 된다면 [힐러리 클린턴을] 감옥에 가둘 것이라고 위협했으며, 그 이전에는 힐러리 클린턴이 추방되어야 한다고 주장한 적도 있었다.[41] 박수갈채로 정치적 경쟁자와 다른 사람들을 감옥에 넣자는 요구를 하는 식의 행동에는 구체적인 역사가 있다. 파시스트들은 항상, 그리고 인민주의자들은 가끔 투옥을 이용해서 반대파를 해결해 왔었다.

트럼프는 지도 양식에서 과거의 공화당 후보들보다는 프랑스의 마린 르펜, 터키의 레제프 타이이프 에르도안, 그리고 베네수엘라의 니콜라스 마두로를 더 닮았다. 이러한 강력한 지도자들은 결국 아르헨티나의 후안 페론이나 브라질의 제툴리오 바르가스 같은 파시즘의 이념들을 인민주의적 형태의 선거 권위주의로 전환했던 역사적인 인물들을 연상시킨다.

페론 같은 지도자들은 반대파를 교도소에 보냈다. 그들은 정치적 반대파든 언론이든 혹은 사법부든 간에 가리지 않고, 자신들이 좋아하지 않는 부류들을 적으로 묘사했으며 다른 의견을 가지고 있는 대화 상대 혹은 사회 부문으로 간주하지 않았다. 그렇다고 하더라도 모든 인민주의자가 똑같은 것은 아니며, 심지어 같은 맥락에서 부상한 인민주의자라도 서로 다를 수 있다. 페론을 예로 들면, 그는 바르가스와의 대화를 떠올리며 바르가스가 1950년대 그의 두 번째 대통령 임기 때 조화의 정치(politics of conciliation)를 따를 필요가 있다고 이야기했다는 것이다. 페론은 바르가스가 틀렸다고 말했는데 그 이유는 "정치에서는 일단 지배를 할 필요가 있는데, 그러면 조화는 그 결과로서 따라오기 때문"이라는 것이다. 같은 사례 중 인민의 '국제적인' 의식에 대해서, 페론은 "내가 원하는 것이야말로 내 인민이 원하는 것임"을 안다고 말했다.[42]

자신은 유명 인사이자 모든 것을 알고 있고 모르는 것은 무시하겠다고 결정한 지도자의 관념은 트럼프주의의 이론과 현실에서 특히 강력했다. 페론은 인민을 위해 생각하고 결정하며, 자신의 정당성이 투표를 통해 재확인되지만 투표에 의해 형성되는 것은 아니라고 보는데, 그의 지도자에 대한 생각이 많은 세월이 지난 뒤 트럼프에 의해서 비슷하게 제시되었다. 그때는 바로 트럼프가 자연적인 직관, 운명, 행동, 그리고 정당성 사이에 직접적인 연관성이 있다고 말했던 순간이었다. 트럼프는 "나는 굉장히 본능적인 사람이고 내 본능은 결국에는 맞아떨어진다"라고 주장했다. 내면의 자아가 진리를 제공했는데, 그 진리는 인민이 육화된 지도자로부터 발현된 자연적 지식이었다. 트럼프는 다음과 같이 말했다. "나는 살다 보니 인생이 어떻게 돌아가는지 알게 된 사람이다. 나는 내가 선거에서 이길 것이라고 말했고 내가 선거에서 이겼다." 인민주의에서 의지의 승리는 선거라는 수단을 통해서 확인된다. 그리고 정권[체제]이 형성되는 순간이 마침내 도래하면 결정권을 가지고 있는 것 자체가 정당성의 한 형태가 된다. 또는 트럼프가 말하는 것처럼 "나는 아주 잘못할 리가 없다. 왜냐하면 내가 대통령이고 너는 아니기 때문"이다. 트럼프는 민주주의를 자신이 나라의 지도자로서 선출되는 계기로 취급한다. 하지만 트럼프 자신이 치른 선거는 단지 나라의 선거 역사 속 하나의 장에 불과한 것이 아니었다. 트럼프는 그의 성공적인 선거 운동의 막바지 발언에서 자신이 '지구적 권력 구조'와 전국의 언론, 그리고 정치 엘리트들에 맞서서 인민을 옹호한다고 주장했다. "이것은 단순히 또 다른 4년짜리 선거가 아닙니다. 이것은 인민이 우리 정부에 대한 통제권을 다시 되찾아오는지 여부를 결정하는 우리 문명사의 교차로입니다." 그의 상상에 따르면, 적으로부터 빼앗긴 권력을 인민에게 돌려주는 것이 바로 지도자였다. 트럼프주의는 문명의 승리를 구현하고자 열망했던 인민주의 지도자가 절대적인 민주주의를 요구해 온 오래된 역사의 지속되는 반향이었다.[43]

이와 유사하게, 고전적인 라틴아메리카 인민주의 지도자들은 선과 악 사이의 종말론적인 문명의 투쟁이라는 맥락에서 그들의 정치를 진정한 인민의 대표를 위한 싸움으로 제시했다. 지도자가 인민의 화신이라는 생각은 지도자가 필수적이라는 선언으로 이어졌는데, 심지어 지도자의 당선이 민족의 마지막 기회를 표상하게 됐다. 위기감은 친구/적의 입장과 군사 전략을 반대파에게 투사한 결과였다. 트럼프가 주장했다. "그들에게 이것은 전쟁이다. 그리고 그들에게는 무슨 수를 써도 괜찮다. 이것은 우리나라의 생존을 위한 투쟁이다. 나를 믿어라. 그리고 이번이 우리나라를 구할 마지막 기회가 될 것이다. 11월 8일을 기억하라." 트럼프는 그의 추종자들에게 자신의 당선이 "우리의 독립 기념일"을 나타낸다고 말했다. 페론은 이와 비슷하게 그의 지도를, 자신과 같이 인민의 지휘자였던 군사 정복자들의 장구한 역사의 일환으로 간주했다. "알렉산더, 줄리어스 시저, 프리드리히, 혹은 나폴레옹의 예시들을 통해 세계의 역사는 인민을 고무시키고 지휘할 수 있는 자가 승리를 거머쥔다는 것을 보여 준다." 페론은 자신의 당선을 두 번째 '독립'이라고 간주했으며 "신이 나를 땅에 내려준 이유는 아르헨티나 인민들의 자유와 독립을 위해서였다"라고 주장했다.[44]

지도자의 운명은 인민이 되는 방식으로 인민을 섬기는 것이다. 지도자의 육체는 더는 문제가 아니라는 생각, 또는 다르게 말해 그의 지도가 개인적 필요를 인민의 욕구로 대체했다는 생각은 바르가스에 의해 완전한 논리적 결론에 도달했다. 바르가스는 내외부의 적들에 대항해 인민의 이름으로 자살했다. 1954년 자신의 개인적·정치적 자살 바로 직전에 쓰인 유명한 유언장에서 바르가스는 자신을 브라질 인민의 '노예'라고 규정했다. 그는 "영원의 길"의 첫걸음을 뗐다. 그는 "역사 속에 들어가기 위해 삶을" 떠나고 있었다. 그의 "홀로코스트"는 인민을 단결하도록 유지할 것이었고, 그의 이름은 "당신의 투쟁의 깃발이 될 것"이었다. 그가 인민들에게 그의 '삶'을 바쳤던 것처럼, 그는 이제 그들에게 '그의 죽음'을 바친다.[45] 한참 뒤에 네스토르 키르치네르(2010)와 우고 차베스(2013)의 죽음도 마찬가지로 그들의 후계자들에 의해서 정치적 희생으로 널리 해석되었다. 실제로 바르가스 그리고 훗날 에바 페론의 경우도, 그들을 둘러싼 신화를 인민주의적 주권의 이중적 본성을 한층 더 정당화하는 용도로 사용했다.

확실히, 심부전과 암은 정의상 정치적이지 않다는 의미에서 키르치네르와 차베스의 죽음은 정치적이지 않았다. 하지만 그들의 죽음은 인민의 이익을 일신의 안위보다 우선시했던 혹은 일신의 안위를 넘어섰던 헌신적인 지도자의 희생적 행동으로 묘사되었다. 에바 페론이 암으로 죽었을 때, 페론 정권은 공식적으로 다음과 같이 선언했다. "대통령 직속 정보사무국은 너무나도 고통스러운 의무를 수행하고자 20시 25분 공화국의 인민 여러분께 알립니다. 국가의 영적 지도자이신 에바 페론 부인께서 사망하셨습니다." 그녀의 죽음 이후 매일 모든 라디오 프로그램에서는, "오후 8시 25분입니다. 에바 페론께서 불멸의 길로 접어드신 시간입니다"라고 말했다. 에바 페론은 마지막 연설에서 대중에게 인민을 위해 즐겁게 그녀 자신의 삶을 내놓겠다는 유명한 말을 했다. 그녀는 "신이 우리와 함께하신다는 것"과 "거만한 과두제에 반대하신다는 것을 압니다"라고 했다. 그녀는 인민들이 계속 "페론에게 충실하기를" 그리고 내부와 외부의 적들에 맞서기를 부탁했다. 그리고 그녀는 다음과 같은 말들로 자신의 정치 인생의 결론을 맺었다. "저는 저 자신을 위해서는 아무것도 원하지 않았고, 지금도 원하는 것은 없습니다. 제 영광은 페론의 상징과 우리 인민의 깃발이고, 앞으로도 영원히 그러할 것입니다. 제 삶의 남은 것들을 뒤로할 때에도 저는 여러분이 제 이름을 다시 들어 올리고 승리의 깃발로 삼을 것을 압니다."[46]

여러 해가 지나고, 아마도 에바 페론의 유명한 연설을 염두에 둔 채로 키르치네르주의의 가장 중요한 지식인인 에르네스토 라클라우는 네스토르 키르치네르를 위한 애도가 "아마도 아르헨티나 역사상 가장 거대한 집단적 슬픔의 표현일 것"이라고 정의했다. 하지만 그는 또한 다음과 같이 주장했는데, 키르치네르는 죽음 이후 단순히 상징적인 성격을 초월해서 보다 초월적인 것이 되었다고 했다. 라클라우는 또한 고(故) 키르치네르의 부인이 이제 네스토르 키르치네르의 자리를 차지하게 됐으며, "크리스티나는 혼자가 아니다. (…) 전 인민이 그녀를 따르고 있다"라고 말했다. 라클라우에게 크리스티나 키르치네르로의 "권력의 사인화"는 "권력의 분산보다 더 민주주의적 보장을" 제공한다. 키르치네르 부부는 일련의 민주주의적 변화의 과정에서 나타나는 "이름[명성]의 집중"을 대표한다.[47]

지도자의 유산은 지도자의 삶을 초월했고 인민과 새로운 지도자와 함께 하나가 되었다. 베네수엘라의 하늘에서 주재하는 차베스의 초월적 죽음에 대한 끊임없는 언급은 조금 더 극단적인 논조를 띠지만 논리는 같았다. 차베스 자신이 인민을 구현했기 때문에 죽음 속에서조차도 인민과 함께 머물 것이라고 말한 적이 있다. "나는 니체의 영원 회귀와 같다. (…) 나는 여러 번의 죽음 속에서 온다. (…) 심지어 내가 가고 나서도 나는 당신과 함께 이 거리와 이 하늘 아래 있을 것이다. (…) 차베스는 이제 천하무적의 인민 전체인 것이다." 차베스의 죽음 이후 그의 계승자인 니콜라스 마두로는, 차베스는 이제 "어린아이이자 남자이고 여자이다. 우리는 모두 차베스다"라고 말했다.[48]

무덤 저편에서부터 인민주의는 정치적 부활과 함께 작동한 것이다.

인민주의적 양식 및 이데올로기의 측면에서 이러한 인민주의 지도자들은 자신들이 살았던 것처럼 죽었다. 즉, 인민의 이름으로 그리고 그들의 상상 또는 실재하는 내외부의 적을 상대로 한 총체적인 투쟁 속에 있는 것이다. 트럼프가 "나는 당신의 목소리다"라고 외쳤던 것처럼, 모든 인민주의자는 대중을 위해 말하고 엘리트에 맞선다고 주장한다. 하지만 실제로 그들은 시민들의 목소리를 자신들만의 독자적인 목소리로 대체한다. 미국의 우파는 다양하고 많은 미국인의 목소리를 매도하면서 미국과 트럼프주의가 민주주의에 대한 권위주의의 도전이라는 오래된 지구사 속에 새로운 장(章)을 쓰고 있다는 것을 세계에 보여 주었다.

이 미국 인민주의의 장은 파시즘에 그 뿌리를 두었지만 파시즘과는 상당히 상이했다. 미국 인민주의는 정치를 독재라고 제시하지 않았다. 현대 인민주의와 함께 반자유주의적인 대중 정치는 선거 대의제의 정치로 돌아왔다. 이러한 정치에는 라틴아메리카의 고전적인 인민주의, 자유 시장 인민주의, 라틴아메리카·유럽 등의 좌익 신인민주의, 극단적 우익 인민주의와 같은 여러 인민주의적 표현들이 있었다. 그러나 역사적으로 그들은 일반적으로 보다 평범한 대의제 정치를 넘어서는 민주주의를 상상하고 실현시키기 위해 원초적이고 총체적인 지도자의 이름을 사용했다.

아버지의 이름으로 불리는 민주주의

역사 속 인민주의는 하나의 이데올로기로서 종종 정치적인 것에 대한 수직적인 이해를 환원 불가능한 적이라는 개념, 독특한 국가 정체성, 그리고 그보다 더 독특한 형태의 사유와 혼합했다. 이념들은 지도자의 의견 변화에 따라 통제되거나, 혹은 지도자의 의견으로 환원될 수도 있다. 신학적 개념들은 일원적인 인민, 지도자, 민족[국가]이라는 개념과 결합된다. 크리스티나 키르치네르는 2014년에 심지어 "국가사상국(Secretariat of National Thinking)"[5]을 만들었다. 마두로는 2013년에 "인민 최고 사회 행복부(the Vice Ministry for the Supreme Social Happiness of the People)"를 만들었다. 마두로는 자본주의 내 사회 발전의 형태를 의미하는 '복지 국가'를 능가하기를 원했으며 또한 사회 복지 사업을 차베스가 지켜보며 머물고 있으리라 여겨지는 천국과 연결하기를 원했다.[49] 두 기관이 만들어졌을 때 사망한 지도자 키르치네르와 차베스의 이름을 소환하자는 주장이 강박적이고 의례적으로 제기되었으며, 행복과 사상(thinking)은 인민을 구현했던 이 이름들과 분리될 수 없었다. 아르헨티나의 국가사상국은 정치인과 학자들을 불러 모았다. 그 학자들은 아르헨티나 행정부와 가까웠거나,

---

5) 2004년 키르치네르 행정부에서 아르헨티나의 문화, 철학, 역사적 유산을 보존하고 촉진한다는 명목으로 설치한 부서로, 국민적 정체성에 대한 중요성을 강조하는 역할을 수행했다.

종종 같이 일했거나, 그들로부터 지원금을 받았던 사람들이었다. 국가사상국은 또한 포데모스의 핵심 지도자들을 초청하고 2015년에는 인민주의 핵심 이론가 에르네스토 라클라우의 사상에 대한 국제 포럼을 열어서 세계적으로 인민주의자들을 연결시켜 주었다.

라클라우는 가장 중요한 인민주의적 민주주의 이론가로서, 의도치 않게 권력[자]의 철학자가 되었다. 이윽고 그의 이름은 인민주의 정치와 인민주의 개념 그 자체와 동의어가 되었다. 베아트리스 사를로(Beatriz Sarlo)가 연구한 바에 따르면, 라클라우가 고도로 특화되었던 라캉-슈미트주의적 어휘와 작업에 관해선 아르헨티나 인민주의자들이 그다지 연관된 바가 없었다. 하지만 그는 아르헨티나의 초기 21세기 인민주의 이론가들 중 최고의 이론가로 칭송받았다.[50] 라클라우의 이름 자체가 많은 요구들을 대변하게 되었다. 많은 인민주의 지식인들은 라클라우를 보다 넓은 대중에게 번역하면서 그의 상징계(the symbolic) 이론을 다루었는데, 이때 이들은 라클라우의 민주화 이론을 지도자를 지명하는 정치를 통해 [민주화가] 완성될 수 있다는 이론으로 단순화했다. 예를 들어서 국가사상국은 적대적-인민주의적 절단(antagonist-populist rupture)이라는 라클라우의 사상을 아르헨티나의 가장 오래된 전통에 적용함으로써 키르치네르주의라는 이름과 '야만' 사이의 선명한 경계선을 세울 수 있었다. 라클라우의 정치 신학을 과격하게 만들어 버린 단순화를 행한 이러한 종말론적인 틀 안에서 키르치네르 부부의 권력은 더 사악한 "현실의 권력과 전통적인 권력"에 대항하는 것이 된다. "영원한 권력의 형태"는 "정치의 재정초"를 소환한 이름에 의해 공격당했다.[51]

국가사상국이 키르치네르의 이름을 과장되게 승격했던 것에는 미치지 못하겠지만, 그리고 키르치네르가 그에게 제안한 어떤 공직도 절대 받지 않았지만, 그렇다 하더라도 라클라우는 공개석상에서 인민주의적 계기를 옹호해야 한다는 필요성을 실천했으며, 이로써 라클라우와 그의 지지자들이 인민주의를 민주주의로 가는 유일한 길이라고 보았던 라클라우의 인민주의 이론으로 통일되었다.

라클라우는 학술 활동을 통해 인민주의적인 변혁의 계기가 지도자의 이름에 내재되어 있다고 주장했다. 예를 들어서 라클라우는 오직 지도자만이 완전하게 그리고 순수하게 그가 옹호하는 민주주의적 동질성을 대표할 수 있다고 주장했다.

> 인민의 주체성 구성은 오직 경향적으로 텅 빈 기표를 만들어 내는 담론적 토대 위에서만 가능하다. 이른바 인민주의적 상징들의 '빈곤함'은 인민주의적 상징들이 정치적 효과를 갖기 위한 조건이다. 인민주의적 상징들의 기능이 고도로 이질적인 현실에 등가의 동질성을 가져오는 것이기 때문에, 이 상징들은 그 특수한 내용들을 최소한으로 축소하는 토대 위에서만 작동할 수 있다. 이 과정이 한계에 도달하게 되면 동질화 기능이 순수한 이름, 즉 지도자의 이름에 의해 수행되는 지점에 도달한다.[52]

그는 아르헨티나에서의 공개석상에서 키르치네르라는 이름의 중심성을 강조했다. 라클라우의 마지막 대담은 한 아르헨티나 신문의 정신분석학 대담 시리즈 「소파에 앉은 정치인들」에서 진행되었는데, 거기서 라클라우는 키르치네르를 옹호했으며, 이에 더해 자신의 이론적 접근도 옹호했다. 라클라우는 말년에 권력에 대한 본인의 비판과 아르헨티나와 베네수엘라에서 수립된 정권을 새롭게 옹호하는 일을 통합하는 데 어려움을 겪었다. 그는 인민주의 정부의 유기적 지식인이 되어 있었지만, 또한 점점 더 정부의 수상한 사실들을 옹호하는 증상을 보이기도 했다. 달리 말하면, 그는 자신이 생각하는 민주주의의 이상으로서 인민주의와 하나의 정권[체제]으로서 페론주의적 인민주의가 보인 모호한 민주주의의 현실을 구분하는 데에 실패했다. 라클라우는 키르치네르가 백만장자가 된 사실에 대해 어떻게 느끼느냐는 질문을 받았다. 이 질문은 아르헨티나에서 정말로 중요해졌었는데, 왜냐하면 키르치네르는 수상하게도 어떻게 또는 왜 그가 대통령 재임 기간에 어마어마하게 부자가 되었는지를 설명하지 못했기 때문이다. 라클라우는 농담으로 자신도 부자가 되고 싶다고 말했다. 그는 또한 '모두를 위한 축구'[53]에 찬성했는데, 이것은 키르치네르 정부가 상당한 국가 기금을 투자해서 '인민을 위해' 무료로 프로 축구를 볼 수 있게 만든 프로그램이었다. 축구 스타 디에고 마라도나와 함께 서서 크리스티나 키르치네르는 그 프로그램을 '민주화 조치'라며 옹호했다. 프로 스포츠를 민주주의의 공고화로 홍보하는 것은 그렇다고 치고, 더 충격적인 것은 이것을 독재에 반한 행동으로 선언하는 것이었다. 키르치네르 대통령은 자기 재임 이전에 마치 1970년대 추악한 전쟁 시기 동안 많은 아르헨티나 시민들이 사라진 것처럼 축구 역시도 사라졌었다고 주장했다. 그녀는 인민에게 말하면서 개인 텔레비전이 "여러분의 골(goal)을 납치했다 (…) 마치 그들이 3만 명의 아르헨티나 사람들을 납치했던 것처럼"이라고 말했다. 이는 라클라우가 모두를 위한 축구 프로그램을 지지했을 당시의 맥락이었다.[54]

약자의 이론가였던 라클라우는 권력을 찬양하는 불편한 위치에 있는 자신을 발견했다. 라클라우의 이론적 모델이 복잡하다는 점을 감안해 볼 때, 그가 키르치네르주의의 모호성에 맞추어 자신의 이론을 단순화해 적용하는 것은 당혹스러운 일이다. 그 역시도 그의 모델을 이용해 인민의 이름으로 이야기했다는 점에서 이는 하나의 구성 과정이었다. 이러한 급진적인 구성주의는 그의 초기 학술적 경력을 역사학자로 규정했던 역사학적 접근과는 상당히 거리가 있는 것이었다. 아라토의 관찰에 따르면 이것이 가능했던 이유는 라클라우에게 인민은 시민들의 한 부문에서부터 구성되어서 결국 전체가 되는 것이기 때문이다. 따라서 새롭게 발명된 인민에게 지도자의 이름이라는 "텅 빈 기표"를 제공하기 위해 지도자는 필수적이다. 이러한 의미에서 아라토는 라클라우가 "완전히 의지주의적인 방식의 '인민'의 구성을 명시적으로 옹호할 뿐만 아니라, 존재하지 않는 주체를 육화하는 지도력으로 권력의 빈 공간을 채운다"라고 주장한다.[55]

스페인에서 아르헨티나까지 그리고 그 밖에서도 라클라우는 칭송받았다. 그리고 그는 아르헨티나의 학술 대회에 참여할 때에도 자신의 정치적 후원자를 지지해야 할 필요를 느꼈다. 다만 라클라우는 키르치네르주의가 [적과 동지의] 양극화를 불충분하게 했다고 비판을 조금 추가할 수 있었다. 예를 들어서 그는 키르치네르주의가 "인민주의적 소명이 있"음에도 정부의 행위에 인민주의가 부족하다고 말한 바 있다. 라클라우는 키르치네르주의에 동지와 적의 분명한 구분이 부족하다는 점에 비판적이었으며, 이는 특히 '인민' 진영과 다른 진영을 나누는 '내부 전선'을 효과적으로 세웠어야 했다는 것이다. 라클라우는 고전적인 페론주의가 이것을 했으며, 볼리비아와 베네수엘라의 에보 모랄레스와 우고 차베스도 했고, 그곳에서도 지도자들은 없어서는 안 되는 사람들이었다고 주장했다. 라클라우는 의회주의자들과 대립하는 강한 행정부를 옹호했다.[56] 라클라우는 "네스토르 키르치네르의 유산"이라는 자신의 글에서, 키르치네르는 반동들을 상대로 맞섰으며, 현 상태에 맞서서 인민의 의지를 대표했다고 주장했다. 키르치네르는 "과거의 코포라티즘 아르헨티나 아니면 인민의 아르헨티나" 사이의 선택을 제시했다. 라클라우는 다음과 같이 말했다. "이 대립의 문턱에서 네스토르 키르치네르의 이름은 임계점이자 혁신의 상징으로 남아 있을 것이다. 이것은 더는 투쟁을 위한 깃발이 아니다. 이것은 우리의 의식을 나타내는 상징 속 가장 중요한 무언가로 전화되었다."[57]

2014년에 라클라우가 죽은 뒤 크리스티나 키르치네르 대통령은 라클라우를 비판하는 자들은 "어리석음과 무지에 뿌리박혀 있다"고 말했다. 그녀는 그들이 아르헨티나가 1810년 독립 이후 둘로 나뉘어 있다는 것을 무시하고 있다고 말했다. 라클라우의 마지막 책은 자신의 마르크스주의적 배경을 되돌아보고 있는데(다만 그는 페론주의와 마르크스주의를 연결하려 했던 자신의 시도가 노정한 한계를 충분히 분석하지 않았다), 이 책에서 라클라우는 1955년 이후 아르헨티나의 역사를 페론주의의 프리즘을 통해 읽으면서 페론주의와 독재를 발본적으로 대치시키고 페론주의의 독재적인, 군사주의적인, 그리고 네오파시즘적인 경향들을 경시한다. 그의 관점에서 페론주의는 "민족주의적이고 대중적인 반면, 전통적인 자유주의 좌파와는 완전히 다른" 하나의 새로운 좌파가 만들어지는 장소가 되어 왔다. 이 그림에서 빠진 것은 비자유주의적이면서 비페론주의적인 좌파가 지속되었다는 사실로, 더 일반적으로 말하면 이 그림에는 아르헨티나 역사의 복잡성이 빠져 있다고 할 수 있다. [이 그림 속에] 제시된 주장은 라클라우의 인민주의 이론이 정치의 유일한 형태이며, 그 결과 아르헨티나의 좌익 인민주의가 아르헨티나의 민주주의를 동질적으로 대표한다는 생각이었다.[58] 이러한 식으로 역사를 경험으로 환원하고, 역사를 이론으로 환원하는 일은 더 최근의 사건에서도 적용되었다. 라클라우에게 키르치네르는 차베스나 모랄레스처럼 라클라우의 사유를 그들의 정치적 행동을 통해 대표해 주었다. 그러나 많은 인민주의 추종자들 입장에서는 그의 이론적 사유가 인민의 목소리와 인민주의 지도자들에 연결되었던 것이다.

라클라우에 대한 아르헨티나의 국가 학술 대회에서, 문화부 장관은 그가 "결정적인 사상가로서 단순히 학술적인 것에서 벗어나 있으며 그는 어떻게 위대한 라틴아메리카의 대중적 전통에 귀 기울여야 하는지 알고 있다"라고 주장했다. 이러한 정치인들을 위해 라클라우는 또한 인민의 이름으로 말했다. 그 회의는 부에노스아이레스에 위치한 기념 건물인 키르치네르 문화센터에서 열렸다. 샹탈 무페(Chantal Mouffe)에 따르면 이는 상징성이 큰 중요한 사건이었다. 무페는 이론가이자 고(故) 라클라우의 부인으로, 라클라우가 "네스토르와 동일시하고 있음을"[59] 강조했던 사람이다. 키르치네르 센터는 키르치네르의 이름이 아르헨티나의 정치적·실제적 경관에 기입되었던 가장 상징적인 순간이었다. 하지만 이 센터가 유일한 것은 아니었는데, 단지 많은 다른 동명의 키르치네르 [이름을 딴] 장소보다 컸을 뿐이다. 키르치네르가 죽기 전인데도 불구하고 그의 이름이 붙은 장소, 상징, 사물이 빠르게 늘어났으며 여기에는 국가적인 건물, 거리, 경찰서, 공항, 가스관, 식당, 고속도로, 네스토르 키르치네르 연구센터, 경기장, 2011년 국내 축구 토너먼트, 터널, 이웃, 문화센터, 버스정류장, 병원, 그리고 다리도 포함되어 있었다.[60]

오랜 페론주의 전통의 연장이라는 측면에서, 이들 중 인민주의적인 이름 짓기의 가장 상징적인 장소는 라리오하(La Rioja) 광역자치주의 카를로스 메넴 거리에 있는 네스토르 키르치네르 학생 호스텔이다. 지도자의 정치적 욕망이 집중된 이데올로기의 환원주의는 지도자의 이름이 온 나라 곳곳에 붙는 상황으로 이어졌다. 여기에는 페론주의적인 선례도 있다. 페론 시기에 두 주(차코와 라빰빠)는 후안 페론과 에바 페론의 이름을 붙였다. 에바 페론이 죽었을 때 라플라타시의 이름은 그녀의 이름으로 바뀌었다. 고유명사에 대한 유사한 집착은 트럼프와 베를루스코니 같은 지도자에게서도 볼 수 있다. 대표적인 베를루스코니 벽화 수천 개에 그의 이름과 "우리는 실비오와 함께한다"라는 문구가 그려져 있다. 이 문구는 모든 이탈리아 사람들이 어떤 의미에서는 작은 베를루스코니들이고, 홉스가 말한 것처럼 왕의 육신이 인민을 담지하고 있음을 의미했다. 트럼프도 그의 이름을 그의 이데올로기를 반영하는 것으로서 투사했다. 트럼프는 이전에도 사업과 인민주의를 섞었는데, 타워, 소고기, 카지노, 와인, 그리고 옷에 자기 이름을 붙였다. 트럼프는 선거 운동을 그 유명한 트럼프타워에서 발족했다. 트럼프타워는 뉴욕시의 거주지 중 트럼프의 이름을 달고 있는 많은 타워들 중 하나다. 그중에 '트럼프 월드 타워'라는 이름을 가진 마천루가 있는데, 스카이라인을 방해하는 아주 비싼 건물의 상징으로 유엔광장(United Nations Plaza)에 위치하고 있다. 힐러리 클린턴이 자신의 대통령 선거 운동을 루즈벨트섬(Roosevelt's Island)의 '포 프리덤스 주립공원(Four Freedoms Park)'에서 발족했을 때, 트럼프가 자신의 호화로운 빌딩을 유엔 건물에 가까운 위치로 잡았다는 사실은 새로운 의미를 갖게 되었다. 루즈벨트의 반파시즘을 기념하는 장소가 유엔과 트럼프 빌딩을 마주했다. 2015년과 2016년에 세계 시민주의와 문화적 다양성을 나타내는 세계적 상징인 뉴욕에 있는 이 상업적 이름을 가진 건물[트럼프 타워]은 세계화와 다문화주의에 반대하는 지도자의 상징으로서 완전히 정치화되었다.

뉴욕에서 나고 자랐던 트럼프는 UN과 소수자들을 분리주의와 차별의 전통에 대립시켰던 뉴욕 인민주의의 관점을 대표했다. 여기서 기억할 만한 점은 트럼프가 아버지에게서 물려받은 사업 역시도 아프리카계 미국인들을 상대로 한 심각한 인종 차별 혐의를 받고 있는 일이었다는 사실이다. 반파시즘 가수이자 미국의 사회적 포용을 상징하는 곡인 〈이 땅은 너의 땅이야(This Land is you Land)〉의 작곡가인 우디 거스리(Woody Guthrie)는 1950년대에 트럼프 집안의 세입자이기도 했는데, 대통령의 아버지에 대해 이렇게 노래했다. "트럼프 영감은 인종적 증오를 잘 아는 것 같아 / 그는 인간의 심장이라는 핏단지를 휘저어 / 그가 저 흑백 차별의 선을 그었을 때 말이야 / 여기 그의 비치 헤이븐(해변 안식처) 가족 사업을 하는데 / 비치 헤이븐은 내 집이 아니야! / 안 돼, 나는 이 월세를 결코 낼 수 없어!"[61]

이때가 바로 전후 시기 새로운 현대 인민주의가 미국 정치에서 상승세를 타기 시작한 때로, 인민주의는 처음에는 매카시즘으로, 그리고 나중에는 대선 후보였던 배리 골드워터와 알라바마 주지사 조지 월리스로 나타났다. "법과 질서"의 후보였던 월리스는 자신의 전임자를 "깜둥이 문제에 물러 터졌다"라고 비판했다. 1963년 그는 한 정부를 공격했는데, 그 정부가 정치인들을 "인민의 주인"으로 바꾸려 하고 "그리스도에 반대"하려는 것으로 보인다는 이유였다. 그는 "지금 분리해라! 내일도 분리해라!"를 주장할 필요가 있음을 강조했다. 월리스는 인종 차별주의를 "이 땅을 밟았던 이들 중 가장 위대한 인민의 이름으로" 옹호했다. 그에게 인민이라 함은 미국 백인이었다. 유명한 일화로, 월리스는 뉴욕시가 나라의 다른 지역들을 위한 정확한 모범이 되지 못한다고 주장했다. "뉴욕시에서 당신은 밤에 센트럴파크에서 강간당하거나, 강도를 당하거나 총을 맞을 두려움 없이 걸어 다닐 수 없다."[62]

이처럼 센트럴파크가 나라에서 무엇이 잘못되었는지를 시사하는 공간이라는 발상이 당시 형성되고 있던 젊은 인민주의자들에게 정치적 악명을 안겨 주었다. 당시의 맥락은 1989년의 '센트럴파크 강간 사건(Central Park Five)'이었다. CNN이 설명했듯이, 센트럴파크에서 여성 한 명을 다섯 명의 유색인 남자 청소년들이 구타하고 강간했다고 잘못 기소되고 유죄 판결을 받은 사건이다. 트럼프는 뉴욕시 여러 신문의 전면 광고를 사서 '사형을 돌려 달라. 우리의 경찰을 돌려 달라!'라고 실었다. 잘못 기소된 사람들은 훗날 2002년에 무죄임이 밝혀졌다. 다른 사람이 범죄를 자백했고 DNA가 그의 자백을 뒷받침해 주었다. 1989년 당시, 이 사례를 근거로 들면서 트럼프는 다음과 같이 주장했다. "광고는 기본적으로 매우 강경한 항의입니다. 광고는 법과 질서를 되돌려 달라고 말한 것이었습니다. 그리고 저는 뉴욕만 말하는 것이 아닙니다. 저는 모든 것에 대해 말하는 겁니다. (…) 우리가 무언가를 이루려면 아마도 우리에게는 증오가 필요한 것 같습니다." 법과 질서 그리고 인종 차별적인 주장들의 초기의 결합은 인민주의의 리허설이었다고 볼 수도 있을 것이다. 그리고 이는 훗날 그의 성공적인 대선 행보의 트레이드마크가 된다. 아르헨티나 법학자 로베르토 가가렐라(Roberto Gargarella)가 "형벌 인민주의"라고 적절히 부른 오래된 전통에 따라서, 트럼프는 소위 인민의 의지에 근거하고 있다며 범죄에 대한 가혹한 처분을 요구했다. 인민주의 지도자들은 인민이 자신을 주된 입법자이자 판사로서 원한다고 상상한다. 트럼프는 자신의 행동에 대한 넓은 대중적 지지를 강조하면서 자신을 정당화했다. 물론 '인민'과 실제로 상의한 적은 없었다.[63]

　미국 인민주의가 자신의 역사 전체에 걸쳐 자신의 분노 정치를, 잠재적으로 혹은 암묵적으로 세계 시민주의적인 도시 현실 그리고 그 도시 안에서 살고 일하는 소수자들을 거부했던 "침묵하는 다수" 백인이라는 노동자 인민 개념과 결합했다면, 모든 인민주의가 이러한 전형적인 미국식 인민주의의 배제 방식을 받아들인 것은 아니었다. 달리 말해서, 모든 인민주의자들이 데모스(demos)와 에스노스(ethnos, 종족), 즉 인민과 인종을 동일시하지는 않는다. 그러나 모든 인민주의자는 인민을 노동자 및 생산자와 동일시하며 반인민을 일하지 않거나 충분히 일하지 않는 사람과 동일시한다. 이러한 '생산자주의'는 인민주의가 인민을 이해하는 방식의 핵심적인 요소다.

일반적으로 인민주의 지도자들은 단일한 인민의 이름으로 [인민을] 사인화하며 단일한 인민을 반인민의 반대편에 둔다. 반인민은 그들이 맞서 싸우는 엘리트들과 반역자들이다. 2013년 로마에서, 상징적이게도 인민의 광장(Piazza del Popolo)에서 행해진 연설에서 베를루스코니는 수사적으로 자신의 당명을 따라 그 광장의 이름을 '자유 인민의 광장'이라고 바꿔 불렀다. 베를루스코니는 그 연설이 새로운 이탈리아를 위한 것이며, 자신은 정치적 대표가 없는 사람들을 대변한다고 주장했다. 베를루스코니에 따르면, 그와 그의 지지자들은 정당한 이탈리아 사람들이었다. 그는 다음과 같이 말했다. "자신과 함께하는 사람들 (…) 우리 모두, 함께, 좋은 의지와, 좋은 양식과, 좋은 신념을 가진 이탈리아 사람들을 대표합니다. 우리는 일하고 생산하는 이탈리아를 대표합니다. 앞으로도 자유롭고 싶은 이탈리아의 여성과 남성들을. 우리는 자유의 인민입니다." 베를루스코니는 "우리는 최고의 이탈리아이고 우리는 이탈리아의 다수다"라고 주장했다. 베를루스코니는 자신의 연설을 전형적인 인민주의 방식으로 마무리했다. 그는 간디를 인용했고, 자신의 신자유주의 경제 계획을 묘사했으며, 자신의 페르소나와 자신의 당 그리고 자유를 융합했으며, 자신이 상징적으로 모든 지지자를 한 명씩 안아 준다고 선언했다. 지지자들은 끊임없이 소리치면서 마치 베를루스코니만이 자신들의 유일한 사랑이라는 듯 화답했고, 노래 〈실비오가 있다니 신이시여 감사합니다(Meno male che Silvio c'è)〉를 불렀다. 그 노래는 2008년 텔레비전 광고에 처음 등장했는데, 광고에서는 종족적으로 균질한 집단의 이탈리아인들이 서로 다른 계층의 노동자들을 대표하고 있었고, 젊은이가 특별히 주연으로 나와서 다음 구절을 반복해 노래했다. "그래도 실비오가 있잖아." 1990년대 미학을 담고 있던 그 광고는 저급한 선율에다가 긴 이탈리아 국기를 안고 있는 대중의 이미지를 결합했는데, 정작 베를루스코니 자신은 그 그림에서 빠져 있었다. 그의 이름을 계속 주문처럼 외우는 장면은 그가 평범한 시민이라기보다 인민과 국가의 전지적인 아버지로 등치되는 쪽에 가까웠다. 베를루스코니를 넘어서는 정당한 형태의 정치적 대표가 더는 없다는 것을 확실하게 하기 위해 인민은 지도자를 따랐고 지도자의 이름을 불렀다. 다른 연설에서 베를루스코니주의자들은 "우리는 모두 실비오와 함께다"라는 구호를 표현하기 위해 베를루스코니 가면을 썼다.[64] 베를루스코니가 말하는 틀에서는, 기사가 나라와 인민을 다계급적으로 융합하는 것을 지지하지 않는 소위 소수파를 위한 정당한 장소는 없었다. 그들은 나쁜 양식, 나쁜 신념, 그리고 심지어 억압을 대표한다는 메시지였다.

페론도 인민에 대해 다음과 같이 주장한 적이 있다. "인민은 어떤 조건에서도 겸손한 사람들이다. 그들은 아르헨티나에서 우리가 인정하는 유일한 계급이다. 즉, 일하는 인민의 계급이다." 페론에게는 또한 일하지 않는 자, 일하지 않기 때문에 아르헨티나인으로 인정받을 수 없는 자들은 정치적 반대파와 연결되었다. 그들은 반인민, 즉 "반페론주의자 (…) 반혁명파 그리고 반동의 역행"이었다.[65] 여기서 적은 다시 한번 자유의 적으로 등장한다, 페론에게 이 자유란 항상 민주 자유주의(demoliberalismo)로부터 공격받았던 자유다.

훗날 메넴, 후지모리, 그리고 베를루스코니에게 자유의 적은 좌파였다. 이와 비슷하게도, 트럼프와 마린 르펜은 그들의 적들이 철 지난 이데올로기를 쫓으면서 민주주의를 잠식할 제안들을 내놓는다며 비난했다. 크리스티나 키르치네르는 그녀의 비관용을 비난하는 모든 사람들을 극좌와 극우 그리고 군부 독재와 같은 사람들로 간주했다. 그래도 페론, 조지 윌리스, 그리고 많은 다른 냉전 시기 인민주의자들은 명시적으로 그들이 파시스트라는 것은 부정했는데, 르펜과 트럼프 또는 에르도안 같은 새로운 인민주의자들은 실제로 자신들의 적을 '전체주의자' 나치 또는 파시스트로 묘사했다.[66]

월리스가 자신이 파시스트처럼 행동한다는 시위자들에게 "나는 너희 불량한 녀석들이 기저귀를 차고 있을 때 파시스트들을 죽이고 다녔다"라고 꾸짖은 일화는 유명하다. 심지어 페론은 1944년 독재의 지도자였을 때 야권의 주요 신문 지면에 상세한 설명을 달아서 "왜 아르헨티나 정부가 파시스트가 아닌가"를 게재했다. 아직 당선되지 않았음에도 민주주의 제도에 대한 자신의 신념을 표현했던 이 지휘자는 정권[체제]이 고도로 높은 대중적 지지를 얻고 있다는 사실을 강조했다. 페론주의에서 인민이 정권[체제]을 지지한다는 건 정권[체제]을 반대하는 이들이 민족 전체의 적이란 뜻이었으며, 그 적이란 민주주의가 단지 '외관'으로만 존재했을 뿐 현실에 없었던 '흉악한 시대'를 대표하는 것이었다.[67] 차베스주의 또한 고전적인 페론주의적 이데올로기의 요소들을 재생산했는데, 그 요소란 하나 되는 인민과 정권[체제] 그리고 반대파로서 반인민이다. 차베스에게 반대파의 기획은 '베네수엘라 인민들의 적'이었다.

차베스는 "대의제 민주주의는 반혁명적이다. 사방에 벽으로 둘러싸인 정부는 인민의 주권을 몰수하며 반혁명적이다"라고 말하며 '엘리트의 민주주의'에 대해 반대했다. 차베스는 2009년 임기 제한을 철폐하는 국민투표에서 승리한 이후, 2012년에 후보로 다시 출마하겠다는 발표를 하면서 반대파의 거짓말에 맞서 인민의 승리와 조국에 대한 자긍심의 진정성을 열거했다. 그는 반대파가 되돌아가려고 하는 '과거의 치욕'으로 절대 돌아가지 않을 것이라고 맹세했다. 그는 "미래의 문을 열겠다"라고 약속했다. 때때로 그는 반대파[야당]를 선사 시대와 동일시하면서 "미래의 인물은 차베스"라고 선언했다.[68]

　인민주의 좌파부터 인민주의 우파까지, 민주주의는 자유주의적인 대의제 민주주의와 멀어져야 했다. 자유와 민주주의에 맞서는 적이라는 발상에서 중요한 한 차원은 적들을 항상 타락한 과거, 즉 더는 인민의 의지와 조응할 수 없는 과거의 유물처럼 보이게 만드는 것이다. 그리고 그에 반해 인민주의 지도자들은 가상의, 지나간 과거의 황금기의 회복을 종종 주장하면서 그들 자신과 자신들의 조국, 그리고 인민이 현재와 미래에 공감하게 한다. 정리하자면, 적들은 진정한 민주주의에 반대했던 과거의 정치 체제와 같은 것으로 동일시된다. 독립적인 매체는 인민주의자들이 문제 삼는 경험에 기반한 진실과 견제와 균형이라는 개념의 완벽한 예다. 이러한 맥락에서 독립 언론에 대한 심각한 의심 그리고 때로는 악마화가 독립적인 매체를 이용하고 조종하려는 인민주의 전략과 짝을 짓는다. 그 전략이란 정치적 스펙터클을 홍보하면서 동시에 매체 권력을 둘러싼 전투, 특히 독립 매체를 상대로 한 전투라는 이데올로기적인 정치관을 강화하는 것이다. 따라서 독립 매체는 인민의 지도자에 맞서는 주적으로 묘사된다. 여기서 인민주의는 또한 파시즘의 경험을 따르거나 재정식화하는 것이었다.

고전적 선전에서 새로운 매체 지형으로

고전적 판본의 인민주의는 대중 민주주의 정치로 전환하면서 파시즘의 발자국을 따라왔다. 그들은 매체를 선전의 핵심 도구로 보는 관점을 공유했다. 인민주의에서 매체의 주된 역할은 정치를 미학화하는 것인데, 이는 이전의 파시스트적이고 사인주의적 선전을 민주주의의 기조 속에서 재배열한다는 뜻이었다. 파시즘과 대조적으로, 인민주의 방식의 스펙터클 정치는 선거 절차와 나란히 작동했으며, 절대 선거를 완전히 대체하지 않았다. 인민주의적인 매체의 박수갈채에는 한계가 있다. 예컨대 전후 페론주의의 선전은 후안 페론과 에바 페론의 인민의 부모님이라는 압도적인 상(像, concept)에 의존했지만, 그래도 자신들의 정권이 반복적으로 재선된다는 점을 강조했다. 페론주의가 통치하던 시기에는 신문, 영화, 라디오, 잡지 등 다양한 매체가 사용되었다. 페론 자신과 다른 많은 '작은 페론들'에 의해 지도자의 말과 이미지가 강박적으로 반복되었기에, 강령이나 사상에 대한 복잡한 설명을 제공할 필요가 없어졌다. 인민주의 지도자의 관점에서 기존의 교리는 뿌리 뽑고, 궁극적으로는 믿지 않는 자들을 교정할 것이었다. 지도자의 구현이 추상적인 이론보다 더 중요했다. 페론이 주장하는 바에 따르면, "교리는 마지막 목표다. 왜냐하면 이는 공동체의 집합적 영혼 속에 구현되는 것이기 때문이다." 하지만 실제로는, 페론이 하는 말이면 무엇이든 굳게 믿도록 만들기 위해 교리가 존재했다. 페론은 자신의 말과 이미지 그리고 더 나아가 국가의 매체를 통제함으로써 끊임없이 운동의 이데올로기를 실현했다.[69]

유사하게 1990년대에 인민주의 지도자들은 분명하고 통제된 메시지를 제공하기 위해서 국영 매체를 이용해 대중 매체를 비난했으며, 베를루스코니의 경우 자신만의 매체 제국을 이용했다. 페론을 비롯한 다른 많은 이들과 마찬가지로 신자유주의적 인민주의 지도자들도 독립적인 매체를 악마화했다. 심지어 때로는 대중 매체가 그들의 주적인 것처럼 제시하기도 했다. 그리고 카를로스 메넴이 1995년 대선에서 승리한 뒤 주장했듯이, 인민주의적 민주주의는 다른 어떤 적들과 마찬가지로 대중 매체를 물리칠 수 있었다. 차베스와 에르도안 같은 인민주의 지도자들에게도 유사한 상황이 펼쳐졌다. 말과 이미지를 통제하고 독립적인 언론을 침묵시키기 위한 그들의 노력 중 일부는 오히려 '전통적'이었다. 그러나 소셜 미디어를 포함한 새로운 경로의 의사소통이 가능해지면서 모든 것이 변했다. 대부분의 인민주의 지도자들은 언론의 매개를 우회하고 시민들과 직접적인 연결을 수립하기 위해 현대적인 기술을 사용하는 데 탁월했다. 이는 특히 반대파[야권]에 있는 지도자들에게 유용했는데, 그렇다고 그들에게만 유용했던 것은 아니었다.

대선에 성공적으로 임하는 중에 트럼프는 놀랍게도 그리고 성공적으로 독립적 언론으로부터 받는 지속적 관심을 더 직접적인 전자 통신 수단들, 특히 트위터와 결합할 수 있었다. 트럼프는 언론에 대해 말하면서 이렇게 언급했다. "그들은 필사적으로 내 표와 미국인들의 목소리를 억누르려고 한다." 트럼프의 인민주의적 도식은 자신을 민족과 인민의 체현으로 인식하기 때문에, 여성, 이주자, 그리고 다른 소수자에 반하는 자신의 행동에 대한 대중 매체의 비판적인 반응을 오직 미국인의 주권을 축소하는 시도로 이해할 수밖에 없었다. 이러한 의미에서 트럼프의 선거 운동은 인민주의 전술을 완벽하게 구사했다. 아직 집권하지 않은 인민주의 지도자는 독립적인 매체를 향한 적대감의 측면에서 자신들을 규정하지만, 독립적인 매체를 이용해서 자신들의 메시지를 퍼뜨린다. 그러나 그들이 집권하고 나면 매체를 도구적으로 사용하던 전략에서 매체의 자율성을 적극적이고 명시적으로 공격하는 전략으로 종종 옮겨 간다. 심지어 선거 패배의 가능성마저도 인민의 의지를 막기 위해 체제를 '조작'하는 대중 매체 엘리트들의 광범위한 반민주주의적 음모 탓으로 돌리기 마련이다. 트럼프의 호소는 어느 정도는 자신과 자신의 지지자들 사이에 돌고 있는 강력한 거짓말에서부터 말미암은 것이다. 트럼프가 인민의 적인 엘리트로 여기는 대중 매체에서 사실을 확인해 생산된 경험적 반증은 지지자들의 믿음에 조금도 영향을 미치지 못하는 게 명백해 보인다.

인민주의자들은 정치의 중심에 대중 매체를 두면서 그 중요성을 지나치게 강조한다. 우리가 파블로 피카토와 파비안 보소어(Fabián Bosoer)와 논쟁했듯이, 인민주의자들은 정치를 스펙터클, 즉 국가와 인민의 '진정한' 이익을 지키는 사람들이 반국가적인 이익을 추구하는 대중 매체와 엘리트, 소수자들을 상대로 벌이는 문화적 전투로 보고 있다. 표현의 자유는 지도자가 "평범한 사람"[70]에게 목소리를 주었다는 뜻일 때까지만 받아들일 수 있다. 트럼프는 관용과 열린 대화를 권위주의와 악마화로 대체하는 포스트파시즘의 민주주의관을 기초로 삼아서, 정치적 비판을 자유 언론이 존재하는 탓으로 돌렸다. 바로 이 이유 때문에 그가 독립 언론을 자신의 정치에서 주적으로 삼게 되었던 것이다. 인터넷 블로그들과 다른 비전통적인 매체는 트럼프가 우파의 메신저들을 전면에 내세울 수 있게 했다. 그는 편향의 전달자라는 전현대적 언론관으로 돌아갔고, 대안 우파이자 백인 우월주의 웹사이트인 〈브레이트바트〉 설립자를 자신의 선거 운동 캠프 CEO로 삼았다. 《뉴욕타임즈(New York Times)》, 《워싱턴포스트(Washington Post)》, CNN 등의 매스컴은 그가 자주 공격하는 주요 먹잇감이 되었다.[71]

아르헨티나 사람들에게 트럼프는 흘러간 옛 노래를 부르는 것 같았다. 10년 동안 전임 대통령인 네스토르 키르치네르와 크리스티나 페르난데스 데 키르치네르는 비판적인 매체를 상대로 공격을 개시했다. 나라에서 가장 중요한 신문 중 하나인 《클라린(Clarín)》이 그들의 주요 목표로 선택되었다. 그들은 자신들이 통치하면서 생긴 모든 문제에 대해 신문을 비난했다. 심지어 "《클라린》은 거짓말을 하고 있다"라는 구호가 적힌 티셔츠와 양말을 나눠 주었고 《클라린》이 부정직하다고 지속적으로 선언했다. 악마화를 실행으로 옮기면서 그들은 아르헨티나 국세청을 이용해 신문사를 감사하여 괴롭혔고, 결과적으로 반독점법으로 인민주의 지도자들의 친구들이 소유한 매체에 이득을 안겼다. 베네수엘라와 에콰도르 같은 나라에서도 21세기의 첫 20년 동안 비슷한 방법이 사용되었다.[72]

인민주의가 언론의 자율성을 공격한다고 해서 인민주의자들이 정치를 활성화하기 위한 또 다른 도구로 언론을 사용하기를 거부하는 것은 아니었다. 그들은 언론을 비판하면서 주목을 끈다. 인민주의자들이 정권을 잡으면, 여당과 야당의 대화는 정부, 지도자, 그리고 민족의 주적으로서 언론에 대한 되살아난 관심으로 대체되는 경향이 있다.

따라서 인민주의의 최근과 오늘날의 판본에서, 지도자의 적들이 선전하는 내용을 배포하는 첩자 같은 행동을 한다고 언론을 비난하는 전략은 새로운 인터넷 의사소통 기술들, 특히 트위터와 결합했다. 트위터는 권위주의적인 지도자와 그들의 '팔로워' 사이의 연결을 강조한다. 베아트리스 사를로가 관찰했듯이, 만약 정치가 점점 더 복잡해지고 다극화되더라도 사회 연결망 안에서 작동하는 정치는 이항 대립적으로 보이는 경향을 띤다. 이러한 의미에서 소셜미디어와 인민주의는 서로에게 완벽하다.[73] 인민주의자는 독립적인 기자들을 심각하게 의심스러운 사람으로 대하는 경향이 있으며, 심지어 적으로 대하기도 하는데, 기술이 언론을 우회하고 그들의 추종자들을 직접적으로 연결할 수 있게 해 준 것이다. 자신의 지지자들을 향한 이러한 미증유의 무매개적 접근은 인민주의 지도자들이 정치인과 자신들을 구별하고 기성 정치를 향한 적개심을 강조할 수 있게 해 준다. 이 새로운 기술은 토론이나 생각에 대한 개방 접근(open access)을 선호하지 않고 오히려 자유 언론 같은 주요한 민주주의 제도들의 타당성을 날카롭게 깎아내린다. 무매개적이고 의심받지 않는 지도자의 목소리가 진실을 나타낸다는 관념은 전통적인 매체가 일반인에게 순전히 거짓말만 제공한다는 환상과 함께 작동한다.

정치에서 매체와 시민의 참여는 필연적으로 뒤얽혀 있다. 인민주의에게 이러한 상승 효과를 내는 관계는 정치적 명령 아래 포섭되어야 한다. 아르헨티나 언론학자 실비오 웨이즈보드(Silvio Waisbord)가 여전히 주장하듯, 매체를 향한 날카로운 예민함은 인민주의 DNA의 일부다. 이것의 주된 모순은 인민 다수를 위해 말해야 하면서 동시에 지도자의 말에 동의해 주는 피라미드형 의사소통 구조를 갖춰야 하는 이중적인 필요성과 관련이 있다.[74] 특히 독립적인 저널리즘의 철저한 조사 기능을 우회하는 데 너무나도 성공적이기 때문에, 인민주의는 자신이 "침묵하는 다수"의 목소리라고 단언한다. 이론상으로는 지도자의 떠받들어지는 목소리가 인민의 정치 참여를 촉진한다. 그러나 실제로 인민의 목소리는 저널리즘의 매개로부터 자유로운 지도자의 독백이다.

인민주의가 새로운 매체를 효과적으로 사용하게 되자 이데올로기적 모호함이 강조되었지만 또한 이 모호성은 질문받지 않은 채로 남겨졌다. 이러한 의미에서, 바로 자유주의의 교리가 그랬던 것처럼 인민주의의 원칙들은 이러한 기술을 통해서 그리고 이러한 기술에 의해서 긍정되었다. 소위 24시간 뉴스 주기의 무비판적이고 무반성적인 특성은 인민주의에 의해 만들어진 것은 아니었다. 하지만 인민주의는 이 조건하에서 신자유주의를 꺾고 번창했다. 그 결과는 상세한 계획과 강령의 전반적인 부재였다. 장 코마로프(Jean Comaroff)가 주장하는 것처럼, 정체성, 민족, 그리고 성스러운 것에 영합하는 언론 체제는 인민주의 성공의 핵심 요소였다.

좌파, 우파, 그리고 중도라는 옛날의 좌표가 심각하게 흐트러진 것으로 보였던 후기 자유주의의 조건하에서, 어떤 순전한 의미에서도 이러한 대중적인 얼굴들을 구분하는 것이 점점 더 어려워진다. 예를 들어 현대 라틴아메리카 인민주의 지도자들의 모호한 정치는 전례가 없던 것이 아닌데, 그 이유는 그것이 페론이나 볼리바르 같은 인물들의 유산 위에서 지어진 것이기 때문이다. 그러나 진보주의자와 원형 파시스트의 더 강렬해지고 혼란스러운 혼합을 보이는 것 같기도 하다. 이러한 혼합은 특정한 역사적 상황, 그중에서도 전 세계적인 규제 완화 정책, 더욱 확장되고 더욱 개인적인 존재의 영역으로 침투하는 전자 매체, 그리고 계급 정치가 정체성에 입각한 운동과 다시 태어난 이런저런 신학으로 변형되는 상황 속에서 지금의 형태를 취하게 된 것이다.[75]

새로운 인민주의는 기술을 사용한다. 그 기술에는 지도자가 메시지 전달을 방해한다고 식별한 악질 분자를 '차단'하는 지도자의 능력도 포함하는데, 이는 민주주의에 대한 공중의 접근을 강화하기는커녕 오히려 충돌하는 의견들을 쫓아냈다. 이러한 합성된 메시지는 분석과 설명을 필요로 하지 않았고 도리어 방지했다. 그럼으로써 구호와 정책을 융합하기는 훨씬 더 쉬워졌고, 논쟁이나 철저한 조사에 직면할 필요도 없이 적을 조롱하거나 악마화하기도 훨씬 더 쉬워졌다. 트위터로 하는 인민주의에 관한 한 지도자의 결정에 대한 유의미한 시민 참여라는 것은 신기루에 불과하다. 움베르토 에코가 지적하듯, 파시즘과 "인터넷 인민주의에서는 (…) 시민들이 행동하지 않는다. 즉, 시민들은 오직 인민의 역할을 수행하도록 요구받을 뿐"이다.[76]

파시즘에서처럼, 인민에 관한 인민주의적 스펙터클은 인민주의 전체와 구분해서 보아야 한다. 양식과 미학[에 대한 설명]이 곧 정치 이데올로기에 대한 이해와 등치될 수는 없다. 새로운 매체 기술들이 인민주의 레퍼토리에 추가되어 왔지만, 정치에 대한 인민주의의 근본적인 접근 방식은 변하지 않았다. 달리 말해서, 매체 환경의 변화 속에서 인민주의는 인민주의적인 매체 전략을 도입했지만, 그 효과, 즉 목소리의 다양성을 단일한 목소리로 대체하는 효과는 일련의 혁신적인 기술들을 쓸 수 있게 되기 전과 동일하다.[77] 선거가 부여하는 정당성에 의존해 주권 개념을 긍정하고, 진리의 소유자로서 그(녀)를 신성화하는 수직적인 형태의 선전을 갖춘 지도자는 인민주의의 민주주의관에서 항상 중심적이었다.

인민주의의 신들

인민주의는 자유주의, 공산주의, 그리고 파시즘이라는 지난 세기의 다른 거대한 '이념'들과 정치적 정당성의 주요 원천으로서 인민 주권이라는 관념을 공유한다. 달리 말하면, 이 모든 이념들 속에 지도력은 이론적으로 인민에 의한 인민의 대표라고 정의된다. 따라서 인민주의, 파시즘, 자유주의, 그리고 현실 사회주의는 인민이 정치적 대표를 정당화하는 주요한 힘이라는 점에 동의한다. 물론 이러한 정치 철학들은 대표에 관한 이론과 실천에서 그 입장들이 역사적으로 서로 달라졌다. 파시즘과 현실 사회주의는 지도력의 대중적 특성에 신화적 혹은 목적론적 토대가 있다고 주창한다. 그들은 독재적인 혁명 통치를 승인하기 위해 선거를 필요로 하지 않는다. 이와 대조적으로 인민주의는 선거 형태의 대의제를 강조한다는 점에서 자유주의와 가깝다. 파시즘 혹은 현실 사회주의와 달리, 자유주의와 인민주의는 독재에 수사적으로 반대한다. 이 모든 정치 이데올로기 구성체들과 그것들의 맥락적 분기 속에서 그 지도자와 체제가 정당화되는 이유는, 인민이 이를 원하거나 혹은 인민의 [의지의] 해석자들이 그렇다고 선언하기 때문이다. 그러나 실제로는 그것[인민의 동의]을 어떻게 가능하게 만들 것인가의 문제를 둘러싼 이 이데올로기들의 입장은 일치하지 않는다. 왜냐하면 자유주의와 인민주의가 궁극적으로 선거 대의제에 주안점을 둔 반면, 파시즘과 현실 사회주의는 지도자의 정당성을 승인하기 위한 선거 과정을 회피하면서도 지도자를 궁극적이고 영원한 인민의 대표로 제시하기 때문이다.

전후 인민주의와 냉전 자유주의가 역사적으로 민주주의적 수단에 근거한 정치적 대의제의 방법론을 공유했다고 하더라도, 그들이 속한 이데올로기적·지적 전통은 매우 상이했다.

이론상으로 이러한 모든 현대의 정치 사상들은 민주주의를 대중 참여와 동일시한다. 그러나 자유주의와 공산주의가 주장했던 민주주의의 확장(democratic expansion)이라는 이상은 계몽주의의 전통에 기반을 두고 있었다. 반면에 파시스트와 인민주의 판본의 이상은 명시적으로 반계몽주의였다. 파시즘에서 (그리고 특정한 판본의 인민주의에서도 일정 부분은) 인민 주권은 프랑스 혁명의 유산을 거부하면서 창안되었다. 따라서 만약 이론적 측면에 초점을 맞춘다면, 인민주의는 실천적 측면에서 그랬던 것에 비해 독재와 더 가깝다고 볼 수도 있다. 그러나 역사 속 인민주의와 파시즘의 정치적 경험을 설명하지 않고 이념들을 이해할 수는 없을 것이다. 이 두 차원[정치적 경험과 이념]은 현대 포스트파시즘적 인민주의를 처음에는 파시즘의 재정식화로 전환시키고, 그다음에는 파시즘에 대한 포기로 전환시키면서 끊임없이 서로에게 영향을 미치고 서로를 변화시켰다.

더 구체적으로 말하면, 민주주의의 현실들과 권위주의적 경향들 사이의 끊임없는 상호작용은 전후 인민주의가 정당화의 이중적인 원천을 제시하게끔 이끌었다. 즉, 지도자를 지도자로 만드는 것은 선거 대표성이다. 그러나 또한 인민주의적 정치 신학은 지도자가 초월적이고 카리스마적인 인물로서 선거 대표성을 넘어서는 정당성을 갖추고 있다는, 지도자에 대한 확고한 믿음을 요구하기도 한다.

페론은 마치 신적인 인물처럼 재현되었다. 그는 말씀을 전파하는 방식으로, 혹은 1953년 그의 말대로 "설교"함으로써 종종 자신을 신과 함께 일하는 자로 묘사했다. 그 이후의 여러 인민주의 정권[체제] 지도자들처럼 페론은 자신의 페르소나와 지도력의 정당성을 입증하기 위해 신성한 것을 이용했다. 페론에 따르면, 그는 자신의 자비와 위대함을 드러내기 위해 "신을 돕고 있기도" 했다.[78] 페론주의에서 공식 종교(formal religion)와 정치 종교(political religion)는 손쉽게 융합되었지만, 신의 영역과 지도자의 영역은 그렇지 않았다. 지휘자는 신이 아니라 정치 지도자였다. 기독교는 교회를 통해서가 아니라 페론주의에 의해 고양되었다. 이러한 경우, 수사적인 융합은 사실상 기독교의 페론주의화로 이어졌다. 페론의 그 유명한 부인 에바 페론은 1946년에 페론주의 크리스마스가 오고 있다고 발표하면서 다음과 같이 주장했다. "페론 장군처럼 저는 인민 여러분으로부터 출발했습니다. 그리고 페론이 기독교적 숭고함을 회복시켜 준 가정들에 페론의 맛있고 달콤한 빵(pan dulce)과 페론의 사과주(sidra)가 전달되는 이 크리스마스를 기쁘게 맞이합니다."[79] 내가 다른 곳에서 주장했듯이, 페론주의적 인민주의 교리의 종교적 차원은 소위 페론 지도력의 종교적 본성과 긴밀하게 연결되어 있다. 어떻게 보면 페론주의 이데올로기는 이러한 [종교적] 과장들 속에서 진리의 핵심을 식별했다. 세속적인 것과 신성한 것 사이의 경계가 지속적으로 흐려지는 상황이 극한까지 치달았다. 에바 페론은 1951년에 가까운 고문이자 강경 교권 파시스트였던 비르길리오 필리포(Virgilio Filippo) 신부와 다른 이들에게, 페론은 아르헨티나의 신이라고 말했다.[80] 페론은 파시스트 지도자들처럼 자신이 신성한 것의 세속적 비유인 것처럼 행동했다. 페론은 국가와 인민의 이름으로 십자가를 짊어진 사람이었다.

인민 주권 개념은 이러한 인민주의 신학의 중심에 놓여 있다. 현실에서 이러한 이중적 형태의 대표성은 단일한 인민 개념, 비관용적인 관점, 표현의 자유에 대한 공격, 그리고 더 나아가 국민투표 민주주의와 위임 민주주의라는 개념을 낳았다. 하지만 이것들이 민주주의 자체의 붕괴를 이끈 것은 아니었다. 이러한 맥락에서 인민주의 지도자가 지도자인 이유는 바로 인민이 그녀 혹은 그의 지도력에 대해 갖고 있을 신념 때문이다. 지도자들은 사인화된 인민의 의지처럼 행동하며, 이는 단지 그들이 인민에 의해 선출되었기 때문만은 아니다. 이 극단적인 동일화의 논리는 인민주의의 우주와 역사를 교차시켰다. 지도자가 인민으로 변화하면 그 또는 그녀는 어떤 인간과도 다른 초월적인 인물이 되며, 지도자는 동질적이고 인민과 유사한 것이 된다. 프랑스에서는 "르펜, 바로 인민(Le Pen, le peuple)"이라는 국민전선의 구호가 말 그대로 지도자를 인민과 등치시켰다. 콜롬비아에서는 가이탄이 "저는 한 사람이 아닙니다. 저는 인민입니다"[81]라는 유명한 말을 한 바 있다. 지도자는 신성시되고, 지도자의 자아를 인민이 차지함으로써 대표에 대한 그의 이론이 일정 부분 인민의 의지를 대표하는 한 형태가 된다. 지도자는 인민의 것이며, 지도자는 그렇다고 이야기한다. 이러한 관점에서 지도자의 페르소나는 더 이상 중요하지 않은데, 이는 인민주의 지도자들이 자연스럽고 열정적으로 그들 스스로를 3인칭으로 언급하는 것을 설명한다. 페론은 다음과 같이 말했다. "저는 오직 대의를 위한 사람입니다. 저는 페론에게 관심이 없으며, 페론에게 관심 가져 본 적도 없습니다. 아니면 페론이 대의에 도움이 될 수 있는 범위 내에서만 그에게 관심을 가졌을 뿐입니다."[82]

우리가 살펴본 바와 같이 우고 차베스의 경우는 특히 징후적이다. 그는 실제로 "저는 제가 인민 속에 육화되어 있다고 느낍니다"라고 주장한 바 있다. 그는 자신의 이름을 증식시켜서 민족과 그 인민들에게 투사했다. 그는 인민의 이름으로 말하고 있었을 뿐 아니라, 그의 이름이 곧 인민의 이름이었다. 즉, "차베스는 곧 베네수엘라"였다.

2012년에 차베스는 베네수엘라 사람들에게 그들이 "차베스의 인민"이라고 말했다. 차베스는 이러한 인민, 국가, 지도자의 삼위일체 관념을 설명하면서 이 세 요소가 서로 구분되지 않는다고 이야기했다. 그는 다음과 같이 이야기했다. "저는 더 이상 차베스가 아닙니다. 차베스는 인민이 되었습니다[Chávez se hizo un pueblo]." 그는 또한 "차베스는 국가의 본질이 되었습니다"라고 말하기도 했다. 이러한 성변화(聖變化, transubstantiation) 과정은 모든 베네수엘라인이 지도자의 국민(national people)을 이루는 요소인 한 그들은 모두 작은 차베스라는 것을 의미했다. "저는 차베스가 아닙니다. 여러분이 차베스입니다. 우리는 모두 차베스입니다. 저는 더 이상 제

자신이 아닙니다. 사실 차베스는 하나의 인민입니다." 페론, 가이탄, 그리고 그 밖의 많은 이들처럼 차베스는 자기 자신, 민족의 역사, 그리고 신 사이의 분명한 연결 관계를 강조했다. 그는 그리스도에게 면류관과 십자가를 달라고 요청했다. 또한 차베스는 2012년에 "저는 신이 차베스와 그의 동지들을 돕고 있다고 확신합니다"라고 말했다.[83]

차베스주의(Chavista) 운동은 스스로가 급진적인 정치 종교로서 자신만의 기도와 암송 구절이 있다고 보았다. 차베스의 지도력을 구성하는 과정에서 해방자 시몬 볼리바르(Simón Bolívar)와 예수 사이의 종합이 있었다. 카를로스 데 라 토레가 설명하는 바에 따르면, "그[볼리바르]의 정치 운동, 새로운 헌법, 그리고 더 나아가 베네수엘라는 '볼리바르(Bolivarian)'라고 다시 이름지어졌다. 차베스는 끊임없이 '예수는 나의 총사령관'이자 '베네수엘라의 주님'이라고 언급"했다. 데 라 토레는 더 나아가 인민주의 지도자가 2012년 국영 방송에서 인민주의 지도자와 공식 종교의 융합을 사인화했음에 주목한다. "차베스는 자신의 암 투병을 그리스도의 수난과 비교했다. 그리스도가 십자가에 버려졌다고 느끼면서 그의 하나님을 향해 기도했던 것을 따라, 차베스는 소리 높여 기도했다. 내게 생을 주소서… 그리스도이시여 당신의 가시면류관을 주소서. 제게 주심에 제가 피흘립니다. 제게 십자가를 주소서… 제게 생명을 주소서, 저는 아직 인민과 모국을 위해 할 일이 있나이다. 저를 데려가지 마십시오. 제게 당신의 십자가, 당신의 면류관, 당신의 피를 주소서. 제가 그것을 짊어질 테니 대신 생명을 주소서. 그리스도는 나의 주님이십니다. 아멘."[84]

2013년 차베스가 사망했을 때, 그가 "아들이자 사도"라고 선언했던 니콜라스 마두로는 페론이 에바 페론의 시신에 했던 것처럼 그를 방부 처리하고 싶었다. 하지만 에비타를 언급하는 대신 마두로는 죽은 지도자를 호치민, 레닌, 그리고 마오쩌둥 같이 미라가 된 다른 유명한 지도자와 연결했다. 마두로가 차베스를 미라로 만들고자 한 목적은 전통적인 형식의 매장을 했을 나머지의 죽은 시민들에 대해 그의 독특한 위치를 설정하고자 했기 때문이다. 어쨌든 적절한 계획의 부재로 이 결정은 백지화되었고, 차베스는 다른 모든 베네수엘라 사람들처럼 매장되었다.

그들의 지도자를 미라로 만들고자 했던 베네수엘라의 시도는 인민주의자의 상상 속에서 (죽음 속에서조차) 지도자가 인민의 것이 되는 방식을 징후적으로 보여 주는 예시다. 마두로는 차베스를 미래에 방부 처리하겠다는 계획을 정당화하기 위해 다음과 같이 말했다. "우리 총사령관의 육신은 방부 처리되어 혁명박물관(Museum of the Revolution)에 남아 있을 것입니다. 유리관 속에 전시하기 위해 특수한 방식으로 보존할 것이고, 인민은 그를 영원히 가질 것입니다."[85]

1994년 정치에 입문했을 때, 베를루스코니는 "신에 의해 지목받았다"라고 주장했다.[86] 또한 베를루스코니는 한때 "나는 정치의 예수 그리스도다. (…) 나는 모두를 위해 나 자신을 희생한다"라고 주장하기도 했다. 아르헨티나에서는 크리스티나 키르치네르가 오직 신만을 두려워해야 하지만 그래도 그녀를 '조금은' 두려워해야 한다고 했다.[87] 지도자는 지도자 역할을 함으로써 종말적인 상황을 예방한다. 무엇보다 지도자의 신성한 이념이 선거 대표성과 메시아적 예정설이라는 관념을 혼합한다. 예를 들어 도널드 트럼프는 그의 공화당 대선 경선 투표자들과 자신의 출마를 미국 인민의 의지와 등치시켰다. 더 나아가 그는 자신이 인민을 하나의 목소리로 통합할 것이라고 말했다. 그는 그들의 목소리를 자신의 목소리로 대체했다. 그러나 그 결과는 지도자가 인민을 차지하는 것이었다. 트럼프가 그들을 위해 "싸워 이기겠다"라고 말했던 인민은 집합적으로 수동적인 행위자로 남아 있었다. 그는 스스로를 옹호할 수도 없고, 심지어 말할 수도 없는 "침묵하는 다수"를 대변했다. 그는 "열심히 일하지만 더는 목소리가 없는 사람들에게, 내가 당신의 목소리다"라고 말했다.[88]

트럼프는 미국 정치 전통의 전형적인 메시아적 색채와 반대파 구성원들을 향한 폭력을 찬양하는 수사를 결합했다. 당시 공화당 상원의원이었던 한 유명한 트럼프 지지자는 트럼프의 선택에 공화당의 생사가 달린 것처럼 묘사했다. 지도자가 왠지 다른 평범한 사람들보다는 신에 가까울 것 같다는 관념은 2015~2016년 대통령 선거 운동에서 재정식화되었다. 트럼프는 종교 지도자들에게 대통령직을 얻음으로써 천국에 갈 것이라고 말했다. 트럼프주의에서 신성한 것은 인민주의 지도자의 카리스마와 '지적 능력'으로 표상된 미국적인 기업가 정신의 이상과 착종되어 있었다. 트럼프는 자신을 승자들의 민족·인민의 지도자라고 소개하면서도 재산의 궁극적인 소유자인 신을 좇았다.[89]

트럼프는 자신의 부동산 거래들과 신성한 것, 그리고 현재와 가까운 미래의 미국 정치 사이에 의미의 평행선을 세웠다. 리오 그란데(Rio Grande)의 북쪽에서 21세기 인민주의는 극단적 개인주의, 종교, 인종 차별주의, 반제도주의, 물질주의, 그리고 '근면함'을 새롭게 확립된 형태의 정치적·사업적 예정설과 결합하는 방식으로 오랫동안 지속된 미국적 인민주의를 재정식화했다. 트럼프는 스스로를 민족을 체현하는 자이자 인격화된 자본주의 정신으로 내세웠다. 그는 살아 있는 신화로 보이고 싶었다. 정치적 신화에 관한 저명한 학자인 키아라 보티시(Chiara Bottici)가 주장한 바에 따르면, 트럼프의 구호 "미국을 다시 위대하게 만들자"는 파시스트의 '위대함-쇠퇴-부활'이라는 신화소(神話素, mythologem)와 공명한다. 이러한 서사 구성은 인민주의 지도자가 "쇠퇴의 원인으로 인식한 사람들을 뽑아내고, 그들에게 책임이 있다고 지목해 그들을 향한 증오를 조장하고 부추길 수 있도록" 한다.[90] 여기서 오래된 파시즘의 신화와, 부자가 사회를 지배하기를 바라는 외국인 혐오적이고 인민주의적인 미국 우익의 전통이 재결합된다. 주디스 버틀러가 제시했던 것처럼, 바로 이러한 맥락에서 트럼프가 파시즘적인 상황에 가까워지고 있는 것이었다.[91] 사실 실제 트럼프의 인민주의는 (그 권력이 재산으로부터 생겨나는) 지배 계급의 신자유주의적이면서 엘리트주의적인 관념과 그리 멀지 않았다. 그러나 이는 과거 파시즘의 신성한 지도력이라는 정치적 신화와 인민주의적인 인민 주권 관념, 그리고 반인민에 대한 배제와 융합되었다.

이러한 면에서 트럼프는 이탈리아 인민주의자 실비오 베를루스코니와 가까웠다. 그들 매력의 일부는 각각이 스스로를 '인민의 남자'로 묘사하는 것과 억만장자의 고상한 세계를 결합한다는 점이었다. 이 매력은 종교적인 색채를 통해서 윤색되었다. 이러한 구상에 따르면 지도자는 그의 인민들보다 훨씬 특별한 사람이었다. 마치 이것이 신에 의해 예정된 것처럼 말이다. 만약 이것이 종교적으로 들린다면, 그것은 실제로 그렇기 때문이다. 신앙이라는 사생활에 속하는 신성한 형식들은 인민주의 정치 신학의 핵심 요소다.

파시스트들과 다르게, 인민주의자들의 믿음은 선거 결과로 확인된다. 그러나 파시스트들처럼 인민주의자들은 종교적 형식들(언어와 의례)을 도입하고, 지도자가 절대 틀릴 리가 없는 신적인 인물이라는 생각을 지지한다. 차베스의 경우, 자신이 신적인 인물이라는 생각은 그를 예수와 연결시켰고, 그 반대로 적은 불경한 자라는 과격한 생각을 함의했다. 이와 유사하게, 터키의 학자 에르투그 톰버스(Ertug Tombus)가 제시하는 바처럼 터키에서는 에르도안이 (특히 2016년 7월 쿠데타 시도 이후에) 두 가지 정치 신학

(공식 종교와 인민주의)을 혼합했다. 톰버스가 정치적인 것에 대한 파시스트와 인민주의자의 이해 방식 사이에 존재하는 연결 관계와 양자의 초민족적 성격을 강조하는 반면, 무슬림 민족들을 연구하는 일부 학자들은 '이슬람 인민주의(Islamic populism)'라는 타자를 묘사하는 데 의존한다. 그러나 정말로 이슬람 정치에서의 인민주의는 [다른 인민주의와는] 매우 다르기 때문에 이슬람 인민주의라는 것에 대해 말해야 하는 것일까?

이슬람 인민주의?

여러 정치 연구 및 이슬람 연구에서 인민주의는 [이슬람이라는] 세계의 커다란 한 부분을 서구로부터 변별하기 위한 방법이 되었다. 이러한 연구들이 주장하는 바에 따르면, 인민주의는 이슬람의 약한 민주주의 정치가 낳은 자연스러운 결과였다. 이들 학자들은 단순화된 이슬람적 정치 형태에 대해 이야기하는 경향이 있는데, 이 축약된 이슬람적 정치 형태에서는 인민주의를 향한 경향성이 자연화되어 거의 자동적으로 나타난다. 내 관점에서는, 이 두 가지 신학(이슬람 혹은 이슬람 관련 종교와 인민주의)을 융합하는 것은 이슬람 인민주의라는 새로운 범주의 창출을 보장하지 않는다. 이슬람 인민주의라는 용어를 사용하면 종종 터키, 이집트, 이란, 모로코, 튀니지, 인도네시아와 같은 극단적으로 상이한 나라들의 경험들을 뒤섞게 된다. 터키 인민주의가 다당제 체계에서 출현한 반면, 인도네시아와 이집트 같이 상이한 나라들은 매우 상이한 권위주의적·민주주의적 맥락을 보여 주었다.

이슬람 인민주의는 인민주의 정치를 과하게 확장시키며 인민주의를 이슬람의 엘리트 비판 혹은 경우에 따라서 무슬림 국가에서의 대중 정치와 동일시하는 유명무실한 말이다. 이슬람의 주제들과 인민주의적 주제들의 융합이 무슬림 국가에서 인민주의 정치가 독특하게 표현된 것이라고 하더라도, 이슬람이라는 말은 이슬람의 인민주의들이 갖고 있는 유사성 이상으로 유럽이나 아프리카 혹은 라틴아메리카의 사례들 속 '비무슬림' 맥락들에 대해 갖고 있는 유사성이 더 큰 인민주의의 형태들에 대해서는 설명해 주는 바가 별로 없다. 이슬람 파시즘(Islamo-fascism)이라는 용어와 같이, 이슬람 인민주의는 인민주의의 지구사 속 연속성을 보이지 않게 하며, 이와 동시에 서로 수렴하는 전 세계의 정치적 이슬람의 역사를 이해하기 어렵게 만든다. 이에 더해 이슬람 인민주의라는 말을 공적으로 사용하는 것은 인민주의가 '진정한' 규범적 민주주의의 왜곡 혹은 기형임을 예증하기 위한 노력이다. 이러한 경우, 무슬림이 만개한 민주주의적 협치를 감당할 수 없다는, 길고 잔혹한 식민지 역사를 가진 주장을 함의한다.[92]

보다 일반적으로 이 용어의 사용은 (중동을 포함해) 정치 스펙트럼상의 좌·우익 인민주의 간의 주요한 구분을 피하며, 종종 실제 공식 종교와 인민주의적으로 순치되고 동기화된 종교를 혼동함으로써 이슬람과 서구에 대한 고정관념에 기초한 가정을 강조하고 확증하는 경향이 있다.

인도네시아의 인민주의 학자인 유디 R. 하디즈(Vedi R. Hadiz)는 이슬람 파시즘이라는 용어의 사용을 옹호하는 사람이지만, 그럼에도 이 개념의 아주 특수한 시기 구분을 제공하며 인민주의와 이슬람 정치의 수렴점 중 하나가 전체로서의 인민을 상상하는 움마(umma) 무슬림 신자 공동체 개념을 식별한다는 점에 있다고 주장한다. 그러나 그 역시 날카롭게 평가한 것처럼, 움마는 종종 보편적 함의보다는 민족적 함의를 취했다. 바로 이러한 민족적 차원이 초민족적으로 이해된 정치 신학이 특수한 시기와 나라들 속에서 각색되고 체험되는 특수한 방식을 조명해 준다.

알제리의 학자 라우아리 아띠(Lahouari Addi)는 알제리의 인민주의에 대한 탁월한 연구를 통해 냉전 시기 알제리의 독립에서부터 인민주의 개념이 지닌 영속성을 강조했지만, 또한 인민주의 개념의 매우 상이한 맥락적 변형들을 강조하기도 했다. 알제리적 형태의 인민주의들은 그것이 세속적이든지 이슬람적이든지 다른 초민족적 사례들에 대해 갖는 공통점보다 서로에 대해 지니는 공통점이 더 많다. 물론 페론주의라는 아르헨티나의 경험이나 같은 민족적 역사에 속하는 다른 민족 사례들에 대해서도 마찬가지로 이야기할 수 있을 것이다. 그러나 아르헨티나의 페론주의가 반제국주의부터 코포라티즘과 신고전적 인민주의, 신자유주의에 이르는 상이한 흐름들을 내포하고 있었다면, 알제리에서 인민주의는 상이하고 심지어 대립되는 흐름들에 의해 각색되고 재정식화되었다. 이 모든 흐름들은 인민의 화신임을 자칭했지만, 알제리 인민주의는 단지 하향식 구조에 머무르지 않고 시민들의 정치적 참여를 증대함으로써 시민들을 동원했으며, 종국적으로 누가 인민의 공통된 적인지 재규정했다. 아띠가 설득력 있게 주장한 것처럼, 인민주의의 내용은 상이한 역사적 시기마다 달라졌지만 인민에 대한 신화적 관념만큼은 유지되었다. 독립을 향한 반식민지 전투의 시대에, 인민주의는 포용적이면서도 식민지 권력이라는 인민의 공통된 적[을 규정하기]에 적합한 내용을 갖고 있었다. 독립 이후에 인민주의는 권력을 유지하는 수단으로 탈바꿈했다. 인민의 참여는 심각하게 축소되었고 인민의 대표들은 "명백히 그들의 이름으로 이야기하는" 사람들이었다. 이와 동시에 이 지도자들은 누가 인민이며 누가 인민에 속하지 않는지를 규정했다. 이러한 상황은 결국 그 통치의 기초가 되는 이름의 사람들[인민]이 통치자들의 통치에 반대하게끔 했다. 국민해방전선(FLN)의 통치는 인민을 통합했고, 인민을 정치 과정에의 실제적인 참여에서 점점 더 배제했다. 아띠는 권위주의적 인민주의의 위기가 어떻게 또 다른 위기를 창출하거나 그러한 위기로 이어지는지 강조했다. 가장 시사적인 점은 권력을 장악한 인민주의에 대한 아띠의 역사적 분석이 정치 운동, 즉 1980년대 후반 형성된 이슬람구국전선(FIS)의 인민주의를 설명한다는 점이다. 이는 총칭적인 혹은 본질주의적인 이슬람 개념이 낳은 결과라기보다는 알제리의 역사 및 알제리의 인민주의적 정치 문화, 특히 세속적 인민주의가 낳은 결과였다. 따라서 아띠는 사회적·경제적 위기의 시기이자 알제리에서 다당제 선거와 함께 민주주의적 정치 과정이 가능해진 1988년 무렵, 지배적인 인민주의 엘리트에 급진적으로 반대했던 이슬람국국전선이 (종교적인 방식으로 재정식화된 것이긴 하지만) "국민해방전선의 고통스러운 인민주의"를 다시금 정당화했음을 보여 준다. 이슬람구국전선은 "자신들을 국민해방전선의 정치적 강령과 약속을 구체화하려는 야심을 가진 운동으로" 제시하면서 인민주의를 알제리 역사의 매우 새로운 국면 속에서 부활시켰다. 역사상 그 세속주의적 국면에서 종교적 국면에 이르기까지, 알제리 인민주의는 인민에 대한 신화적 관념과 의지주의, 국가 숭배, "인민주의의 정치적 가치들에 대한 도덕적 지지(anchoring)", [지도자가] 인민의 화신이라는 사상, 그리고 사회 내부의 갈등에 대한 부정을 포함하는 유사한 특징들을 보여 왔다. 아띠에게 알제리 사례는 이슬람[이라는 말]의 정치적 사용이 새로운 것이 아니며 상이한 시기마다 재정식화되어 왔을 뿐임을 보여 준다. 이슬람이 "정치적 자원"이었지만, 민주주의를 둘러싼 알제리의 갈등은 종교적인 것이 아니라 그 본성상 반드시 정치적인 것이었다. 이 주요한 논점은 이슬람 인민주의라는 개념을 몰역사적으로 사용하는 경향을 제한할 것이다.

대체로 아띠는 알제리적 형태의 인민주의가 궁극적으로 어떻게 민주주의의 향상에 장애물이 되었는지 강조하지만, 태국이나 아르헨티나 및 여타 비무슬림 사회와 마찬가지로 이슬람구국전선식의 인민주의적 민주주의는 1992년 반인민주의 군사 독재에 의해 종결되었다.[93] 알제리와 아르헨티나뿐만 아니라 터키와 이스라엘, 이집트, 인도네시아, 헝가리, 미국, 베네수엘라 등의 서로 다른 국가들에서는, 앞서 언급한 특정한 종교와 관계없이 인민의 의지가 신의 의지와 서로 호환되며 쓰여 왔다.

마초 인민주의

21세기 초엽, 과거에 비해 성(sexuality)에 관한 인민주의의 이상(ideals)은 더욱 노골적이게 된 반면에 그 품위는 떨어져 갔다. 페론 역시 이상적인 아르헨티나 남성성을 페론주의의 핵심 차원으로서 표상했으며, 젠더들 사이에 명확한 경계선을 세웠다. 페론은 어머니 역할이 여성의 시민적 의무의 중심이며, 여성의 과제는 남성을 기르는 것이라고 강조했다. 민족주의자이자 페론주의자 오스카 이바니셰비치(Oscar Ivanissevich)는 바로 이에 부합하는 한 사례다. 그는 "페론주의자는 정해진 성별을 가진 자로서 자신의 모든 감각을 동원해 아름다움을 동경하는 한 인간이다"[94]라고 선언한 바 있다. 페론주의자의 미적 이상은 당대의 대중적 [문화] 요소들을 적극적으로 흡수했고, 때때로 대중적 [문화] 요소들을 변형하기도 했던, 전통적·바로크적 문화관에 의해 규정되었다. 더 최근에, 몇몇 우익 인민주의 지도자들은 고정관념에 사로잡혀 있으며 훨씬 더 반동적이기까지 한 판본의 여성의 사회적 역할과 상을 표출해 왔다.

1990년대 베를루스코니와 라틴아메리카의 신자유주의적 인민주의자들, 아르헨티나의 카를로스 메넴 대통령, 에콰도르의 압달라 부카람, 그리고 트럼프는 성차별주의(sexism)와 여성 혐오(misogyny), 화폐 권력을 결합한 마초적인(machista) 지도력을 전면화했다. 이와 유사하게 젠더와 성에 대한 권위주의적 관점이 에콰도르의 코레아(Correa) 같은 라틴아메리카 좌파 인민주의에서 나타났다. 이에 반해 또 다른 좌·우파의 인민주의들은 이러한 형태의 차별에 관여하지 않았으며, 혹은 2000년대 아르헨티나 같은 경우에는 이러한 차별에 반대하기도 했다. 몇몇 총칭적 인민주의 학자들이 한 것처럼, 이러한 차이들을 '해방된' 혹은 진보적인 북부 대 '가부장적' 라틴아메리카라는 고정관념을 통해서 설명하는 것은 문제적일 것이다.[95]

예를 들어 무슬림 여성이 유럽 국가 안에서 베일을 쓰지 못하도록 금지하려는 시도들은 젠더와 성에 대한 대표적인 억압으로, 그 몇몇 형태들은 대부분의 우파 인민주의에서 나타난다. 트럼프에서 베를루스코니와 메넴 그리고 부카람에 이르기까지 우파 인민주의의 몇몇 주요 사례들은 매우 전통적이고 억압적이기까지 한 여성에 대한 고정관념 및 젠더 구분을 선호해 온 반면, 아르헨티나나 볼리비아와 같은 나라들에서 좌파 인민주의자들은 젠더·성적 평등을 진전시키기 위한 실질적인 법적 변화를 추진해 왔다. 어떤 경우든 간에, 공격적인 자본주의 및 기업가 정신을 억압적인 젠더 인식과 혼합하는 인민주의 지도자들의 마초적 특징은 지역과 대륙의 경계를 초월하는 것처럼 보인다. 트럼프, 베를루스코니, 부카람 등의 인민주의는 인민 주권과 권력 위임, 그리고 젠더에 대한 고도로 억압적인 태도를 지지한다.

그들은 남성·여성 생식기를 지속적으로 저속하게 언급하고 여성을 대상화하는 것(특히 지도자들이 자신들이 정복한 여성들을 세거나 자신들의 성기 크기를 강조하는 것)을 기성 정치에 대한 비난의 사례로 내놓고 있다. 트럼프는 대선 후보 토론에서 자신의 성기 크기를 보증하고 자랑하기까지 했다. [2016년에] 공개된 2005년의 한 녹음 자료가 트럼프의 마초 인민주의 이데올로기를 규정하게 됐는데, 이 자료 속 공화당의 기수[트럼프]는 여성과 키스하고 어울리며 섹스하는 것을 저속한 용어로 거들먹거렸다. 그는 유명인이라는 지위 덕분에 여성의 동의 여부와 상관없이 그녀들을 자신이 원하는 대로 대해도 된다고 생각했다. 트럼프의 성추문을 담은 테이프가 공개됐을 때, 그 당시 미국 부통령이었던 조 바이든(Joseph Biden)은 주장했다. "그러한 행동은 권력 남용이다. 외설이 아니다. 그것은 강간이다." 트럼프는 자신의 마초 페르소나가 마음대로 여성을 대하고 싶은 억압되지 않은 욕망에 의해 규정된 것이라고 자찬했다. 그는 자신이 "주연(star)이기 때문에 (…) 자신이 원할 때는 언제나 여자들의 그곳(pussy)을 만질 수 있다"고 진술했다.[96]

또 다른 마초 인민주의의 상징은 실비오 베를루스코니로, 독일 수상 앙겔라 메르켈(Angela Merkel)의 몸을 저속하게 언급하고, 연이어 자신의 성적인 능력을 뽐냈다. 베를루스코니는 "게이가 되느니 아름다운 여성을 향한 열망을 갖는 것이 더 낫다"라며 자신의 젠더 차별 의식을 드러냈다. 메넴은 자신이 그렇게 많은 혼외 관계는 맺지 않았고, "딱 정상적인" 표준 남성이라고 말하면서 스스로를 "반쪽 난봉꾼"이라고 정의했다. 필리핀의 지도자인 로드리고 두테르테는 자신과 인민의 관계를 자신의 성적 능력과 연결지었다. "제가 1억 명의 필리핀인을 사랑할 수 있다면, 저는 네 명의 여성을 동시에 사랑할 수 있을 것입니다." 인민의 남자를 자임하는 두테르테는 "이것이 남자가 말하는 방식"이라고 주장했다. 인민의 이름으로 이야기한다는 것이 젠더 차별과 성적 차별을 강화한다는 것을 의미한다는 생각은 그로 하여금 미국 대사를 동성애 혐오적인 욕설로 모욕하고, 1989년

교도소 폭동 당시 강간 살해되었던 호주 선교사를 자신도 강간하고 싶다고 발언하게 만들었다. 2016년 다시 한번 두테르테는 자신과 인민이 연결되어 있기 때문에 자신이 당시 미국 대통령이었던 버락 오바마를 개자식이라고 불러도 비판으로부터 보호받을 수 있다고 주장했다. 이 필리핀 지도자는 대통령으로서의 자신의 업적에 의문을 제기하고 특히 심각한 인권탄압을 문제 삼는 미국 대통령을 민족 주권과 자신이 인민과 맺고 있는 고유한 유대를 침범하는 식민주의자라고 묘사했다. "이 남자는 대체 누구인가? 나는 필리핀 인민들을 제외하면 어느 누구도 내 주인으로 두고 있지 않다."[97] 두테르테는 대부분의 인민주의 지도자들과 달리 자신과 파시즘, 홀로코스트 사이의 유사성을 환기시키는 폭력 실천과 관련된 수사들을 활용했다. 그는 "히틀러는 300만 명의 유대인을 대학살했습니다. (…) 여기[필리핀]에는 300만 명의 마약 중독자가 있습니다. 그들을 도살할 수만 있다면 기쁠 것입니다"라고 주장한 바 있는데, 그렇게 그는 600만 유대인의 죽음에 대한 나치즘의 책임을 흐리고 자신의 행동을 그 이전의 파시스트적 폭력 및 파시스트적 폭력의 종말론적 함의와 연결지었다. 2016년에 두테르테는 기자들에게 자신을 비판하는 이들이 자신을 "히틀러의 사촌"이라 부른다고 이야기했다. 두테르테는 "독일에 히틀러가 있었다면, 필리핀에는 아마…"라고 발언하면서 손으로 자신을 가리켰다. 그는 기자들에게 이렇게 이야기했다. "여러분은 제 희생자들을 알 것입니다. 그들 모두는 범죄자이기에 저는 제 조국의 문제를 해결하고 다음 세대를 지옥에서 구하면 좋겠습니다."[98]

차베스와 트럼프, 메넴, 부카람이 설정한 기준들과 비교했을 때 폭력에 대한 두테르테의 접근이 극단적이었을지는 몰라도, 두테르테는 성에 대한 이들의 태도와 재생산권과 가족에 대한 매우 보수적인 입장을 공유하고 있음을 보여 주었다. 요컨대 그들 모두 마초 인민주의라는 공통점을 갖고 있다.

부카람은 자신의 "큰 고환"을 반대파 정치인의 작은 생식기와 비교했다. 또한 그는 (그녀의 폭력적인 미국인 남편을 거세한 일로 유명해진) 로레나 보비트(Lorena Bobbitt)를 대통령 귀빈으로 초대했다. 이러한 천박함과 성기에 대한 마초적인 집착은 우연히 생겨난 것이 아니며 최근 인민주의의 특정한 경향에 대해 많은 것을 말해 준다. 차베스 또한 2006년 남미국가공동체 정상회담에서 정치적 무기력증[발기부전]에 맞서 "우리는 정치적 비아그라가 필요하다"라고 제안하며 남근 이미지를 이용한 바 있다. 차베스는 그 이전에도 엘리트가 인민에 반해 비아그라를 복용한다고 이야기한 적이 있었다. 이 지도자와 그의 가족들은 정력의 한 형태를 재현했는데 이는 공적 삶과 사적 삶 사이의 구분을 흐리는 것이었다. 2000년에 그는 국영방송에서 자신의 아내에게 "마리사벨(Marisabel), 준비하세요. 오늘밤 당신의 것을 드리겠어요"[99]라며 그날 밤 섹스를 준비하라고 이야기했다.

카를로스 데 라 토레는 이러한 지도자들이 자신들의 정력을 "여성스러운 엘리트들"에 반대하는 저항의 한 형태로 제시한다고 설명한다. 그들은 여성의 미추를 대상화하면서 모든 남성이 생각만 하고 있지 말하지는 못하는 것을 표현하라고 주장한다. 이 지도자들에 따르면, 그들의 행동과 몸은 인민의 남성성을 긍정한다(이러한 맥락 속에서 '인민'은 오직 이 지도자들의 남성 추종자들만을 포함하고 있다). 그 결과는 고정관념을 유지하는 것이다. 데 라 토레는 이러한 "마초적인 대중문화를 옹호하는 것은 여성의 종속에 기초한 권위주의적 문화를 수용하고 재생산하는 것"이라고 말했다. 부카람과 같은 지도자들은 "사교계 여성을 유혹하거나 매력적인 모델과 함께 춤을 추는 등의 남성의 성적 환상을 텔레비전에서 상영함으로써 모든 남성들, 특히 평범한 남성들이 엘리트 남성들의 성적 특권에 접근하는 것을 상징적으로 민주화하고 있었다. 이러한 방식으로 그는 권위주의적인 남성 지배 협약을 확장"하고 있었다.[100]

여성의 종속과 이러한 인민주의적 유형의 마초주의가 다른 인민주의 사례들에서는 일반적이지 않지만, 아르헨티나, 이탈리아, 에콰도르, 필리핀, 그리고 미국에서는 두드러지게 나타난다. 미국에서는 트럼프가 이러한 마초주의 사상·양식을 무슬림 및 히스패닉에 관련된 인종주의적인 발언과 계획, 법치와 권력 분립에 대한 무시, 그리고 다른 후보자들과 독립 언론을 향한 깊은 적개와 혼합했다. 이러한 특징들은 인민주의적 권위주의를 과거 파시즘과 연결한다. 트럼프는 여러 선례들처럼 자신의 추종자들이 기대했던 메시지를 전달했다. 파블로 피카토와 내가 주장한 것처럼, 트럼프의 추종자들은 "파시즘의 초기 지지자들과 타자에 대한 깊은 의심, 다른 종족적·종교적 배경을 가진 사람들에 대한 깊은 의심을" 공유했다. "트럼프의 추종자들은 자신들과 똑같이 보고 생각하고 이야기하고 먹고 마시는 나라를 원한다. 그들은 다양성이 없는 나라로 돌아가고 싶어 하며, 이 나라는 오직 과거에 대한 반동적 상 속에서만 존재했다. 이러한 관념은 유럽에서 많은 대량 살상을 낳은 차이에 대한 오랜 공포와 민족주의에서 비롯되었다. 국가에 살고 있는 모든 인민이 참여할 수 있는 유의미한 민주주의에 반해서, 트럼프의 지지자들이 원하는 것은 비슷하게 환원된 판본의 미국"이다.[101]

흉포한 미국 우익과 유럽 인민주의자들이 행하는 무슬림에 반하는 수사와 실제 파시즘 사이의 커다란 차이점은 파시즘이 권력을 장악하고 인지된 적을 실제적·물리적으로 제거했다는 것이다. 파시즘을 연구한 이탈리아의 한 역사학자에 따르면 트럼프의 인민주의는 보다 '평화적인' 판본의 파시즘처럼 보였다. 서구의 이슬람화에 반대하는 애국주의 유럽인(Pegida)과 르펜주의에 대해서도 유사한 지적을 할 수 있을 것이다.[102] 파시스트 독재하에서 적을 처리하는 것은 결코 평화롭지 않으며 법치를 완전히 무시하면서 이루어진다. 파시스트 정치인이 권력을 장악하면 그들은 인종주의적 발언에서 타자에 대한 압제로 전환한다. 파시즘은 적에 대해 이야기만 하는 것이 아니라 적을 정치적 과정에서 제거하기도 한다. 트럼프는 파시즘과 인민주의 사이의 연속성을 보여 주는 완벽한 사례이지만 이것들의 차이를 보여 주는 사례이기도 하다. 후보 시절 그는 결코 미국에 대한 독재적 관점을 주창하거나 전면화한 바가 없었다. 달리 말해서 그는 권위주의적 인민주의 판본의 민주주의를 제시했다.

도널드 트럼프의 대통령 출마는 세계사적으로 특이한 일이었는데, 이는 트럼프의 별난 성격과 과장된 행동 때문이 아니라 그가 인민주의라는 주변부의 정치였던 것을 중심부에서 주도했다는 의미에서 특이한 것이었다. 그는 일반적으로 라틴아메리카, 이스라엘, 아랍 국가들, 오스트리아, 헝가리, 필리핀과 같은 세계 다른 지역들에서 막대한 지지를 받는 미국 주류 정치에 인민주의를 가져왔을 뿐만 아니라, 한때 정치적 중심의 오른편에 있었던 정당의 인민주의 지도자가 됨으로써 이를 완수했다. 민권 운동에 앞서 존재했으며 민권 운동에 반대했던 인민주의적·인종주의적 전통이 트럼프의 미국적 배경에서 지배적이었다면, 파시즘과 인민주의의 힘 역시 트럼프의 지구적 혈통의 일부였다. 아마 트럼프 자신이 이러한 권위주의의 계보를 알지는 못했을 것이지만, 그럼에도 그는 인종 차별을 자신의 정치 중심에 두고 종교적 배제의 사례들을 만들며, 이민자들의 대량 추방을 제안하는 거의 절대적인 방식으로 권위주의 계보를 대표했다. 이러한 새로운 미국 인민주의는 이미 미국과 세계의 역사 위에 그 자취를 남겨 왔다. 다시 한번, 민주주의는 내부로부터 바뀌어 왔던 것이다. 지구적인 권위주의적 민주주의 기획은 지속될 것인데, 그 이유는 정확히 파시즘이 왜 그리고 어떻게 인민주의가 되었는지의 역사가 말해 주는 것처럼 권위주의적 민주주의 기획은 결코 이 구도 바깥으로 나간 적이 없었기 때문이다.

제3장 주

1   예시로 다음을 보라. Alain Rouquié, *A la sombra de las dictaduras: La democracia en América Latina* (Buenos Aires: Fondo de Cultura Económica, 2011), 114-5, 119-34, 251-9. Maria Victoria Crespo analyzes populism and dictatorship in "Entre Escila y Caribdis: Las democracias constitucionales contemporáneas de América Latina," (paper presented at the Academic Meeting of the Feria Internacional del Libro, Guadalajra, December 4-5, 2014).

2   여기서 다룬 현대 독재에 대한 개념은 앤드류 아라토의 선구적인 작업에 의존했다. "Conceptual History of Dictatorship (and Its Rivals)," in *Critical Theory and Democracy*, ed. E. Peruzzotti and M. Plot (London: Routledge, 2013), 208-81. 또한 다음을 보라. Carl Schmitt, *Dictatorship* (Cambridge: Polity Press, 2013); Ernst Fraenkel, *The Dual State* (Oxford: Oxford University Press, 1941); Norberto Bobbio, *Democracy and Dictatorship* (Minneapolis: University of Minnesota Press, 1989).

3   Andrew Arato, "Dictatorship before and after Totalitarianism," *Social Research*, 2 (2002): 473-503; Thomas Vormbaum, *Diritto e nazionalsocialismo: Due lezioni* (Macerata: EUM, 2013), 44-5. 또한 다음을 보라. Andrew Arato, "Good-bye to Dictatorship?," *Social Research* 67, no. 4 (2000): 926, 937. 또한 다음을 보라. Andreas Kalyvas, "The Tyranny of Dictatorship: When the Greek Tyrant Met the Roman Dictator," *Political Theory* 35, no. 4 (2007); Hannah Arendt, *The Origins of Totalitarianism* (New York: Meridian, 1959).

4   다음을 보라. Federico Finchelstein, *The Ideological Origins of the Dirty War: Fascism, Populism, and Dictatorship in Twentieth Century Argentina* (Oxford: Oxford University Press, 2014), 1-12.

5   연성 독재 개념에 대한 논의는 또한 다음을 보라. Paul Gillingham and Benjamin Smith, eds., *Dictablanda: Politics, Work, and Culture in Mexico, 1938-1968* (Durham, NC: Duke University Press, 2014).

6   다음을 보라. Paul Corner, *The Fascist Party and Popular Opinion in Mussolini's Italy* (Oxford: Oxford University Press, 2012). 또한 다음을 보라. Paul Corner, "Italian Fascism: Whatever Happened to Dictatorship?," *Journal of Modern History* 74 (2002): 325-51.

7   보르헤스에 대해서는 다음을 보라. Federico Finchelstein, *El Mito del Fascismo: De Freud a Borges* (Buenos Aires: Capital intellectual, 2015). 또한 다음을 보라. Gino Germani, *Authoritarianism, Fascism and National Populism* (New Brunswick, NJ: Transaction Books, 1978), vii. 유럽의 반파시즘에 대한 일반적인 맥락은 다음을 보라. Enzo Traverso, *Fire and Blood: The European Civil War 1914-1945* (New York: Verso, 2016).

8   Eva Perón, "Discurso pronunciado el 22 de agosto de 1951, en la asamblea popular, que se constituyó en el Cabildo Abierto del Justicialismo en la Avenida 9 de Julio," in Eva Perón, *Mensajes y discursos* (Buenos Aires: Fundación pro Universidad de la Producción y del Trabajo: Fundación de Investigaciones Históricas Evita Perón, 1999), 333:254.

9   다음을 보라. Carl Schmitt, *Dictatorship*.

10 라틴아메리카의 개헌에 대해서는 다음을 보라. Gabriel Negretto, *Making Constitutions: Presidents, Parties, and Institutional Choice in Latin America* (Cambridge: Cambridge University Press, 2013); Nicolás Figueroa García-Herreros, "Counter-hegemonic Constitutionalism: The Case of Colombia," *Constellations* 19, no. 2 (2012); Angélica M. Bernal, "The Meaning and Perils of Presidential Refounding in Latin America," *Constellations* 21, no. 4 (2014). 또한 다음을 보라. Andrew Arato, *Post Sovereign Constitutional Making: Learning and Legitimacy* (Oxford: Oxford University Press, 2016), 289-98.

11 후지모리는 결국에는 자신의 통치를 정당화하기 위해 개헌과 새로운 선거 과정을 요구했고, 쿠데타 이후 다시 혼성 인민주의 통치로 돌아갔다. 1995년에 그는 재선되어 두 번째 임기를 맞았다.

12 다음을 보라. Danielle Resnick, "Varieties of African Populism in Comparative Perspective," in *The Promise and Perils of Populism: Global Perspectives*, ed. Carlos de la Torre (Lexington: University Press of Kentucky, 2015), 317-48.

13 Nic Cheeseman and Miles Larmer, "Ethnopopulism in Africa: Opposition Mobilization in Diverse and Unequal Societies," *Democratization* 22, no. 1 (2015): 22-50.

14 다음을 보라. Danielle Resnick, "Varieties of African Populism," 317-48.

15 David Roberts, *Fascist Interactions: Proposals for a New Approach to Fascism and Its Era, 1919-1945* (New York: Berghahn Books, 2016), 6; António Costa Pinto and Aristotle Kallis, eds., *Rethinking Fascism and Dictatorship in Europe* (New York: Palgrave, 2014).

16 Dani Filc, *The Political Right in Israel: Different Faces of Jewish Populism* (New York: Routledge, 2010), 70-5; 103-23; Zeev Sternhell, "The Extreme Right Turned Israel into an Anachronism," *Haaretz*, April 1, 2011; Gidi Weitz, "Signs

of Fascism in Israel Reached New Peak during Gaza Op, Says Renowned Scholar," *Haaretz*, August 13, 2014; Ishaan Tharoor, "On Israeli Election Day, Netanyahu Warns of Arabs Voting 'in Droves'," *Washington Post*, March 17, 2015; "Livni: Netanyahu Is Harmful to Israel, but He Isn't an Enemy of Israel," *Jerusalem Post*, March 19, 2015; "Israel Has Been Infected by the Seeds of Fascism, Says Ex-prime Minister Ehud Barak," *Haaretz*, March 20, 2016; Zeev Sternhell, "The Leadership Must Stop Pandering," *Haaretz*, June 16, 2015; Uri Ram, *The Globalization of Israel: McWorld in Tel-Aviv, Jihad in Jerusalem* (New York: Routledge, 2008). 라틴아메리카적 방식으로 배제적 차원과 참여적 차원을 결합한 신자유주의적 리쿠드당과는 다르게, 리베르만의 인민주의는 유럽의 전형적인 외국인 혐오 인민주의 정당들에 더 가깝다. 필릭이 볼 때, 리베르만이 가진 극단적인 동질적 민족 공동체 개념, 그의 반자유주의와 반다원주의, ('과두제', 재판부, 그리고 소수 민족을 발본적으로 거부하는) 인민의 수직적 지도자에 대한 생각은 "배제적 인민주의의 분명한 예시"가 된다. (*Political Right in Israel*, 103).

17   Filc, *Political Right in Israel*, 74.

18   Kurt Weyland, "Neopopulism and Neoliberalism in Latin America: How Much Affinity?," *Third World Quarterly* 24, no. 6 (2003): 1102. 또한 다음을 보라. Weyland, "A Paradox of Success? Determinants of Political Support for President Fujimori," *International Studies Quarterly* 44, no. 3 (2000): 481-502; Kenneth Roberts. "Neoliberalism and the Transformation of Populism in Latin America," *World Politics* 48 (1995): 82-116. 메넴에 대해서는 또한 다음을 보라. Marcos Novaro, "Menemismo, pragmatismo y romanticism," in *La Historia Reciente: Argentina en Democracia,* ed. Marcos Novaro and Vicente Palermo (Buenos Aires: Edhasa, 2006), 199-221.

19   Kurt Weyland, "Neoliberal Populism in Latin America and Eastern Europe," *Comparative Politics* 31, no. 4 (1999): 379-401.

20   Nadia Urbinati, *Democracy Disfigured: Opinion, Truth, and the People* (Cambridge: Harvard University Press, 2014), 14; Angelo Ventrone, *Il Nemico Interno: Immagini, parole e simboli della lotta politica nell'Italia del Novecento* (Rome: Donzelli, 2005), 59, 312; Loris Zanatta, *El Populismo* (Buenos Aires: Katz Editores, 2014), 36, 43, 110, 250; Enzo Traverso, "Après le spectacle, la débacle," *Regards* (2011): 12, 43-7; Andrea Mammone, Transnational *Neofascism in France and Italy* (Cambridge: Cambridge University Press, 2015), 245; Paul Ginsborg and Enrica Asquer, eds., *Berlusconismo: Analisi di un sistema di potere* (Rome: Laterza, 2011); Nicola Tranfaglia, Populismo: *Un carattere originale nella storia d'Italia* (Rome: Castelvecchi, 2014); Perry Anderson, *L'Italia dopo L'Italia* (Rome: Castelvecchi, 2014); "Il populismo continentale secondo Perry Anderson," *Il Manifesto*, March 4, 2015.

21   전형적인 인민주의-기술관료의 순환 주기에서, "라 알리엔자(La Alianza)"라고 불리는

중도 좌파 연합이 1999년에 메넴주의를 대체했다. 그러나 이들은 여전히 신자유주의적 경제 이데올로기를 따르고 있었으며, 주요 조언자들은 "스시 그룹(sushi Group)"으로 알려진 보다 엘리트주의적 집단이었다. 이탈리아의 경우 요리의 비유는 존재하지 않았다. 그러나 베를루스코니주의 역시 중도 좌파에 의해 대체되었는데, 이로써 신자유주의적 인민주의를 뒤로하고 단순히 기술관료적 신자유주의와 관계를 맺게 되었다.

22 Carlos Saúl Menem, *Discurso del presidente Dr. Carlos Saúl Menem desde los balcones de la Casa de Gobierno* (Buenos Aires: Secretaría de Prensa y Difusión, Presidencia de la Nación, República Argentina, 1989), 1-5.

23 다음을 보라. *Diario de sesiones de la Cámara de Diputados*, vol. 2 (Buenos Aires: Congreso Nacional, 1989), 1070.

24 "El día que Cristina reclamó votar a favor de la privatización de YPF," *Clarín*, April 4, 2012; "Personajes," *Noticias*, June 15, 1996; "Cristina criticó a la izquierda por una movilización," *La Nación*, March 28, 2013; "Menem va por su reelección de senador con apoyo kirchnerista," *La Razón*, March 23, 2011.

25 Juan Perón, "En la ciudad de Santa Fe: & de Enero de 1946," in Juan Domingo Perón, *Obras Completas* (Buenos Aires: Docencia, 1998), 8:18.

26 Folleto, "Dijo el Coronel Perón," *Archivo Cedinci*.

27 Juan Domingo Perón, "Aspiramos a una sociedad sin divisiones de clase: En el Cine Park, 12 de agosto de 1944," in Juan Perón, *El pueblo quiere saber de qué se trata* (Buenos Aires: 1944), 149; Juan Domingo Perón, *Obras Completas*, vol. 17 (Buenos Aires: Docencia, 1998), 215.

28 Jorge Eliécer Gaitán, *Discurso-Programa del Doctor Jorge Eliécer Gaitán en la proclamación de su candidatura a la presidencia de la República* (Bogota: 1945), 4-6, 8, 10, 12-3, 30-1.

29 다음을 보라. Rómulo Betancourt, *Selección de escritos políticos (1929-1981)* (Caracas: Fundación Rómulo Betancourt, 2006), 121, 144, 147, 150, 153, 158-9, 162, 163, 169, 172, 175, 178, 191, 195, 214, 216.

30 Jorge Eliécer Gaitán, "Arenga a los venezolanos" (1946); and "Parte de Victoria" (1947), both in *Gaitán el orador*, ed. Julio Roberto Galindo Hoyos (Bogota: D.C Alvi Impresores 2008), 151-3; 154-69.

31 Juan Domingo Perón, *Los Vendepatria: Las pruebas de una traición* (Buenos Aires: Liberación, 1958), 220, 228. 몇 년 뒤 페론은 다음과 같이 말했다. 페론주의 운동에는 "내부의 적과 외부의 적이 있다. 인민의 대의를 위해 적과 싸우지 않는 사람은 배신자다. 적과 싸우면서 대의를 위하는 자는 동무[즉, 페론주의자_저자]다. 그리고 동무와 싸우는 자는 적이거나 배신자다." (Juan Domingo Perón, *Obras Completas*, vol. 23:461).

32 Juan Perón, *Latinoamerica, ahora o nunca* (Montevideo: Diálogo, 1968), 52.

33 "Chávez: 'Yo soy peronista de verdad,'" *La Nación*, March 6, 2008; "Mesa: La frase 'quien no es chavista no es venezolano' incita al odio," *El Universal*, June 27, 2012; Juan Domingo Perón, "Ante los ferroviarios," in Juan Domingo Perón, *Obras Completas* (Buenos Aires: Docencia, 1998), 6:406.

34 다음을 보라. Andreas Kalyvas, *Democracy and the Politics of the Extraordinary: Max Weber, Carl Schmitt, Hannah Arendt* (Cambridge: Cambridge University Press 2008). 인민주의에 대한 칼리바스의 이 작업에 대한 해석은 다음에 있다. Carlos De la Torre, "Populism and the Politics of the Extraordinary in Latin America." *Journal of Political Ideologies* 21, no. 2 (2016).

35 다음을 보라. Jorge Eliécer Gaitán, *Discurso-programa del doctor Jorge Eliécer Gaitán: En la proclamación de su candidatura a la presidencia de la república* (Bogota: 1945), 5; Daniel Pécaut, *Orden y Violencia: Evolución socio-política de Colombia entre 1930 y 1953* (Bogotá: Norma, 2001), 441. 또한 다음 논의를 보라. Herbert Braun, Rubén Darío Acevedo, and Ricardo Arias, in "La oratoria de Jorge Eliécer Gaitán," *Revista de Estudios Sociales* 44 (2012): 207-11.

36 위임 민주주의에 관한 중요한 에세이인 다음을 보라. Guillermo O'Donnell, "Delegative Democracy," *Journal of Democracy* 5, no. 1 (1994).

37 페론의 연설은 다음에서 인용했다. Raanan Rein, *In the Shadow of Perón* (Stanford, CA: Stanford University Press, 2008), 107.

38 Cas Mudde and Cristóbal Rovira Kaltwasser, *Populism: A Very Short Introduction* (Oxford: Oxford University Press, 2017), 44, 64.

39 Jack, Montgomery, "France First," *Breitbart*, February 7, 2017, www.breitbart.com/london/$%"&/%$/%&/french-first-marine-le-penhits-islamism-financial-globalisation/; "Le Pen se présente en candidate du 'peuple' *Le Figaro*, February 4, 2017, www.lefigaro.fr/elections/presidentielles/2017/02/04/35003-20170204LIVWWW00039-en-directle-fil-politique-du-week-end.php.

40 이 주제에 대해 코멘트해 준 나탈리아 멜만 페트르젤라(Natalia Mehlman Petrzela)에게 감사를 표한다. 또한 다음을 보라. Rick Perlstein, *Before the Storm: Barry Goldwater and the Unmaking of the American Consensus* (New York: Hill and Wang, 2001), 433-4.

41 2016년 선거 운동 중에, 트럼프는 또한 클린턴이 대통령에 당선될 경우 총포 소지 찬성 활동가들이 클린턴이나 클린턴의 대법관 지명자에게 무기를 사용할 수 있다고 암시했다. Nick Corasaniti and Maggie Habermanan, "Donald Trump Suggests 'Second Amendment People' Could Act against Hillary Clinton," *New York Times*, 2016년 8월 9일; Alexander Burns and Maggie Haberman, "Trailing

Hillary Clinton, Donald Trump Turns to Political Gymnastics," *New York Times*, November 1, 2016; Patrick Healy and Jonathan Martin, "Personal Attacks in the Forefront at Caustic Debate," *New York Times*, October 10, 2016.

42 Juan Domingo Perón, *Obras Completas*, 22:83.

43 Michael D. Shear, "Reading between the Lines of Trump's Interview with Times," *New York Times*, March 24, 2017; Rebecca Harrington, "TRUMP: 'A Global Power Structure' Is Trying to Take Down My Campaign," *Business Insider*, October 13, 2016, www.businessinsider.com/donald-trump-global-power-structure-palm-beachspeech-2016-10.

44 Harrington, "TRUMP"; Juan Doming Perón, *Política y estrategia: (no ataco, critico)*, in Juan Domingo Perón, *Obras Completas*, 11:100.

45 다음을 보라. Boris Fausto, *Getúlio Vargas: O poder e o sorriso* (São Paulo: Companhia das Letras, 2006), 196-9. 이에 대한 역설적인 논의와 설득력 있는 해석으로 또한 다음을 보라. Tulio Halperin Donghi, *Historia contemporánea de América Latina* (Buenos Aires: Alianza, 1994), 470.

46 Eva Perón, *Mensajes y discursos*, 2:62. 에바 페론은 남편이 재선되고 아베야네다에 있는 페론 대통령 병원에서 수술을 받고 6개월 뒤 사망했다. 페론에 따르면 그녀는 생의 마지막 순간까지 인민을 위한 일을 멈추지 않겠다고 했다고 한다. 에바 페론의 죽음에 관해서는 다음을 보라. Tulio Halperín Donghi, *Argentina en el callejón* (Buenos Aires: Ariel, 1995), 162; Marysa Navarro, *Evita* (Buenos Aires : Edhasa, 2005), 333; Loris Zanatta, *Eva Perón: Una biografia politica* (Soveria Mannelli: Rubbettino, 2009), 297.

47 Ernesto Laclau, "El legado de Néstor Kirchner," *Página 12*, November 4, 2010. 또한 "'Scioli no es Cristina,' dijo el filósofo Laclau," *La Voz del Interior*, September 21, 2013.

48 Ignacio Ramonet, "Chávez en campaña," *Le Monde Diplomatique en Español*, August 2012; "Sin Hugo Chávez, Venezuela enfrenta un futuro dividido," *La Nación*, March 6, 2013.

49 "Cristina Fernández crea la secretaría del Pensamiento Nacional," *El País*, June 5, 2014; "Venezuela inaugura un ministerio de la Felicidad," *Clarín*, October 24, 2013.

50 Beatriz Sarlo, *La audacia y el cálculo: Kirchner 2003-2010* (Buenos Aires: Sudamericana, 2011), 146, 153, 155. 라클라우와 아르헨티나에 관해서는 다음을 보라. Nicolás Damín, "Populismo entre Argentina y Europa: Sobre la transnacionalización de un concepto," *Revista Cuestiones de Sociologia* 4, no. 2 (2015); Omar Acha, "Del populismo marxista al postmarxista: La trayectoria

de Ernesto Laclau en la Izquierda Nacional (1963-2013)," *Archivos de historia del movimiento obrero y la izquierda* 2, no. 3 (2013); Enrique Peruzzotti, "Conceptualizing Kirchnerismo," *Partecipazione e conflitto* 10, no. 1 (2017): 47-64.

51   Ricardo Forster, "El nombre del kirchnerismo," *Página* 12, May 18, 2014.

52   Ernesto Laclau, "Populism: What's in a Name," in *Populism and the Mirror of Democracy*, ed. Francisco Panizza (London: Verso, 2005), 40.

53   "La ultima entrevista de Ernesto Laclau," *La Nación*, April 13, 2014; "Kirchner fue un populista a medias," *Clarín*, October 29, 2010; "Para Laclau, el Estado argentino es hoy más democrático que en 2003," *Perfil*, November 7, 2013.

54   "Fútbol gratis por diez años en TV abierta," *Página* 12, August 21, 2009.

55   Andrew Arato, *Post Sovereign Constitutional Making*, 269-70.

56   "Vamos a una polarización institucional," *Página* 12, May 17, 2010; "Hay que seguir su combate," *Página* 12, October 7, 2014. 라클라우와 마찬가지로, 무페는 "국가의 민주화에 반대하는 일련의 이해관계"와 키르치네르를 대비시켰다. 다음을 보라. "Entrevista con la politóloga belga Chantal Mouffe," *Página* 12, September 5, 2010; "Claroscuros de la razón populista," *Clarín*, April 4, 2014; Fabián Bosoer, "Los debates y los combates abiertos," *Clarín*, April 4, 2014.

57   Ernesto Laclau, "El legado de Néstor Kirchner," *Página* 12, November 4, 2010.

58   다음을 보라. "Cristina rindió un homenaje a Laclau," *La Nación*, April 15, 2014; Ernesto Laclau, *The Rhetorical Foundations of Society* (New York: Verso, 2014).

59   "Hay que seguir su combate," *Página* 12, October 7, 2015. 라클라우와 마찬가지로, 무페는 "국가의 민주화에 반대하는 일련의 이해관계"와 키르치네르를 대비시켰다. 다음을 보라. "Entrevista con la politóloga belga Chantal Mouffe"; "Claroscuros de la razon populista"; Bosoer, "Los debates y los combates abiertos."

60   "Plazas, puentes y calles reflejan el culto a Kirchner," *La Nación*, March 6, 2011; "Kirchner para todos: Se multiplican los lugares públicos con su nombre," *Clarín*, October 2, 2011.

61   "Woody Guthrie Wrote of His Contempt for His Landlord, Donald Trump's father," *New York Times*, January 25, 2016.

62   다음을 보라. Michael Kazin, *The Populist Persuasion* (Ithaca, NY: Cornell University Press, 1995), 232, 233. 월리스에 대해서는 또한 다음을 보라. Joseph Lowndes, "From Founding Violence to Political Hegemony: The Conservative Populism of George Wallace," in *Panizza, Populism and the Mirror*, 144-7.

63   Andrew Kaczynski and Jon Sarlin, "Trump in 1989 Central Park Five

interview: Maybe Hate Is What We Need," *CNN*, October 10, 2016. www.cnn.com/2016/10/07/politics/trump-larry-king-central-park-five/; Roberto Gargarella, *Castigar al prójimo: Por una refundación democrática del derecho penal* (Buenos Aires: Siglo XXI, 2016).

64 "'Tutti con Silvio,' il discorso integrale di Berlusconi," *Secolo d'Italia*, March 23, 2013, www.secoloditalia.it/2013/03/tutti-con-silvioil-discorso-integrale-di-berlusconi/.'Siamo tutti Berlusconi"; "Il Pdl con le maschere di SilvioGalleria fotográfica," *Repubblica*, August 14, 2013, www.repubblica.it/politica/2013/08/04/foto/manifestazione_pdl_le_maschere_di_berlusconi-64280320/1/#7

65 Juan Domingo Perón, *Obras Completas*, 17:215.

66 "Marine Le Pen dénonce les 'totalitarismes' qui 'menacent' la France," *Mediapart*, February 5, 2017, www.mediapart.fr/journal/france/050217/marine-le-pen-denonce-les-totalitarismes-qui-menacentla-france; Mark Landler, "Trump Under Fire for Invoking Nazis in Criticism of U.S. Intelligence," *New York Times*, January 11, 2017; "The Turkish President Has Just Called the Netherlands 'Nazi Remnants' and 'Fascists,' " *Quartz*, March 11, 2017, https://qz.com/930584/turkishpresident-recep-tayyip-erdogan-lashed-out-at-the-netherlands-callingthem-nazi-remnants-and-fascists/

67 조지 월리스는 다음에서 인용했다. John Judis, *The Populist Explosion* (New York: Columbia Global Reports, 2016), 35; Juan Perón, "¿Por qué el gobierno argentino no es fascista?," in Juan Domingo Perón, *Obras Completas*, 6:571.

68 다음을 보라. Hugo Chávez Frías, *La democracia poderosa y el liderazgo* (Caracas: Ministerio para el Poder Popular para la Comunicación y la Información, 2008), 14; "Chávez ganó la reforma y lanzó ya su candidatura para el 2012," *Clarín*, February 16, 2009; "Chávez diz que vitória em referendo consolida socialismo na Venezuela," *Folha de S. Paulo*,February 16, 2009; "Chávez: Si fuera gobernador de Miranda estaría todos los días en la calle," *El Universal*, July 28, 2012.

69 다음을 보라. Juan Domingo Perón, *Política y estrategia*, 230. 또한 다음을 보라. Finchelstein, *Origins of the Dirty War*, 82.

70 Pablo Piccato, Fabián Bosoer, and Federico Finchelstein, "In Trump's America, the Independent Press Would Become the Enemy," *Open Democracy*, November 1, 2016, www.opendemocracy.net/pablopiccato-fabian-bosoer-federico-finchelstein/why-president-trump-willtarget-independent-media

71 인민주의 우익 매체의 역사에 대해서는 다음을 보라. Nicole Hemmer, *Messengers of the Right: Conservative Media and the Transformation of American Politics*

(Philadelphia: University of Pennsylvania Press, 2016).

72 "Trump Uses Policy Speech to Attack Media, Promises to Sue Accusers," *Reuters,* October 23, 2016, www.reuters.com/article/us-usaelection-idUSKCN12M0QJ?feedType=RSS&feedName=topNews&utm_source=twitter&utm_medium=Social

73 Sarlo, *La audacia y el cálculo,* 71.

74 다음을 보라. Silvio Waisbord, *Vox Populista: Medios, Periodismo, Democracia* (Buenos Aires: Gedisa, 2013), 17, 28-9, 166, 187.

75 Jean Comaroff, "Populism and Late Liberalism: A Special Affinity?," *Annals of the American Academy of Political and Social Science* 637 (2011): 102.

76 Umberto Eco, "UR-Fascism," *New York Review of Books,* June 22, 1995.

77 이와는 다르게, 인민주의가 새로운 매체 환경에 의해 실질적으로 변화하는 과정에 놓여 있음을 보여 주는 관점으로는 다음을 보라. Benjamin Moffit, *The Global Rise of Populism: Performance, Political Style, and Representation* (Stanford. CA: Stanford University Press, 2016), 3.

78 Fondo Documental Secretaria Técnica, Legajo 484, Mensajes Presidenciales, Clase dictada por el EXCMO Señor Presidente de la Nación, General Juan Perón en la Escuela Superior Peronista, Julio 2, de 1953, 62/70, Archivo General de la Nación, Argentina (AGN); Fondo Documental Secretaria Técnica Legajo 484, Mensajes Presidenciales editados en libreto, Folleto, *"No queremos hacer el proletariado campesino: Queremos hacer agricultores felices" dijo Perón a los hombres del campo* (Buenos Aires: Presidencia de la Nación, 1953) June 11, 1953, 11, AGN.

79 "La navidad de Perón," *La Vanguardia,* December 14, 1946.

80 다음을 보라. Finchelstein, *Origins of the Dirty War,* 78-82.

81 다음을 보라. José Pedro Zúquete, "'Free the People': The Search for 'True Democracy' in Western Europe's Far-Right Political Culture," in De la Torre, *Promise and Perils of Populism,* 236; Daniel Pécaut, "El populismo Gaitanista," in *La Democratizacioon Fundamental,* ed. Carlos M. Vilas, 501.

82 Juan Domingo Perón, *Los Vendepatria,* 228.

83 "Chávez agradeció estar vivo para sentir el rugir de las multitudes," *El Universal,* July 14, 2012; "Chávez en campaña," *Le Monde diplomatique en español,* August, 2012; "Chávez lloró y le pidió a Dios: 'No me lleves todavía,'" *La Nación,* April 6, 2012; "Chávez promete volver 'con más vida' de Cuba," *El Mundo,* February 25, 2012.

84 De la Torre, "Politics of the Extraordinary."

85 "Chávez será velado siete días más," *Página* 12, March 7, 2013; "Maduro: Somos los apóstoles de Chávez," *El Universal*, March 18, 2013; "Maduro inscribió su candidatura rodeado de una multitud de chavistas," *Clarín*, March 11, 2013.

86 "Italy's Silvio Berlusconi Changes His Party's Tune—Literally," *Christian Science Monitor*, December 30, 2009.

87 에르툭 톰버스와 사적인 의사소통. 또한 "Sólo hay que tenerle miedo a Dios… y un poquito a mí," *Clarín*, September 7, 2012; Benjamin Moffitt, *Global Rise of Populism*, 63. 중부·동부 유럽 인민주의에서 교권주의의 역할에 대해서는 다음을 보라. Andrea Pirro, "Populist Radical Right Parties in Central and Eastern Europe: The Di,erent Context and Issues of the Prophets of the Patria," *Government and Opposition* 49, no. 4 (2014), 612, 613.

88 "Trump, as Nominee, Vows: 'I Am Your Voice,'" *New York Times*, July 22, 2016.

89 "당신에게 신은 누구인가요?"라고 물었을 때 트럼프는 다음과 같이 답했다. "글쎄요, 저는 신이 절대자라고 하겠습니다. 저기, 이걸 보시겠어요? 여기 우리가 태평양 위에 있습니다. 제가 어떻게 이러한 걸[골프장] 얻었겠습니까? 여기를 15년 전에 샀어요. 저는 저들이 말하길 역사상 가장 훌륭한 거래 중 하나를 했습니다. 저는 이제 더는 여기에 담보대출도 없습니다. 확인받아서 보여 드리겠습니다. 그리고 저는 이것을 살 수 있었고, 아주 훌륭한 거래를 했습니다. 우리는 그러한 일을 되찾아야 합니다. 하지만 절대자는 신입니다. 제 말은 신이 이것을 만들었고 여기 바로 우리 뒤에 태평양이 있습니다. 따라서 아무도, 아무것도 없어요. 신과 같은 것은 없단 말입니다." (Denver Nicks, "Here's What Donald Trump Thinks about God," *Time*, September 2015, http://time.com/4046620/donald-trumpgod-ultimate/). 또한 다음을 보라. "Trump on God: 'Hopefully I Won't Have to Be Asking for Much Forgiveness,'" *Washington Post*, June 8, 2016, www.washingtonpost.com/news/acts-of-faith/wp/2016/06/08/trumpon-god-hopefully-i-wont-have-to-be-asking-for-much-forgiveness/; "Trump Predicts Winning the Presidency Will Get Him into Heaven," *Politico*, August 11, 2016, www.politico.com/story/2016/08/trump-heaven-president-pastors-226923#ixzz4H89vfgFO. 미국 역사에서 인민주의와 자본주의의 연결에 관해서는 다음을 보라. Bethany Moreton, *To Serve God and WalMart: The Making of Christian Free Enterprise* (Cambridge, MA: Harvard University Press, 2009); Julia Ott, *When Wall Street Met Main Street: The Quest for Investor Democracy* (Cambridge, MA: Harvard University Press, 2011).

90 Chiara Bottici, "The Mass Psychology of Trumpism: Old and New Myths," *Public Seminar*, November 17, 2016, www.publicseminar.org/2016/11/the-mass-psychology-of-trumpism/#.WH954hsrLIW. 정치적 신화에 관한 보티치의 핵심 작업으로는 다음을 보라. *Philosophy of Political Myth* (Cambridge: Cambridge

University Press, 2007).

91 Judith Butler, "Reflections on Trump," Hot Spots, *Cultural Anthropology* website, January 18, 2017, https://culanth.org/fieldsights/1032-reflections-on-trump

92 이 마지막 논점에 관해 애론 제이크스(Aaron Jakes)에게 감사한다.

93 다음을 보라. Lahouari Addi, "De la permanence du populisme algérien," *Peuples méditerranéens* (1990): 37-46. 또한 다음의 그의 책을 보라. *L'impasse du populisme* (Alger: Entreprise nationale du livre, 1991); 그리고 최근의 것으로는 다음을 보라. "Sociologie politique d'un populisme autoritaire," *Confluences Méditerranée* 2, no. 81 (2012): 27-40. 또한 다음을 보라. Olivier Roy, *The Failure of Political Islam* (Cambridge, MA: Harvard University Press, 1994), 10, 83; Kaveh L. Afrasiabi, "Islamic Populism," *Telos*, June 20, 1995: 97-125; Vedi R. Hadiz, *Islamic Populism in Indonesia and the Middle East* (Cambridge: Cambridge University Press, 2016).

94 다음을 보라. Fondo Documental Secretaria Técnica, Mensajes presidenciales Clase dictada por el EXCMO Señor Presidente de la Nación, General Juan Perón en la Escuela Superior Peronista, Julio 2, de 1953, 61, 91, AGN; "La familia en el pensamiento vivo de Perón," *Mundo Peronista*, January, 1952, 5. 또한 다음을 보라. Silvia Sigal, "Intelectuales y peronismo," in *Los años peronistas, 1943-1955*, ed. Juan Carlos Torre (Buenos Aires: Sudamericana, 2002), 518.

95 다음을 보라. Cas Mudde and Cristóbal Rovira Kaltwasser, "Vox populi or vox masculini? Populism and Gender in Northern Europe and South America," *Patterns of Prejudice* 49, nos. 1-2 (2015). 무데(Mudde)와 로비라(Rovira)는 다음과 같이 주장한다. "전형적인 인민주의 스트롱맨은 보다 전통적이고 남자다운 문화를 가진 사회의 사람들에게 좀 더 매력적으로 느껴지는 반면, 기업가형 인민주의자들은 아마도 더 자본주의적이고 물질주의적인 사회에서 매력적으로 느껴질 것이다." 다음을 보라. Mudde and Kaltwasser, *Populism*, 77.

96 David Farehnthold, "Trump Recorded Having Extremely Lewd Conversation about Women in 2005," *Washington Post*, October 8, 2016; "Tape Reveals Trump Boast about Groping Women," *New York Times*, October 8, 2016; "Don't Just Listen to Donald Trump Boast about Sexual Assault: Listen to the Women Who've Accused Him," *Quartz*, October 8, 2016, http://qz.com/804486/the-women-whoveaccused-donald-trump-of-sexual-assault/; "Biden Accuses Trump of 'Sexual assault,'" *Politico*, October 8, 2016.

97 두테르테는 말했다. "아시겠지만, 저는 [미국 국무부 존 케리] 대사관이랑 싸우고 있습니다. 그 게이 대사, 창녀의 자식이 나를 화나게 했어요." ("Philippines' Rodrigo Duterte Insults US Envoy with Homophobic Slur," *Guardian*, October 8, 2016, www.theguardian.com/world/2016/aug/10/philippines-leader-calls-us-ambassador-

gayson-of-a-whore-prompting-summons); "El Trump filipino: Duterte, el hombre fuerte que llega con recetas polémicas," *La Nación*, June 5, 2016, www.lanacion.com.ar/1905827-el-trump-filipino-duterte-el-hombrefuerte-que-llega-con-recetas-polemicas; "Silvio Berlusconi: 'My Passion for Women Is Better Than Being Gay,'" *Telegraph*, November 2, 2010; "Donald Trump Makes His Penis a Campaign Issue during Debate," *NBC News*, Mar 4, 2016, www.nbcnews.com/politics/'('&-election/donald-trump-makes-his-penis-campaign-issue-during-debaten531666; "Duterte Tells Obama Not to Question Him about Killings," *Associated Press*, September 5, 2016, http://bigstory.ap.org/article/cd9eda8d34814aedabb9579a31849474/duterte-tells-obama-not-questionhim-about-killings; "Obama anula una reunión con Duterte porque le llamó 'hijo de puta,'" *El País*, September 6, 2016.

98 "Philippines' Duterte Likens Himself to Hitler, Wants to Kill Millions of Drug Users," *Reuters*, October 1, 2016, www.reuters.com/article/us-philippines-duterte-hitler-idUSKCN1200B9

99 "¡Marisabel, prepárate, que esta noche te voy a dar lo tuyo!" See "Las mujeres y Chávez, un vínculo intenso," *La Nación*, October 1, 2016, "Chávez manda oposição venezuelana 'tomar Viagra,'" *Folha de S.Paulo*, December 10, 2001; " 'Vou descontaminar o Mercosul,' afirma Chávez na chegada," *Folha de S.Paulo*, January 19, 2007.

100 다음을 보라. Carlos de la Torre, *Populist Seduction in Latin America* (Athens: Ohio University Press, 2010), 109, 105, 107. 이 주제에 대해 또한 다음에 수록된 에세이를 보라. Karen Kampwirth, ed., *Gender and Populism in Latin America* (University Park: The Pennsylvania State University Press, 2010).

101 Federico Finchelstein and Pablo Piccato, "A Belief System That Once Laid the Groundwork for Fascism," *New York Times*, December 10, 2015, www.nytimes.com/roomfordebate/2015/12/09/donaldtrumps-america/a-belief-system-that-once-laid-the-groundwork-for-fascism

102 Nicola Tranfaglia, "Trump e il populismo fascista," *Articolo* 21, December 10, 2015, www.articolo21.org/2016/03/trump-e-il-populismofascista/; "Entrevista a Carlos de la Torre 'El populismo de Le Pen es un fascismo disfrazado de democracia,'" *ABC*, June 29, 2016, www.abc.es/espana/abci-populismo-fascismo-disfrazado-democracia-201606290918_noticia.html

결말(Epilogue)

재충전된 인민주의

I

훈노족들은 정원을 짓밟고 성배와 제단을 모독한 뒤 말을 탄 채 수도원 도서관 안으로 난입했다. 그들은 자신들이 이해할 수 없는 책들을 찢고 능멸하고 그것들을 불에 태웠다. 아마 그 글자들 안에 자신들의 신인 쇠 반월도에 대한 불경스러운 어떤 무엇이 담겨 있을지도 모른다는 두려움 때문이었으리라. (보르헤스, 「신학자들」, 1949)[1]

전후의 현대 인민주의는 파시즘적인 출발점에서 시작했다. 그러나 인민주의가 파시즘은 아니다. 실제로 1945년 이후 라틴아메리카에서 특히, 그 이후 나머지 세계에서 종종 파시즘은 인민주의가 되었고, 그 반대는 아니었다. 이 책이 보였듯이 인민주의는 주로 파시즘에 대한 반박으로 구성

---

1) 역자 주 - 보르헤스, 『알렙』, 민음사, 1996, 48쪽에서 인용.

되었지만, 그것은 또한 파시즘에 대한 민주주의적 재구성이기도 했다. 인민주의는 파시즘과 자유주의 사이에 역사적으로 자리하면서, 정권을 장악하는 순간에는 자유주의에 도전하기 위해 지속적으로 파시즘의 잔여물에 의지했다. 이와 동시에 인민주의는 민주주의적인 선거 과정에 지속적으로 개입했다. 포스트파시즘은 결국 초기 파시스트들이 민주주의적 체계를 파괴하기 전에 채택했던 민주주의에 대한 개입이라는 전략을 다시 끌고 들어왔다. 그 결과 나타난 것이 전통적인 파시즘을 반자유주의적이고 불관용적인 민주주의 형태로 변형시킨 개조된 권위주의였다.

인민주의 이론은 그 복잡한 역사를 파악하지 않고서는 이해될 수 없었으며, 빽빽한 경계에 의해 에워싸인 단순한 인민주의 정의에 의지해 인민주의를 이해하려 할 때 늘 어려움을 겪었다. 지구적 차원을 고려하지 않은 인민주의 이론은 인민주의가 권력에 오르고 정권을 수립하는 시기의 주요한 역사적·이론적 의미나 제2차 세계 대전 이후 지속적으로 나타나고 있는 인민주의의 변화무쌍한 성격을 무시하게 된다. 내 목적은 남반구에서 북반구에 이르기까지 다양한 인민주의의 역사 속으로 인민주의를 다시 돌려보내는 것이다.

역사적으로 포스트 파시즘적인 인민주의는 민주주의에 대한 권위주의적 관점을 다시 활성화시키고 이를 파시즘적인 상상에 근거를 둔 정권으로 변모시켰다. 2010년대에 들어서면서 새로운 인민주의가 급습해 세계의 곳곳을 덮치고 있다. 복수심을 품고 재등장한 인민주의는 예상하지 못한 곳에서 출현했다. 이는 많은 이들에게 큰 충격을 주었지만, 인민주의의 복귀는 더 평등주의적인 민주주의의 표현과 함께 항상 불편하게 공존했던 권위주의적인 민주주의 개념의 더 넓은 역사의 일부이다. 이렇게 재충전된 인민주의는 지정학적 중심의 대부분을 장악하면서 그 충격을 더욱 배가시켰으며, 그 과정에서 더욱 개방적이고 다양한 민주주의 개념이 위협받았다. 이 또한 새로운 것은 아니다. 그러나 최근 인민주의가 얻은 정치적 성취나 그것이 지닌 세계적 반향의 가능성은 전례가 없는 것이다. 어떤 이들에게는 기쁨을 줄 것이고 어떤 이들에게는 두려움을 불러일으킬 이 현상은 바로 인민주의가 지금 백악관에 자리 잡고 있다는 사실이다.

II

이 새로운 미국의 인민주의가 어떻게 미국적인 것이 될 수 있을까? 몇몇 미국인들은 그간 자주 무시되었던 남반구의 관점에서 이 문제에 접근하면서 결국 미국이 다른 세계와 얼마나 많이 닮아 있는지 깨닫기 시작했다. 실제로 도널드 트럼프가 미국 대통령으로 선출되자 미국은 즉시 세계 인민주의의 진원이 되었으며, 이는 다른 모든 인민주의를 정당화하는 데 도움을 주었다. 과거에 로마와 베를린이 파시스트의 본보기가 되었듯이 도널드 트럼프의 외국인 혐오 유세는 전 세계의 인민주의자들에게 본보기가 되었다. 그리고 인정의 토대가 되었다. 좌파적 인민주의자인 키르치네르뿐만 아니라 베를루스코니, 르펜, 나이젤 파라지(Nigel Farage), 헤이르트 빌더르스(Geert Wilders)와 같은 우파 인민주의 지도자들도 전통적인 민주주의적 대표제와 이를 지지하는 것으로 알려진 '엘리트들', 지나치게 '자유주의적'이고 '범세계주의적인' 문화에 맞선 트럼프와 트럼프에 표를 던진 지지자들을 칭송했다. 프랑스에서 르펜은 트럼프의 승리는 "이전에는 불가능한 것으로 여겨졌던 것을 가능하게 만들었으며, 이는 분명 엘리트에 맞선 인민들의 승리"라고 외쳤다. 르펜이 보기에 트럼프의 승리는 "일종의

세계 혁명"이었다.[2)]

그러나 미국의 인민주의는 세계 곳곳에 나타난 인민주의를 이끄는 이면의 동력은 아니었다. 오히려 이는 가장 최신의 인민주의이자 가장 놀랄 만한 인민주의의 구현체였다. 미국 역사의 관점에서 볼 때도 트럼프는, 시민권 운동에서 성과가 날 때나 나머지 세계에 경기 침체가 발생하면서 (또는 단순히 세계화된 경제에 예측 불가능한 일이 벌어졌을 때) 이민자들의 물결이 미국으로 향할 때마다 함께 나타났던 인종주의와 외국인 혐오의 오랜 역사의 한 표현이라고 할 수 있다. 트럼프의 승리는 수년 동안 공화당과 공화당 내 티파티(Tea Party)[3)] 운동의 최전선과 중핵에 자리했던 차이에 대한 불관용을 강화했다. 트럼프는 이 전통을 더욱 오른쪽으로 기울도록 만들었다.

전 지구적으로 인민주의는 넓게 퍼진 민주주의적 대표제의 위기에 대한 권위주의적 반응을 대표한다. 인민주의 지지자들에게 사람들이 무엇을 느끼고, 무엇을 두려워하고, 무엇을 원하는지 아는 신과 같은 지도자는 이성을 대체한다. 이 같은 의미에서 인민주의는 그 어떤 전통적인 민주주의 지도자나 제도보다도 인민을 잘 '대표'한다. 게다가 이는 관찰과 합리적 식별, 입증의 문제가 아닌 이데올로기적이고 감정적인 믿음의 문제로 진리 관념을 재정식화했다. 인민주의는 민족, 지도자, 인민이라는 삼위일체적

---

2) "Le Pen: Trump's Win 'Victory of the People against the Elites,'" Breitbart, November 13, 2016, https://www.breitbart.com/london/2016/11/13/le-pen-trumps-win-victory-people-elites/; Fernando Scolnik, "La particular la particular visión de Cristina Kirchner sobre el triunfo de Donald Trump," La Izquierda Diario, November 11, 2016.

3) 역자 주 – 2009년 공화당 내부에서 시작된 보수적 정치 운동으로 주로 세금 축소, 정부 부채 감소, 연방 예산 삭감과 같은 재정 및 경제 정책의 변화를 꾀했다. 이 운동의 이름은 영국의 과세 정책에 반한 '보스턴 차 사건(Boston Tea Party)'에서 유래했다.

주권 개념에 따라, 종교적 인민주의 이해에 맞서 민주주의를 세속적으로 이해하려는 입장에 특히 위협을 가했다.

지구사의 관점에서 볼 때 대도시 중심부는 점점 더 세계의 변두리 혹은 주변부와 비슷해지는 것처럼 보인다. 이는 국가와 교회의 형식적 분리를 인정한다고 할지라도, 정치와 신성성의 관계에 대해 항상 모호한 입장을 취해 왔던 미국과 같은 나라에 특히 더 잘 맞아떨어진다.

그 어떤 지속적 정치 운동이나 계획도 이데올로기적으로 미국의 인민주의 문제를 해소하지 못했다. 오히려 정치 운동이나 계획이 그간 항상 권위주의적 인민주의 정치가 특정한 사회적·경제적·정치적 상황과 밀접하게 연결되면서 간헐적으로 드러낸 힘과 호소력을 반영했다고 해야 할 것이다. 미국에는 의식적으로 오늘의 인민주의를 그들의 선조와 결부시키려 하거나, 미국 인민주의와 백인 중심의 민족 개념 사이의 긴밀한 연관성(특히 1945년 이후 나타난 연관성)이라는 핵심 문제에 대해 어떤 관점을 제시하려는 역사적·제도적 기억이 거의 없다. 19세기 미국의 초기 인민주의 역사는 아주 소수의 학자와 학생들에게만 의미 있는 것으로 알려져 있을 뿐이며, 최근의 미국 인민주의자들이 전후의 다른 인민주의와 어떤 관련성을 띠고 있는지의 문제는 보통 다루어지지 않고 있다.

2017년 무렵 미국의 인민주의는 이 세기에 들어 가장 영향력이 있는 포스트파시즘이 되었다. 지난 수십 년 동안 자신의 정치 문화에서 인민주의를 이질적인 것으로 배격해 왔지만 이제 미국은 1945년 이래 아르헨티나가 맡아 왔던 세계 인민주의의 지도자 역할을 맡게 되었다. 논란의 여지없는 인민의 지도자로서 페론이라는 생각은 페론주의의 핵심 요소였을 뿐만 아니라 전후 현대 인민주의가 창출되는 과정에서도 핵심적인 요소였다. 트럼프에 대한 특이한 개인숭배도 이와 같은 울림의 동력을 갖는다. 인민주의는 초월적 인물로서 지도자라는 관념에 의지한다. 지도자는 인민의 목소리이며, 인민이 무엇을 원하는지에 대해 그들보다 더 잘 안다. 페론은 인민을 사인화한 신과 같은 존재로 자신을 보았다. 그의 부인인 에바 페론은 "페론 없이 하늘을 생각할 수 없는 만큼 페론은 우리에게 신과 같은 존재다. 페론은 태양이자 물이다. 페론은 우리나라와 아르헨티나 인민의 생명 그 자체"라고 설명했다.[4] 미국이 앞으로 이와 같이 고귀하고 신비롭기까지 한 메시아적 민족 지도자의 관념을 갖게 될 것인지 여부는 시간이 말해 줄 것이다.

III

인민주의는 유전적으로 그리고 역사적으로 파시즘과 연결되어 있다. 혹자는 인민주의가 파시즘의 후예라고 주장할 수도 있을 것이다. 즉, 인민주의는 민주주의 시대에 나타난 포스트파시즘이며 민주주의에 대한 협소한 헌신을 권위적이고 반민주의적인 충동과 결합한다고 규정할 수도 있다.

인민, 지도자, 민족을 하나로 인식하는 것은 물론 파시즘의 핵심적인 요소다. 그러나 인민주의와 달리 파시즘은 초반에는 민주주의적 절차를 남용하고, 나중에는 그 절차를 경멸하며 폐기한다. 권력을 장악하고 있을 때

---

[4] Eva Perón, "Palabras pronunciadas el 20 de Mayo de 1951, en el acto organizado por la colectividad japonesa residente en el país, en el Salón blanco de la Casa de Gobierno," in Eva Perón, Mensajes y discursos (Buenos Aires: Fundación de Investigaciones Históricas Evita Perón, 1999), 3: 24-4를 보라.

파시즘은 진정한 다당제 선거가 부여하는 합법성에 의해 매개되거나 제한되지 않는다. 파시즘적 독재와 인민주의적 민주주의 모두에서 지도자는 인민의 대표이자 인민의 구현체로 그려지거나 인민이나 민족, 민족 역사의 사인화로 해석된다. 파시스트 대중 독재와 인민주의적 민주주의 체제 양자 모두 인민들이 원하는 것에 대해 인민보다 더 잘 아는 사람으로 지도자를 그리고 있지만, 이 둘은 확연히 다르다.

선거를 방해하지 않았다는 점에서 전후 인민주의 지도자들은 비자유주의적이거나 반자유주의적인 다당제 민주주의 체제를 대표한다고 할 수 있다. 그러나 인민주의 지도자들에 대한 인민의 믿음은 대중 투표의 승리를 훨씬 넘어선다.(아무리 근소한 차이로 이기더라도 그러하다.) 이 믿음은 물론 인민의 사인화로서 지도자를 토대로 형성된다. 이러한 이중성은 인민주의 이론과 인민주의의 역사적 실천에서 핵심적인 요소였다. 자유주의에 반해서 신비로운 질서를 투사하는 지도자의 영기(aura)는 선거의 순간에 앞서 존재하고, 그 순간을 초월한다. 따라서 전후 인민주의가 행하는 민주주의는 자유주의 질서에 대한 반작용이자 그에 대한 비판이었다. 고전적 파시즘의 독재 통치 기간이 지난 후, 고전적 인민주의가 선거 민주주의와 반공산주의 및 반자유주의를 결합했다. 민주주의적 인민주의는 오랫동안 존재했던 반동적인 반계몽주의 전통이 역사적인 우연 속에서 만들어 낸 예상치 못한 성취물이었다. 파시즘처럼 그것은 시민 사회의 주요 부분에 침투해 있던 반자유주의적 전통에서 발생한 것이다. 이는 민주주의 정치 속 하나의 실험이었으며, 반자유주의 내부로부터 나타난 독재적 정치 형태에 대한 대응이었다.[5]

---

[5] 파시즘과 시민 사회에 대한 통찰력 있고 논쟁적인 분석으로는 Dylan Riley, The Civic

세속화된 신성성의 형태로서 파시즘과 인민주의는 지도자, 민족, 인민의 정치적 삼위일체를 자신들을 정당화하기 위한 주요 수단으로 제시했다. 양자는 신성한 것이 정치를 가르치기 마련이라는 논의를 훨씬 넘어서는 방식으로 정치 신학을 대변한다. 이 운동에서 인민과 민족, 인민을 대표하는 지도자의 페르소나 사이에 모순은 없다. 이 두 이데올로기는 대표로서 사인화를 믿으며, 이는 인민의 의지를 실현하는 일은 전적으로 지도자에게 위임된다는 것을 의미한다. 이러한 대표성에 대한 삼위일체 신화는 한 명의 지도자가 민족과 그 인민과 같다는 통념에 의지하고 있다. 한 명의 사람과 두 개념이 융합되어 있는 것이다. 파시즘의 경우, 이러한 인격화 관념에 선거 대표제와 같이 합리적이거나 절차적인 매개 과정은 필요하지 않다.

이탈리아 파시스트들에게 '대중(demos), 즉 모든 인민은 국가 안에서 움직이는' 것이었고, 그런 한에서 그들의 운동과 정권[체제]는 '권위주의적 민주주의'였다. 1935년에 히틀러도 이와 유사하게 "국가는 대중적 삶의 유일한 조직이다"라고 주장했다. 파시스트들은 인민의 통치로서 민주주의와 낡고 많은 문제를 지닌 대표제 형식으로서 민주주의를 구분한다. 즉, 자유주의는 기술관료적이고 비효율적이며 인민과 민족적 의지로부터 소외된 형식이자 특정한 이익, 특히 엘리트의 이익에 의해 사로잡히거나 조작되기 쉬운 경향을 지닌 대표제 형식이었던 것이다. 이러한 구분의 실천적인 귀결이 바로 독재였다. 인민주의는 자유주의가 인민의 진정한 의지를 방해하지만 그 의지를 재형성한다는 생각을 받아들였다. 이제 독재는 과거의 문제가 되었지만, 인민주의에 남아 있는 파시스트적 잔여는 민주주

Foundations of Fascism in Europe: Italy, Spain, and Romania 1870-1945 (Baltimore: Johns Hopkins University Press, 2010)을 보라.

의가 이루어지고 재고되는 방식에 영향을 끼쳤다. 대표제를 향한 새로운 인민주의의 비판은 여러 파시스트에 의해 예견된 것이었다. 루마니아의 파시스트 지도자 호리아 시마(Horia Sima)가 주장하듯이 인민의 의지는 일정한 순간에 정당이나 민주주의의 형태로 표현될 수 있지만 그 무엇도 그것이 다른 형태로 표현되는 것을 막을 수는 없다.[6]

실패하고만 우리부루 독재 정권의 지배를 받던 아르헨티나(1930~1932)에서도 파시즘은 이와 유사한 방식으로 이해되었다. 아르헨티나의 이 독재자는 파시즘이 민주주의적 토대에서 벗어나 공화주의적 토대로 이동하는 것을 의미한다고 설명했다. 공화정이 민주주의 자체보다 더 적합한 것이었다. "대문자 D를 지닌 민주주의라는 단어는 이제 우리에게 아무런 의미도 없다. (…) 이는 우리가 민주주의자가 아니라는 것을 의미하는 것이 아니라 우리에게 큰 해를 끼쳤던 탈선한 민중 선동이 유기적이고 진실된 소문자 민주주의로 대체되기를 진심으로 바란다는 것을 의미한다." 선거 민주주의를 대체할 수 있는 대중적 표현 형태를 탐색하는 과정에서 우리부루는 그의 선택과 파시스트적인 독재 모델을 동일시했다.[7]

다른 한편으로, 1945년 이래 선거 민주주의는 인민주의와 더불어 정치 방정식의 핵심 부분이 되었다. 1945년 이전에는 독재적 스트롱맨이었던 페론이 이후에는 '유기적' 형태의 선거 민주주의가 자유 민주주의(demoliberalismo)를 대체해야 한다고 생각했던 것이다. 인민의 의지는 이제 선거에서 대변될 수 있었다. 이 지도자는 다시 한번 인민의 의지를 유기적인 것으로 만들었다. 그렇지 않다면 이렇게 '유기적이지 않은 대중들'은

---

6) Ibid, 212.
7) Legajo 20, Sala Ⅶ 2596, Carpeta recourtes 2/n, Archivo General de la Nación, Argentina, Archivo Uriburu.

외국의 전문 선동가들의 조작 행위에 취약할 수밖에 없었다.[8] 인민주의의 관점에서 대중의 견해는 선거 안에서 그리고 선거를 통해서 전달되어야 하며, 대중의 의견에 대한 대리 행위가 선거로 표출되고 나면 지도자는 인민의 의지를 모을 수 있는 유일한 존재가 된다. 지도자가 없으면 대중은 사라져 버릴 것이고, 심지어는 정당하지 못한 반인민적 의지의 지지자가 되고 말 것이다.

전후에 나타난 고전적 형태의 인민주의는 선거제와 독재라는 두 개의 뚜렷한 대표제 전통 사이에서 나타난 괴물(chimera)이 되었다. 이 결합은 새로운 인민주의적 모더니티(modernity)를 형성했다. 냉전 시기에 초기 라틴아메리카 인민주의자들이 두 가지 정치적 대표제 형태를 결합했다는 사실은 당시 맥락과 이데올로기와 관련이 있다. 인민주의의 이중적 성격은 궁극적으로 민주주의적 전통과 독재 전통, 계몽과 반계몽의 전통, 선거 대표제와 정치 신학을 수용했다. 이러한 전후 상호 결합의 결과는 대중 독재가 아니라 새롭고 권위주의적인 형태의 민주주의였다.

최초의 인민주의 정권은 라틴아메리카의 변두리에서 태어났지만, 한 세기도 지나지 않아 워싱턴 디시(D.C.)로 이주해 갔다. 이는 진정으로 세계적이고 오랜 역사적 과정의 결과였으며 그 과정에서, 패퇴했던 독재 파시즘은 민주주의적 인민주의로 근본적으로 재정식화되었다. 21세기 초반에 인민주의는 아무도 예상할 수 없는 곳에서 출현했다. 그러나 인민주의는 세계의 변두리에서 중앙무대로 서서히 이동해 갔다. 이 책이 보인 것처럼 인민주의가 미국과 유럽에서 뒤늦게 중심적인 것이 되었다는 점을 이해하

---

8) Juan Domingo Perón, "En la Bolsa de Comercio: 25 de agost de 1944," in Coronel Juan Perón, El pueblo quiere saber de qué se trata (Buenos Aires: 1944)를 보라.

기 위해서는 주변부의 인민주의 역사를 알아야 한다.

반정치의 세계적 표현물로서 인민주의 지도자들은 전통적인 정치인들을 대체했다. 그러나 이들은 시민들이 의미 있는 형태로 의사 결정을 내릴 수 있는 방식을 확대하지 않으면서 그렇게 했다. 엘리트와의 싸움이라는 명분 아래 정치 지도자들이 교체되었다. 그러나 역설적이게도 엘리트주의는 사라지지 않았다. 권력은 새로운 지도자들의 페르소나에 잔존했고 시민들은 결코 권력에 다가설 수 없었다. 적어도 체계적이거나 지속적인 방식으로는 다가설 수 없었다. 인민주의 지도자들은 낡은 정치를 대체하고, 인민으로 분했으며, 그들을 위해 생각과 결정을 대신해 주었다. 그(녀)의 인민보다 더 똑똑하고 더 뛰어난 지도자라는 통념은 권력을 장악한 인민주의 역사의 특징을 규정한다. 역사를 둘러볼 때 지도자 없는 인민주의는 불완전한 것이었다. 페론주의에서 트럼프주의에 이르기까지 권위주의적 민주주의라는 이데올로기는 파시즘에서 나온 것이지만 파시즘과는 다른 것이었다. 이 둘은 어디에 뿌리를 두고 있는지를 기준으로 보면 다른 것이었지만 그 근본은 같았다. 즉, 인민주의자들은 그들이 민족 공동체의 이름으로 말하고 행동한다는 허구를 확증하기 위해 필사적으로 인민의 적을 찾아야만 했다.

인민주의의 복잡한 역사를 이해한다면 그것은 현대 인민주의가 지속되는 이유와 민주주의적 관용의 토대를 무너뜨리고 다원적 대중 정치 형태에 맞설 수 있는 인민주의의 가공할 힘을 설명하는 데에 도움이 될 것이다. 평등주의적 민주주의에 도전했던 인민주의의 과거 행적은 오늘날에도 이어지고 있으며, 우리들 민주주의 시대의 미래에 위협을 가하고 있다.

파시즘과 인민주의의 역사

1판 1쇄 2025년 5월 30일 찍음
1판 1쇄 2025년 6월 15일 펴냄

지은이　페데리코 핀첼스타인
옮긴이　강경덕·강태경·오윤구·위진철

펴낸이　이향규
펴낸곳　실크로드

편집　김동관
디자인　정면
주소　서울특별시 마포구 성산로2길 21-8 B01호
팩스　02-323-8126
전자우편　alba22@daum.net

값 25,000원
ISBN 978-89-956887-2-4　03300

· 이 책은 저작권법에 따라 보호받는 저작물이므로 무단전제와 무단복제를 금지하며 이 책의 내용과 이미지의 전부 또는 일부를 이용하려면 반드시 저작권자와 도서출판 공감의 서면동의를 받아야 합니다.